广东省普通高校人文社会科学重点研究基地
华南师范大学岭南文化研究中心主办 ◦ 左鹏军主编

岭南学

第六辑

中山大学出版社
·广州·

版权所有　翻印必究

图书在版编目（CIP）数据

岭南学·第 6 辑/左鹏军主编. —广州：中山大学出版社，2015.9
ISBN 978 - 7 - 306 - 05433 - 3

Ⅰ. ①岭… Ⅱ. ①左… Ⅲ. ①文化史—研究—广东省 Ⅳ. ①K296.5

中国版本图书馆 CIP 数据核字（2015）第 210937 号

出 版 人：	徐　劲
策划编辑：	嵇春霞
责任编辑：	刘丽丽
封面设计：	罗春兰
责任校对：	赵　婷
责任技编：	何雅涛
出版发行：	中山大学出版社
电　　话：	编辑部 020 - 84110283，84111997，84113349，84110779
	发行部 020 - 84111998，84111981，84111160
地　　址：	广州市新港西路 135 号
邮　　编：	510275　传　真：020 - 84036565
网　　址：	http://www.zsup.com.cn　E-mail：zdcbs@ mail.sysu.edu.cn
印 刷 者：	虎彩印艺股份有限公司
规　　格：	787mm×1092mm　1/16　15.25 印张　465 千字
版次印次：	2015 年 9 月第 1 版　2015 年 9 月第 1 次印刷
印　　数：	1～700 册　定　价：42.00 元

如发现本书因印装质量影响阅读，请与出版社发行部联系调换

目 录

[文学岭南]

《岭雅》前言 …………………………………………………………… 陈永正 1

从"月晕础润"到"至斯而极"
　　——近代报刊视野中的人境庐诗 …………………………………… 胡全章 11

论潘飞声对纳兰词的受容 ……………………………………………… 谢永芳 19

定随当代遣新词
　　——论何曼叔诗词用白话新词兼其集外佚诗辑录 ……………… 程中山 26

[古韵新声]

明代的潮剧 ……………………………………………………………… 吴国钦 45

[文史纵横]

唐代南贬文人的水域书写 ……………………………………………… 张蜀蕙 100

从"补读书"到"读无用书"
　　——温廷敬的读书心路与学术观念 ………………………………… 陈　腾 126

收罗文献平生志，俯仰乾坤放浪吟
　　——陈垣来往信札中的东莞学人袁洪铭 …………………………… 周永卫 138

别有奇芬日采撷
　　——抗日战争初期詹安泰的生活与思想 ………………… 陈嘉顺　黄晓丹 146

[方言古今]

惠州话、惠河本地话系属散论 ………………………………………… 何伟棠 159

[八秩华师]
清代法家龚自珍 ·· 吴剑青遗稿 169
终生从教的学者、诗人和书法家
　　——忆吴三立教授 ·· 管　林 174
校庆念恩师
　　——附李镜池老师年谱 ·· 曹础基 177

[岭南诗学]
读岭南诗札记 ·· 钟贤培 184

[文献探赜]
陈荆鸿《独漉诗笺》补笺 ·································· 宋　健　严艺超 209

[杏坛弦歌]
儿女心中的刘逸生先生
　　——刘斯奋、刘斯翰、刘斯朗、刘圣宜访问记 ······················· 226

[文学岭南]

《岭雅》前言

陈永正

（中山大学中国古文献研究所　广东广州　510275）

一

　　20世纪初叶，一场声势浩大的"新文化运动"席卷中华大地，其核心是白话文运动，"提倡白话文，废除文言文"，号召要彻底打破文言的束缚，以语体文取代通行了两千多年的文言文。这是一场颠覆性的文化革命，传统诗文遭到前所未有的厄运。"新文艺摧毁古文，新文化打倒礼教"，白话文几乎是全面地取代了文言。如今，对传统文化鸣鼓而攻的时代已经过去，白话文早已取得压倒性的胜利，成为全社会的主流书面语言，人们再也无须担心文言的"复辟"了。当代学者开始反思，在检讨白话文运动功过的同时，也重新审视传统诗文的历史意义和存在价值。

　　文言，是中国三千年文化的载体，也是历代知识精英共同选择的、当今世界上使用时间最长的书面语。文言，是一种完善、完美的文体，是历史文化的命脉，文学的正宗。梁启超说："文言文行用已经两千多年，许多精湛的思想，优美的文学作品皆用他来发表。"庄子崇尚自由的精神，儒家以仁义礼乐教化天下的思想，是用文言表达的；绝世风华的唐诗宋词，是用文言创作的。五千年历史长河中朵朵浪花，都是由文言盛载起来的。对中华民族的形成和发展，对中华文化的凝聚，传统诗文作出了不可估量的贡献。文言文与诗词也是历史传统与现实生活之间的一根重要的纽带。不懂文言诗文，就无法了解中国优秀的传统文化；文言诗文属于精英文化，形质优美，精炼高雅。近百年来，文言文与诗词虽处在主流文化视野之外，但它对中国整体文化的发展仍有着不可估量的影响。

　　1920年，教育部明令以白话为国语，中小学教科书改用白话编撰，这无疑宣告白话文运动已取得最后胜利。文学艺术是各历史时期游离主流之外的文化人栖居之地。社会大变动之后，一部分旧文化人选择了逃遁。以"大隐"或"小隐"的方式，遁于市井、遁于山林。超然物欲之外，遁入自己的内心深处，成为真正的孤独者，实现自我封闭式的精神自由，文言文、诗词、书画则是文化遗民最后的遁逃之所。这群文人以前清的"遗老遗少"居多，他们是传统诗文最忠实的维护者，不懂得或不屑于写白话文，终其一生都用正统的文言写作。从艺术角度来看，他们的诗词、文章质量最高。还有一大批高等学府的专家学者，一直坚持以文言撰述，其中最著者如王国维、黄侃、吴虞、黄节、钱基博、汪国垣、刘永济、陈寅恪等。在他们的影响下，教育界成了传统诗文最坚牢的据地，数十年来，古文承传，薪火不绝。新文化运动的发起者、参与者如陈独秀、胡适、鲁迅、郁达夫、郭沫若、沈尹默、俞平伯、闻一多等早期人物，亦不时技痒，"勒马回缰作旧诗"，其中颇有可观之作。

　　1937年"七七"卢沟桥事变，抗日战争全面爆发，大批文人随国民政府迁往内地，寓居重庆、成都、昆明、贵阳；亦有一部分人外流至香港、南洋；还有一些人滞留在敌占区南京、北平、上海等地。抗日战争八年期间，国难当头，人们已无心弄月吟风，整饬文字，与上一阶段相比，传统诗文的势头显然低落，但依然有人继续创作诗词，歌颂慷慨捐躯的英烈，指斥日本侵略者的暴行，悲悯民间百姓的疾苦。国统区大学师生坚持教学，不少文科学者如马一浮、钱穆、钱锺书等仍用文言撰作。汪伪政权以"复兴中华文化"自命，任用一些邃于旧学的文人如周作人、龙榆生、陈柱尊、李宣倜、钱仲联等掌管文化教育机构，并出版《同声》《新亚》《国艺》《中国诗刊》等刊物，时有文言诗文刊出，颇存此一特殊时期的文献，似乎尚未得到当代学者应有的重视。

抗日战争结束，内战又起，民不聊生，文学艺术更无足道矣。文言衰势益甚，只剩岭南一隅之地，尚保留旧日诗文创作传统。这已是中国大陆旧文化的回光返照了。

20世纪上半叶的文言文、诗词文献，只有小部分作者有专集行世，而吉光片羽，每赖报刊杂志以留存。较早有《南社丛刻》，收录社员诗文稿，二三十年代以文言为主的刊物有《学衡》《青鹤》等，40年代则有《国艺》《文史季刊》《岭雅》等。

《学衡》，吴宓主编。1922年1月创刊于南京东南大学，1923年停刊，计出七十九期。此刊以"论究学术，阐求真理，昌明国粹，融化新知"为职志，办刊目的是要证明"吾国文化，有可与日月争光之价值"。每期有《文苑》，列文录、诗录、词录三子目，其中坚人物被称为学衡派，皆为贯通中西的饱学之士，构成了当时中国的精英文化群体。

《青鹤》，陈赣一主编。1932年11月创刊于上海，1937年7月，因抗日战争爆发而终刊，计出一百一十四期。为同人刊物。创刊号刊布"本志特约撰述"共一百零五人，其中不少是杰出的文人学者。是刊特重文献保存，近代名人之日记、笔记、序跋、书札、年谱、诗文集，分期连载。被时人看成是旧文人绝地反击的一块阵地。此外，还有一些大学文科学刊也采用文言。如30年代中山大学中文系学刊《文学杂志》，古直主编。每期均登载师生的文言诗文。

《文史季刊》，王易主编，中正大学出版。是刊于1941年3月创刊，初拟每三个月发行一期，每年四期，合为一卷，然仅至第二卷第一期，即未再出版。是刊栏目，首学术论文，次文录，次诗录，次词录，次英诗选译。

《岭雅》是20世纪40年代末《广东日报》的文艺副刊。创刊于1948年5月3日，至1949年10月3日止，每周一期，连续出刊计七十一期。所刊登的作品都是文言文、诗词和联语。新文化运动后，文言虽退出历史舞台，仍未被祛除净尽，而是在社会各个层面中顽强地生存下来。文言应用场合依然十分广泛，在官方档中，文言还占据着主要的位置，民国政府的正式文告也是文言文。当时报纸的文体往往还是文言。在今天看来，报纸似乎是全民大众的读物，但在那个时代，报纸，主要在大中城市发行，读者对象为市民。以小商人、小知识分子为主体的读者群，尤其喜爱并习惯浅近的文言诗文。《岭雅》刊登文言作品，也是有其历史渊源的。

《岭雅》的发起人有两位，一是岭南名宿陈融，一是《广东日报》社长张北海。陈融，字协之，号颙庵。广东番禺人。陈氏是岭南政界和文化界的名人，享有很高的社会声望。历任广东法政学校监督、司法厅长、高等法院院长、行政院政务处长、广州国民政府秘书长、西南政务委员会秘书长，时为国策顾问。政余主持文教，精于艺事，诗词书法篆刻俱负时誉。陈融有深厚的传统文化修养，曾筑别业于广州越秀山麓，称为颙园，其门下客余心一、熊润桐、曾希颖、佟绍弼、李履庵皆粤中青年诗人，被称为"南园今五子"。陈氏著有《黄梅花屋诗稿》《黄梅花屋诗话》《读岭南人诗绝句》《竹长春余诗》等。张北海，广东惠阳人，北大哲学系毕业，任党务特派员，教育部督学。1934年春，曾与罗学濂、许绍棣随张冲赴欧洲考察。1938年10月，教育部委任为西北联大校务委员、法商学院院长。抗日战争期间在重庆国立编译馆任总务主任。战后仍为教育部督学。张氏能诗，好与文士结交。在重庆时曾与梁实秋交往，梁氏后来撰文追述此事，略谓其"师事熊十力、黄晦闻诸宿儒，国学根底很深厚，能诗擅文，身材高大，南人北相，性情磊落，一似燕赵慷慨悲歌之士。然而太懒，惜墨如金"。"他嗜酒，好棋，能连对数局以消永昼。"张北海曾集宋词书联以赠梁氏："一番风月更消魂，无计迟留，燕子飞来飞去。千古英雄成底事，等闲歌舞，花边如梦如熏。"1947年6月23日，张氏邀文化教育界同人雅集西园。次年，叶恭绰、黎国廉等拟结词社，5月30日，张氏又在广州北园宴请同人。詹安泰先生有《醉蓬莱》

一词，序中详叙其事："戊子四月廿二日，张北海宴同人于广州之北园。黎六禾季裴、陈颙庵融、胡隋斋毅生诸老宿咸与焉。觥筹交错，行辈浑忘，庄谑杂宣，昔今在抱，爰赋此曲，以志胜缘。生不百年，清欢能几，刻此古音，殆不胜江山零落之感矣。"一时和者有黎国廉、黄咏雩、张成桂、胡熊锷、张树棠、冯平及刘景堂等人，可见张氏亦深谙风雅之道。

1948年5月，广州《中山日报》《和平日报》《广州日报》《岭南日报》《华南日报》联合出版，更名为《广东日报》，张北海任社长兼发行人。张氏大力鼓吹恢复中华传统文化，亲往晋谒陈融，得其支持，陈融倡议设办文言诗文副刊，得张氏同意，旋即在《广东日报》开设"岭雅"周刊，陈氏亲为题写刊名。聘请中山大学教授、名诗人陈寂任主编。1949年4月初合并于《中央日报》后，《岭雅》副刊仍持续刊出。自四十五期后，由傅静庵主持编务。

陈寂，字午堂，一字寂园，自号枕秋生。原籍广东怀集。生于广州。先生少时就读于城中私塾，接受传统文化教育，打下良好的古文基础。后入中学，成绩优异，博览群籍，尤好读诗及古文辞，亦尝试诗词创作。毕业后因家境贫寒，无力进入大学，遂谋得一份小学教职。1926年，应广西省立第四中学之聘，赴柳州任教。时广西建设厅长陆希澄深赏其才，调任为广西省党部干事。一年后，因母病重，遂返广州。历任广东省内各中学教员。1941年，任中山大学文学院副教授。1945年，任法商学院教授。1952年，任中山大学中文系教授，直至1966年2月退休。早在上世纪20年代初，陈氏还是僻处南方的一个无名的文学青年，投稿《学衡》杂志，即受到主编吴宓的关注，并分期刊出诗词数十首。学者刘永济读到陈氏之作后，与之通信。后来陈氏多次对人感叹地说："知我者刘弘度也。"广东名宿叶恭绰、陈融对陈寂更是青眼有加，殷勤期许，叶氏更为其诗词集《鱼尾集》作圈点，并加眉批。抗日战争期间，广州沦陷，陈氏北走韶关，中山大学亦迁到坪石。时教育部督学张北海与中山大学校长金曾澄，能文擅诗，经诗人阮退之介绍，得读其诗词，至为激赏，即破格聘为中山大学教育学院副教授，与音乐家马思聪为同事。战后，为法商学院教授。傅静庵，原名敔，又名泽，字子余，号静庵，以号行。祖籍浙江会稽，落籍广东番禺。傅氏一生以诗为命，与粤中诗书画家交好，曾任广州大学语文系及香港广侨学院讲席。1949年后移居香港，先后创办鸿社及《岭雅》季刊。著有《静庵诗稿》《静庵诗词》《抱一堂集》及校点《翁山易外》。

《岭雅》副刊是一份典型的同人刊物。所约稿源多来自两位主编的文朋诗友。抗日战争胜利后，广州城中会集着一批形形色色的旧化文人，他们之间多是师生或亲友的关系，文化态度和文学旨趣相近，彼此有着广泛密切的交往，经常茶酒雅集、诗词酬唱。陈寂与傅静庵均为广东著名诗人，是这个以同乡情谊为纽带的文化圈子中的核心人物。《岭雅》就是他们连系着这群对传统文化一往情深的文人雅士的桥梁。两先生在任上广约友朋，组织稿件，发表了数千篇质量堪称上乘的古文诗词，保存了岭南一代文献。《岭雅》作者主要是粤籍人士，有着深厚国学根基的诗人学者，名籍可考者约一百五十余人，时大批粤籍文化界人士聚集于广州，也有不少外省文人为逃避战乱流寓于此。这些人中，有来自本土书香门第、清末已成名的前辈诗文大家，如江霞公、商衍鎏、张汉三、廖忏庵、朱师辙、孙仲英、叶恭绰等，有大学教授吴三立、王越、王韶生、王壮为、阮退之、朱子范、严既澄、罗孟韦、钟敬文、钟应梅、黄尊生、黄海章、黄轶球、詹安泰等，也有擅诗词的文士如石维岩、黎国廉、黄荣康、刘伯端、刘草衣、黎骚、黄咏雩、李沧萍、陈寂、何曼叔、陈荆鸿、余祖明、熊润桐、李隐青、吴天任、胡伯孝、佟绍弼、陈湛铨、陈襄陵、佟立章、傅静庵、朱庸斋等，也有政界人士如陈融、周子元、伍朝柱、李君佩、李立之、邱汝滨、胡毅生、罗翼群、陆匡文、陆光宇、张北海等，还有书画家高剑父、张谷雏、李居端、张纯初、冯印雪、冯缃碧等，女诗人冼玉清、陈璇珍、张纫诗等，此外还有寓粤人士二十余人，如冒鹤亭、王季友、方孝岳、熊十力、巴壶天、陈粹劳、陈恒安、刘筱云、徐文镜、徐梗生、刘家传、刘成禺、钱宝龢、卢冀野、钟泰、谢康、罗慷烈、罗球、颜继金、刘伯闵、霍松林等，皆国中文化学术界知名之士。《岭雅》作者阵容之大，文言诗文作品数量之多、质量之高，在国内可谓一时无两。从《岭雅》刊登的作品中，可窥见抗日战争结束后岭南诗词界的盛况。

二

　　《岭雅》在栏目设置上，主要分文录、诗录、词录三项。每期除刊载时人诗词文章外，间有前贤遗稿，并设陈颙庵《黄梅花屋诗话》，熊润桐《厄闻集》《羿縠集》，胡毅生《香脾集》等专栏。

　　陈颙庵《黄梅花屋诗话》，是一部重要的现当代诗学理论著作，有很高的学术意义。本书注重地方文献资料的收集和整理，保存了不少珍贵的历史文献，有重要的文献价值。此书仅以连载形式刊登于《岭雅》中，一般学者无缘知见，张寅彭《民国诗话丛编》亦未及收录。陈氏太丘道广，从政日久，交游甚多，加以本人能诗，故其议论多有会心独到之处。书中还介绍了一些未刊的诗文稿，如冯植园《讷友山房稿本》等，均作详细评论。又如林象銮、梁于渭、罗蕙屏、黎簾庭、李紫屏等诗家，多无专集留存，仅赖此得以传世。还特意对一些过去不受人关注的地区诗人作专节评述，如云："高凉诗人，乾嘉以来，颇有作者。信宜刘汝新有《藏云阁集》、梁望询有《梦周草堂集》、李增荣有《森玉堂诗草》、林栋有《抗怀山房诗稿》、陆毓瑜有《留仙阁遗稿》，茂名杨颐有《观稼堂诗钞》、杨廷桂有《岭隅诗存》、许汝赓有《寥天一斋诗集》、许景邵有《琴研堂诗钞》，吴川林召棠有《心亭亭居诗草》、林联桂有《见星庐诗集》、吴懋清有《横塘诗钞》、陈兰彬有《美游草草》、李文泰有《海山诗屋诗草》、孙光前有《蕉隐亭诗文集》，石城江慎中有《南溪诗稿》、江璟有《山渊阁诗稿》，电白邵咏有《芝房诗存》，邵点有《禺峡冷官吟稿》、化州林占春有《梅初吟草》。皆经读过。"并列举其中名篇佳句，可作地方艺文志读。陈氏对青年诗人如佟绍弼、吴天任、陈湛铨、赖镇东等均一力扶持，备见奖藉，对女诗人张纫诗尤为倾赏，并介绍她不少诗词名篇好句。

　　《岭雅》的"文录"专栏，主要刊登各种体裁文言文。清《古文辞类纂》分文体为十三大类。最要者有论辨、传状、碑志、赠序、书牍、序跋、杂记、箴铭、庆吊等，各有功能。现代文言文使用范围显著缩小，就只剩下序跋、书牍、杂记、碑传几类较为常见外，其余的多已弃置不用了。《岭雅》刊登的文章，多为诗文集的序跋、文士的信札，还有少量的论说、传记、墓志铭、祭文等。

　　1946年3月，女诗人冼玉清整理并发表组诗《流离百咏》。并写了《自序》：

> 中日衅起，讲学危城，穗垣既沦，避地香海。旋以不肯降志，孑身远引。顾玉清有家濠镜，尚余薄田，使归而苟安，未尝不可，以隔岸观火，优游得计，乃人之以为乐者，我甘避之；人之以为苦者，我甘受之。冒硝烟弹雨之至危，历艰难凄痛之至极，所以随校播迁，辗转而不悔者，岂不以临难之志节当励，育才之天职未完，一己之安危有不遑瞻顾者哉！间关内地，茹苦含辛，哭甚穷途，愁深故国，成流离绝句百首。虽非如天宝哀时之吟，子山江南之赋，然敌氛所及，游踪随之，人事之变，感旧以之；宗邦之乱，孤怀忧之。往往泪与墨流，痛定思痛，是用存其本真，辑而成帙，世有同类，当亦鉴其志也夫。

在《自序》中，已概括组诗的写作动机、过程以及作者的感想。"流离"完全是个人自觉的选择，先生出身富商，家在澳门有丰厚的产业。澳门，在大战的狂涛中是一个安全的孤岛，本可归而苟安，优游得计的。可是，诗人却不顾一身的安危，历尽艰辛，随校播迁，理由只有两点：一是要勉励个人临难的志节，二是要完成教师育才的天职。这是何等的简朴，何等的真实。

　　文言文体裁又有散文与骈文之别。骈文是一种很特异的文体，在乎散文与诗之间，字句整齐匀称，讲求声调韵律，多用四言六句，故又称"四六文"。文至骈体，可谓已臻形式美之极致。《岭雅》所刊的四六俪偶之文，不乏佳作。如潘小磐《吴天任先生秋郊牧课图序》：

> 神交入梦，将庖羔对酒以何年；佳制连缣，较索帖换羊而更宝。忽承寸翰，属序斯图；美意重违，秃毫犹弄。想其挥肱乍起，三百维群；荷篝而随，两髦犹鬌。风卷草低之际，籍首微

茫；霜催木落之初，毡蹄趋跃。映唇吹叶，陇头之戏方残；折竹学书，沙上之卦可画。儿眈讲读，大慰掀髯；奴具壶浆，漫须乞字。谈道谈艺于缨胡之侧，荷蓑荷笠于吾伊之中。砚跪乳之情，孝慈自悟；指薪角之异，振拔先期。挥鞭而雁字工描，掩卷而鸥魂同梦。晓随鹤出，时分馌亩之黎；暮共犊归，犹候倚扉之杖。尔牧之风光在记，儿时之梦寐犹温。自写丹青，为留指爪。

"文录"中多篇信札，尤可讽诵。如陈寂《答沈简若书》：

> 仆北客逾年，奇愁未解，运会所值，聊复安之。年过不惑，筋力早衰，颠顿险途，霜露频犯，而饥寒之忧，讫不可遏。人言仆发日以秃，亦是北来后始呈此态耳。时或踟躇草野，沉吟山椒，卒然有会，不期其工，亦得如干首，别写就正。今岁春寒颇冽，花事较迟，桃李三月始开，今则楝花亦褪矣。偶窥新绿，旅愁少瘥，强为故人珍重耳。灯下摊笺，有乐人操三弦，琤㻬作响，从楼下过，顷之遂渺，而凉雨又萧萧打屋矣，此时思君，不知身在千万里外也。

情深意切，文辞优美，有似六朝小品。

《岭雅》"诗录"一栏，几乎囊括了岭南地区最优秀的诗人诗作。可以"南园今五子"中的熊润桐、佟绍弼两位诗人为代表。

熊润桐，字鲁柯，又字濯柯，号则庵。广东东莞人。广东高等师范学校毕业，终身从事教育工作。熊氏之诗，深为国中诗坛老辈所赏。《厄闰集》《羿彀集》，是《岭雅》所刊登诗作中的精华。1937年7月，日本侵华战争爆发。诗人的创作进入一个新阶段。《七月廿六日作》云：

> 破晓惊雷作，飞轺挟弹翔。仰窥天惨淡，瞑想血玄黄。高枕徒三窟，危栏自八方。微躯游羿彀，不必叹迷阳。

"羿彀"语本《庄子·德充符》，此暗用后羿射日之典。夏历七月廿六日，即阳历8月31日。是日日本飞机六架首次空袭广州，为我国空军击落二架，重伤一架。此后抗日战争期间所作之诗，熊氏编成《羿彀集》一卷，集中诗纪载着一位有良知的学者、诗人在乱离岁月中的心迹。如《秋感八首次履庵韵》，悲慨苍凉，《村居杂述》十四首，写乱离中的艰辛生活："为儒尘土贱，寄命虎狼余""妙算夸焦土，藏书等赘疣""市荒难备药，医缺自寻方""坐叹人伦废，谁云国可持""天意昌群盗，酸儒岂慢藏"等，直逼老杜丧乱之作。又如《广州归后作》：

> 登坛叱咤气何雄，谁料名城一夜空。狗盗乘时多致富，将军逃命尚论功。鸱衔腐鼠鹓遭吓，蜩饮黄泉士本穷。太息乾坤焉置我，万方同在泪痕中。

时日本飞机频袭广州，各大学纷纷外迁，市民亦返乡暂避。此后数年，此类诗作愁苦语多而豪壮语少，诗人善感的个性，在诗中表现尤为深挚。

抗日战争胜利后，民劳未得小休，内战即全面爆发。1947年，是熊氏创作最旺盛的一年，竟得诗百余首，编为《厄闰集》一卷，小序中有"天其有意欲昌吾诗而故厄吾身"一语。此时期作者正值壮年，饱经忧患，诗学诗工亦臻极诣。故所为诗甚多佳作。可贵的是，诗中还涉及一些社会题材，如五古《闵灾》、五律《潦叹》六首，是年七月三江大水，各乡堤围溃决，农田被淹。"潦灾遍三江，恶耗传满纸""官家谈振济，民命待煎熬""物价休劳问，应同水并升""微躯安所惜，傥及汝偕沉""读报惊灾况，凭轩写病呻"，皆仁人长者之语。此数年间诗，多写个人的困苦生活，怫郁情怀，语特感人。如《端午雨中》：

> 依然迭鼓动江城，谁解惊心到死声。无地与埋终古痛，彼苍何靳片时晴。原知风雨随潮

急,都付儿郎击楫轻。寂寞深杯聊独写,醉来歌哭不分明。

此诗真可谓惊心动魄,一字千金者。

佟绍弼,原名立勋,字少弼,号腊斋。广州人。曾先后任教于勷勤大学、广东大学、国民大学、广州大学。佟氏论诗,出唐入宋,遍参晚清诸家,自成一体。诗歌感情丰满、真实,贯注着一股刚劲之气,有别于当时流行的赣、闽派。抗日战争期间,佟氏滞留广州,就任教职。在日寇铁蹄之下,委曲求生,既愤激,复无奈,所为诗多写个人痛苦矛盾的心情。如《辛巳中秋》:

中华寇乱几经秋,岁岁中秋月亦愁。故里初逢惟有恨,冷杯相对不胜幽。沉灾地赤家何托,流血风腥死未休。空巷悄然人事绝,苍茫只见雾云浮。

此外如:"丧乱饥村多病死,周围乔木老烽埃"(《晓行回校触梅感赋》),"一身饿死浑闲事,争奈亲心待此儿"(《开岁之六日愤然有作》),"烽火遗黎共命轻,刚肠激烈向天明"(《元旦试笔》),"时移动变心知愧,地老天荒世代更"(《注成老子感赋》),"悠闲知苦味,忍死可伴狂"(《残腊》)。恐怕这也是在沦陷区中一部分读书人的真切感受。

抗日战争胜利,"中华能再睹尧天,鼓腹讴歌合醉眠"(《失题》),诗人欣悦之情,才不多时,又化为牢愁满腹。如《秋夜偶述》:

履影灯前直,还观去岁身。死生元等价,宠辱不由人。行化烦贤达,虚怀服怒嗔。高楼休倚望,愁忆旧星辰。

炎热眠难稳,烦冤郁所思。来周俱酷吏,胡李不同时。法网从来迫,儒冠自古悲。闭门非养拙,行露诲多疑。

此后几年间,佟氏诗多愤懑之语:"忧世讵忘烽烬热,挹秋先演簟纹凉"(《为陈寂题枕秋阁图》),"民劳输狗彘,群哄向狐狸"(《遣兴》),"追源乱事无涯涘,寻味今朝更苦酸"(《与念庵相见》),他热切盼望着社会的变革。1949年所写的《废兴》一诗,正表达了此时心境:

易暴而为暴,从来有帝秦。数穷辽海战,谋及岭南人。巧妇炊无米,平时爨称薪。废兴成定局,征募尚劳民。

"词录"一栏中所载词家,如叶恭绰、杨铁夫、廖恩焘、刘伯端、冯秋雪、黎季裴、张荫庭、张叔俦、黄咏雩、詹安泰、陈寂、何曼叔、陈襄陵、汤定华、朱庸斋等,均杰出之士,置诸全国词坛中,亦居于上游。如刘伯端《水龙吟·岁暮感怀拟稼轩》:

眼前萧瑟黄昏,倦鸦三匝南枝绕。霜凋急景,湖山如梦,只留斜照。故国何年,故人何处,鳞鸿音渺。但无何日饮,悠游卒岁,今古事,庸人扰。　　曾倚高楼长啸。道平生、功名难料。如今剩有,看花老泪,哀时残稿。烛短宵长,泣机嫠妇,倍添凄抱。正闻根欲断,吹寒角起,又霜天晓。

沉郁苍凉,自可夺稼轩之席。

詹安泰为现代词学名家,向有"北夏(承焘)南詹"之目,词曲家吴梅誉之曰:"取径一石(姜白石)二窗(吴梦窗、周草窗)而卓有成就者。"如《塞翁吟》词:

风雨弥天,震撼林野,山楼坐对,中心如焚。声为此词,勉自敛抑。昔紫霞翁谓此调衰飒,戒人莫为,然嚼徵吟宫,情各有合。择腔应运,势难偏废,世有解人,谅不余哂耳。六月三日

暗绿愁山,平野草色沉昏。乱响起,万泉奔。似泪离魂。青青蘖影知谁妒,斜脸懒对温

馨。梦片霎，涨红云。恨流泻江濆。　　轮囷。哀无女，难传信息，携谏草，翻成誓文。奈一往、惊心未了，更风雨、碎折柔条，怨入重门。危楼悄倚，断绪遥寻，何处声吞。

序与词均悲慨苍凉，摇人心魄。又如《临江仙》词：

秋是愁乡今过了，如何转更愁多。旧游如水渺江河。长山埋大劫，暖日断清歌。　　绮阁朱扉曾梦妥，楼灯艳照颜酡。天留风雨与摧磨。岁华随鬓改，败壁看人呵。

青年词人朱庸斋饱经丧乱，所为词多乡国沦亡的悲感。如《临江仙·庚辰秋望》：

故国登临多少恨，惊心片霎秋光。野旗戍鼓满空江。重寻葵麦径，犹识旧斜阳。　　通道青衫无泪湿，何堪半壁秋光。回风惊雁欲辞行。江山如梦里，无处问兴亡。

此词作于1940年，庸斋年甫二十，时广州已沦陷，一家生计全靠他授徒维持，有时甚至衣食不继，词中充满了彻骨的苍凉："征鸿信杳，寒鸦声歇，满地干戈。"（《秋波媚》）"避地仍惊燹劫，风掠马蹄腥。"（《甘州》）颇近蒋春霖《水云楼词》的格调。又如《摸鱼子·和咏斋雁邱》：

叹无多中原佳气，等闲销与尘土。故陂难驻双栖梦，又被西风吹去。天也妒。况更有人间缯缴相期处。逡巡自顾。剩辛苦南归，伶俜只翼，沙外冒秋雨。　　并州路，泪点蓼花红污。今宵谁共羁旅。茫茫碧落情何极，忍把旧盟轻负。君莫误。君且记他年合长相思树。伤心认取。算不抵冤禽，沧洲余恨，空付夜潮注。

咏物词中贯注个人真情实感，不黏不脱，的是个中高手。

《岭雅》两位主编陈寂和傅静庵更是古文诗词兼擅，眼界甚广，下笔自高，故能管领一时风雅，为众人所服膺。陈寂自言学诗，少时学唐，后致力宋人，学黄庭坚、陈师道、陈与义诸家，故其七律则走江西诗派一路，或拗折险劲，或郁勃苍凉，格高调古，甚多佳作。如《答青萍海上见寄之什用原韵》：

江上春深渐褪寒，看君题句在阑干。残刍不饱牛羊队，天意常宽雕鹗盘。老眼已迷宁却足，寸心谁念莫剖肝。冥鸿海鹤从回首，齐瑟朱弦只永叹。

詹安泰评云："沉折出以灏瀚，是后山高境。"而方孝岳又评云："全首似东坡，而第二联尤近。"风格颇近清末同光体诗人学宋一路。

傅静庵任《岭雅》主编时，年仅三十四岁，已是著名的诗人。如《苦寒》：

今日晴更寒，落叶轩窗紧。道人聊复尔，梦熟天地稳。北风衣被当，日出墙角近。欲起卒难强，枕中答妻问。悠悠昏旦忘，万物我其仅。十年所抵受，何止冻难忍。汲井知水暖，煨炉及炭烬。平生之所须，只是一随分。

写出离乱时期知识分子的窘境，读之令人酸鼻。

《香脾集》是集联之作，集联源于集句诗，是旧时文人的一种雅制。摘取前人诗文句子，集成对联，宜语气浑成，自出新意。胡汉文、胡毅生兄弟尤善此道。《香脾集》中之佳联，可供当代书家采用。

最可注意的是，在20世纪四五十年代之交，一批《岭雅》作者移居香港澳门、台湾以及海外，总数有六七十人之多，其中著者如王韶生、王壮为、王季友、王惺岸、巴壶天、朱子范、伍润三、伍朝柱、伍宗法、李君佩、李荣仙、李景康、李居端、杜湘俊、佟立章、吴天任、吴肇锺、吴敬模、余祖明、余鸣传、何冀、岑学吕、周贯明、胡毅生、陈融、陈湛铨、陈荆鸿、陈一峰、陈襄陵、陈居霖、陆匡文、陆光宇、徐文镜、徐梗生、孙仲英、孙甄陶、马小进、黄维琩、张叔俦、张北海、张荫庭、张瑞京、张纫诗、麦朝枢、傅静庵、傅仲陶、区季谋、汤定华、熊润桐、廖忏庵、郑天健、刘伯端、刘筱云、刘草衣、刘子平、刘伯闵、黎国廉、黎廷荣、潘小磐、潘学增、卢维岳、赖镇东、钟应梅、谢康、谢次陶等,都成了当地诗坛的中坚人物,尤其是在港台地区,他们组织诗社词社,参与各种雅集活动,出版个人诗词著作,发行文言诗文刊物,在学校以至社会上举办讲座,教授古文和诗词写作,在这群热心的旧文化人的努力下,终于造成了港台地区五十年间旧体文学奇特的繁荣现象。以香港为例,诗词界就有硕果社、南熏社、披荆文会、乙卯词社、愉社、鸿社等不下数十个社团。原《岭雅》主编傅静庵于1973年创立"鸿社",至1980年出版《鸿社诗词》,傅氏在序言中说,八年间"社集凡九十余次,与会者二十余人,社课之汇存者不下二千余首",可想见其盛况。80年代,傅氏又在香港创办诗词年刊《岭雅》,自任主编,每年一期,专登香港地区的古文及诗词,后扩展到刊登岭南及海内外文友作品,至今已出版三十多期,所刊登的古文逾百篇,诗词数千首。

三

《岭雅》的整理出版,当有两方面的意义,一是保存岭南地区珍贵的文学文献,一是提供学习传统诗文的材料。在21世纪,学习和创作文言诗文有什么现实意义呢?除了教科书中所说的内容之外,还应有以下几点。

(一) 传承高贵,促进社会文明

文言的世界,是一个以"君子"为人生理想的世界。儒学,可以说是君子养成之学。君子,高尚尊贵,才德出众。历代的读书人努力进修,以君子的标准严格要求自己,自省自觉,自尊自胜。中华是文明之邦,礼义廉耻是古代贵族言行的准则,是孜孜以求的美德,是高贵的象征,是传统文化精神核心价值所在。君子立身处世之道,是"以天下为己任"的顶天立地的担当,故以"向上一路"指示人们,刚健弘毅,自强不息,仰山瞻日,努力去接近高贵与荣光。文言,一种高华典雅的语言形式,是传承高贵的纽带,它本身涵蓄着贵族文化礼仪的余韵流风,为社会各阶层提供用之不竭的精神力量,人们浸毓日久,气质变化,仪表举止自能温、良、恭、俭、让。有了高贵的精神和正常的伦理,人际关系和谐,社会健康稳定。

新文化运动,是一场浅俗化的运动。文化虚无主义者以过激的手段摧毁了贵族精神、精英文化,也就从根本上损害了大众文化。向下看齐,而不是向上看齐,失去了向上的指引,大众文化也就不可避免向下滑落,严重地妨碍社会精神文明的进步。如今,人们已痛切地认识到这场运动带来的恶果,不少有识之士奔走呼吁,要重建社会精神文明。只有形成健全的文化价值体系,才能实现真正的长治久安。

(二) 提升审美层次,雅化白话

古人常谓文章以体制为先,辨体,更是衡文的首要之务。体有尊卑之分,雅才可提升为文学语言。"文"与"言"分离是正常的、必要的,即使在今天,白话文也不等同白话,白话文还需继续雅化。也许未来的白话文中,会形成"雅文"与"俗文"两种文体,如同文言与白话那样。

近百年,社会制度的变革和科学的发展,加剧了语言的俗化过程。在网络时代,微博的流行带来了新的契机,也有负面的影响。白话文的低俗化、痞子化已至极端。白话诗文要成为完美的文学语言,成为纯正的"雅文",要在审美层面上提升,还得回过头来向文言文学习和借鉴。

白话文是文言文的后续与延伸。林纾云:"古文者,白话之根柢,无古文安有白话?"梁启超认为,要作好白话文,"文言的功夫应该很深"。朱光潜也说:"想作好白话文,必要读文言文。"白话文由于易学易写,也就容易粗制滥造,失去文言的滋润,白话更会变得粗糙干枯。好的白话文,须用加工、美化了的语言去制作。胡适所主张的"以平淡的谈话，包藏着深刻的意味"，正是文言所长。文言文惜字如金，简练如诗，是最精美的文字，也是最好的模板。文言文中不少词汇、典故，还可以继续进入白话，不断被吸收、融化。文言文遗留下来大量成语，已成了现代汉语中重要的组成部分，言简意赅，大大地丰富了白话文的表现力，提高了白话文的素质。这一笔丰厚的文化遗产，须好好继承，更不应随意糟蹋。白话文今后的趋势虽然难以预测，作为当代文明的重要载体，白话文有着无限广阔的发展空间，任重而道远。我们还是希望未来的民族语言，可以更文明些、高雅些。

（三）学习文言创作，继往开来

近三十年，传统文化重新进入人们视野，大量古代文献整理出版，青年学子得以接触优秀的文史典籍。尽管是长期的隔阂，雾掩云遮，文言，依然是许多人心中的高洁的圣域，有志者还期盼着向上攀跻。如今，不少文学青年重新学习这种本已不太熟悉的文体，并试图创作文言文及诗词。当代人从小就生活在白话文无边的旷野中，文言，只是偶然入望的天际云山，在这种语境中成长的青年，要领悟文言独有的情调、语感，实在不易，学子们不妨多读一些文言典范之作，唤回历史文化的记忆，对传统文明产生认同感，并作一些写作练习，增强切身感受，丰富自己的语藏，掌握基本的写作技巧。

当代的文化人，尤其是讲授、研究古代文史的大学教师，也应尝试用文言写作。如果没有创作经验，缺乏感性认识，则如雾里看花，不知个中情味，所谓研究，也只能是掠影浮光，难以探微索隐。不关注、不实践文言诗文写作，对于研究者自身来说，无疑也是一大缺失，正如钱锺书那稍有点尖刻的比喻，应羞于自己的无能为力。写出合格的文言诗文，只要多诵读，多涵泳，自然水到渠成，没有学不会的。

学习写作文言诗文，第一步骤就是仿作。对前代优秀文学借鉴、吸收。吴宓云："文章成于摹仿，古今之大作者，其幼时率皆力效前人，节节规抚，初仅形似，继则神似，其后逐渐变化，始能自出心裁，未有不由摹仿而出者也。"摹仿，是学习最有效的手段，是所有文艺门类的初学者必经之途，未经这一步的，在行家眼中，只是徘徊于门外的"爱好者"而已。摹仿，宜取法乎上，先难后易。不要以为浅近的文言易学易写，便随意仿效，草草书成，一成习惯，则难以自拔，再也不能深入古人的堂奥了。一入手就要摹仿古代的佳篇，只要是第一流之作，都可以作为模板。以庄敬之心，逐字逐句体味古人的用心、作意，吟哦背诵，熟习后才能领悟语感。句字的平仄交互，字眼的"响""哑"，也须注意。在这过程中，要尊重文言诗文固有的程序规矩，不应逾越。慢慢掌握诗词格律以及典故、词汇、句式、章法，然后才试行仿作。先精一家，再广为取法。吴芳吉谓"从事文学原不可以一家一书自足，其必取法百家"，实是个中人语。传统诗文，由于它语言上的特性，成文较慢，则更宜于沉思。遣词造句，有如沙里淘金，细细选择最宜于表达感情的词汇，力求优雅精微，曲深隽永。写作过程也是与古人对话的过程，努力去领略汉风、唐韵、宋意，感悟古人的文化品格与伦理精神。文言诗文有多种体裁，各有其不同的语言形式、表现形式以及审美形式，学者须细细揣摩，掌握各体的特色。

文言文与诗词受到不公平的待遇。本来，是否使用文言撰作，纯属个人和小众的文化取向，应得到他人的尊重而不是妄加指责。当代文化教育界中，尤其是语言文字工作者群中，也许是源于某种自卑、自虐的心态，对传统诗文鄙夷、敌视、攻击的不乏其人，加以"腐朽的旧文化""复古主义逆流""时代落伍者"种种罪名，叫嚣着要彻底否定和扫荡，但却很少人冷静下来，对近百年的文言这一不容忽视的文化现象进行深入的学术探讨。即使偶有研究者，也往往认为现当代文言思想文化是"顽固保守"的，不合时宜的。没有对大量作品进行微观的审视，钩稽排比，概括综合，探求其艺术的内部规律性，也就不可能进行宏观的和抽象的理论研究。

钱基博在《现代中国文学史》中慨叹："吾知百年以后，世移势变，是非经久而论定，意气阅世而平心，事过境迁，痛定思痛，必有沉吟反复于吾书，而致戒于天下神器之不可为，国于天地之必有与立者。"钱先生所感甚大，事过已近百年，说真的，笔者从未认识到旧文化与家国兴亡有多大的关系，更无法一一理清文言诗文盛衰的前因后果。在当代社会文化生活中，没有文言，没有诗词，没有一切旧物，也无妨大局，芸芸众生依然可以鼓腹讴歌，颂平鸣盛。在物欲横流的时代，滚滚浊浪之中，偶然飘来几瓣落花，唤起人们一些凄美的回忆，也许就够了。

从"月晕础润"到"至斯而极"

——近代报刊视野中的人境庐诗

胡全章

（河南大学文学院　河南　开封　475001）

摘　要：诗论家和文学史家研究和征引人境庐诗，大都取自黄遵宪晚年手定的《人境庐诗草》，"诗界革命"时期见诸报端的人境庐诗之整体面貌至今依然模糊不清。从"诗界革命"发端期的"月晕础润"到高潮期的"至斯而极"，梁启超对人境庐诗的评价基调作了大幅度调整。《新民丛报》刊发征引人境庐诗共计38题129首，绝大多数属于"新世界诗"，大都有着显著的示范意义，从题材、题旨、形式、风格、篇幅等方面为诗界革命的开展指引着方向。随着黄氏1905年遽归道山，"诗界革命"失去了一位坚定支持者和一面旗帜，作为时代思潮的"诗界革命"运动亦逐渐淡出历史舞台。

关键词：黄遵宪；"诗界革命"；《新民丛报》；"饮冰室诗话"；"诗界潮音集"

基金项目：2011年度国家社科基金重大招标课题"期刊史料与20世纪中国文学史"（11&ZD110）和河南省高等学校哲学社会科学创新团队支持计划"报刊史料与20世纪中国文学史"（2012-CXTD-02）阶段性成果。

晚清以降，诗论家和文学史家对人境庐诗可谓赞誉有加。人境庐主人不仅有着"时流竞说黄公度"[①] 的时誉，而且被史家一致认定为晚清新派诗代表人物和"诗界革命"的一面旗帜。然而，诗论家和文学史家研究和征引人境庐诗，大都取自黄遵宪晚年手定的《人境庐诗草》，"诗界革命"时期见诸报端的黄遵宪诗歌之整体面貌，至今依然模糊不清。有鉴于此，本文拟通过系统考察黄遵宪见诸《清议报》《新民丛报》《新小说》等"诗界革命"主阵地的诗作，从近代传媒和"诗界革命"视野一窥其整体形态与历史面影。

一

尽管黄遵宪早岁即有"别创诗界"之论，在19世纪70～90年代已经写出了大量"新派诗"，然而，在梁启超发起的"诗界革命"运动兴起之前，他不过是在诗派争喧、诗人林立的旧诗坛艰难摸索的"独立风雪中清教徒之一人耳"[②]。1900年2月，梁启超在《汗漫录》中述及黄遵宪诗歌，谓："时彦中能为诗人之诗，而锐意欲造新国者，莫如黄公度。其集中有《今别离》四首，及《吴太夫人寿诗》等，皆纯以欧洲意境行之，然新语句尚少。"[③] 梁氏此期正青睐于"新语句"在新诗中的实验，因而认为"新语句尚少"乃黄诗之缺陷。更为要命的缺陷是，在梁氏看来，包括黄遵宪在内的所有新派诗人，"其所谓欧洲意境、语句，多物质上琐碎粗疏者，于精神思想上未有之也"。在此意义上，他所瞩望的"三长"兼备的"二十世纪支那之诗王"的出现尚有待时日。梁氏预言："今日者，革命之机渐熟，而哥仑布、玛赛郎之出世必不远矣。上所举者，皆其革命军月晕础润之征也，夫诗又其小焉者也。"梁氏"革命军月晕础润之征"的断言，是说黄公度、夏穗卿、谭复生、邱仓海、邱星洲诸诗家之作，不过是诗界"革命军"将要兴起的征兆；至于诗界之哥仑布、玛赛郎的出现，则要等"革命之机渐熟"及

[①] 柳亚子：《论诗六绝句》，《南社丛刻》第14集，1915年5月。
[②] 黄遵宪：《致丘菽园函》，陈铮编《黄遵宪全集》，中华书局2005年版，第440页。
[③] 任公：《汗漫录》，《清议报》第35册，1900年2月10日。

"诗界革命"运动兴起之后。"月晕础润"可说是梁启超意欲在20世纪初年发起一场"诗界革命"之际对黄遵宪诗歌的大体定位。在梁氏看来,锐意欲造新诗国的黄遵宪的出现,还只是诗界"革命军"将要兴起的前兆,而非诗界之哥仑布、玛赛郎已经出现。基于对即将开展的"诗界革命"之美好理想的憧憬,期望值甚高的梁氏对于"新学诗"和"新派诗"均表不满;鉴于此,他对生平论诗"最倾倒"的黄公度的评价,亦作了较大的保留。

两年以后,当梁启超在新创刊的《新民丛报》"文苑"栏辟出"诗界潮音集"和"饮冰室诗话"专栏,劲头十足地高奏"诗界革命"的主旋律时,其诗学观念已悄然发生微妙变化,对黄遵宪诗歌的评价基调也相应调高。此时的梁氏已不再着意强调"三长"俱备,尤其是不再刻意突出"新语句"在新诗中的运用。梁氏调整后的"诗界革命"纲领可以简约地表述为"以旧风格含新意境",果能如此,"则虽间杂一二新名词亦不为病"。① 依此标准,梁氏以为"近世诗人,能镕铸新理想以入旧风格者,当推黄公度"②。此后,梁氏在"饮冰室诗话"中多次褒扬黄公度,先后征引人境庐诗27题90首,黄氏成为该栏目征引诗歌最多的诗人;与此同时,"诗界潮音集"栏目亦刊载公度诗计11题39首,成为该栏目的台柱子之一。"以旧风格含新意境",是梁启超依托《新民丛报》掀起"诗界革命"高潮期对"诗界革命"纲领的经典表述;"能镕铸新理想以入旧风格",则是梁氏对人境庐诗的经典评价。梁启超对"诗界革命"纲领的提炼与修正,无疑受到了黄遵宪诗歌创作实践的启迪,而他对人境庐诗的推重与刊发,则进一步推进了"诗界革命"运动。

1902年6月,梁氏在《新民丛报》第9号"饮冰室诗话"中赞黄公度《锡兰岛卧佛》"煌煌二千余言,真可谓空前之奇构",谓其在震旦乃"有诗以来所未有也","有诗如此,中国文学界足以豪矣","因亟录之,以饷诗界革命军之青年"。8月,该报第14号"饮冰室诗话"言"昔尝推黄公度、夏穗卿、蒋观云为近世诗界三杰",此为后世诗论家将黄氏作为近世诗界三杰魁首的最早出处。9月,该报第15号"饮冰室诗话"盛赞"公度之诗,独辟境界,卓然自立于二十世纪诗界中,群推为大家,公论不容诬也"。10月,该报第18号"饮冰室诗话"赞《以莲菊桃杂供一瓶作歌》"半取佛理,又参以西人植物学、化学、生理学诸说,实足为诗界开一新壁垒"。1903年10月,有感于"音乐靡曼"是造成"中国人无尚武精神"的重要原因,梁氏在《新民丛报》第24号"饮冰室诗话"中盛推黄公度《出军歌》四章:"其精神之雄壮活泼、沉浑深远不必论,即文藻亦二千年所未有也。诗界革命之能事,至斯而极矣。"随着《新民丛报》的一纸风行、"诗界革命"的声名远播及"饮冰室诗话"的广为流布,黄氏那些著名诗篇借助近代报刊而声名远播,其"诗界革命"首席代表之地位就此确立。

从"诗界革命"发端期的"月晕础润",到"诗界革命"高潮期的"至斯而极",梁启超对人境庐诗的评价基调作了大幅度调整。个中原委,不是黄遵宪诗歌创作面貌发生了较大变化,而是梁启超的诗学主张作了相应的调整。当他不再着意突出"新语句",转而强调"新意境"与"古风格"的协调和融合时,蓦然回首,才发现"能镕铸新理想以入旧风格"的人境庐诗,是"诗界革命"之开展所要借鉴的最好的样板。于是,黄遵宪的"新派诗"所具备的"友视骚汉而奴蓄唐宋"③ 的旧风格与古韵味,以及"吟到中华以外天"④ 的新视野、新意境、新面貌,顺理成章地被梁氏引为"诗界革命"运动推进发展的凭借与基础。

二

自1902年2月至1906年5月,《新民丛报》有19期"饮冰室诗话"征引人境庐诗27题90首,创

---

① 饮冰子:《饮冰室诗话》,《新民丛报》第29号,1903年4月11日。
② 饮冰子:《饮冰室诗话》,《新民丛报》第4号,1902年3月24日。
③ 梁启超:《人境庐诗草·梁跋》,《人境庐诗草笺注》,第1086页。
④ 黄遵宪:《奉命为美国三富兰西士果总领事留别日本诸君子》,《人境庐诗草笺注》,第340页。

下该栏目征引同一诗家数量之最。梁启超对征引的人境庐诗从不同角度予以高度评价;其中,深得梁氏赞誉的诗作有《锡兰岛卧佛》《今别离》(四章)、《以莲菊桃杂供一瓶作歌》《罢美国留学生感赋》《朝鲜叹》《流求歌》《越南篇》《台湾行》《出军歌》《军中歌》《旋军歌》《小学校学生相和歌》《甲辰冬病中纪梦述寄梁任甫三章》《拜曾祖母李大夫人墓》诸篇。

最早被《新民丛报》"饮冰室诗话"全篇引录的人境庐诗是《锡兰岛卧佛》。该诗借锡兰岛卧佛题咏佛教盛衰史、文明古国衰亡史和西方列强殖民史,反思了佛家的隐忍退让思想导致的东方文明古国"愈慈愈忍辱""一听外物戕"的被动挨打局面,张扬了"惟强乃秉权,强权如金刚""弱供万国役,治则天下强"的尚武精神、竞存意识和强国梦想。梁启超为之倾倒、深感震撼之处,首先是其篇幅之巨("煌煌二千余言")和气魄之大("空前之奇构"),其次才是其堪称"诗史"的极为丰富的诗歌内容和忧愤深广的主题意蕴。梁氏纵观古今中外诗歌史,有感于泰西大诗人,如古代第一文豪希腊诗人荷马和近世诗家如莎士比亚、弥尔敦(今译弥尔顿)、田尼逊(今译丁尼生)等之诗歌动辄数万言,气魄夺人,而"事事落他人后,惟文学似差可颉颃西域"的中国,却千年以来缺乏长篇巨制之诗作;在此语境下,他盛推堪称长篇杰构的《锡兰岛卧佛》创下了中国"有诗以来所未有"之记录,且隐隐表露出将其与泰西诗哲荷马、莎士比亚、弥尔敦、田尼逊相颉颃之意。梁氏又综览该诗之内容,兴奋地一口气拟了《印度近史》《佛教小史》《地球宗教论》《宗教政治关系说》几篇论文题目来涵盖之。总之,在梁氏看来,无论就气魄文藻而论,抑或就内容题旨而言,该诗均可圈可点,可赞可叹,"有诗如此,中国文学界足以豪矣"①!

《今别离》《以莲菊桃杂供一瓶作歌》是"饮冰室诗话"所推介的"以旧风格含新意境"的新派诗典范。梁启超用两则事例证明《今别离》确为黄氏名篇:一是"度曾读黄集者,无不首记诵之";二是"陈伯严推为千年绝作",此"殆公论矣"。②前者以己度人,道出当年有幸拜读人境庐诗者的深刻印象和一致看法;后者引旧诗坛领袖陈三立之言,更有权威性和说服力。后世文学史家所欣赏的,是该诗假借中国古典离人诗模式表现西方近代科技新学,诸如轮船、火车、电报、照相术和东西半球昼夜相反之自然现象等的巧思妙想,别开生面,亦即梁氏所赞赏的"以旧风格含新意境"。《以莲菊桃杂供一瓶作歌》以客居四季如春的新加坡时将同时盛开的莲、菊、桃杂供一瓶时的诸多"异想":先是以花写人类,以莲、菊、桃杂供一瓶喻"红黄白种同一国",借诸花或孤高自傲或退立局缩或互相猜忌或并肩爱怜或同根相煎等"异想",喻因山海阻隔而"四千余岁甫识面"的各色人种,寄托诗人"传语天下万万花,但是同种均一家"的美好愿望,表达了四海一家、人类平等、和平共处乃至世界大同的崭新的民族观念和政治理想;而后以佛语佛理入诗,"众生后果本前因,汝花未必原花身,动物植物轮回作生死,安知人不变花花不变为人",终至人花莫辨,"待到汝花将我供瓶时,还愿对花一读今我诗";梁氏言其"半取佛理,又参以西人植物学、化学、生理学诸说,实足为诗界开一新壁垒",并以"女娲炼石补天处,石破天惊逗秋雨"形容阅读此诗时的新异感受。③

《罢美国留学生感赋》《朝鲜叹》《流求歌》《越南篇》《台湾行》诸篇,因其以诗笔记录下近代中国发生的重大事件,蕴含忧愤深广的时代内容,而被"饮冰室诗话"誉为"诗史"。五言长诗《罢美国留学生感赋》咏光绪七年清廷裁撤美留学生事,时任驻旧金山总领事的诗人闻讯悲愤满怀:"坐令远大图,坏以意气私!牵牛罚太重,亡羊补恐迟。蹉跎一失足,再遭终无期。目送海舟返,万感心伤悲。"梁启超称该诗"是亦海外学界一段历史也,其中情状,知之者已寡,知之而能言之者益稀矣,录以流布人间焉",大力肯定其堪称"诗史"的历史意义和现实意义。④

---

① 饮冰子:《饮冰室诗话》,《新民丛报》第9号,1902年6月6日。
② 饮冰子:《饮冰室诗话》,《新民丛报》第14号,1902年8月18日。
③ 饮冰子:《饮冰室诗话》,《新民丛报》第18号,1902年10月16日。
④ 饮冰子:《饮冰室诗话》,《新民丛报》第15号,1902年10月16日。

《朝鲜叹》《流求歌》《越南篇》诸篇咏中国三属藩朝鲜、琉球、越南或被邻国吞并或沦为外国殖民地的悲惨命运。组诗《朝鲜叹》写于1883年，时任驻旧金山总领事的黄遵宪预感到中国在"四夷交侵强邻逼"的严峻形势下保藩的困难，对被"列强画作局外地"的朝鲜危如累卵的命运充满忧患。其末篇道："峨冠博带三代前，蜷伏蠖息海中间，犹欲锁港坚闭关。土崩瓦解纵难料，不为天竺终波兰。"① 清廷处理琉球问题时一味绥靖退让，最终酿成琉球被日本吞并之恶果；而黄氏主张力争琉球，晚年家居时仍以当年未能保全琉球为恨事，遂将琉球灭亡与法占越南并举，吟成《流求歌》《越南篇》，引为亡国教训镜鉴国人。《越南篇》道："舐糠倘及米，剥肤恐到骨。不见彼波兰，四分更五裂。立国赖民强，自弃实天孽。"警世之意与济世之情溢于言表。《台湾行》咏马关签约、割让台湾之后台湾人民自发抗日守土事，发抒胸中郁积已久的割地弃民之痛。开篇即以滚烫的诗句呼喊出心中巨大的悲痛："城头逢逢擂大鼓，苍天苍天泪如雨，倭人竟割台湾去！"接着历数我先祖开发宝岛的艰辛和清廷割地弃民之痛："我高我曾我祖父，艾杀蓬蒿来此土"，"天胡弃我天何怒，取我脂膏供仇虏！"进而激励台湾民众誓死抗战守土："亡秦者谁三户楚，何况闽粤百万户！成败利钝非所睹，人人效死誓死拒，万众一心谁敢侮？"全诗充满强烈的爱国激情，极富感染力，读来令人摩拳擦掌，义愤填膺。

梁启超在"饮冰室诗话"中盛推《出军歌》《军中歌》《旋军歌》和《小学校学生相和歌》诸篇，其显著用意有二。第一，从思想导向和时代精神着眼，梁氏有鉴于近代中国积弱已久，国人缺乏尚武精神，中国向无军歌，"此非徒祖国文学之缺点，抑亦国运升沉所关也"，因而要大力提倡之；而《出军歌》《军中歌》《旋军歌》"其章末一字，义取相属，以鼓勇同行、敢战必胜、死战向前、纵横莫抗、旋师定约、张我国权二十四字殿焉，其精神之雄壮活泼、沉浑深远不必论，即文藻亦二千年所未有也"；在此语境下，梁氏以其惯有的夸饰风格下了"诗界革命之能事，至斯而极矣"的断语，且用极富煽情意味的语气断言"读此诗而不起舞者，必非男子！"② 第二，对中西合璧、诗乐合一的学堂乐歌的大力提倡和着意经营。晚清有识之士已经意识到"欲改造国民之品质，则诗歌音乐为精神教育之一要件"③，"此诸编者，苟能谱之，以实施于学校，则我国学校唱歌一科，其可以不阙矣"④。在黄遵宪的躬身垂范和梁启超的大力倡导下，学堂乐歌在清末民初取得了很大的发展，在中国诗歌由传统向现代的嬗变过程中发挥了积极作用，从而为现代白话诗的孕育作了一个鲜为人知的铺垫。⑤

《甲辰冬病中纪梦述寄梁任甫三章》是黄氏绝笔之作，以病中纪梦形式，表达对亡命海外的挚友身家性命的担忧和深深的思念之情，抒发对维新事业面临困境和革命形势蓬勃发展的隐忧，以及对列强瓜分时局的深重忧患。诗人回顾了自己名字中"宪"字得名的由来，表达了对立宪制度的向往和帝制必将灭亡、大同世界必将实现的坚定信念："呜呼专制国，逮今四千岁。岂谓及余身，竟能见国会？以此名我名，苍苍果何意？人言廿世纪，无复容帝制。举世趋大同，度势有必至。"⑥ 睡狮未醒，立宪未成，重疴缠身的诗人怀着"日去不可追，河清究难俟"的无限遗恨，凄然与友人作别："我惭加富尔，子慕玛志尼。与子平生愿，终难偿所期。何时睡君榻，同话梦境奇？即今不识路，梦亦徒相思。"可谓"烈士暮年，壮心不已"，情真意切，催人泪下。全诗脱尽铅华，自铸伟辞，取《离骚》、乐府之神理而不袭其貌，在回环往复、一唱三叹的艺术效果中，发抒出垂暮之年的维新志士壮志难酬的无尽惆怅与绵长浩叹。

长篇叙事诗《拜曾祖母李太夫人墓》推出最晚，却评价最高，被誉为人境庐"集中最得意之

---

① 饮冰子：《饮冰室诗话》，《新民丛报》第40、41号合刊，1903年11月2日。
② 饮冰子：《饮冰室诗话》，《新民丛报》第24号，1903年1月13日。
③ 饮冰子：《饮冰室诗话》，《新民丛报》第40、41号合刊，1903年11月2日。
④ 饮冰子：《饮冰室诗话》，《新民丛报》第40、41号合刊，1903年11月2日。
⑤ 参见胡全章《白话报刊与近代歌诗》，《中国现代文学研究丛刊》2011年第3期。
⑥ 饮冰子：《饮冰室诗话》，《新民丛报》第63号，1905年2月18日。

作"。① 全诗以清新流畅之笔调,本色质朴之口语,亲切深挚之感情,如话家长之风格,逼肖生动地状写出李太夫人的慈祥可亲,寄托了对曾祖母的无限怀念与哀思。无论是对"牙牙初学语,教诵《月光光》""昨日探鹊巢,一跌败两牙""他年上我墓,相携著宫袍"等儿时旧事的铺陈,抑或是对"今日来拜墓,儿既须满嘴""大父在前跪,诸孙跪在后""一家尽偕来,只恨不见母"等墓前哀思的铺叙,深得汉乐府叙事抒情之神理,却又"取《离骚》、乐府之神理而不袭其貌"②,情思深挚,体物逼肖,语皆本色,隽永有味。陈伯严将其与《孔雀东南飞》《木兰辞》相提并论,称其为"奇作绝技";吴季清评云:"《独漉王将军歌》,《石笥李烈女行》,表扬忠烈,极雄厚之致。然不能无摩拟之迹。此篇琐述家常,纯用今事,语语从肺腑间流出,貌不袭古,而温柔敦厚之意味,沉博绝丽之词采,又若兼综国风、离骚、乐府酝酿而融化之。陈伯严谓二千年来仅见之作,信然信然";梁启超则如实记录下自己的阅读感受:"惟读至下半,辄使我泪承睫不能终篇。"③ 陈氏赞佩的是诗人驾驭长篇叙事诗的卓绝能力,吴氏赞誉的是诗人琐述家常、纯用今事、出之肺腑、貌不袭古却"又若兼综国风、离骚、乐府酝酿而融化之"的深厚功力,梁氏则道出了该诗感人肺腑、催人泪下的难以抗拒的情感力量。胡适对黄遵宪《今别离》之类"用旧风格写极浅近的新意思"的"新诗"评价不高,言"这种诗并不算得好诗","实在平常的很,浅薄的很";而对《拜曾祖母李太夫人墓》却刮目相看,评价甚高,言其为"《人境庐诗草》中最好的诗",那原因,在于"此诗能实行他的'我手写我口,古岂能拘牵'的主张"。④ 不论是旧诗坛巨擘陈三立,还是新诗坛精神领袖梁启超,抑或是五四白话诗倡导者胡适之,均从不同角度对该诗予以高度评价,足见其动人心魄的艺术魅力。

《新民丛报》"饮冰室诗话"专栏征引的人境庐诗,大都有着显著的示范意义,从题材、题旨、形式、风格、篇幅等方面为"诗界革命"的开展指引着方向。诸如《锡兰岛卧佛》在师法泰西诗哲创作中国缺乏的长篇巨制诗章方面的努力,《今别离》《以莲菊桃杂供一瓶作歌》对"以旧风格含新意境"之"诗界革命"创作纲领的上佳体现,《罢美国留学生感赋》《朝鲜叹》《流求歌》《越南篇》《台湾行》诸篇在选取关乎国家危亡的重大题材以及史诗性追求方面的导引作用,《出军歌》《军中歌》《旋军歌》诸篇在尚武精神、雄壮活泼风格及乐歌创作方面的示范意义,《拜曾祖母李太夫人墓》深得乐府叙事抒情之神理而又明白如话、感人肺腑的艺术魅力,均对"诗界革命"的推进与开展起着表率作用。

三

自1902年11月至1904年10月,两年时间里计有11期《新民丛报》"诗界潮音集"栏刊发公度诗11题39首,在数量上仅次于高旭(17题75首)、蒋智由(21题43首),位列第三。如果考虑到高旭和蒋智由的诗作多为律诗和绝句,而黄遵宪诗作绝大多数属于长篇古风——如《樱花歌》《不忍池晚游诗》《乌之珠歌》诸篇均在五百字以上,《聂将军歌》《逐客篇》则近千言,《番客篇》《赤穗四十七义士歌》(并序)更是长达两千余言——那么,人境庐诗在"诗界潮音集"专栏所占的比重之大,无人堪与比肩,可谓该栏目的顶梁之柱。

《番客篇》《逐客篇》《海行杂感》等篇属于"海外偏留文字缘"、"吟到中华以外天"⑤的海外诗。长篇叙事诗《番客篇》以华侨富翁婚礼为背景,形象细腻地描述了南洋华侨的生活风习,抒发了对国势衰败而导致的侨民虽富尤贱的悲苦境况的慨叹。"譬彼犹太人,无国安足托","华民三百万,反为丛驱雀",国家衰弱致使海外侨民遭受屈辱;"谁能招岛民,回来就城郭?群携妻子归,共唱太平乐",诗

---

① 饮冰子:《饮冰室诗话》,《新民丛报》第80号,1906年5月8日。
② 黄遵宪著,钱仲联笺注:《人境庐诗草笺注》,第3页。
③ 饮冰子:《饮冰室诗话》,《新民丛报》第80号,1906年5月8日。
④ 胡适:《五十年来中国之文学》,申报馆,1924年,第40页。
⑤ 黄遵宪:《奉命为美国三富兰西士果总领事留别日本诸君子》,《人境庐诗草笺注》,第340页。

人只能将美好的愿望诉诸诗章。① 五古长诗《逐客篇》题咏美国议院颁布《限制华人例案》事，诗人痛切地感受到华工之所以受到如此不平等的待遇，根源在于国家贫弱。胡适言其"是用做文章的法子来做的"，"长处在于条理清楚，叙述分明"。② 陈子展从"中国最缺乏长篇叙事诗"的角度，高度评价"他这种长篇叙事诗，真是不朽之作"，誉其为"以文为诗，以诗代史"的"诗史"。③

组诗《海上杂感》有14首七绝，系诗人由横滨展轮往美利坚途中感怀纪事之作。其七云："星星世界遍诸天，不计三千与大千。倘亦乘槎中有客，回头望我地球圆。"④ 巧妙地将佛家三千大千世界的成说与诗人运用宇宙新学理的奇妙想象结合起来，获得了从"星星世界遍诸天"的茫茫太空俯瞰人类居住的作为"星星世界"一分子的地球的新奇视角。在宇宙飞船尚未诞生的时代，晚清读者已通过人境庐诗观察到宇航员眼中的地球，超前体验到"回头望我地球圆"的新奇感受。其四所言"水亦轮回变化来"，其五所咏"一年却得两花朝"，其十三所云"欲凭鸟语时通讯，又恐华言汝未知"，均蕴含着自然界和人类社会的科学新知，属于典型的新世界诗。

《赤穗四十七义士歌》《樱花歌》《不忍池晚游诗》诸篇是居日期间所作。《赤穗四十七义士歌》歌咏赤穗四十七义士杀身成仁、舍生取义事，张扬虽斧钺在前而义无反顾的不屈的复仇意志和视死如归的牺牲精神。四十七义士从容就义后，"一时惊叹争歌讴，观者拜者吊者贺者万花绕冢每日香烟浮，一裙一屐一甲一胄一刀一矛一杖一笠一歌一画手泽珍宝如天球"⑤。句式参差错落，从五言至二十七言不等，抑扬顿挫，气势纵横。《樱花歌》细致入微地描绘了日本举国若狂的樱花节盛况，借道旁老人之口，将德川幕府与明治维新时代作对比，希冀丸泥封关，再现世外桃源式的生活景象。诗人"以古文家伸缩离合之法"入诗，句式参差，开阖跌宕，舒卷自如，比兴杂错，才藻富赡，洵为力作。

《度辽将军歌》《降将军歌》《聂将军歌》属于反映重大历史事件的纪事诗，题咏三位悲剧性将领，以诗笔为甲午战争和庚子之乱留下刻骨铭心的历史存照。《度辽将军歌》讥刺吴大澂甲午战争中望风而逃、兵败辽东之事。"将军慷慨来度辽，挥鞭跃马夸人豪"，"自言平生习枪法，炼目炼臂十五年"，"看余上马快杀贼，左盘右辟谁当前"，"两军相接战甫交，纷纷鸟散空营逃"，"幕僚步卒皆云散，将军归来犹善饭"⑥，诗人欲抑先扬，寓悲愤之思于滑稽之笔，栩栩如生地刻画出一个狂妄自大、昏聩无能、误国误己的愚昧将领形象。《降将军歌》题咏北洋海军提督丁汝昌在威海卫兵败投降却又服毒自杀之事，"冲围一舸来如飞"，"船头立者持降旗"，"两军雨泣咸惊疑，已降复死死为谁"，"回视龙旗无孑遗，海波索索悲风悲"。⑦《聂将军歌》题咏庚子年天津保卫战中聂士成将军英勇作战却被团民杀害之事，悲叹"外有虎豹内豺狼"、"一身敌众何可当"、"非战之罪乃天亡"、"从此津城无人防"。⑧

《酬曾重伯编修并示兰史》因首揭"新派诗"旗帜，历来为文学史家所重视。该诗写于1897年，发表于1904年。诗云："废君一月官书力，读我连篇新派诗。风雅不亡由善变，光丰之后益矜奇。文章巨蟹横行日，世界群龙见首时。手挈芙蓉策虬驷，出门惘惘更寻谁？"⑨ 一方面是道光、咸丰以来诗坛的"善变"与"矜奇"之风，另一方面是西洋"文章巨蟹"的日益"横行"与强势东渐，这就是"新派诗"产生的时代背景，晚清士夫谓之"三千年未有之大变局"。当此世变日亟之时，"新派诗"所要继承的是随时世而变的"风雅"传统，既要最大限度地汲取前人之长为我所用，又能融入新的现实内容和理想，开一代新风气。

---

① 人境庐主人：《番客篇》，《新民丛报》第22号，1902年12月14日。
② 胡适：《五十年来中国之文学》，申报馆，1924年，第39页。
③ 陈子展：《中国近代文学之变迁》，中华书局1929年版，第16～17页。
④ 人境庐主人：《海行杂感》，《新民丛报》第27号，1903年3月12日。
⑤ 人境庐主人：《赤穗四十七义士歌》，《新民丛报》第35号，1903年8月6日。
⑥ 人境庐主人：《度辽将军歌》，《新民丛报》第25号，1903年2月11日。
⑦ 人境庐主人：《降将军歌》，《新民丛报》第30号，1903年4月26日。
⑧ 人境庐主人：《聂将军歌》，《新民丛报》第25号，1903年2月11日。
⑨ 人境庐主人：《酬曾重伯编修并示兰史》，《新民丛报》第52号，1904年9月10日。

四

  黄遵宪自言："四十以前所作诗多随手散佚。庚辛之交，随使欧洲，愤时势之不可为，感身世之不遇，乃始荟萃成编，藉以自娱"，加之"公度既不屑以诗人自居，未肯公之同好"①，20 世纪初年未见诸报刊的《人境庐诗》稿本中其它诗作的流布范围就非常有限。梁启超尝言："丙申、丁酉间，其《人境庐诗》稿本，留余家者两月余，余读之数过。然当时不解诗，故缘法浅薄，至今无一首能举其全文者，殊可惜也。"②梁氏当时未录《人境庐诗》副本，东渡后三年间又与黄氏音讯断绝，致使人境庐诗基本上与《清议报》"诗文辞随录"专栏无缘；这一诗歌园地三年多时间里刊出一百多位诗人八百多首诗，仅在终刊号第 100 册刊出了黄氏《香港》一诗。

  1902 年初，《新民丛报》推出"诗界潮音集""饮冰室诗话"专栏后，梁启超费了很多周折才打探到天南某氏曾在新加坡领事署钞存《人境庐诗》一卷，于是征得数十篇公度诗，"但所刊录，未必为公度得意之作"。③其后，随着两人建立了通讯联系，人境庐诗才大量在《新民丛报》刊发。由于《新民丛报》较为温和的宗旨缓和了清廷的阻挠，因而可以在国内公开发售，未及半年发行量"已至万数千份"④，"颇有势力于社会"⑤。据张朋园估算，《新民丛报》的发售数平均为 9000 份，阅读人数按 20 倍计算，约 18 万人，在当时的知识分子群体中有着很高的知名度和巨大的影响力。⑥人境庐诗也随着《新民丛报》的一纸风行而广为传播，声名远扬。那些被后世史家写进文学史中的人境庐诗，大都是 20 世纪初年见诸报端、反响较大的诗篇。

  1902 年 5 月，黄遵宪在老家阅读到《新民丛报》，并致函梁启超，与之探讨诗学问题："意欲扫词章家一切陈陈相因之语，用今人所见之理，所用之器，所遭之时势，一寓之于诗，务使诗中有人，诗外有事，不能施之于他日，移之于他人，而其用以感人为主。"⑦扫除旧诗坛陈陈相因的模拟之风，反映"今人所见之理，所用之器，所遭之时势"的鲜明的时代性，"诗外有事"的纪实性与史诗性，"诗中有人""感人为主"的情感力量，是氏所强调的诗学宗趣。这一诗学主张，与梁氏此期的诗歌革新主张遥相呼应。

  1902 年 9 月，黄遵宪致函梁启超谈及《新小说》"有韵之文"栏目设置道："报中有韵之文，自不可少。然吾以为不必仿白香山之《新乐府》、尤西堂之《明史乐府》"，"当斟酌于弹词粤讴之间，或三、或九、或七、或五、或长短句，或壮如陇上陈安，或丽如河中莫愁，或浓至如焦仲卿妻，或古如《成相篇》，或俳如俳枝辞。易乐府之名而曰杂歌谣，弃史籍而采近事。"⑧黄氏此期的新派诗，在语言和内容上均表现出从兼取古籍转向弃古从今的趋向，并开始探索诗歌形式体制改革。这种立足现实、创新求奇、继续为诗界开疆辟域的诗歌创作新动向，亦验证了晚年黄遵宪作为"诗界革命"强有力的支持者和参与者的历史角色。

  "诗界革命"主阵地所刊发的人境庐诗，有相当一部分未见诸《人境庐诗草》抄本，这一现象颇耐寻味。据钱仲联先生《人境庐诗草笺注》考证，《罢美国留学生感赋》《锡兰岛卧佛》《番客篇》《流求歌》《逐客篇》《冯将军歌》《伦敦大雾行》《降将军歌》《台湾行》《度辽将军歌》《以莲菊桃杂供一瓶

---

① 饮冰子：《饮冰室诗话》，《新民丛报》第 15 号，1902 年 9 月 2 日。
② 饮冰子：《饮冰室诗话》，《新民丛报》第 4 号，1902 年 3 月 24 日。
③ 饮冰子：《饮冰室诗话》，《新民丛报》第 15 号，1902 年 9 月 2 日。
④ 《告白》，《新民丛报》第 9 号，1902 年 6 月 6 日。
⑤ 梁启超：《致蒋观云先生书》，丁文江、赵丰田编《梁启超年谱长编》，上海人民出版社 2008 年版，第 204 页。
⑥ 参见张朋园《梁启超与清季革命》，吉林出版集团有限责任公司 2007 年版，第 211 页。
⑦ 黄遵宪：《致梁启超书》，《黄遵宪集》，天津人民出版社 2003 年版，第 490 页。
⑧ 黄遵宪：《致梁启超书》，《黄遵宪集》，第 494 页。

作歌》《樱花歌》《都踊歌》《不忍池晚游诗》《海行杂感》等《新民丛报》刊载的诗歌,未见诸《人境庐诗草》抄本,系戊戌还乡后所补作。除《军歌》《小学校学生相和歌》《甲辰冬病中纪梦述寄梁任甫三章》外,尽管尚不清楚还有哪些人境庐诗系梁氏于1900年2月在《汗漫录》一文中揭橥"诗界革命"旗帜之后所作,但至少说明一个事实:黄氏见诸近代报刊的诗篇,有相当一部分是梁氏发起"诗界革命"前后的新作。那时节,诗歌对于黄遵宪来说,已经由"政馀之事"变成了"馀生之事",成为其生命支柱和精神家园。

  20世纪初年,与黄遵宪一样负睥睨一世之才、在新诗界堪称英雄敌手的另一位岭南诗人丘逢甲,读《人境庐诗草》稿本后慨然题跋道:"四卷以前为旧世界诗,四卷以后乃为新世界诗。茫茫诗海,手辟新洲,此诗世界之哥仑布也。变旧诗国为新诗国,惨淡经营,不酬其志不已,是为诗人中嘉富洱;合众旧诗国为一大新诗国,纵横捭阖,卒告成功,是为诗人中俾思麦。"① 这是时人评价人境庐诗最能得其要领的一段话,可谓英雄慧眼,惺惺相惜。黄氏见诸《新民丛报》等报刊的诗歌绝大多数属于"新世界诗",在高扬"诗界革命"旗帜的新诗坛充当了披坚执锐、开辟新洲的主力军。梁启超正是借重这位中国"诗世界之哥仑布"的影响力和人境庐诗在新旧诗界获得的广泛赞誉,才得以将"诗界革命"运动推行了几年,产生了广泛的社会影响。随着黄遵宪1905年初春时节遽归道山,梁启超失去了一位良师益友,"诗界革命"也失去了一位坚定支持者和一面旗帜,《新民丛报》上的"诗界潮音集"专栏不见了踪影,"饮冰室诗话"时断时续地坚持到1907年,作为时代思潮的"诗界革命"运动逐渐淡出了历史舞台。

---

 ① 黄遵宪著,钱仲联笺注:《人境庐诗草笺注》,第1088页。

论潘飞声对纳兰词的受容

谢永芳

（黄冈师范学院文学院　湖北黄冈　438000）

摘　要：纳兰性德词史地位的确立过程，与纳兰词的经典化进程相伴而行，很大程度上，也是同时和后代作家对纳兰其人其词受容的过程。由于情感经历和词学渊源等方面的原因，潘飞声确实有一部分作品酷肖纳兰。但总体而言，潘飞声的创作成就却并不完全体现在词风接近纳兰的那部分，也因此而对纳兰词的受容体现出了一定的阶段性特点。这一点在纳兰词的接受史上相当典型，代表的是当时部分广东词人在创作实践中对常州派词学理论的受容态度，更是晚近词坛总体师法取向发生趋势性转变在一个方面的注脚。潘飞声在为探究晚近词史上纳兰词经典化进程的具体情形，以及纳兰词史地位的进一步确立作出贡献的同时，也确立了自己在晚近词史上的地位。

关键词：潘飞声；纳兰性德；词史地位；师学渊源；晚近词风；经典化

纳兰性德词史地位的确立过程，与纳兰词的经典化进程相伴而行，很大程度上，也是同时和后代作家对纳兰其人其词受容的过程。其中，在被普遍认为与清初词坛共同支撑"清词中兴"局面的晚近词坛上，纳兰词的经典化进程尚有若干具体而微的情形有待揭示。本文以潘飞声（1858—1934，号兰史）对纳兰词的受容为例，对此略事探析。

一、受容的基础：师学渊源与情感经历

番禺潘氏，可以算得上清代中后期广东词坛上因时而起的词学家族中比较重要的一个。潘飞声的祖父潘恕、父亲潘光瀛都"以倚声名粤东"①，分别著有《灯影词》《梧桐庭院词钞》，又有词十七首、八首分别被选入《粤东词钞》《粤东词钞二编》。从伯祖潘仕成有词一首见《国朝词综补》卷四十二，叔祖潘定桂、姑母潘丽娴均有词五首见《粤东词钞二编》，表叔祖胡燕方也有词二首见《粤东词钞三编》。②潘飞声能成长为晚近词坛上闻名遐迩的词人，家学渊源是一个要素。不过，相比而言，师学较之家学更为重要。这其中，陈良玉、叶衍兰两位词学导师对潘飞声的影响是决定性的。

潘飞声自序《粤东词钞三编》有云："飞声少时稍学为诗，于词则未解声律也。尝读先大父《灯影词》，拟作数首，携谒陈朗山先生。先生以为可学，授以成容若、郭频伽两家词。由此渐窥唐宋门径，心焉乐之。"③从纳兰性德、郭麐入手，上窥"唐宋门径"，是陈良玉指授可造之才潘飞声学词的独到路数，从中可见其对纳兰词的独特看法，以及受纳兰词之重性灵抒写影响的程度之深。至于这里的"唐宋门径"，即便未曾明言，想必也不会跟当时占据词坛主流地位的常州词派所开示的门径——"问途碧

---

① 郑逸梅：《南社社友事略》，见其《南社丛谈：历史与人物》，中华书局2006年版，第304页。按：咸丰九年刊本《灯影词》潘恕自序曰："是集始于道光甲辰，迄于丁未，四载所居，水村茅舍，偶有所得，索谱填成。又历十年，间有所作。适同邑沈伯眉广文、许青皋茂才有《粤东词钞》之选，张南山司马索拙稿选录附入。年来避兵村落，暇加删改，存若干首。恐稿遗失，爰付手民，以附先大夫诗集之后。"《粤东词钞》刊于道光二十九年，从选录数量及迅捷程度来看，辑编者许玉彬、沈世良显然对潘恕比较认可。

② 按：潘恕，《粤东词钞》作潘仕宜。潘光瀛，《粤东词钞二编》小传云有《梧桐庭院词钞》，待访。潘定桂，光瀛乃其嗣子；《粤东词钞二编》目录作四首，小传云有《三十六村草堂诗钞》附词，待访。潘丽娴，《粤东词钞二编》小传云有《饮冰词》，待访。

③ 许玉彬、沈世良等编，谢永芳校点：《粤东词钞》，凤凰出版社2012年版，第400页。

山，历梦窗、稼轩，以还清真之浑化"① 相距太远。至少，情字当先，真挚自然——即《人间词话》所云"以自然之眼观物，以自然之舌言情"②，作为纳兰词的影响施于后世词坛的一个重要方面，也是所作"悱恻动人"③的陈良玉希望初学为词的弟子所能够做到的。后来的事实表明，潘飞声正是由此而深入堂奥的，正如吕鉴煌《玉京秋》词序所云："（潘飞声《说剑堂词》）有吴石华之清丽，而益以淳挚，有沈伯眉之香艳，而汰其秾纤，实为时贤所罕觏。"④

叶衍兰是潘飞声在越华书院的老师，惯将烟月情债驱入吟笔。如伤悼十七岁夭亡的侍妾罗倩而作的七首词之一的《金缕曲·展倩姬遗影凄然有感》："此恨何时已。（用饮水词句。）镇伤心、一回展卷，一番悲涕。秀靥修眉浑似昔，万唤千呼难起。生悔煞、留仙无计。三载情缘刚一霎，甚人天、直恁迢迢地。清泪滴，如铅水。　　铭幽欲写相思字。奈年来、江郎才尽，笔花枯死。惆怅绮罗脂粉福，做尽愁边滋味。看华鬓、已星星矣。纵有玉箫能续梦，再生缘、怕阻他生里。含酸语，卿知未。"⑤ 苦语凄情，追逼纳兰，正张鸣珂所《秋梦庵词钞》所谓"度饮水之新词，青衫湿遍"。叶衍兰高度认同饮水词，主要是基于自己的词史认知："（朱彝尊）词与迦陵齐名，然堪与匹敌者惟饮水一人而已。饮水深得南唐二主之遗，先生则宛然玉田再世。国朝词笔首推二家，二百年来直无其比。"⑥ 也是由于他父亲的影响："南雪尊人莲裳先生英华，有《花影吹笙词》，尤长小令，殆《饮水》、《侧帽》之亚也。"⑦ 叶英华所作如《浪淘沙》："灯炧坠金虫。倦眼惺忪。梦回愁倚锦屏东。梧叶雨疏声点滴，秋病人慵。　　小札寄芙蓉。问讯匆匆。百凡珍重可怜侬。影瘦黄花香瘦蝶，恼煞西风。"《添字南乡子·春阴》："软绿泛烟芜。天影模糊。唤尽春魂总未苏。底事雨鸠频逐妇，呱呱。水涨溪桥渡也无。　　飞絮一帘扶。莫谩愁沽。好趁梨花醉玉壶。规取渔樵身入画，疏疏。试仿云林淡墨图。"可以称得上"缠绵靡极"⑧，也确实与纳兰词在某些方面相似。当然，细绎之下，这些作品与其说是学纳兰词，还不如说是学晚唐五代词。倒是叶英华的一首《忆桃源慢》："深护熏篝，匀调茗碗，约梦余寒滞。春色三分，已度二分流水。旧事心头重打迭，宛转蚕眠丝细。近真瘦也，腰围带减，情怀未饮浑如醉。尽销凝，永夜无眠，到底如何得睡。　　十年青鬓痕消漫，低徊镜中憔悴。绣衾慵覆，冷暖倩谁料理。蜡泪红凝香篆结，暗逐浮云身世。情缘今古，他生未卜，钿钗双负团圆意。谱相思，笙声花影，斜月淡黄满地。"不仅体式完全依照纳兰所创该调："斜倚熏笼，隔帘寒彻，彻夜寒于水。离魂何处，一片月明千里。两地凄凉多少恨，分付药炉烟细。近来情绪，非关病酒，如何拥鼻长如醉。转寻思、不如睡也，看道夜深怎睡。　　几年消息浮沉，把朱颜、顿成憔悴。纸窗风裂，寒到个人衾被。篆字香消灯炧冷，忽听塞鸿嘹唳。加餐千万，寄声珍重，而今始会当日意。早催人、一更更漏，残雪月华满地。"⑨ 写法上更是有明显模仿的痕迹，颇为值得注意。

与纳兰相似的情感经历，是促成潘飞声师法取向的重要因素。三十岁丧妻，潘飞声赋词十六章，后取苏武诗中"生当复来归，死当长相思"之意，编为《长相思词》，闻者掩涕。自此而后讲学德国四年期间（1887—1890），仍对亡室梁霭念念难忘。如《鹧鸪天·十一月二十八夜客楼听雨，感不成寐。明日是亡妇生辰，用成容若韵》：

别泪更深作雨飘。布帷孤枕拥寒宵。遥思故阁萦蛛网，空剩游尘拂凤翘。　　寻旧梦，更

---

① 周济：《宋四家词选目录序论》，尹志腾校点《清人选评词集三种》，齐鲁书社1988年版，第205页。
② 王国维：《人间词话》，上海古籍出版社1998年版，第13页。
③ 伍仲赟：《梅窝词钞跋》，光绪元年羊城刻梅窝诗钞本。
④ 吕鉴煌：《金霞仙馆词钞》，光绪二十一年刊本。
⑤ 叶衍兰：《秋梦庵词钞》卷一，《续修四库全书》第1727册，上海古籍出版社2002年版，第208页。
⑥ 叶衍兰、叶恭绰编：《清代学者象传》，上海书店出版社2001年版，第88页。
⑦ 夏敬观：《忍古楼词话》，唐圭璋编《词话丛编》，中华书局1986年版，第4804页。
⑧ 潘祖荫：《花影吹笙词钞序》，光绪三年羊城刻本。
⑨ 纳兰性德著，赵秀亭、冯统一笺校：《饮水词笺校》（修订本），中华书局2005年版，第420—421页。

无聊。客楼花落又明朝。天涯默数飘零恨,两渡西泠望鹊桥。①

其一往情深处,与纳兰原唱《于中好·十月初四夜风雨,其明日是亡妇生辰》有"异曲同工之妙"②:"尘满疏帘素带飘。真成暗度可怜宵。几回偷拭青衫泪,忽傍犀奁见翠翘。 惟有恨,转无聊。五更依旧落花朝。衰杨叶尽丝难尽,冷雨凄风打画桥。"③ 并且,异乡飘零,感喟良多,益增相思之苦、之恨,写法又颇与苏轼著名的《江城子》(十年生死两茫茫)相通。

潘飞声情多,正艳羡不已的赖学海题《海山词》所谓"万花丛里拥娇娆"。如其《海山词》《在山泉诗话》所记德国与欧洲女史,即有媚雅、嬉婵、芬英、高璧、玲字、苏姒、兰琭琦、威丽默、麦家丽、马丽婷、莺丽姒、符梨姒、李拾璧、越梨思、绮云字、雪芝、贝殊、渠家等十八人,以及洋妓安那、日本舞妓阿摩鬐等二人。④ 所以,返国后所刊《花语词》中也会有像《罗敷媚》四首这样的留情之作:

> 朝来悄把红窗启,见汝梳头。见汝回眸。轻卷罗帏挂玉钩。 晚来悄把红窗掩,为汝勾留。为我含羞。道是良缘却种愁。
>
> 分明认得仙模样,只隔银屏。斜背银灯。未敢人前唤小名。 添香捧砚非闲事,艳福难胜。好愿难成。谁赚红儿豆几升。
>
> 隔花忽报青娥别,泪湿红笺。懒拾钗钿。阿母书来病可怜。 情知此后难重见,两地愁牵。鸾信谁传。又误归期过下弦。
>
> 而今翻悔当时误,种了相思。枉了相思。闲煞春花影满帏。 枕边犹记真真字,人也依稀。梦也依稀。落尽玫瑰月又西。⑤

芬芳侧艳,幽俏动人,情辞相称之处,与此前在德期间所作如《添字罗敷媚》的风情款款一样:

> 名园夜趁嬉春约,扶步青苔。阿姊催回。行到悄无人地月华来。 相逢只恨当时错,鸾信羞开。触恼愁怀。一片落红曾印缕金鞋。

都可谓"纳兰嫡子"⑥。

二、阶段性特点:和而不同与创作成就

邱炜萲光绪二十四年序潘飞声《论岭南词绝句》有云:"宋元明大儒多擅此体,入国朝尤卓然称作者,则有朱竹垞开其先,厉樊榭继之,成容若、郭频伽又继之,风雅渊渊,盛哉斯世已。吾友番禺潘兰史尝喜为词,余读其集,知由朱厉成郭四先生以与苏辛相见者,爱其同心,窃欲以平日臆见狂言向之质证而未果。"⑦ 撇开其中的可商榷之处,这段话至少表明,邱氏对潘飞声在创作上受容纳兰词的情况是有所体认的。

事实上,与纳兰词的和而不同,作为纳兰词影响晚近词坛发展的一个方面,也确实成为潘飞声词体

---

① 潘飞声:《海山词》,光绪二十四年仙城药洲刊说剑堂著书本。
② 王韶生:《读说剑堂集》,香港龙门书局 1977 年影印光绪十七年刊本《说剑堂集》卷首。
③ 《饮水词笺校》,第 308 页。
④ 潘飞声在德期间交往女子不止此数,包括其中很少被提及的雪芝、贝殊等二人,可参见《在山泉诗话》卷二:"是日二十四女史同拍照画"、"又有名渠家者,赠余玫瑰一枝,并按琴度曲"。卷三:"先一夕,同寓媚雅、芬英、威丽默、雪芝、贝殊五女史置酒录天楼,清谈惜别,娓娓忘寝。"何藻辑《古今文艺丛书》,江苏广陵古籍刻印社 1995 年版,第 1258、1649 页。
⑤ 潘飞声:《花语词》,说剑堂著书本。
⑥ 邱炜萲:《五百石洞天挥麈》卷一,《续修四库全书》第 1708 册,第 81 页。
⑦ 《古今文艺丛书》,第 343 页。

创作成就的重要组成部分和标志之一。如非关悼亡的艳情之作《蝶恋花》：

> 客里云萍情绪乱。便道欢场，说梦应肠断。莫惜深杯珍重劝。银筝醉死银灯畔。　　同是天涯何所恋。月识郎心，花也如侬面。东去伯劳西去燕。人生那得长相见。①

缠绵宛转，一往情深。在词笔秾丽处与纳兰相近之外，又有如曾和过此词的唐圭璋先生所指出的不同之处："诚有白香山沦落江州之感。"② 即在身世之感的抒写中，虽然都是将志不得伸的苦闷一发于艳情，但基本摒弃了纳兰类似词作中无往而不在的凄厉衰飒。这也从相反的方面印证了文学史上亦步亦趋者速朽的定律。后来的作家，只有在不断的、哪怕只是小幅度的超越中，才能逐渐确立各自的价值。陆游、杨万里、范成大由江西师法而入，入而能出，所以才成为南宋中兴诗坛大家，就是众所周知的例证。

再以潘飞声之前的清词名家周之琦为例，所作如效纳兰自度曲的《青山湿遍》："瑶簪堕也，谁知此恨，只在今生。怕说香心易折，又争堪、烬落残灯。忆兼旬、病枕惯惛腾。看宵来、一样恹恹睡，尚猜他、梦去还醒。泪急翻嫌错莫，魂消直恐分明。　　回首并禽栖处，书帷镜槛，怜我怜卿。暂别常忧道远，况凄然、泉路深扃。有银笺、愁写瘗花铭。漫商量、身在情长在，纵无身、那便忘情。最苦梅霖夜怨，虚窗递入秋声。"③ 其中，"暂别"五句说原本连短暂的分离都担心相隔太远，有"银笺"也害怕写"瘗花铭"一类忧伤的文字，而今又当如何面对爱妻遽然离世的事实？尤见情深而真。藉此，该阕悼亡词被认为"几欲掩过"④ 纳兰原作："青衫湿遍，凭伊慰我，忍便相忘。半月前头扶病，剪刀声、犹在银釭。忆生来、小胆怯空房。到而今、独伴梨花影，冷冥冥、尽意凄凉。愿指魂兮识路，教寻梦也回廊。　　咫尺玉钩斜路，一般消受，蔓草残阳。判把长眠滴醒，和清泪、搅入椒浆。怕幽泉、还为我神伤。道书生薄命宜将息，再休耽、怨粉愁香。料得重圆密誓，难禁寸裂柔肠。"⑤ 跟陈骧评《花语词》所云"恐国初如竹垞、西堂、其年、容若诸公未之或先也"有类似的意思，也可以移评上引潘飞声《蝶恋花》。

陈骧评《花语词》中又云："昔先师朱子襄先生谓粤诗如二樵，虽李杜不能掩。骧则又谓粤词如兰史，虽姜张不能掩也。"与前述邱序结合，又可以在另一个层面上成为潘飞声词自成面目的例证，虽然评语中不免包含有溢美的成分。如殁前写寄夏敬观、未及收入潘飞声现存各词集的《摸鱼儿》：

> 蒯湖漪、又劳宋嫂，芳羹调作浓碧。清明才过春三月，那有菱茨收得。随意摘。要荡桨三潭，着手看风色。晴波净拭。笑藕较丝长，芹还叶小，情缕也愁织。　　乡味好，曾赋秋林琴客。酒酣如酌琼液。仙城美擅离支菌，合补昌黎南食。秋兴寂。但盼到松鲈归思知何极。此时正忆。借花港渔罾，柳堤虾籪，多采备晨夕。⑥

用厉鹗赋西湖莼菜韵，在惯见思路之外有非同一般的表现，即似乎有意识地以小令之法为长调，虽无大起落，但也绝非仅因此法之久违而令人耳目一新。又，蒋敦复《芬陀利室词话》云："沧江乐府七人中，汪君稚泉年少多才，余见其所著《兰笑词》，诧曰：'此词家射雕手也。长调音节浏亮，顿挫生姿，瓣香纳兰容若，而绝少衰飒气。小令中腔，芬芳悱恻，不堕南宋人云雾。加以学力，鄙人当退避三舍矣。'"又云所举汪承庆《霓裳中序第一》："玫阶雨乍歇。艳洗花房霂碎缬。珠泪琼壶暗结。剩幽思诉蛩，离魂招蝶。苔衣翠贴。叹瘦红低葬秋雪。肠空断、绿章漫奏，往事梦飘瞥。　　凄绝。粉愁盈靥。认倩影凉烟渐灭。年年长是恨别。有银烛风摇，绀袖尘压。坠香谁更乞。记听取、穿廊钿笛。还惆怅，

---

① 潘飞声：《饮琼浆馆词》，宣统元年丰源印书局铅印晨风阁丛书甲集本。
② 唐圭璋：《梦桐室词话》，朱崇才编《词话丛编续编》，人民文学出版社2010年版，第3421页。
③ 周之琦：《金梁梦月词》附，道光间爱日轩刊本。
④ 李慈铭著，由云龙辑：《越缦堂读书记》，上海书店出版社2000年版，第1232页。
⑤ 《饮水词笺校》，第422页。
⑥ 《忍古楼词话》，《词话丛编》，第4795页。

碧窗人静,夜吟雁筝咽。"与《高阳台》:"倚病镌愁,寻香煮梦,等闲又过残春。落尽藤花,暝烟何处斜门。缠绵红了江鱼尾,托微波、总隔痴云。忒莆腾,点点鲛珠,偷揾罗巾。 当时只道相逢好,有钗光掠削,筝语温存。翠被天涯,而今一样黄昏。雕梁多少营巢燕,怨东风、容易飘茵。下帘丁,懒叠琼笺,懒把银尊。"一似梦窗,一似碧山。① 若果如蒋氏所言,倒反过来为体认纳兰长调提供了可能的新思路,也可以为理解上述潘飞声长调与纳兰长调的离合之处,提供别样的视角。

  大自然对诗人的馈赠是慷慨的,对此,刘勰《文心雕龙·物色》有过这样的表述:"然屈平所以能洞监风骚之情者,抑亦江山之助乎?"主要是说大自然能激发诗情,陶冶人格。这跟社会阅历影响诗歌创作的"穷而后工"说,既相联系,又有区别。潘飞声域外词作中别样审美效果的成功制造,也与享誉词史的纳兰边塞词相似,都是"江山之助"在一个方面的生动诠释。所谓"别样审美效果",在纳兰边塞词中不仅存在,而且细细品来,有时还具备特定的美学内涵。如《菩萨蛮》:"黄云紫塞三千里。女墙西畔啼乌起。落日万山寒。萧萧猎马还。 笳声听不得。入夜空城黑。秋梦不归家。残灯落碎花。"② 以荒远雄奇的塞外景观,烘托出"秋梦不归家"的悲凉心绪。深具萧瑟苦寂情调的《菩萨蛮》一类词,跟纳兰部分诗作,如《塞垣却寄》四首其一中的"还将妙写簪花手,却向雕鞍试臂鹰"③ 中每每透出飒飒英迈之气一样,因为题材兼具边塞与相思,因而雄浑、凄婉两种风格几乎能够完美地融为一体,犹如阴阳同体,令人深思。

  相比而言,潘飞声《海山词》的某些表现还是有所不同。如《满江红》:

> 如此江山,问天外、何年开辟。凭吊古、飞桥百里,粉楼千尺。邻国终输瓯脱地,名王不射单于镝。看离宫、百二冷斜阳,苍苍碧。 蒲萄酒,氍毹席,挠饮器,悬光璧。话银槎通使,大秦陈迹。左纛可能除帝制,轺车那许遮安息。待甚时、朝汉筑高台,来吹笛。

以及《金缕曲·德兵合操日,姚子梁都转命车往观。柏林画工照影成图,传诵城市。都转征诗海外,属余为之先声》:

> 图画人争买。是边城、晶球摄出,陆离冠盖。绝域观兵夸汉使,赢得单于下拜。想谈笑、昂头天外。渡海当年曾击楫,斩鲸鲵、誓扫狼烟塞。凭轼处,壮怀在。 列河禊饮壶觞载。有佳人、买丝绣我,临风狂态。(余在安德定陵河边酒肆与诸女史修禊,亦有人写入图画。)请缨上策平生愿,换了看花西海。只小杜、豪情未改。自笑对侯无骨相,望云台、像绘君应待。敲短剑,吐光彩。

均借此写彼,难忘国是。时局每况愈下,连置身海外的学人也不能不为之忧心忡忡,耿耿于怀,时代特色和个性特色都非常鲜明。

  潘飞声受容纳兰词所体现出的阶段性特点,在纳兰词的接受史上相当典型,这与他词学经历的变化,尤其是后来通过在沪上等地参与较多的词学社团活动,融入主流,不断开阔视野,有莫大的关系。从潘飞声的身上可以看出,近代以来粤东词人乃至整个粤东词坛师法取向的兼容性与开放性特点,虽则个别时段的进展稍显滞后乃至滞重,与时俱进的整体性去边缘化步伐确实是越来越快了。隶属于一些文化次中心区域的某些单个作家,容易取得受到认同的阶段性词体创作成就,这是基础条件之一。

三、经典化进程:纳兰受容与词坛风会

  潘飞声对纳兰性德及其词的受容,有多方面的考察价值,既有如上述创作方面的表现,在词学批评

---

① 蒋敦复:《芬陀利室词话》卷三,《词话丛编》,第 3672 页。
② 《饮水词笺校》,第 234 页。
③ 纳兰性德:《通志堂集》卷五,上海古籍出版社 1979 年版,第 174—175 页。

方面的表现也不容忽视,这其中,与词坛风会之间的关联性考察,可能最具词史意义。

《在山泉诗话》卷四云:

> 《红楼梦》一书,即记故相明珠家事。明珠子为纳兰性德,以进士官侍卫,平生好客,接纳文士。说者谓,金钗十二皆侍卫所奉为上客者也。作者以宝钗比高澹人,妙玉比姜西溟。妙玉以看经入园,犹西溟以借观藏书就馆相府。以妙玉之孤洁而横罹盗窟,并被以丧身失节之名;以先生之贞廉而庚毙圊扉,并加以嗜利受贿之谤,作者盖深痛之也。其余人名,各有指射,今不可知矣。
>
> 性德,初名成德,字容若,美风姿,擅才艺。所著《饮水词》、《侧帽词》,为国朝词人之冠。曾刻《通志堂经解》,搜罗极富。而其爱才礼士,则尤翩翩贵公子所无。观其救吴汉槎赐环入关一事,顾梁汾、郭频伽诸家词集皆称美之。世传《红楼梦》贾宝玉即其人也。
>
> 容若词集大行于世,其诗则《熙朝雅颂》外,张南山《诗人征略》录之。容若有句云"共谁看月共谁愁",南山代为之对云"同我惜花同我病",盖谓二语皆有林黛玉其人在也。①

虽然难免有旧红学"索隐派"的影子在,而且连纳兰《无题》诗"是谁看月是谁愁,夜冷无端上小楼。已过日高还未起,任教鹦鹉唤梳头"② 首句也出现误记——第三条所承袭之张维屏《国朝诗人征略》卷九所引纳兰诗句并不误,但一向心仪纳兰,所以,潘飞声不仅会有用韵纳兰的神似之作,被邱炜萲许为"词笔自是一代作手,求诸近代中,于纳兰公子性德为近",其真挚自然处,要优于并世词家如张景祁等的"气促"之作③,而且,对纳兰的评价也是出奇的高,所谓"国朝词人之冠",不禁令人想起闻一多先生对《春江花月夜》"顶峰中的顶峰"之类的膜拜式评价。王国维约三年之后发表的著名论断"北宋以来,一人而已"④,正与潘飞声此论基本上一脉相承。

更有意味的是,潘飞声认为,像自己这样钟情纳兰的词人的佳作不在少数。如《在山泉诗话》卷二云:"吾乡杨仑西(其光),自号花笑词人,词分四种。性好饮水,一生低首纳兰公子。余谓其思致与灵芬尤近,灵心芬气,斯足付画壁女郎浅斟低唱也。有《陌上花》一阕,乃过梅花渡吊唐宫人者,幽馨哀艳,令人意销。词云:'鸣銮凤辇,翠华曾见、玉花伤别。吊古闲来,肠断渡头人说。珠传一斛长门怨,怕看红绡啼血。想椒房听到,霓裳艳曲,懒描眉月。　问六龙西去,新都安否,莫忆上阳宫阙。苦雨淋铃,恨煞禄山余孽。二南纵有相期志,无奈兴亡愁阅。剩寒香,此处年年开也,雪风凄绝。'"又云:"余题《晚香图》甫脱稿,有'闲情易入渊明赋,只要名花耐得寒。'仑西在座,叹为得未曾有,自诵其咏菊一词,颇自矜许,末语殆与余同意也。词用《乌夜啼》调云:'一枝冷颤斜阳。菊初黄。晚节如君才许、说孤芳。　炉不篆。帘早卷。任伊凉。也要个人禁得、是秋霜。'仑西集中,小令尤工,其格多在容若、剑人之间。"⑤ 卷四则云:"伍乙庄(德彝)家富园林,风流自赏,有《浮碧词》一卷,余为序之,称其能仿成公子,盖多神韵之作也。录数阕于此。《浣溪纱·烟浒楼归舟》云:'恻恻轻寒中酒天。江楼人别不成眠。好风桥外送归船。　绮梦难寻江令管,年华清损鲍家弦。此时明月旧时圆。'《减兰·题双美垂钓图》云:'桃根桃叶。照影惊鸿春熨贴。垂柳垂杨。荡得柔情波样。　长钓丝轻。逐一寸银鱼怜比目。添写文鸳。双宿双栖在锦茵。'《菩萨蛮·为兰史题陈仲卿搔首图》云:'罗浮小凤朱明客。湘水灵均牛渚白。把酒读离骚。狂来首自骚。　仙才偏潦倒。绿绮台空老。地上玉麒麟。知君是后身。(兰史貌与仲卿酷肖。)'《浣溪纱·浮碧亭赏荷》云:'十亩银塘绣

---

① 《古今文艺丛书》,第2158—2159页。
② 纳兰性德:《饮水诗词集》,康熙三十年张纯修刻本。
③ 《五百石洞天挥麈》卷一,《续修四库全书》第1708册,第75页。
④ 《人间词话》,第13页。
⑤ 《古今文艺丛书》,第1255—1257页。

阒开。玉箫声里好徘徊。金壶红烛夜传杯。　　熨贴佩裳消艳福，品评丝竹要清才。莲花都化美人来。'"① 所选诸作，情字当先，风神摇曳，洵乎学而有得之什。

如果结合前述《粤东词钞三编》自序，及其《西海纪行卷》所云："（蒋敦复）诗多哀艳，词尤凄恻动人。成容若、郭频伽两家后，以剑人继之，殆无愧色。"② 可以更清楚地看出，在潘飞声的心目中，纳兰后学在嘉道以还词坛上，可以理出这样一个大致的序列：郭麐、蒋敦复、杨其光、潘飞声、伍德彝。③ 这个判断，显然与潘飞声从《粤东词钞三编》《粤词雅》《论岭南词绝句》等著作中表现出的词史意识和词史认知能力相契合，也与他对当时词坛风会的整体把握相吻合，即随着常州词派的核心观念已然深入人心，纳兰词的传播接受史进程自然从此重新进入了"高峰状态"。潘飞声对纳兰词的受容，代表了当时部分词家在具体创作实践中对常州派词学理论的接受态度，也是晚近词坛总体师法取向发生趋势性转变在一个方面的注脚。潘飞声在为纳兰词史地位的确立作出贡献的同时，也确立了自己在晚近词史上的地位。另一方面，潘飞声对别人认为自己在这一序列中当仁不让地占有一个比较重要的位置的观点表示认同，也近乎韩愈在《原道》一文中立一己于整个中国儒学传承统序，则表现出了潘飞声强烈的词学自信，是晚清词坛自我经典化的一种特殊形态。在不断的经典化与自我经典化进程中，其背后所包蕴的词学理念会逐渐稳固下来，形成词坛风会的内核，反过来也会影响经典化的具体指向和进程迟速。

在清词史上，浙、常二派渐次扮演的统治者角色，是基于对国内各词学区域的渗透、蔓延而逐步取得的。各区域被"牢笼"的速度和广度，影响者一方发挥效能的程度，往往取决于受影响各方所具备的不同条件，即对"冲击"做出"反应"的能力，因而一般不会表现出同步律动的"共振"态势。各区域词史，基本上可以依据主流词派在其地流衍的具体情况予以建构，各地词学生态及其发展变化的独特性与差异性，能够共同彰显一代词学绚丽多姿的本来面目。清代粤东词坛，经历过独特的消化、吸收浙、常二派词学菁华并进行新的创造的词史进程，这一历史进程，同时也是浙、常二派自身进行不同程度"调适"的过程之一，更是粤东词坛乃至岭南文化渐渐由边缘走向中心的过程，因此，审视浙、常二派在粤东大地上的特殊存在形态，便显得特别有意义。从词统建构的角度而言，纳兰词在晚近粤东词坛稳定受容局面的达成，也标志着清代粤东词坛上浙、常二派承继之分水岭的初步形成，即词统重建真正的开始。分野的形成当然不可能一蹴而就，浙派退场会持续很长时间，同样，常派入粤也不会呈现席卷之势。问题是，受容纳兰者既有浙、常二派中人，又有同时或分别与浙、常二派中人保持词学交往者。这说明，以受容纳兰为标志之一的晚近粤东词统重建的开始，并不意味着粤东词坛上南北宋之争的简单终结。词坛风会的强势导引，在画出纳兰词史地位起伏变化，以及浙、常二派之分殊与沟通轨迹的同时，也在一定程度上影响着像潘飞声这样的纳兰词追随者的词史地位的确立。

---

① 《古今文艺丛书》，第 2184 页。
② 《古今文艺丛书》，第 1066 页。
③ 如果按照上文所述《忍古楼词话》《芬陀利室词话》的理解，至少还可以加上叶英华、汪承庆。

定随当代遣新词

——论何曼叔诗词用白话新词兼其集外佚诗辑录

程中山

（香港中文大学中国语言及文学系　香港新界沙田）

摘　要：何曼叔一生热爱古典诗词创作，只是生逢清末民初中国政治文化大变革的年代，其文学思想受白话文运动影响，曾创作白话诗歌，并引大量白话、新词入诗词，试图改良传统文学。在《诗论——读〈西行乱唱〉作》中，他提出传统诗歌创作必须具备"时代意识""历史语言""熔铸技术""诗人真情"等四种观念，并将其运用于创作实践中。评论何曼叔诗歌者很少：友人李仙根、詹安泰、傅静庵、梁简能等对其诗风评价大多包含并蓄，唯独陈湛铨一人深表异议，不满何氏伧俗的诗风。何氏不少古体诗歌所用白话新词，即事命题，反映社会现实，颇近杜甫、白居易通俗诗的风格，成就最为突出；而其近体诗歌引用大量白话新词，明显弃雅趋俗，则乖违传统诗歌的含蓄典雅之美，值得商榷。最后，现存《曼叔诗文存》仍遗漏不少作品，谨辑其集外佚诗二十七首于文末。

关键词：何曼叔；白话；新词；集外佚诗

一、引　言

自1842年鸦片战争后，中西文化交流日益频繁，大量西方新事物、新思想涌入中国，对中国文化产生深远的影响。晚清时期，梁启超提出"诗界革命"的改革主张，黄遵宪不但发出"我手写我口"的改革呼声，更把不少新词引入诗中，同时期康有为海外诗亦喜用新词，俱使传统诗歌呈现新意境。民初南方广东诗坛大盛，诗风仍趋保守，如陈伯陶、梁鼎芬、曾习经、黄节、潘飞声、蔡守、陈融、胡汉民、关赓麟等，或为前清遗民，或为大学教授，或为文人雅士，或为党人官员，诸人喜结诗社，文酒酬唱，诗话评骘，讲学授徒，积极提倡诗歌创作，领导诗坛，以崇尚晚唐、北宋诗风为主，影响很大。随而继起者，有詹安泰、陈寂、佟绍弼、熊润桐、李履庵、陈湛铨、吴天任等，多为学者诗人，以学北宋江西诗派为主，诗风雅洁，不愧前修。不过，同时期有东莞何曼叔（1895—1955）所作古典诗词大量用"我们、你们、飞机、大炮、汽车、光管、稿费、领带、电报"等白话新词[①]，诗风别树一帜，这与崇尚复古传统的广东诗坛完全迥异，值得研究。

1949年后，大陆各场政治运动纷至沓来，何曼叔诗词因而大量散佚，故其独特诗风并未引起当代学界的关注。直至近年，后人才搜集何氏遗作，先后编成《曼叔诗存》（2008）、《曼叔诗文存》（2011），其诗词遂得以重新流传。然而如何全面评价何曼叔诗词，则未见学者作深入讨论。即使为何曼叔编集的杨宝霖先生也只在《前言》中肯定何氏的爱国之情，并用一"新"字评价何氏诗歌。究竟何氏这种诗风是如何形成？诗人评论如何？均值得深入探究。因此，本文拟分析何曼叔诗词用白话新词及其诗歌与诗论的关系，并探讨时人对其诗的评价。另外，《曼叔诗文存》所辑何氏作品，仍有不少遗漏，试就所见，辑得佚诗二十七首，以补不足。

---

① 按：本文所指"白话"，是指以现代汉语为准的书面语；"新词"，是指有别于传统典籍词汇的汉语新词、外来词等。

二、何曼叔生平简介

何曼叔,名冀,字迈叔,后改字曼叔,以字行。广东东莞人。光绪二十一年(1895)生于东莞莞城,父何钝夫为私塾先生,能诗文。何氏少受庭训,读书识字,因家境清贫,乃于十四岁任排字工人。20年代初,曾随表兄弟游历北京。未几,南返广东任广州《民国日报》记者,并认识陈树人、陈秋霖等国民党左派人士。1925年,由廖仲恺介绍加入国民党。其后,与友人阮退之、陈曙风转任上海报界。1934年夏,应友人莫雄(时任江西省赣北第四区行政督察专员兼保安司令,后任贵州毕节行政督察专员兼保安司令)之请,先后任江西星子县县长、贵州毕节专员公署科员等职。① 1936年,莫雄通共被查,何曼叔乃解职返东莞。1937年,何氏前往香港任职《大众日报》,编辑"大众园地"副刊,次年5月乃辞去报业工作。1940年,应陈树人之请,前往重庆担任侨务委员会会员。抗日战争期间,留在广东的何氏妻儿俱参加东江纵队,全家抗日。抗日战争胜利后,何曼叔随国民政府还都南京,仍供职侨务委员会。1949年春,南返广州任职华侨大学。50年代,先后担任广东文理学院、华南师范学院中文系教授,主讲唐宋文学。1955年5月病卒广州,终年六十岁。有四子(鼎华、与成、太、通)二女(景珣、百佳),其中除幼女外,俱为中共党员。

何曼叔一生热爱文学,创作大量诗词,可惜生前未有整理刊行,以致后来佚散。六十多年后,后人乃搜集残稿及报刊所载诗文,统编为《曼叔诗文存》。《曼叔诗文存》分诗存、文存两部分,"曼叔诗存"收录三百二十八首诗词(包括数首白话诗),其中有一百七十一首诗是何氏旅居香港时所作的;《曼叔文存》,除了《媚古楼诗稿序》、《自然美讴歌集序》、《陈秋霖百日纪念》等几篇文言文外,其余均为白话散文、评论、书信等。

三、何曼叔引白话入诗词之特色

据何曼叔自述其父何钝夫是一位诗人,工诗文②,由于庭训关系,所以何曼叔少时已娴熟文言诗词写作。现存何曼叔早期部分诗歌写得颇清雅,如《风沙》云:"十四年前客北平,风沙扑面使人惊。谁知今日新都里,一样风沙似旧京?"③ 又如《寄槎滘》云:"一雨谁知五月凉,百年怀抱入灯窗。迷茫夜坐思槎滘,遍地兼葭是水乡。"④ 诗笔俱见清雅。

(一)创作白话诗

为什么何氏后来会引白话入古典诗歌呢?这应与民初新文化运动有关。民初胡适、陈独秀等积极倡导新文化,革新思潮席卷神州大陆,影响社会深远,当时很多报刊也逐渐采用文白兼容或白话书写的发展趋势。20年代,何曼叔在广州任职《民国日报》时,已用白话撰写了不少社论时评。不过更值得注意的是,何氏后人所撰《何曼叔传略》曾提及何曼叔在"二十世纪二十年代初,与表兄弟等同赴北京,曾在北京大学旁听"⑤,据此推测何曼叔可能在北京时期曾直接受新文化运动健将、北京大学教授胡适的思想影响,因而尝试创作白话诗歌。何曼叔由北京返广东后,即在报纸上发表白话诗,如《雨中的北园》(1926年4月14日)云:

---

① 参何冀家人撰《何曼叔传略》,何冀著,何太编,杨宝霖整理:《曼叔诗文存》,上海古籍出版社2011年版,第1页。
② 参何曼叔1954年1月12日《与通儿函》,《曼叔诗文存》,第251页。
③ 《曼叔诗文存》,第4页。
④ 《曼叔诗文存》,第6页。
⑤ 《曼叔诗文存》,第1页。

霏微的烟雨遮断去路，我蓦然觉得到天尽头了。把大青（马名）系在北园门前，谁可惜它背上雨汗交流呢？一枝枝，一叶叶，都在零涕，我今时来看望你。您知道吧！旧时的伴侣已死在巴黎哟！弥天大雨在泛滥，徒增加上一川逝水。试听，沙沙洒洒的悲声，不堪记省书斋夜读的往事。蕉叶，我的心肝是你作成的么？何以打在你面上的雨声，使我内中隐然作痛？①

同时期仅存的另一首白话诗《同游的记者》乃纪念友人陈秋霖之作，撰于1925年12月，发表于1926年2月3日。② 据这两首作品，已足反映当时年青的何曼叔曾经热衷创作白话诗。后来不少以旧诗称名粤港文坛的诗人如陈寂、熊润桐等也于20年代曾撰写白话诗，其中熊润桐于1924年出版的《白莲集》就是一部白话诗和古典诗的合集③，可见当时白话文运动迅速影响广东一带的青年人。何曼叔后来虽以创作旧诗为主，但仍热爱白话诗，如抗日战争时期在重庆所作《狄君武先生寓楼晚集》七律云："二三子者高谈在，十四行诗朗诵焉。"④ 可知何氏曾与友人狄君武一起朗诵西方十四行诗。1953年，何曼叔也曾作《除夕》白话散文诗歌颂新中国⑤，次年并与其子何通讨论学新诗的问题。⑥ 何氏无疑是一位白话诗人，只是作品不多，毕竟其创作兴趣还是在古典诗词上。⑦

（二）引白话入古典诗词

20年代后期，何曼叔开始在上海、南京一带工作，曾参加江南文人雅集，拜晤同光体诗坛大匠夏敬观（剑丞）、陈诗（子言）等，如1934年作《陪陈子言夏园看花呈剑丞三首》前两首云："提学江苏旧使君，沪西亭馆擅清芬。小施作育菁莪手，种树前池披绿云。""繁花只有余醺耳，我乃来迟负牡丹。风雨连天容易过，江南前月已春残。"⑧ 两首七绝，雅润可诵。陈诗亦作《赠东莞何迈叔冀》五古一首酬赠，诗末有云："犹得遇何子，东莞述乡贯。其诗苏黄俦，其学经史灿。饮我陆羽茶，贻我锦绣段。（荷赠二绝）稠叠示诗篇，录副以把玩。起衰吾有望，共读波兰传。"⑨ 可见陈诗对后生何曼叔颇为赞赏。同年何氏亦作《甲戌上巳雅集呈夏剑丞先生》五古，其中有句云："上巳社集辰，接席襄阳耆。酒杯聆妙论，论及新名词。区区此一端，曲学仍怀疑。"⑩ 何氏在雅集期间与夏敬观等人讨论运用新名词入诗歌的问题，似乎雅集同人并不认同其主张，乃致有"曲学仍怀疑"的无奈。虽然如此，何曼叔仍坚持引白话新词入旧诗，如《通愈》其三云：

> 子常外祖人伦鉴，每说吾家必大昌。报国每惭成就晚，你们腾达比爷强。⑪

此首七绝约作于1936年，乃写其幼子何通病愈之事，其中用白话"你们"入诗。又《赠马浪宕》七古有句云：

---

① 《曼叔诗文存》，第4页。
② 《同游的记者》："一匹踢雪，一匹赤骝，同系在墓前的黄竹枝，它是墓中人生前赞过颇为神骏的。当日英挺的气概，骑在沙河道上奔驰。　两个青年在解衣而挥汗，一个睡在离离的宿草上面低回而默忆，一个顾盼着那两匹马感念而悲哀。　弹琴似的天风挟着狀涛，我们在鸡笼湾的松径上听。他因银色的浪头而说及马浪之驰骋。他一段活泼而英爽的神情，使与他初结交之我已觉得他是特出之俦了。可怜现在他已长埋于黄土之幽啊！"《曼叔诗文存》，第3页。
③ 熊闰同（润桐）：《白莲集》，广州：光东书局，1924年。
④ 《曼叔诗文存》，第1页。
⑤ 《除夕》，载1953年2月12日《与通儿函》，《曼叔诗文存》，第240—241页。
⑥ 1954年1月12日《与通儿函》，《曼叔诗文存》，第251—252页。
⑦ 《与通儿函》："但爱好古典文学，爱好诗，大概是出于传统的遗传性。我的爸爸是一个诗人，我十岁或十一岁的时候，曾经看过他的诗稿，虽然不大了了……我十四岁的时候做排字工人，也不知何故要作起诗来。我二十岁做抄写，同县的有名之人都许可我将来一定有成就。"《曼叔诗文存》，第252页。
⑧ 《曼叔诗文存》，第84页。
⑨ 陈诗著，徐成志、王思豪编校：《陈诗诗集》，黄山书社2010年版，第358页。
⑩ 《曼叔诗文存》，第23页。
⑪ 《曼叔诗文存》，第22页。

  江南相逢马浪宕，好比为我招诗魂。一饮能尽百杯否，不然同游卡尔登。……近来生活怎么样，可怜至今仍卖文。……①

诗中"卡尔登"为英译词（Carlton），是指英国人在上海所建的"卡尔登大戏院"；"近来生活怎么样"为白话口语，何氏明显把白话新词直接引入古典诗歌内，做法很大胆。这种创作思想与胡适文学改革思想颇契合。胡适1917年在《新青年》（1月号）上发表著名的《文学改良刍议》一文，提出文学改良八事（即八不主义），其中"不避俗字俗语"乃专指"不嫌以白话作诗词"而言②，所以胡适《尝试集》有《赠朱经农》云："六年你我不相见，见时在赫贞江边。握手一笑不须说，你我于今更少年。……"明显引"你我"白话入诗。③何曼叔也经常引用"你、他"入旧诗④，成为其诗一大特色。如《夜宿楼梯口小孩》云：

  人言楼梯口，有孩夜来宿。年方七八龄，蓬发乱且曲。清晨径自去，踽踽一孤独。我自闻此言，心中大感触。他是何方人，他是谁家犊。梦魂依父母，猛向怀中扑。吃惊一霎醒，暗暗自啼哭。食饭在何所，身垢谁为浴。请你不必悲，宇宙有亭毒。古来大圣贤，初不受教育。小心过马路，毋为电车仆。⑤

此首五言古诗用"他是何方人""请你不必悲""小心过马路"的白话词句，诗意浅白如话。又如同时期《送上苑兄赴战地采访》云：

  粤人慷慨赴国难，大有战绩于江东。四军健儿更忠勇，努力杀敌志气雄。前者曾为春雨曲，道远可惜情未通。我们兄弟与姊妹，日夜怀念情弥浓。今回我兄赴战地，请持此语宣军中。敌人打出国门外，快快活活还广东。那时凯旋门建在永汉路，男女争献花朵红。现在正当危急存亡的时候，更须努力冲前锋。中华民国终有日，璀璀璨璨国运隆。我兄还须考察战地的情况，按日书写投邮筒。⑥

这是一首通押一东二冬韵的七言古诗，其中"我们兄弟与姊妹""那时凯旋门建在永汉路""现在正当危急存亡的时候""我兄还须考察战地的情况"等句，明显用"我们、的、那时、现在"白话词汇和句式，其实这几句根本是白话语句，不是传统古典诗句，何曼叔就是这样创造出一种貌同白话、体似古体的白话文言混为一身的新诗体。又如《赠阿比西尼亚国》云：

  你虽然在伦敦卖火柴，仍还希望有复国日子。如果受了敌人的恩惠，对不住人民亦对不住自己。人民努力在抗战，领袖群伦拥护你。虽败犹荣将复国，摇尾乞怜真可鄙。千辛万苦矢不渝，做人须要有志气。⑦

此诗前四句是白话九言句，后六句是传统七言诗句，全诗隔句押仄声韵。如果说这是一首句式整齐、有押韵的白话诗，相信问题都不大；假如说这是一首改良过的七古，恐怕很多人都会觉得改良速度未免太急。或者这也是何曼叔在探索中国旧诗发展中，尝试创造一种文言和白话合一的新诗体，可惜这类诗仅存几首。另外，何氏抗日战争时亦曾作《春雨曲三解·怀第四军将士作》的白话诗：

---

① 《曼叔诗文存》，第14页。
② 《致陈独秀》，《胡适文集》第3册，人民文学出版社1998年版，第16页。
③ 胡适著，陈平原导读：《尝试集·尝试后集》，贵州教育出版社2001年版，第74页。
④ 按："他"，诗词亦用此字，如"他日"，但不作第三人称语。
⑤ 《曼叔诗文存》，第83页。
⑥ 《曼叔诗文存》，第82页。
⑦ 《曼叔诗文存》，第94页。

春雨春雨，又落在江南。我们忠勇将士，冒着敌人的炮火前进，怕有虮虱盈衫。（一解）

我们兄弟姊妹，日夜怀念着你。故园春草已绿遍了，等待你把敌人打出我们的领土，归来！归来！我们拥抱着你。（二解）

融融春风，吹我桑梓。堂堂虎门，有我们在拼死。远赴江南的兄弟，请不必惦记！（三解）①

这是一首分三章兼有押韵的白话诗，写作风格与《归国谣》相似②，可见抗日战争期间何曼叔仍时写白话诗。

至于词方面，《曼叔诗文存》仅有十首，但也可以从中看到作者引白话入词的特色，如《夜飞鹊·下关送别》云：

依时到车站，暑宿河源。难以泻尽情澜。虽然有话未曾了，留从书信邮传。明灯月台上，照飘红衣袂，闪绿鬈鬘。遥天倩影，见姮娥、愁态娟娟。　　长哨一声吹过，双手乍分携，仍立车沿。窗外银绡依约，铁轮东去，路轨空存。斜阳水岸，在刚才、指点峰峦。怎顿成凄梗，胸怀反被，虎踞龙蟠。③

词中用"虽然、刚才"白话词，加上"车站、路轨"等新词，使全词风格浅白，与胡适《尝试集》所收的词作颇为相似。因此，我们可以推断何曼叔引白话入诗词的举止是受到胡适的影响，但是何氏并不全部接受胡适的八不主义，如"不讲对仗""不用典"二项，就明显不接受，盖其七律依然讲究对仗，亦时用典故，保留传统。

四、时代新词：何曼叔诗论及其创作之实践

除了上述白话词句外，何曼叔同时把大量外来词、俗语方言引入诗中，这是何氏诗歌最明显的特色。为什么何氏有这种创作意识呢？何曼叔曾于1943年为梁寒操《西行乱唱》诗集撰《诗论——读〈西行乱唱〉作》一文提出诗歌创作必须具有四种观念：时代的意识、历史的语言、镕铸的技术、诗人的真情。这四种观念与何氏本身创作风格吻合。

（一）时代的意识

就时代意识而言，何曼叔推许《诗经》作品以及阮籍、杜甫等具有时代意识的诗人，批评流于模仿的沈千运、孟云卿，明确反对模拟的创作观。何氏因而赞赏梁寒操所作新疆诗歌具有"中国现代人生哲理""民族团结""建设的理论"的时代意识。④换言之，何曼叔认为作品必须反映当下社会面貌及时代意识。何氏有《近事有所感》七绝二首批评前人云：

吟风弄月终何补，自古诗人枉费心。尚有石湖全集在，未提金亮肆南侵。

洛蜀当年有党争，苏黄文藻只虚名。纷纷政见相磨擦，不入题材写现成。⑤

---

① 《曼叔诗文存》，第72—73页。

② 《归国谣》："归国归国！有十架飞机，努力共赴国难，努力共杀倭儿。（一解）海外华侨，备受荼毒。同胞同胞，莫可痛哭。要须万众一心，复兴我中华民族。（二解）持此希望，国难不已。倭人肆其凶残，轶取我土地，同胞莫保其妻子。（三解）送君归国，海天万里。不作耻辱生，须为壮烈死。（四解）天风浩浩，在三藩市。扬巾者我国士女，有四十余壮夫在天上回环。归国荷巨艰。（五解）"《曼叔诗文存》，第49—50页。

③ 《曼叔诗文存》，第121页。

④ 《曼叔诗文存》，第201—203页。

⑤ 《曼叔诗文存》，第91页。

何氏批评传统诗人多染有吟风弄月的陋习，特别是南宋诗人范成大（石湖）作品居然不提金兀术、完颜亮南侵之事，亦讽刺苏东坡、黄庭坚等纠缠于党争之中，反映现实社会题材的作品不足，俱有贬抑之意。因此，何曼叔作《吾师》推许杜甫云：

> 子建翩翩争作储，陶潜只合居田舍。集成六代有李白，思想散乱无检拘。昌黎一老别手法，文从字顺能平铺。江州司马虽有作，长庆一体嫌浅肤。商隐只能为獭祭，欧阳六一徒依摹。堂堂人杰是苏黄，毕世风月随仕途。后山困苦似有味，放翁轻易过华腴。子尹发叔在近代，可惜志气未得舒。吾师唯有杜陵叟，句句上可凌风骚。麻鞋当面见天子，学识岂待穷愁馀。民生疾苦每在念，天宝年事奋笔书。假生今时丁国难，定有诗卷供长吁。①

何氏于诗中指出曹植、陶潜、陆游等诗人各有所失，关键在他们作品未能完完全全反映社会现实，这种论述虽然有点偏颇，但无非欲藉此衬托杜甫能"民生疾苦每在念，天宝年事奋笔书"，其诗记载天宝乱世的社会事实，何氏乃以杜甫为师。

何曼叔生逢抗日国难之际，当时他在《大众日报》副刊中辟有"国难诗卷"专栏，专载其抗日诗歌，"国难"二字屡见其诗，如"客座每从谈国难"（《答君孟》）、"人生逢国难"（《赴元朗……》）、"即今国难在当头"（《庚子义和团之乱……》）、"国难当前休断肠"（《闻乱……》）、"国难当头读朝报"（《读报》）等，扣紧抗日国难。又如《风雪二首》其二云：

> 江北遗黎尽断肠，无家可别最堪伤。沉思上国神明胄，却被倭奴作犬羊。②

又如《读汉口〈大公报〉，见东战场避难人士至汉者，在一日中刊出寻访战地失散之亲友广告多至四十九段》云：

> 国仇家难在今兹，炮火连天有别离。莫向新亭挥涕泪，渡江还要杀虾夷。③

二诗足见何曼叔忧国忧民、同仇敌忾的爱国热忱。何曼叔抗日战争时期作品，主要学杜甫，即事命题，反映时代社会，如《闻我军退出南京》《闻我军退出杭州》《敌机炸东莞城》《李将军歌》《快活谷行》《加租叹》《米荒叹》《渔民夜袭荷包岛》《打落十敌机》等，不少作品紧贴抗日战争战局，叙述中国人民抗日的事迹。《渔民夜袭荷包岛》云：

> 月黑有星光，伸手微见掌。渔民自卫团，努力在摇桨。咸怀杀敌心，火器藏身上。是时风浪大，天水掀簸漾。俄达荷包岛，暗践沙痕涨。敌人储藏室，有军实粮饷。当堂付一炬，此举真倜傥。归船欣返顾，烈焰冲天亮。④

这首五古写渔民夜袭荷包岛的日军储藏库，褒扬渔民抗日的事迹。又如《渔家女》云：

> 渔船捕鱼在南海，上下茫茫天与水。遥窥敌舰冒浓烟，快快张帆背风驶。渔船人人皆自危，每闻敌舰逞凶威。舰中马达卅海里，虽欲逃死风帆迟。渔船一霎上倭兵，四十渔民噤不声。家私遍搜高声问："中日战事谁光荣？"昂头但见渔家女，慷慨声容能作对："光荣胜利属吾华，中华民国万万岁。"说完奋身投清波，敌人莫奈此女何。⑤

这首七古亦表扬中国渔家女不惧日军而跳海潜逃的事迹。何曼叔更喜直笔抨击时弊，如《舞女曲》七

---

① 《曼叔诗文存》，第79页。
② 《曼叔诗文存》，第41页。
③ 《曼叔诗文存》，第36页。
④ 《曼叔诗文存》，第80页。
⑤ 《曼叔诗文存》，第97页。

古有句云:"敌人纷报欲南侵,总见豪商未动心。只有搂腰狂舞夜,尽情不惜费黄金。"① 如《马票》七古有句云:"请看香江娱乐状,岂念内地同吟呻。其中漠不关心者,大似越人之视秦。但求金钱满欲望,国难消息宁无闻。"② 严厉批评香港富人醉生梦死、漠视家国之难。此外,由于何氏作品多次直斥日军侵华,呼吁抵制日货,有关诗作常为香港当局查禁,因此何氏曾作《漫成二首》抗议云:"为民喉舌原无忝,海澨生涯枉见侵。昨有五诗遭夺去,仰人真觉费沉吟。""抗战图存保国家,堂堂言论亦无邪。生平阅遍东西史,那有摧残正气花。"③ 可见何氏正气凛然,绝不屈服,诗作充满时代意识,爱国之情跃然纸上。

此外,何曼叔又不怕时忌,曾作《赋得邹鲁三峡诗五言八韵一首》批评国民党元勋邹鲁之诗欠缺抗日题材,其诗序云:"邹鲁先生,'党国'元勋,于南京失陷,西迁重庆时,徒模写风景,成三峡诗千馀言,用宣纸宋体字印成遍寄国中各社团及各报社,而于国家兴亡,独无一言。"诗云:"京陷西迁日,循江走海滨。何期这元老,枉说有功勋。国势艰危甚,咸诗历乱分。吟成三峡句,难值一丝文。点鬼无精采,抄书欠精神。徒然弄风月,毫不念酸辛。态度图消遣,心肝尽丧沦。当年陈叔宝,今日属斯人。"④ 诗末六句,尤见何曼叔性格率直,措辞激烈,严厉批评邹鲁三峡诗吟风弄月,内容空洞,毫无国难的时代意识,故大为贬斥。

(二)历史的语言

何曼叔接着提出诗歌写作须有"历史的语言"观念,即指诗人必须运用所处时代的语言词汇,这大抵可分两方面说明:一为运用当代的词汇,一为用当代的语言押韵。

如果说引白话入诗是何氏诗歌的特色,那用当代新词则更见何诗特色。何曼叔认为"历史上法则,就是诗篇上所用语言文字能在历史上站得住,不致当代人或后世人不懂",此言当然能用来解释他为什么要引白话入诗,也更凸显何氏重视运用当代新词,何氏尝推许杜甫诗敢用"郫筒""中男"等当代新词,更云:

> 同样,现代有飞机,有铁路,任何人都懂,即使千万世后也无不懂,但往往见号称作诗的人们,不敢用"飞机"、"铁路"等字眼,诗圣杜甫有知,岂不窃笑于地下?⑤

强调诗人应敢于运用当代新词,直接继承杜诗的传统,故其诗充分实践其主张,如《打落十敌机》云:

> 廿四飞机闹市空,内中十驾冒烟红。我们炮手称纯熟,今日居然建伟功。敌人手段真凶横,昨日宝华投炸弹。分明彼处是民房,三百馀人同一难。今天切齿又翻头,架准机关灭此仇。中我远程高射炮,浓烟红冒下方投。敌机初来声若吼,市民积怒不肯走。眼看打落敌人机,百万市民齐拍手。⑥

此首七古赞扬广州国民党军炮兵击落日本战机的战绩,全诗明显用"飞机、我们、炸弹、机关(枪)、远程高射炮"等白话及新词,有强烈的时代意识。像何曼叔这样大量引用新词入诗的做法,同时代的传统诗人几乎没有人敢照办,如著名诗人唐鼎元(1894—1988)所作《咏武昌空战大捷》《空军东征

---

① 《曼叔诗文存》,第48页。
② 《曼叔诗文存》,第55页。
③ 《曼叔诗文存》,第49页。
④ 《曼叔诗文存》,第39页。
⑤ 《曼叔诗文存》,第205页。
⑥ 《曼叔诗文存》,第89页。

行》《武汉空战三捷歌》等诗均用"铁鸟、铁翅"等比喻飞机,不敢直用"飞机"二字。① 不过,新文化倡导者陈独秀当时也用"飞机"二字入诗,其1934年所作《金粉泪五十六首》其十云:"兵车方过忍朝饥,租吏追呼乌夜啼。壮者逃亡老者泣,将军救国要飞机。"其十一云:"飞机轰炸名城堕,将士欢呼百姓愁。房马临江却沉寂,天朝不战示怀柔。"② 陈氏引用"飞机"二字,矜慎自然,前一首尤觉浑成。而何曼叔毫不顾忌他人的传统眼光,大用特用具时代色彩的新词:

> 飞机轰炸真残暴,毁我钱唐大铁桥。(《念杭州》七绝)③
> 上空倘有敌飞机,急觅安全走奔避。(《清明节寄丝宝》七古)④
> 国防前线驶胶轮,袭我飞机炸弹纷。(《闻司徒严克未死》七律)⑤
> 炸弹任意投,暴日肆凶横。(《自东莞寄邓无竟海南》五古)⑥
> 敌机肆为患,日日掷炸弹。(《纪广州各界追悼历次被炸死难同胞》五古)⑦

以上可见何氏引用"飞机、炸弹"新词入诗,情意直接,表现出抗日战争时期的灾难,时代意识极强。因此,何曼叔一再反对吟风弄月、陈言满纸的作品,如《答某君》云:

> 君既专诚问作诗,请从真理莫支离。近人扫荡唯心论,方法师承马克斯。试考古来名作者,定随当代遣新词。陈言满纸中何用?即使成篇亦可嗤。⑧

这首诗是作者回答某人对其新异诗风的质问而作,何氏发出"试考古来名作者,定随当代遣新词"的决心,坚决不疑运用如"唯心论、马克斯"等新词。

何曼叔诗歌还用很多翻译词,如:

> 极司非而公园内,命意跌宕行草场。(《游极司非而公园同瑞元、述文》七古)⑨
> 少年绅士甚英威,口上却含加力克。(《快活谷行》七古)⑩
> 今夜新传路透电,紧张情势在波兰。(《欧洲爆弹》七绝)⑪
> 柳色旗袍手在招,乍然相见密思姚。(《晤上海避难回姚女士》七律)⑫

以上"极司非而(Jessfield)、路透社(Reuters)、加力克(香烟牌子,Chialike)、密思(Miss)、波兰(Poland)"等均直用翻译词。此外,何氏又直用社会上流行的许多新名词:

> 可惜值目疾,了无稿费取。(《买花》五古)⑬
> 国防公债关兴废,可叹伧夫已丧心。(《此次本港打比赛,马票闻某贵要竟一买五万元》

---

① 如《咏武昌空战大捷》:"武昌城上杀气浮,武昌城下江逆流。扶桑铁鸟成群至,千里声惊吼万牛。……"《空车东征行》:"铁翅高摩月窟行,鹍鹏结队跨海征。……"参唐鼎元《入蜀稿》,民国诗集丛刊影印1947年铅印本,台北:文听阁图书有限公司,2009年版,第18—22页。
② 陈独秀著,安庆市陈独秀学术研究会编注:《陈独秀诗存》,安徽教育出版社2006年版,第87页。
③ 《曼叔诗文存》,第32页。
④ 《曼叔诗文存》,第83页。
⑤ 《曼叔诗文存》,第37页。
⑥ 《曼叔诗文存》,第26页。
⑦ 《曼叔诗文存》,第95页。
⑧ 《曼叔诗文存》,第87页。
⑨ 《曼叔诗文存》,第13—14页。
⑩ 《曼叔诗文存》,第59页。
⑪ 《曼叔诗文存》,第73页。
⑫ 《曼叔诗文存》,第43页。
⑬ 《曼叔诗文存》,第52页。

七绝)①
　　发光梳作花旗式，领带鲜红鞋若漆。(《快活谷行》七古)②
　　电话招邀吃杂粮，近来酬酢算平常。(《吃杂粮》七绝)③
　　欧洲闻讯大喜悦，电报早已过重洋。敌军内讧有嗔责，近卫内阁无帮忙。(《敌军溃败遂有和议之讯》七古)④
　　飞辞骋辩常论列，电梯常上最高层。(《孝威将军有酬美总统罗斯福之作寄穿和一首》七古)⑤
　　一山犹如埃及金字塔，两山仿佛匡庐双剑峰。(《响水滩》七古)⑥
　　生活有指数，租金特悬殊。(《风雨流离》五古)⑦
　　不避危城萧记者，尽忠职守殉南京。(《南京〈兴华日报〉记者萧韩渠……为长句》七绝)⑧
　　跑马厅前西藏路，一排光管夜空蓝。(《重过上海》七绝)⑨

以上"稿费、国防公债、花旗、领带、电话、欧洲、电报、近卫（日本首相）内阁、电梯、埃及金字塔、生活指数、记者、光管"等，或为意译词，或为外国人名地名，林林总总，不胜枚举，何氏均引入各体诗中，充满时代色彩。再者，何氏亦引不少粤语入诗云：

　　亲朋戚友寻消息，广告篇篇欲一号。(《读汉口〈大公报〉见东战场……四十九段》七绝)⑩
　　洋行行里办公人，已离写字楼中去。(《快活谷行》七古)⑪
　　一毫二毫买落去，典衣当裙真系惨。(《字胆》七古)⑫
　　未知头彩谁人中，中时莫作南浔梦。(《快活谷行》七古)⑬

以上"亲朋戚友（亲友）、写字楼（办公室）、买落去（买下去）、真系惨（真惨）、头彩（头奖）"等均为浅白的粤语，颇具地域特色。又如《孟轲咏》"又即今世所称油浸枇杷核子，滑已无比圆唐唐"⑭，用"油浸枇杷核子"俗语入诗。

除了新词外，何曼叔认为需要改革传统诗韵（平水韵），提倡以当代语言押韵，他说："我们现已不是生在应考举人、进士时代，为何尚须受清朝的功令约束呢？（按：指《佩文诗韵》）非笑人做诗出韵的，未免保留着应举时代的思想。不然，国民政府已经颁布了一部《中华新韵》，在学理分合，较胜古人，虽不是规定非照押不可，何不稍为注目一下呢？"⑮《中华新韵》是指国民政府教育部国语推行委

---

① 《曼叔诗文存》，第 60 页。
② 《曼叔诗文存》，第 59 页。
③ 《曼叔诗文存》，第 91 页。
④ 《曼叔诗文存》，第 88 页。
⑤ 《曼叔诗文存》，第 116 页。
⑥ 《曼叔诗文存》，第 17 页。
⑦ 《曼叔诗文存》，第 94 页。
⑧ 《曼叔诗文存》，第 38 页。
⑨ 《曼叔诗文存》，第 120 页。
⑩ 《曼叔诗文存》，第 36 页。
⑪ 《曼叔诗文存》，第 58 页。
⑫ 《曼叔诗文存》，第 96 页。
⑬ 《曼叔诗文存》，第 58 页。
⑭ 《曼叔诗文存》，第 74 页。
⑮ 《曼叔诗文存》，第 206 页。

员会于1941年10月所颁发的一部以国语语音为准的新韵书。①

因此，何曼叔所作近体诗不守传统平水韵的押韵要求，而是时时通押邻韵，如《建功二首》："啼笑皆非日本军，津浦北段好新闻。受吾拘束曾无术，欲逞凶残已不能。"②"军、闻"为十二文韵，"能"为十蒸韵。如《还庄三首》其三："庄北庄南炮弹痕，莫言惊险要招魂。若非拼死驱强敌，国难当头枉做人。"③"痕、魂"为十三元韵，"人"为十一真韵。如《游松江作》："夜半华亭吊旧踪，恍闻孤鹤唳长空。徘徊车站将行矣，还记辞家陆士龙。"④"踪、龙"为二冬韵，"空"为一东韵。如《感事》："一纸风行棉市中，为何当局不相容？治权举措应矜慎，国脉垂危要至公。若比黄台堪再摘，岂如新妇服三从。兴言斗粟淮南谚，须念同胞尚可春。"⑤"中、公"为一东韵，"容、从、春"为二冬韵。何曼叔诗歌这样大量通押邻韵，突破传统，也是民国以来很多诗人的共同理念，如陈独秀的古典诗歌大多是按白话押韵，直至当代古典诗坛亦有不少诗人不依平水韵，故改革韵部问题，尚未有定论。另一方面，何曼叔更在评梁寒操的自由词（梁氏自作长短句词）时，反对传统词律：

> 末后，略论自由词。作者在第二次西行写过三首自由词，一、《西行写怀》，二、《我眼中之新疆》，三、《吐鲁番宴维族同胞》，这几首不依词律的词，究竟在文学上是怎样呢？这问题大概是人们渴欲知的。其实，依律填词，已经是没有前途的了，唯有不依律写自由词可延续词的生命。……⑥

何氏虽然于此认为依律填词没有前途，但他所作的《扬州慢》《踏莎行》等词却依守传统格律，这是何氏唯一没有实践持论之处。

（三）镕铸的技术

相对时代意识、历史语言而言，何曼叔在《诗论——读〈西行乱唱〉作》中提出"镕铸的技术""诗人的真情"两方面的论述稍为简洁，也倾向传统，语气亦平和。何曼叔云："镕，是指应用的材料，应要有学识——把它融会贯通，如冶炉上镕合各种金属一样，这在文学上叫做内修养。铸，就是创作的手段。《文心雕龙》里叫做'神思'，而黄庭坚叫做'自铸伟辞'。能够镕铸的，方始叫做成熟。"⑦据此可知，何氏这里是针对作品的写作技巧成熟与否而言，他又指出前人为诗有敏捷、艰涩之分，各有优劣，因此梁寒操《离轮台七十里车陷冰沟》七律属于敏捷之作，技巧成熟，颇能写出汽车抛锚的新境界。又梁氏《叶城》之作，属于文从字顺，亦是成功的镕铸。⑧至于何氏本身不少作品的技巧也颇成熟，如《此次本港打比赛马票闻某贵要竟一买五万元》其一云："五万银元举手挥，贵人心眼只沙泥。定知鹅颈桥边谷，点点民脂践马蹄。"⑨此诗比喻传神，塑造香港富豪沉迷赛马赌博、奢侈无道的形象，转折技巧亦颇自然。又如《雷雨》："海水因风趁势吹，登时一怒倒天池。荡为杀敌冲锋态，散作寻仇激烈悲。闪闪电光如大炮，隆隆雷鼓似飞机。淋漓午夜中情切，四面鸡声在壮威。"⑩此诗通押"吹、池、悲"四支韵及"机、威"五微韵，以及用"大炮、飞机"新词的形象比喻，描写香港雷雨交加的情景，绘声绘影，甚为逼真。

---

① 教育部国语推行委员会编：《中华新韵》，成都：蓇古书局，1941年版。
② 《曼叔诗文存》，第81页。
③ 《曼叔诗文存》，第88页。
④ 《曼叔诗文存》，第16页。
⑤ 《曼叔诗文存》，第26页。
⑥ 《曼叔诗文存》，第211页。
⑦ 《曼叔诗文存》，第206页。
⑧ 《曼叔诗文存》，第207页。
⑨ 《曼叔诗文存》，第59页。
⑩ 《曼叔诗文存》，第78页。

（四）诗人的真情

除了写作技巧外，何曼叔更认为诗歌必须流露作者的真挚情感，才可称为好诗。因此，何氏热烈褒扬梁寒操新疆诗歌不作客套语，不摆出中央大员的架子，反而真率直言，处处亲民，情感真挚流露。[1] 何曼叔1934年为莫述文《媚古楼诗稿序》也指出言必由衷、语由己出的诗歌创作观：

> 余尽为言诗之道，在绩学积理，一空依傍，语由己出。大抵须读书多，行路多，阅历世变多，见识名人通德多，充充然有性情，有见解，心有所感，非发为诗歌不可之时，始驱遣一切字样，挥笔照心所欲言，从指间洒洒流出，是方足称为真诗。忌言非由衷，尤忌妄语。盖奇思壮采，万不可无，而一入妄语，便成恶道。贵独辟新意，自铸伟词。其极则在文从字顺，故非多识名物辞义不可。发情真挚，用心不苟，然后可以免乎轻与薄。[2]

"发情真挚，用心不苟""独辟新意，自铸伟词"，为何氏诗论的一大特色，其《念徐州》《渔家女》《风雨流离》《敌军溃败有和议之讯》等诗，都能反映作者对抗日期间中国社会的关注，流露出强烈的爱国情怀。如《敌军溃败有和议之讯》七古云："中华抗战必到底，誓与国土同存亡。若非收复所失地，和平议论无商量。"[3]《闻捷大喜为长句》七古有云："我们应战求生存，要驱敌人出国门。全民努力雪耻辱，以血洗净倭屐痕。今天读报心大喜，保卫国家咸拼死。"[4] 以上二诗对日军侵华之暴行，口诛笔伐，措辞直率，情感慷慨激昂，真挚爱国之情流露无遗。

五、何曼叔诗词用白话新词之评价

何曼叔避难香港时期所写的百余首诗歌，为其最集中用新词、白话的作品。不过，何曼叔作品主要连载其所任职的《大众日报》上，而《大众日报》只是一份小报，远不及主流的《华字日报》《循环日报》《工商日报》等大报畅销，其作品并未引起广泛的回响，所以当时评论其诗歌者很少，只有阮退之、徐谦、李仙根三位友人曾与之论诗。阮退之作《与曼叔论诗》："商量诗派光宣后，对客曾为破壁青。"[5]《送友二首》其一："泠泠风雨骑楼夜，听尽幽燕戮力言。不即打消名士习，将何以对友生们？"[6]《游沪归来呈曼叔》其三："本能人类求繁衍，焦土门前所不辞。消耗纵成三比一，倭儿应恨法西斯。"[7] 阮退之是何氏的知心诗友，两人时时论诗，如谈及光宣以来诗歌发展情况，阮氏作品也用"骑楼（粤语）、们（白话）、本能（新词）、法西斯（新词）"等白话新词，诗风与何氏相近，臭味自然相投。而徐谦《答曼叔先生题愚夫妇近作诗后》云："今朝不合吟风月，风月何曾废苦吟。国难新词继诗史，民间歌哭倍惊心。"[8] 徐谦明显赞赏何曼叔诗用新词反映时代国难，推为诗史。至于国民党元老李仙根，则推许何曼叔、阮退之、梁寒操为革新诗人，曾作《答革新诗人何、阮、梁，并效其体》二首云："多君为我谈诗病，绯白缃黄少用之。但要世人能领会，不求格律过矜持。义山锦瑟尤缠讼，子美雕镂或可师。独爱吾宗狂太白，呵成一气便雄奇。""论诗敢谓有家法，好尚如今未必同。险韵几

---

[1] 《曼叔诗文存》，第208—210页。
[2] 《曼叔诗文存》，第199页。
[3] 《曼叔诗文存》，第88页。
[4] 《曼叔诗文存》，第76页。
[5] 1940年12月19日《天文台》。
[6] 转引自《曼叔诗文存》，第56页。
[7] 转引自《曼叔诗文存》，第85页。
[8] 转引自《曼叔诗文存》，第69页。

曾矜竞病，淫声或许系污隆。深人浅语求难得，札闼洪麻亦岂通。一派江西南渡后，独吾不取是颓风。"① 李仙根虽曰模仿其体，但不甚像，只是诗意直致，文字略为浅白而已；而"多君为我谈诗病，绯白缃黄少用之。但要世人能领会，不求格律过矜持。义山锦瑟尤缠讼，子美雕镌或可师"句，似是李氏转述何曼叔的论诗观点，而李氏仅推许李白率性一气呵成之风；又"独吾不取是颓风"句，李氏自注"正合国难诗之旨"，则颇认同何氏提倡有时代意识的诗风。

　　1940年，何曼叔前赴重庆后方工作后，乃进一步广交诗友。抗日战争胜利前夕，1945年7月15日，何曼叔与客渝诗人张子春、翟觉群、王淑陶、唐颖坡、余少飒、陈湛铨、陈逸夫、陈舜卿、冯宪彬、梁简能、周演明等十多人在重庆组结"嘉陵诗会"，每周一次，举办诗会，拈韵赋诗。诗会办至第四会时，适逢日本投降，诗会遂辍。② 由于诗会少，何氏社课作品也散佚无存，但是因诗会的关系，何曼叔开始与这些诗人过从论诗，特别是粤籍诗人陈湛铨、梁简能等，颇有交流。1949年，何曼叔南返广州，亦与广州时贤过从，如诗友佟绍弼作《诗中六士歌》歌颂广州诗坛陈寂、熊润桐、阮退之、陈湛铨、傅静庵、何曼叔六家独特的诗风③，各领风骚，由是可知何曼叔诗名渐大。

　　这些友人对何氏诗歌评价大都客客气气，抱着正面兼容的态度。如陈树人《迈叔用君左狂字韵赋成一首见示，再叠此韵和之》一诗颇能指出何氏坚执的论诗个性：

> 何子迈叔古之狂，主观独执尤其强。岭南沪上三千里，目中无人空叹伤。落落与人不苟合，风尘世路当彷徨。……目空一切无余子，批评劲语严风霜。……④

陈树人笔下的何曼叔个性明显有"主观独执""目无余子""批评劲语严风霜"的特色。莫述文《国难怀人八首》其一亦云："一灯如豆味醰醰，诗论精严惯夜谭。今夕对灯思共语，得如沦落在江南。"⑤ 可见莫氏笔下的何曼叔论诗个性亦精严独执。又如1949年佟绍弼《茗座偕曼叔》云："平生意气君能壮，流俗讥评事已轻。"⑥ 又《诗中六士歌》"自建旗鼓张京畿"，佟氏笔下的何曼叔于诗坛自张旗鼓，意气壮烈，凸显其不惧流俗讥评的个性。又如梁简能《何委员曼叔见访赠诗赋酬一首》七律后四句云："论诗何必分唐宋，颐志从谁辨典坟。秉笔直抒心上事，只须词达便欣欣。"⑦ 梁氏笔下所用"何必分唐宋""秉笔直抒心上事""词达"诸语，也反映何氏重视直笔抒情的诗论特色。至于傅静庵《过何曼叔谭诗》云：

> 垂柳因风左右倾，每由同异见交情。可堪旧调都陈腐，自铸新词与更生。出句力求人共晓，倚声微憾韵难明。相逢但欲张奇抱，一榻江山午梦清。⑧

诗中的"可堪旧调都陈腐，自铸新词与更生""出句力求人共晓"所论，其实就是何曼叔反对陈言、引用白话、自铸新词的诗论特色。甚至詹安泰有《何曼叔自白门惠寄新制，多独创之辞，殆欲自开门牖者，报以诗二首》之慨叹，认为何氏诗歌"宏开句法貌天骄""一关夏造要谁传"的独特风格，别树一

---

① 李仙根著，王业晋主编：《李仙根日记·诗集》，文物出版社2006年版，第136—137页。其一，题作《答革新诗人何迈叔、梁寒操论诗，并效其体》，载《杂志》第4卷第4期，1939年，第64页。按：《李仙根日记·诗集》题"答革新诗人何、阮、梁"误作"答诗革命人何、阮、梁"，据《杂志》改。
② 参梁简能《简斋诗草》，香港自印本，1983年，第17b—19b页。
③ 佟绍弼著，陈永正编：《腊斋诗集》，广州诗社，2004年，第57页。
④ 《曼叔诗文存》，第109页。
⑤ 莫述文：《媚古楼诗稿》（稿本）。
⑥ 佟绍弼：《腊斋诗集》，第67页。
⑦ 梁简能：《简斋诗草》，第14a页。
⑧ 《中央日报·岭雅》第56期，1949年6月20日。

帜①，颇为赞扬。又如余祖明编《近代粤词搜逸》亦云："何曼叔，东莞人。诗词喜创新语，遗稿荡然。"② 余氏指出何氏诗词爱引新词的特色，未作评论。以上詹、梁、佟、傅等人本身所作诗歌专学宋人之诗，传统保守，当时均极少用新词，而对何曼叔之新异诗风，只是包容而已。

不过，诸友人中只有陈湛铨一人对何曼叔诗歌风格发表异议。1945年陈湛铨作《与何曼叔论诗书》长函云：

> 至于用新名词入诗，铨以为经我镕炉，用之恰好，事出无意，正自不妨，但不可刻意诛求，无篇无之耳。如然，何异杜象罔以寻燕石，累良骥以负盐车哉。夫泾渭不共流，雅俗不同趣者久矣。……翁诗（何曼叔）律句不与古绝同风，故各体皆觉其胜。惟其近诗与所持论，似有意多用新名词，以此为快，铨恐其蹈夏、谭之覆辙，塞海若之尾闾，毁琴筑而鼓瓮盆，弃家鸡而爱野鹜，则期期以为不可矣。翁但可快意于一时，独不为身后名计耶？微观翁之所与游者，或以才过若人，而未进药石，或以此实为至当，而扬其波流，铨辄不自量，愿为曼翁诤友。虽曰交浅言深，君子所忌，然爱人以德，岂容久缄？曼翁大度，想不以我为妄也。③

陈湛铨认为只要"经我镕炉，用之恰好，事出无意"，自然浑成，用一些新名词亦无不可，但反对那些刻意或滥用新名词的做法，故对何曼叔诗大量用新词的现象，认为这是何氏逞一时之快，即"塞海若之尾闾，毁琴筑而鼓瓮盆，弃家鸡而爱野鹜"，弃雅调而求俗调，势将步梁启超所谓夏曾佑、谭嗣同"喜挦扯新名词以表自异"之后尘。④ 陈湛铨以此为谏，期望何氏返回雅道正轨。陈氏更不点名批评诸友人对何氏诗风"未进药石，或以此实为至当，而扬其波流"，雅俗不辨，深感失望。陈湛铨此函措辞尚算平和，但三十多年后，即1978年，陈氏作《何阮》一诗措辞则颇刚烈：

> 曼叔何郎阮退之，广东怪物记当时。名词赓续多花样，已过颠风莫更吹。⑤

陈湛铨明显批评何曼叔、阮退之二人当年鼓吹新名词入诗，故以"怪物、颠风"讥之，以警示后人，不满之情溢满纸上。

事实上，在何曼叔逝世差不多近六十年后的今天，传统古典诗词创作风气不振，与白话诗文相比较，自是天壤之别，虽然如此，当代古典诗歌创作观念仍很传统，著名学者诗人刘世南在《清诗流派史》上对晚清诗歌用新名词的现象有深刻评论：

> 古典诗歌（包括古体和近体）属于文言语言系统，你要写作古典诗歌，当然必须采用文言词语，而中国士人的传统文化心态，是主张诗歌语言典雅的，这就必然要向群经诸子以及史籍去选择合用的词汇。至于外来词语，只要能表现新意境，自然也应该吸收。这就和中古以来士人吸收佛经的词语和典故一样，完全可以同化它们。这一点，不但诗界革命派的人这样做了，同光体的陈三立等也这样做了。中国古典诗歌的语言，经过几千年的锤炼，已经形成一种无法取代的特色。⑥

刘世南强调古典诗歌向来都可以同化外来词（新词），但用文言的创作传统是无法取代的，一针见血，论说很有力。而何曼叔诗歌不仅仅引用当代新词，还大量引用白话，试图取代古典诗歌的传统面目，何

---

① 《中央日报·岭雅》第47期，1949年4月11日。
② 余祖明辑：《近代粤词搜逸》，香港：1970年排印本，第129页。
③ 陈湛铨：《与何曼叔论诗书》，《文史春秋》1947年第1期，第6—7页。后又载1949年2月28日《广东日报·岭雅》第41期；又载香港联合书院中国文学会编《联大文学》，香港：文化印刷所，1958年，第88—89页。
④ 梁启超著，舒芜校点：《饮冰室诗话》，人民文学出版社1959年版，第49页。
⑤ 陈湛铨：《修竹园近诗二集》，香港：修竹园门人自印本，1983年，第36b页。
⑥ 刘世南：《清诗流派史》，人民文学出版社2004年版，第509页。

氏这种主张始终没有在现今诗坛形成创作主流,可见古典诗歌的文言传统是改变不了的。盖白话与文言之间确实存在太大的差异,如传统文言书写多用单音节词,白话书写多用双音节词,且常用"的"助词,如在篇幅有限的近体诗中运用白话,则明显格格不入。然而,为何曼叔编集的杨宝霖则说:"近代出现的词语和方言,曼叔很自然地贴切地在诗词中用上了","曼叔生活时代出现的新事物,只有用时代的语言作表达的工具,才能准确达意。即使文人的传统题材,在曼叔的笔下,另有一番新意。与美人离别这一题材,在古典诗词中,不下千万首,而曼叔所写,别有笔墨","曼叔诗词,一言以蔽之曰:新"①。杨先生只用"新、自然、贴切"来评价何曼叔诗词,而没有正视其问题所在。

平心而论,何曼叔生逢中国文化革旧鼎新的大时代,尤其是胡适、陈独秀等提倡改良文学的思想大行其道时,向往新文化、写作白话诗文自是当时一般新青年的理想,所以何曼叔因应时代潮流援引白话及新词入诗词,藉此改造古典文学。值得关注的是,《曼叔诗文存》所收三百多首诗词作品中,大约有一百七十一首是何氏客居香港第一年所作,这时期作品用白话新词明显比前后两期更多,笔者认为这个现象可能是何氏想借浅白诗歌以激发普罗大众的抗日意识,如其1926年所作的《文学论衡》说:"我们深知道文学之能够影响于社会改造力量至伟。"② 所以何氏几乎每天都在《大众日报》上连载诗歌,借其浅易的措辞,激烈的抗日情怀,感染大众,以求唤醒部分不思抗日的香港人,从而达到全民抗日的目的,可谓别具用心。因此在抗日战争胜利后,何曼叔诗歌并没有像以前那样大量引用白话新词,明显有点区别。不过,何曼叔却于此时开始填词,词风也倾向浅白为主,如《水龙吟·三十五年九月三日紫金山下作》:"去年还在陪都,曾同万众欢腾夜。开天辟地,自从盘古,这回声价。喜极心情,积年酸泪,不期盈把。彼倭人日本,欺吾太甚,投降了,今签押。　　不是流亡巴国,已归来、紫金山下。昆仑到海,重重锦绣,江山如画。可惜周年,蜩螗未已,心仍难惬。请炎黄苗裔,扪胸自问,有如何话?"③ 此词平白如话,少了点传统清空、婉曲的味道。又如《扬州慢》:"战尘未息,有飞机,飞过扬州。"④ 用了新词"飞机"。《玉楼春》:"归途虽滞有新诗,更觉家庭温暖意。"⑤ 用了白话"家庭温暖"。以上二词与前文所引《夜飞鹊·下关送别》一样,可见何曼叔词作也引白话新词,风格新异,只是何氏词作数量不多,故在全书中不及诗歌那样突出。

另一方面,若用传统诗论去衡量何曼叔诗歌的话,其诗自不能登传统大雅之堂。南宋严羽《沧浪诗话》"诗法"篇曾云"学诗先除五俗,一曰俗体,二曰俗意,三曰俗句,四曰俗字,五曰俗韵",诗歌"语忌直,意忌浅,脉忌露,味忌短"⑥,这种恶俗崇雅、追求深婉蕴藉的诗论根深蒂固,为千年传统诗坛的主流审美标准。而何曼叔引用白话新词的诗词,正正犯着直露、浅俗的毛病,与含蓄典雅之谓美的传统审美观恰恰相反。想必何氏亦知道其诗风与传统不合,但为了紧贴时代,仍坚持引用白话新词,于诗坛上自树一帜。与何氏唱和、诗风相近的梁寒操,曾作《酬纪彭先生仍次曼叔韵》七古一诗有"读赋每喜读东坡,诵诗最爱诵君易。……自抒襟抱写新诗,不畏旁人讥下里。……"⑦ 此诗为梁氏用何曼叔韵写的,故亦能反映梁、何二人崇尚白居易,走通俗之风格,不惧时人讥评的特立个性。

何曼叔现存诗歌比较多用古体形式写作,不少作品为即事命题之作,并大量援引白话及新词,如《郑州妓》《渔家女》《字胆》《快活谷行》《夜宿楼梯口小孩》《神户别》《米荒叹》《加租叹》等。《字胆》云:

> 天地玄黄八十字,择开一字名字胆。一赔七十大彩头,可怜妇女神志暗。一毫二毫买落

---

① 《曼叔诗文存》,第25—26页。
② 《曼叔诗文存》,第196页。
③ 《曼叔诗文存》,第127页。
④ 《曼叔诗文存》,第121页。
⑤ 《曼叔诗文存》,第122页。
⑥ 严羽著,郭绍虞校释:《沧浪诗话校释》,人民文学出版社2006年版,第108及122页。
⑦ 梁寒操:《酬纪彭先生仍次曼叔韵》,《华侨先锋》1943年第5卷第6期,第54页。

去，典衣当裙真系惨。如追火车那可达，字胆害人诚可憾。昨天轩尼诗理道，四十妇人缚一缆。捉将官里大可怜，今日过堂听对勘。①

这首七古抨击香港字胆赌博遗害社会的现象。全诗用"彩头、真系惨、火车、昨天、轩尼诗"等白话、新词及粤语，情意浅白，而用上声押韵，气韵颇响。又如《郑州妓》云：

> 郑州在中原，南北通齐楚。地形握险要，由来自前古。何况在兵争，纵横两铁路。莽莽一名城，十二万烟户。东北战场近，逃难多羁旅。其中流品集，间谍潜踪住。堂堂郑州妓，爱国有志虑。间谍六七人，勾稽尽擒掳。出身虽微贱，处境虽困苦。精忠报国族，有过良家女。我欲写其形，绣丝悬窗户。②

这首五古褒扬郑州一妓女勇擒间谍的爱国义举。全诗叙事铺排，细密有致，遣辞拙朴，用"铁路、间谍"新词，颇为自然，唯一是"户"字犯重韵而已。以上两首仄韵古诗，镕铸今古，尚算自然浅白，颇近杜甫《三吏》《三别》，白居易《新乐府五十首》《秦中吟十首》的通俗风格，有其突出的成就，值得肯定。

然而，何氏所作近体诗如七绝《吃杂粮》其一云："大肉肥鱼已厌尝，应时角子艾根香。明天十五星期六，请过吾家吃杂粮。"③ 用白话新词，不避俗语，情意浅露，近竹枝词体。又如《漫为二绝句》其二云："袭人芳馥板桥花，行到巴渝也见他。最忆珠江江上月，久违花地素馨斜。"④ 七绝用白话"他"。七律《总理逝世十三周年纪念作》云："香江再见杜鹃花，有泪如泉事岂赊。今日关河交虎兕，多时黎庶化虫沙。联俄容共思遗策，抗战图存保国家。一十三年灵爽在，我们能论是非耶。"⑤ 七律末句用"我们"，与前数句格格不入。其他近体诗句如"今回不见密丝王""近来才睡七钟头""安排餐饭从头说""似此天容有问题""保持国际交通线""我们同访读书堂""邮差派信照常来""今日香江有工作""风雨声中走汽车"等⑥，足见何曼叔引白话新词入近体诗之多，俯拾皆是。虽然说这些诗歌严守格律，在传统框架上引入白话新词，试图自创一格，但白话与文言语言特点迥异，极难兼容，加上近体诗篇幅有限，善用一二新词尚可一新意境，但一引入白话，或伤于浅俗直白，少了传统诗歌的蕴藉含蓄之美，明显格格不入了。

值得一提的是，上文所引诗歌均为何曼叔于民国时期所作，而其1949年后作品极少，现仅存《迁院》五古、《踏莎行》词、《除夕》白话诗各一首而已。据何氏1951年所写广东文理学院迁校的《迁院》一诗所见，其作品仍紧扣时代步伐，歌颂新中国建设事业，也用白话词"我们"、白话语句"小心办大事"及政治新词"帝国主义者"、"防匪又防特"等，依然故我，诗云："石榴岗上立，闳楼势屹屹。杨桃荔枝树，四面芬芳袭。辛勤求学地，环境甚甜蜜。一朝为国防，我辈应让出。今回建海军，武力实无匹。帝国主义者，势必不能敌。欣欣辞此去，壮志转横溢。我们搬迁事，两周可完毕。同学各奋发，不肯自安逸。努力共参加，早夜作营役。图书与仪器，装箱声突突。检点乃加封，丝毫不草率。任何一校具，珍重如拱璧。舟车运输去，布置已周密。保持原日量，保持同等质。一丝和一缕，勿使有遗失。小心办大事，时时当警惕。防火又防窃，防匪又防特。《共同纲领》上，爱护公家物。当家作主人，今日见风骨。于此显心光，于此比劳绩。我们新院址，整顿亦安适。峨峨白云山，屏障在其北。不

---

① 《曼叔诗文存》，第96页。
② 《曼叔诗文存》，第90页。
③ 《曼叔诗文存》，第91页。
④ 《曼叔诗文存》，第107页。
⑤ 《曼叔诗文存》，第70—71页。
⑥ "今回不见密丝王"（《曼叔诗文存》，第5页）、"近来才睡七钟头"（第61页）、"安排餐饭从头说"（第29页）、"似此天容有问题"（第69页）、"保持国际交通线"（第72页）、"我们同访读书堂"（第74页）、"邮差派信照常来"（第88页）、"今日香江有工作"（第92页）、"风雨声中走汽车"（第107页）。

日渡江完,各住所分室。"① 何曼叔这类作品虽然具有鲜明的时代色彩,但是全诗遣词平白如话,味同嚼蜡,始终欠缺一点传统诗歌的含蓄典雅之美。事实上历史已证明了,创作古典诗歌时若背弃千年以来温柔敦厚、含蓄典雅的传统审美观,而大量引白话新词入旧诗,舍雅求俗,终将没有读者市场,更是诗歌的厄运了。

六、结　论

何曼叔一生热爱古典诗词创作,只是生逢清末民初中国政治文化大变革的年代,其文学思想受胡适、陈独秀所提倡的白话文运动影响,曾创作白话诗歌,并引大量白话、新词入诗词,试图改良传统文学,其《诗论——读〈西行乱唱〉作》更提出传统诗歌创作必须具备时代意识、历史语言等,理论与创作实践一致。何曼叔在抗日时期的香港所写百多首诗歌,大量引用白话新词,盖欲借用浅白词汇的诗歌,贴近时代,以宣传全民抗日,彰显其爱国之情。然而,其诗词大量引用白话新词,形成一种舍雅求俗的审美观,明显与传统含蓄为美的诗歌审美观不合。

友人李仙根、詹安泰、傅静庵、梁简能等对其诗风评价,大多包含并蓄,唯独陈湛铨一人深表异议,不满何氏伧俗的诗风。平心而言,何氏不少古体诗歌所用白话新词,即事命题,反映社会现实,颇近杜甫、白居易通俗诗的风格,成就最为突出;而其近体诗歌引用白话新词如"我们、你们、他、的、大炮"等,明显弃雅趋俗,则乖违千载以来的诗歌审美价值,值得商榷。最后,现存《曼叔诗文存》一书,仍遗漏不少作品,谨辑其集外佚诗二十七首于文末,以补不足。

【附】何曼叔集外诗辑录

2008年,杨宝霖先生整理何曼叔遗作,编成《曼叔诗存》,收入"莞水丛书"出版。② 后来杨宝霖与何太进一步搜集,增补了不少诗文佚作,并于2012年重编成《曼叔诗文存》,然而仍有不少佚诗未见辑录,试就所见,辑录佚诗十九题凡二十七首。这二十七首中,《天文台》及《大公报》所载之诗为何氏香港时期所作,《岭雅》所载为抗日战争胜利后至1949年返回广州时所作。详辑如下:

  青山道上游泳场,根生兄筑有一室,属余名之,因命曰清凉室,自脱离《大众报》后,日日相与留连于此

此间命曰清凉室,顾盼东西要赋诗。剩有闲愁空许国,已无言责可忧时。细看海水真英勇,猛拍滩沙亦作痴。波浪屯门迁客句,且从风景一轩眉。
(录自1938年5月22日《天文台》)

    奉赠孝威将军

策略罗胸擅著书,兵家从昔重孙吴。含毫引纸筹思夜,万海交环若定庐。
(录自1938年12月29日《天文台》)

   次韵阮退之奉寄均默先生

为国辛劳相念久,近闻移节桂江源。寄来一札焦心见,翻记长洲对海言。
秋尽窗楼犹暑热,夜阑灯火尚纷繁。沉思高柳摇风处,何日重寻白下门。

---

① 《曼叔诗文存》,第141页。
② 何冀著,杨宝霖整理:《曼叔诗存》,东莞乐水园印行,2008年,总第288页。

（录自 1939 年 10 月 22 日《天文台》）

李将军歌（为伯豪总司令作）

雪光照夜入蔡州，生擒元济著勋猷。李晟乃有子孙在，固我边防守汕头。汕头流过韩江水，滚滚黄涛向东去。将军有誓 X 人惊，举国闻声仰丰采。由来多难产奇才，孙武知兵万口推。不避艰危身许国，又提旌旆向江淮。罗王砦上 X 儿泣，欲敛凶残嗟莫及。德安城外万家山，枪下 X 儿若山积。总兹戎重领雄师，X 势纷纷见不支。山川自有精灵在，正是将军战胜时。久茹酸苦闻佳讯，薄海欢腾周感奋。四万万众一条心，尽付将军抒热愤。图存抗战显精诚，不怕 X 儿大点兵。会见神州重再造，上陈黄帝在天灵。那时诸姑与姊妹，扶持父老携兄弟。凯旋门建太平南，朵朵鲜花投战士。将军剑佩冠峨峨，光荣不让加里波。清溪崖石重治磨，我更命笔为作歌。

（录自 1938 年 10 月 26 日香港《大公报》）

送退之兄赴韶关

酌君清茶以当酒，送君七字之诗篇。长空飞机声轧轧，敌在肆虐冲浓烟。君于此时乃就道，足见赴难情弥坚。丈夫矜慎盖有在，岂论出处如山泉。忆昔珠江革命潮，二十五万为青年。嗷嗷嘈嘈推祭酒，领以矩度张民权。当年慷慨书至计，时日虽去心神全。长沙湾道对茶座，共惜小室名红棉。古人策马踏韶石，未免着意听琴弦。无量有句引曹洞，我亦欲证南华禅。

（录自 1940 年 1 月 1 日《天文台》）

京沪路上作，时新自重庆还都，初赴上海

其一
柳条新霁绿毨毨，一片秋穹洗淡蓝。三十里山多媚妩，又从车上过龙潭。

其二
国魂西自大江还，再睎苍苍北固山。我亦应寻浮玉去，夕阳楼上一开颜。

其三
谋国功成范大夫，越娘轻舸待孤蒲。凯旋车上今谁在，黄月朦胧望太湖。

其四
月夜情怀与梦偕，车行摇舞路边槐。频吹蒸汽龙头笛，瞥眼南翔表站牌。

其五
紫雾红光望里知，龙头东向列车驰。温柔灯火春申浦，漂泊西南再见伊。

（录自《京沪周刊》第 1 卷第 1 期，1947 年；又载 1948 年 6 月 14 日《广东日报·岭雅》第 7 期。按："吹"，《京沪周刊》作"嘶"）

吊叶天一

故人叶天一，诗法杂唐宋。昔年沅水上，春雨洒残冻。长路乍相逢，两日至茶洞。夜闻子规啼，一灯实相共。各有羁旅情，裁诗状惊悚。陪都眺瞻处，巴水迅流动。已钦雅士姿，尤觉素交重。湖南书报至，职掌谓忙冗。欲还广州城，握手话前梦。岂知君已死，黄土成新垄。平生雕肝肾，乃致年不永。吊君大佛寺，怀旧心弥痛。孤婺出谢客，泪落若泉涌。凄凉陆士衡，有赋亦何用。

（录自 1949 年 3 月 7 日《广东日报·岭雅》第 42 期）

木棉一首

参天高树大朵花,淋漓鲜血涂枝桠。仰观未免类恐怖,照耀珠水生红霞。清明谷雨海风湿,弱柳夭桃面春泣。木棉此际叶狂号,夜枭飞鸣不敢集。虎门崖门上大潮,吸水长根若怒蛟。此花只恐人间少,播种飘绵绽紫苞。

(录自1949年4月11日《中央日报·岭雅》第47期)

凭城望玄武湖

凭城几度观湖水,一度陶然一度酣。昨者云光如乳白,今回波影似天蓝。梅边玉手乘船见,竹外金沙倚櫂谈。尚有七分佳节在,春来才得十分三。

(录自《京沪周刊》第1卷第10期,1947年;又载1949年5月30日《中央日报·岭雅》第53期)

自香港赴韶关溯东江而上,夜泊渔村,未晓即起

汲取黄流漱齿牙,何因通夜有啼鸦。归来故国山川在,渐近清晨星月斜。心绪似云飘梦影,情澜如水挟江沙。迢迢千里成淹滞,且叫舟人烹苦茶。

(录自《京沪周刊》第1卷第35期,1947年;又载1949年6月13日《中央日报·岭雅》第55期)

太湖湖上三首

其一
小箕山上桃花下,胸次天光荡水光。春雨如烟前日事,一湖颜色柳芽黄。

其二
由来笠泽东南美,岂独驰名顾渚茶。烟际洞庭山上树,有怀嘉果白枇杷。

其三
于湖唯此最豪雄,史迹斑斑细浪中。生际晚唐纷乱世,隐居容得陆龟蒙。

(录自1949年6月20日《中央日报·岭雅》第56期)

寄退之香港三首

其一
雷崩电掣观天象,云变波摇念海湄。片纸短笺磁力在,千言万语略为辞。

其二
中人心坎爨桐琴,生计商量海水深。歉我故人香港客,能抛余力为黄金。

其三
阆苑蓬山久闭扃,西风南渡意峥嵘。亦红仙去芳尘冷,更有诗人马凤琼。

(录自1949年7月4日《中央日报·岭雅》第58期)

栖霞山红叶

叶如鲜血溅青旻,历受霜威事是真。言念关河寥落处,得无心恨赏秋人。

(录自1949年7月11日《中央日报·岭雅》第59期)

戊子上元前二日，青溪白门两社雅集用白乐天《春游西林寺》诗分韵得"一"字

从前刘豫州，于此有评骘。谓虎踞龙蟠，吴都定昌吉。古来兵争地，张牙斗蟋蟀。
遭遇恐怖年，肝脑膏斧锧。至于文人会，觊缕数万一。昭明太子统，侍从咸超轶。
登览文选楼，时君如黑漆。萧衍此老公，饰智多过失。虽有图治心，躁竞持蚌鹬。
岂不怀归欤，飞鸟已寥歘。谪仙李太白，才思最飘逸。登台吊凤凰，浮云蔽白日。
三山二水间，何以大萧瑟。想其语同游，怆然而涕出。潜溪宋景濂，手握董狐笔。
金华文章伯，落纸气横溢。一朝聚宾朋，欢宴犹未毕。皇皇有诏书，举座皆战栗。
生逢残暴君，常有无病卒。湘乡曾涤生，其人甚老实。开府在江南，文士游踪密。
莫于偲等辈，识度亦难匹。深知求阙斋，戒惧于清室。逼处满汉间，定乱称辅弼。
欲求闻达耶，于理得无窒。流观秦淮水，只有事著述。史迹斑斑然，关系因果律。
今回有雅集，春草尚未苗。交通银行楼，诗篇料盈帙。未从诸公后，我乃以目疾。
是时全国人，危困待拯恤。政治与经济，补救了无术。养病闭双眸，沉吟抱吾膝。
（录自1949年7月18日《中央日报·岭雅》第60期）

寒风一首，车过诸暨作

寒风忽然到，车窗雨点滴。村妇泥中立，雨打拜年屐。为何车久停，半日不得食。
对座一军官，频频在叹息。国家方扰攘，谁人念阡陌。忧来岂无端，何处可尽力。
（录自1949年8月29日《中央日报·岭雅》第66期）

南还过西湖

晓风吹湖云，湖作淡红色。万鸟柳烟中，歌喉不用力。葛岭有桃花，新意来得急。
辞京南还客，心绪本倪侗。美哉西子容，何事反戚戚。
（录自1949年9月5日《中央日报·岭雅》第67期）

次韵熊润桐西塘茗话

栏干斜日倚萧寥，宛若蒹葭引手招。风上晚禾姿旖旎，檐前双鸟语谐调。
无邪在野难先乐，有装于淇信后凋。江水滔滔浮一楫，白云空念故山樵。
（录自1949年9月12日《中央日报·岭雅》第68期）

露台晚饭看月上同湘薇

乍涌嫦娥若赤金，湘薇先睹指遥岑。似开笑面仍生恨，已见升腾又像沉。
薄雾渐消除逝水，旧盟犹在启灵心。露台一顿黄昏饭，领受光明仔细吟。
（录自1949年9月19日《中央日报·岭雅》第69期）

有寄

记从初见翠香园，百法明门有世尊。我亦皈依唯识论，九州风雨卅年存。
（录自1949年9月26日《中央日报·岭雅》第70期）

[古韵新声]

明代的潮剧

吴国钦

(中山大学中文系　广东广州　510275)

一、从潮泉腔到潮腔潮调

南戏的声腔，据徐渭《南词叙录》记载，有昆山腔、海盐腔、余姚腔、弋阳腔。徐渭云：

> 今唱家称弋阳腔，则出于江西，两京、湖南、闽广用之；称余姚腔者，出于会稽，常（州）、润（州）、池（州）、太（州）、扬（州）、徐（州）用之；称海盐腔者，嘉（兴）、湖（州）、温（州）、台（州）用之。惟昆山腔止行于吴中，流丽悠远，出于三腔之上，听之最足荡人。①

明代祝允明在《猥谈·歌曲》中亦云：

> 数十年来，所谓南戏盛行，更为无端，于是声音大乱……愚人蠢工，徇意更变，妄名"余姚腔"、"海盐腔"、"弋阳腔"、"昆山腔"之类，变易喉舌，趁逐抑扬，杜撰百端，真胡说也。若以被之管弦，必至失笑。②

祝允明虽为书画名家，但对南戏的看法显然偏颇。从声腔方面说，徐、祝两人所言大同小异，于是就有了南戏"四大声腔"（昆山、弋阳、余姚、海盐）之说。

已故学者叶德均在《明代南戏五大腔调及其支流》一文中，以祝允明《怀星堂集》等记载为依据，提出南戏除上述四大声腔之外，尚有南戏发源地温州之温州腔。叶说论据确凿，首倡南戏"五大声腔"之说。③

1982年，广东剧协编印《戏剧艺术资料》第7期刊载知名潮剧学者李平的《南戏与潮剧》一文，提出了"潮泉腔"的说法：

> 从产生年代和在海内外流播影响看，从潮泉腔派生了潮剧、梨园戏、白字戏等剧种，又为高甲（戏）、芗剧、歌仔戏、琼剧等剧种部分吸收，潮泉腔是明中叶四大声腔同时又一大声腔，可称为第五声腔。④

---

① 《南词叙录》，《中国古典戏曲论著集成》第三册，中国戏剧出版社1959年版，第242页。
② 陶珽：《说郛续》卷四十六。
③ 祝允明《怀星堂集》卷二十四《重刻〈中原音韵〉序》："不幸又有南宋温浙戏文之调，殆禽噪耳。"见叶德均《戏曲小说丛考》，中华书局1979年版，第8页。
④ 《戏剧艺术资料》第7期（1982年9月），第1页。又见广东省艺术创作研究室编《潮剧研究资料选》，1984年印本，第224页。

李平论文发表至今刚好三十年，这一见解并未得到戏曲学界的认可。在后来出版的《中国大百科全书·戏曲曲艺卷》的《戏曲声腔剧种》门类中，并未见"潮泉腔"的立项。而在该书的《弋阳腔》条目中，提出"明初至明中叶一百余年间，弋阳腔已流布于今之安徽、浙江、江苏、湖南、湖北、福建、广东……等地"①。广东的大剧种中，粤剧与广东汉剧均属皮黄声腔系统，看来，该书还是蹈袭过去的说法，不存在什么潮泉腔、潮剧乃是从弋阳腔衍化而来的。

问题的关键在于潮泉腔究竟是否子虚乌有，如果它确实存在，潮剧声腔来自何方的问题可谓不言自明。笔者同意李平的说法，对南戏第五声腔——潮泉腔的存在，提出一些补充意见。

南戏产生后不久，可能在南宋中后期，就已传入泉州。南戏在泉州的演出，也必定存在一个本土化的时期。

宋金时代，行政划分以"路"为最高一级地方行政区域（类似现今的"省"），北宋分全国为"十五路"，南宋分为"二十三路"。两浙路、福建路、广东路的区域未变。所以，泉州人称从北面浙江温州流入的戏班为"上路班"，称受南戏影响，以本地音乐曲调为基础唱腔的戏班为"下南班"。上路班与下南班演出的剧目有些差异，上路班以演"宋元旧篇"为主，如《蔡伯喈》《王魁》《王十朋》《刘文龙》等；下南班则演《吕蒙正》《郑元和》（这两个剧目也属"宋元旧篇"）《陈州赈》《商辂》等，上路班与下南班在泉州本地经不断融合和同质化，终于形成新的剧种——梨园戏。梨园戏有所谓"十八棚头"，即经过演出的不断筛选，形成了一批受欢迎的保留剧目：《王魁》《蔡伯喈》《朱文太平钱》《孙荣》《刘文龙》《苏秦》《王十朋》《苏英》《程鹏举》《朱寿昌》《朱买臣》《尹弘义》《林招得》《孟姜女》《曹彬》《杨六使》《赵盾》《王祥》等十八个剧目。②这"十八棚头"中，"宋元旧篇"就占了十二个，这也说明泉州的梨园戏与南戏有很深的渊源关系。

宋元南戏在泉州本土化后，产生了新的独特的唱腔——泉腔。明代何乔远《闽书》云："（龙溪）地近于泉（州），其心好交合，与泉人通。虽至俳优之戏，必使操'泉音'，一韵不谐，若以为楚语。"③可见泉州戏曲唱"泉音"，有外来的俳优唱戏，一韵不合，变成湖北等地的楚语，就会被目为"外行"。这种"泉音"，不但在泉州流行，还传播到近邻的龙溪地区。明代陈懋仁《泉南杂志》卷下记述他本人在泉州做官时当地戏曲的演出情况："优童媚趣者，不吝高价，豪奢家攒而有之。蝉鬓傅粉，日以为常，然皆'土腔'，不晓所谓。余常戏译之而不存也。"④万历年间福建长乐人谢肇淛在《五杂俎》云："至于漳（州）泉（州），遂有乡音词曲，侏离（指优伶）之甚，即本郡人不能了了也。"⑤清代康熙三十六年（1697），郁永河奉命入台湾采矿，有《台海竹枝词》八首，之七云："肩披鬒发耳垂珰，粉面朱唇似女郎。妈祖宫前锣鼓闹，侏俚唱出下南腔。（闽以漳、泉二郡为下南，下南腔亦闽中声律之一种也。）"⑥清代连横《台湾通志》卷二十三《风俗志·演剧》云："七子班，则古梨园之制。唱词道白，皆用泉音；而所演者，则男女之悲欢离合之。"以上所引，所谓"泉音""土腔""下南腔"、漳泉"乡音词曲"，应为新的声腔——"泉腔"，也即"下南腔"无疑。因闽南之泉州、漳州，为福建之"下南"，其演唱之腔调，即称为"下南腔"。

关于"下南腔"产生之时代，曾永义认为在温州杂剧（南戏）产生时已经有了："下南腔在永嘉杂剧的时代，应当也产生过'漳泉杂剧'，还保存在梨园戏的小折戏，也还活跃在漳浦、平和等地。"⑦他

---

① 《中国大百科全书·戏曲曲艺卷》，中国大百科全书出版社1983年版，第542页。
② 参见刘湘如《温州南戏与福建梨园戏"上路"》，《南戏探讨集》第6、7辑合刊，浙江省温州市艺术研究所编印，1992年8月，第152页。
③ 《闽书》卷三十八《风俗》，转引自《福建戏史录》。
④ 《泉南杂志》卷下，《丛书集成初编》3161种。
⑤ 《五杂俎》卷十二《物部四》。
⑥ 转引自曾永义《梨园戏之渊源形成及其所蕴含之古乐古剧成分》，曾永义《戏曲源流新论》（增订本），中华书局2008年版，第360—361页。
⑦ 曾永义：《戏曲源流新论》（增订本），第375页。

认为下南腔产生的时代很早，应在南北宋之际或南宋初，但这种看法未获得戏曲学界的附和。

根据以上史料可以断定，在元明之间或明初，"泉腔"或曰"下南腔"就已经形成，并在闽南泉、漳一带广泛流行。

所谓"潮泉腔"之"潮、泉"，指的是粤东的潮州、饶平、南澳、汕头、澄海、潮阳、普宁、惠来、揭阳与闽南的泉州、厦门、漳州、漳浦、云霄、诏安等地。这一片区域讲的是潮州话和泉州话，它们同属闽南方言系统，这是潮泉腔存在的基础。因为任何戏曲声腔的存在，都依赖于当地的方音。闽方言是现代汉语七大方言之一，闽南方言则是闽方言中最大和最重要的分支，是一种很具特色的地方方音系统，它以保留大量的中原和吴越古音文化遗存为特色，完全不同于中州官话体系的声韵。明代王士性在《广志绎》中云："潮在南支之外，又水自入海，不流广；且既在广界山之外，而与汀、漳平壤相接，又无山川之限，其俗之繁华既与漳同，而其语言又与漳、泉二郡通。"① 《舆地纪胜》说得更直接："虽境土有闽广之异，而风俗无漳潮之分。"由于潮泉两地地缘相近，平壤相接，历史上人文交往频繁，以宋代潮州州官为例，闽籍知州占的比例很大，北宋知州籍贯可考者三十人，闽籍占十七人；南宋知州籍贯可考者六十三人，闽籍占三十六人，属官中闽人更多。② 闽潮两地风俗习惯相仿，相互间的戏班往来，戏曲活动交流十分频繁，这方面有不少实证，例如明代潮州戏文《金花女》中，故事虽然发生在潮州，但剧中出现福建龙溪、漳浦的地名。《金花女》中有一段刘永回到故乡后与驿丞的对白：

（驿丞）接爷爷。（生）驿丞，你是那里人氏呀？（丞）小驿丞正是漳浦县。（生）见是我邻邦乡里，就将白话呾罢。

出现"邻邦"漳浦的地名，很值得留意，说明潮漳两地戏班往来演出的频繁，《金花女》很可能演出于漳潮两地。

明清之际，广东番禺人、著名诗人、著作家屈大均（1630—1696）在《广东新语》中，对当时的潮州戏有可谓经典性的描述：

潮人以土音唱南北曲者，曰潮州戏。潮音似闽，多有声无字，有一字而演为二三字者。其歌轻婉，闽广相半，中有无其字而独用声口相授。曹好之，以为新调者。③

乾隆时的广东学官、著名戏曲家、《雨村剧话》和《雨村曲话》作者李调元（雨村）在《南越笔记》中对屈大均这段话加以抄录引用，说明对戏曲很有研究的李调元对这段话的赞同。屈大均和李调元以一个外地人（李乃川人）的敏感，注意到潮州人用"土音"即潮语方音唱南北曲（统称当时流行之戏曲，这里实指南曲戏文，即南戏），阐明了"潮音似闽"的剧种特色。由此可知在明末清初，"闽广相半"的潮泉腔戏曲还在演唱。

明代嘉靖丙寅（四十五年，1566）书坊刻本《荔镜记》最末一页告白云："重刊《荔镜记》戏文，计有一百五叶，因前本《荔枝记》字多差讹，曲文减少。今将潮泉二部，增入《颜臣》，勾栏诗词北曲，校正重刊，以便骚人墨客闲中一览，名曰《荔镜记》，买者须认本堂余氏新安云耳。"这说明在嘉靖四十五年（1566）之前，已有"潮泉二部"的《荔枝记》刻本刊世，只是由于"字多差讹"才予以"重刊"。一个剧本的刻本标明"潮泉二部"，意思是既有"潮调"，又有"泉调"；既可唱潮腔，也可唱泉腔。如果两者在音乐唱腔上不是相类似的话，是不可能同存一个剧本内的。而此剧剧名前标示"重刊五色潮泉插科增入诗词北曲勾栏《荔镜记》"，"五色"者，指五种不同内容类别，即《荔镜记》

---

① 《王士性地理书三种》，上海古籍出版社1993年版，第363页。
② 转引自黄挺《潮汕文化索源》，阙本旭、陈俊华编《汕头大学潮学研究文萃》，汕头大学出版社2006年版，第55页。
③ 《广东新语》卷十二《诗语·粤歌》，中华书局1985年版，第361页。

戏文、诗词、《颜臣》、新增勾栏（一折）、北曲。①"潮泉"指的就是潮泉腔，这说明嘉靖年间潮泉腔实体的存在。

万历九年（1581），由潮州东月李氏编集的《荔枝记》刻本刊行，这是迄今传世最早的由潮州籍人士编的潮剧本。此剧刻于福建，因该刻本卷二和卷四的第一叶第二行，均记有刻书地"闽建"，估计为福建建宁府治建安及其属县建阳所刻。②由潮州人编辑、福建书坊刊刻，既说明两地戏曲活动交流的频繁，也说明剧本声腔的同质。《荔枝记》剧名前有"新编增补全像乡谈"字样，说明在万历九年（1581）之前已有该剧刻本刊行，可见《荔镜记》（即《荔枝记》同题材的不同版本剧作）非常受欢迎，此剧在潮泉两地戏曲舞台上，存活时间至今已达四五百年。

漳州位于泉潮之间，历来是泉潮来往必经都市。有意思的是，漳州人将来自潮汕的潮州戏称为"白字戏"（现今如我这样的老一辈潮州人依然称潮剧为"白字戏"），而将来自泉州的梨园戏称为"泉腔白字戏"或"老白字戏"③，连剧种名字称谓都相同，只不过加"泉腔"两字以示区别，这也表明泉潮两地戏曲之大同而小异，也是两地戏曲具有相同声腔系统的证明。

简言之，如林淳钧在《潮剧探源三则》中说："大约在元明年间，南戏传到东南沿海的粤东、闽南一带，原有唱腔受到潮州方言的影响，慢慢起了变化，并吸收潮州当地的民间音乐，从而形成了新的声腔——潮腔。"④

嘉靖本《荔镜记》中，有八支曲子标明"潮腔"，即［风入松］（十三出）、［大河蟹］（十七出）、［驻云飞］（二十出）、［黄莺儿］（二十二出）、［梁州序］（二十四出）、［望吾乡］（二十六出）、［醉扶归］（二十八出）、［四朝元］（四十九出）。除这些外，其余曲子是否属"泉腔"？我看不一定。此本与《永乐大典戏文三种》《宋元戏文辑佚》中有很多相同的曲牌，说明这本戏文吸纳了早期戏文不少音乐曲调来丰富自身，它也可能保留一些戏文原来的曲调，而这正是明本潮州戏文在唱腔音乐上较普遍存在的特色。

在这方面，我们可将潮剧与京剧作一比较。京剧在形成期有所谓"两下锅""三下锅"现象，即早期演出，既有唱皮黄腔，也有唱昆腔或梆子腔等，各种不同声腔存在于同一舞台之上，或同一戏班之中。潮剧在形成期也存在这种现象：如在明嘉靖本《荔镜记》中，既有唱潮腔，也有唱泉腔，故曰"潮泉二部"；恐怕还保留一部分唱原来戏文的声腔。估计到了万历（1573—1620）《潮调金花女》面世，"潮调"才脱离潮泉腔而独立存在。但就在《潮调金花女》中，也有个别说白标明"正音"的，如《刘永祭江》一出，驿丞迎接刘永说了一句"龙溪驿丞迎接爷爷"，就标明"正音"。这里的"正音"，即中原官话。刘永此时已中进士，做了官，因此驿丞与之"打官腔"，用"官腔"对白；刘永回到故乡，驿丞与之认了老乡后，又改用乡谈土话对白。一个"潮调"剧本也掺杂有"正音"的唱或白，可见早期潮剧也有"两下锅""三下锅"的现象，这是潮剧从南戏衍化而来的过程中难免产生的。

顺治八年（1651），《新刊时兴泉潮雅调陈伯卿荔枝记大全》刊行，剧本标明"时兴"，是潮州话，潮州人谓时尚流行为"时兴"，陈伯卿即"陈三"，"泉潮雅调"乃"潮泉腔"之谓也⑤，说明清初"潮调"虽已独立存在，但潮泉腔依然流行，故剧名前的广告语才会用"时兴"的语词。

---

① 参见林淳钧《释"五色"》，《潮学研究》第1期，汕头大学出版社1993年版，第235页。
② 参见杨樾、王贵忱《〈明本潮州戏文五种〉后记》，《明本潮州戏文五种》，广东人民出版社1985年版，第829页。
③ 参见陈世雄、曾永义主编《闽南戏剧》第二章第一节"老白字戏的出土"，福建人民出版社2008年版，第47—55页。
④ 林淳钧：《潮剧探源三则》，原载《岭南文史》杂志1998年第4期，见汕头市艺术研究室编《潮剧研究》第3辑，中国戏剧出版社1999年版，第70页。
⑤ 对顺治本《荔枝记》标示的"泉潮雅调"，《中国戏曲志·广东卷》（中国ISBN中心1993年版，第79页）解释为潮剧接受了"徽池雅调"的影响，这显然是望文生义产生的错误。潮州离安徽徽州、池州很远，潮剧不可能接受"徽池雅调"的影响。所谓"泉潮雅调"，我们以为就是指"其歌轻婉，闽广相半"的潮泉腔。"雅调"者，好听的音乐曲调之谓也。李渔曾在《闲情偶寄·音律第三》中批评清初的"俗优"无"雅调"。"雅"，本义为正、高尚、美好，但潮州话"雅"，指的是漂亮好看；对一个戏来说，好看当然包括好听，只要是潮州人，对"雅"的解释，只有此义，岂有他哉。因此，所谓"泉潮雅调"，意思是好看好听的潮泉腔！

道光四年（1824），郑昌时《韩江闻见录》刊行，其咏潮州戏演出诗云："东西弦管暮纷纷，闽粤新腔取次闻。不隔城根衣带水，马头高调送行云。"① 此诗说到"闽粤新腔"，应指潮泉腔。可见，鸦片战争（1840年）前夕，潮泉腔的戏还一直在上演！

二、明本潮州戏文的闪亮登场

明代潮剧史上有两件大事，一是潮剧的产生，潮剧作为一个独立的地方戏曲剧种在明代产生于潮汕平原之上；二是一批潮州戏文剧本的闪亮登场。

现存明本潮州戏文计有七种：《刘希必金钗记》《蔡伯皆》《荔镜记》《颜臣》《荔枝记》《金花女》《苏六娘》。

《刘希必金钗记》于1975年12月12日在广东省潮安县西山溪排涝工地一对夫妇合葬墓中发现，封面朱书《迎春集》，剧末标示："新编全相南北插科忠孝正字刘希必金钗记卷终下"，"宣德七年六月日，在胜寺梨园置立"，剧本第四出左边装订线附近，写有"宣德六年九月十九日"。由此可知，剧本书写至第四出时，时间是明宣德六年（1431）九月十九日，而全剧编写（抄写）完成的时间是明宣德七年（1432）六月，前后用了九个月的时间。

写本末页有"通册内有七十五皮"，这是剧本的页数，因为每页对折两面，实际上全剧抄写共150页，总出数六十七出，是一个大型戏文本子。全剧中间缺四出（即三十六、三十七、三十八及四十八出），而在封三的纸面上，写有"媒婆一出"、"太公一出"、"皇门一出"，这恰好是第三十五出宋忠托媒之后，接上第三十六出媒婆前来说亲、第三十七出"太公"议亲、第三十八出刘希必"皇门"领旨使番情节。这种在剧本里标示"××一出"的做法，宋元剧作早有先例。如关汉卿《诈妮子调风月》剧一开头，就标示"老孤、正末一折""正末、卜儿一折"；第二折开头就有"外孤一折""正末、外旦郊外一折"等。所谓"××一出"（或折），多为过场戏，无唱段，演员在场上按既定剧情即兴演绎即可。

《迎春集》除《刘希必金钗记》剧本外，附有锣鼓谱及诗词散曲。锣鼓谱有《三棒鼓》《得胜鼓》，散曲《黑麻序·四季歌》（春咏杨贵妃、夏咏屈大夫、秋咏牛郎织女、冬咏王祥卧冰）。这些锣鼓谱和歌唱词曲，是用于演出开场招徕观众，还是用于演出中间穿插娱乐观众（像今天篮球赛中间休息时穿插篮球宝贝的表演一样）？现在还很难作出肯定的回答。

卷终页面上还写有小诗几首："一两三四五六七，从此天涯数第一。手奉星云不敢飞，一声唱入春宵毕。""荣华枕上三更梦，富贵盘中一局棋。市财红粉高楼酒，惟有三般事不迷。""常言好事甚多磨，天与人和……"（下佚）② 这些小诗，直抒胸臆，写出在纷扰红尘中改编者（或书写者）的困惑与无奈，还夹杂着自负与看破俗世的几分清醒。

封面朱书《迎春集》，用一个题目来统称全部作品，这是明代剧作家惯用的做法，如张凤翼将自己所作六种传奇剧本合编为《阳春集》，吕天成所作传奇总名为《烟鬟阁传奇》。《迎春集》的命名多少透露了改编者的意愿，他希望戏文的演出能够迎春纳福。

《刘希必金钗记》写本的书写者文化水平只能说是一般，写本留下不少粗疏错讹的痕迹，如把"折"写成"拆"，把"团圆"写成"专员"，把"隋炀帝"写成"隋旸帝"，"打盹睡"写成"打盾睡"，京城称"长安"，忽又称"东京"等等。这些地方透露出剧本的改写者应是民间艺人。这位民间艺人叫廖仲，在写本封底有"奉神禳谢，弟子廖仲"八个字。廖仲把《迎春集》带进坟墓，估计他就是《刘希必金钗记》的改编者与抄写者，他把生前心血结晶的作品包好枕在头颅底下，安然长眠，说

---

① 郑昌时著，吴二持校注：《韩江闻见录》卷九，上海古籍出版社1995年版。
② 以上所引均见《明本潮州戏文五种》影印《刘希必金钗记》，广东人民出版社1985年版，第148页等。

明《刘希必金钗记》正是廖仲自己非常珍爱的作品。

《金钗记》卷终标目有"新编全相南北插科忠孝正字刘希必金钗记",据此而知当时应有一种"全相的插图本",宣德写本是根据此种"全相"插图本改写的。可惜的是这种"全相"插图本已经湮没,未能流传下来。

虽然写本有不少粗疏之处,但《金钗记》的出土,意义依然十分巨大,它比成化本《白兔记》还早三十多年,它是南戏最早发现的写本,是南戏向潮剧演化转型的一个重大证明,它对于研究南戏史、潮剧史有重大意义,有不可忽视的文化、文物价值。因此,饶宗颐先生在潮汕历史文化研究中心第三次理事会上说:"潮汕地区的历史文物,可供独立研究的东西很多。明本《金钗记》戏文的出土,我认为是足以举行一次国际性的会议,来加以详细研究的。"① 遗憾的是,单独探讨《金钗记》的学术研讨会,至今没有开过。

《蔡伯皆》于1958年在广东省揭阳县西寨村榕江古溪口一处墓葬中发现,剧本共五册,封面上写有"玉芙蓉"三字,因虫蛀火烧,现仅存二册,一册是总纲本,另一册只抄生角一人的戏文,称为己本,在三处装订线附近,写有"蔡伯皆"三字,表明剧本乃《琵琶记》的一个抄写本。己本第一页装订线附近,写有"嘉靖"二字,可知这是明代嘉靖(1522—1566)年间潮汕地区《琵琶记》的一个演出抄写本。

"总纲"一册,对照《琵琶记》原本,内容包括从第二出《高堂称寿》至第二十一出《糟糠自厌》,实际上是《琵琶记》的上半部(《琵琶记》共四十二出);己本内容包括从第五出《南浦嘱别》至第四十二出《一门旌奖》。这两册皆有不少残损,只能算是残本。和《金钗记》相似,《蔡伯皆》也是一个梨园演出本。最确凿的证据就是有"己本",它是专为生角(蔡伯皆)一人准备的舞台本;有的唱词旁边还用朱笔点划注有演奏及打板符号。抄本有不少错别字,如"能够"写成"能勾","孝顺歌"写成"孝顺哥","打扮"写成"打扒"等等。有趣的是,己本第三十一页装订线附近写着"廷敬、乌弟、赤须、土刘",估计是艺人的名字。第十三页装订线附近,又写有"先好先睡"四个字,意思是谁先演好了,即自身的戏演完了就可以先去睡觉。这些都说明这是一个舞台演出本。

嘉靖本《蔡伯皆》是一个南戏本子无疑,写本的说白,还存在许多原来南戏《琵琶记》的官话语词,如"觑着、则个、直恁的、尚兀自"等等。但写本又是一个潮剧演出本,有不少潮州话方言语词,如"俺、未曾、了未、无了、猜着(猜中)、老贼(老妇人对老公的贱称)"等等。因此可以断言,《蔡伯皆》是一个南戏《琵琶记》的潮剧舞台演出本。

《荔镜记》来源于日本天理大学藏本,据日本天理图书馆《善本丛书》(汉籍之部)第十卷所收《荔镜记》原书影印。② 封面为书写体"班曲荔镜戏文"六个字,可知此本乃据戏班演出本刊刻。本子上栏附刻《颜臣》戏文唱词,中栏居中是插图,插图两侧各有诗句二行,合成一首七言绝句。下栏为《荔镜记》戏文。全称题《重刊五色潮泉插科增入诗词北曲勾栏荔镜记戏文全集》。卷末有刊行者告白:

> 重刊《荔镜记》戏文,计有一百五叶。因前本《荔枝记》字多差讹,曲文减少,今将潮泉二部,增入《颜臣》,勾栏、诗词、北曲,校正重刊,以便骚人墨客闲中一览,名曰《荔镜记》。买者须认本堂余氏新安云耳。嘉靖丙寅年。③

据此告白可知,《荔镜记》戏文刊行于明代嘉靖丙寅,即嘉靖四十五年(1566)。所谓"重刊",告白中说得很清楚,是因为以前刊行的《荔枝记》"字多差讹",曲文"减少";所谓"五色",杨越、王贵忱《〈明本潮州戏文五种〉后记》云:

---

① 转引自陈历明《〈金钗记〉的出土及其研究》,《炎黄世界》1995年第5期。
② 参见杨越、王贵忱《〈明本潮州戏文五种〉后记》,《明本潮州戏文五种》,第828页。
③ 杨越、王贵忱:《〈明本潮州戏文五种〉后记》,《明本潮州戏文五种》,第580页。

"五色"一词，日本天理本后记谓之"语意未详"，吴守礼先生对此解释为'五色者，'生、旦、丑、净、末，而本书实有七色，即增贴外二色，可知脚色之数演进而名称犹仍其旧。"吴氏这一解说是可信的。①

我们认为这一说法是不对的，既然《荔镜记》戏文中已有七种脚色（生旦净丑末外贴），就不应说是"五色"。其实，五色之"色"，在这里并非指脚色，而应解释为类别、种类。即是说，刻本所刊行的包括五种内容，即《荔镜记》戏文五十五出、新增《颜臣》戏文、新增勾栏、新增诗词、新增北曲这五方面的内容，称为"五色"，这在上面所引书坊告白中已经说得非常明白，它比前本《荔枝记》增加四种内容，因此刻本卷首特别标明"五色"。②

所谓"潮泉二部"，指的是这本《荔镜记》戏文既可唱潮腔，又可唱泉腔，一个剧本可并存两种互相通用的唱腔，这是潮泉腔存在的最好证明，戏文虽然只标了八支"潮腔"曲子，但已如上所述，并非其他曲子都唱泉腔，有的曲词运用特别"俗"的潮州土话口语，是非唱潮腔不可的。

所谓"插科"，指的是戏文增加不少动作科介提示，这也是《荔镜记》戏文是戏班演出本的证明。如戏文本子有"挫、慢"的科介提示，揭阳出土本《蔡伯皆》也有"挫、慢"的提示，说明它们都是舞台演出本。只不过前者是刻本，后者是写本。

所谓"增入《颜臣》"，指刻本将《颜臣》戏文的唱词置于刻本上栏，买客无形中购一而得二，这也是明代书坊费尽心思招徕买客的一种伎俩。不过，它为我们保留了《颜臣》戏文，算是功德无量了。

所谓"新增勾栏"，《荔镜记》另一演出本写陈三寻找兄长过程中因旅途寂寞，前往勾栏妓院消遣的戏，刻本在上栏《颜臣》刻完后，补上陈三在勾栏与妓女的这一场戏。这场戏由妓女唱〔山坡羊〕〔锁南枝〕〔绵搭絮〕诸曲，边唱边舞，陈三唱〔排歌〕，这是一场载歌载舞的歌舞戏，估计是当时演出效果相当不错的一个折子戏，刻本为了招徕买客，刻上这一出场面活跃的勾栏歌舞节目，故曰："新增勾栏。"③

所谓"增入诗词"，指刻本中栏插图两侧各有二句诗，凑成一首七言绝句，如首页第一图诗曰：

百岁人生草上霜，利名何必苦奔忙。（图右）
尽赏胸次诗千首，满醉韶华酒一觞。（图左）

刻本有插图二百一十幅，得七言绝句二百一十首。这些七绝，有的与该出内容有关，有的只是借题发挥以浇块垒。总体来说，图可赏鉴，诗可诵读。如第三十一出诗云：

林大催亲送礼书，择娶良日过门闾。（图右）
一心指望中秋月，谁知明月照沟渠。（图左）

诗句贴近本出内容。将明代通俗小说惯用的"我本将心托明月，谁知明月照沟渠"加以化用，甚是难得。

所谓"新增北曲"，指刻本上栏"新增勾栏"完了之后，用一些北曲弥补上栏之空白。增入之北曲，系北《西厢记》之部分名曲，如〔点绛唇〕（游艺中原）、〔混江龙〕（向诗书经传）、〔油葫芦〕（九曲风涛何处显）等。④ 王实甫《西厢记》在明代大行其道，坊间刻本数量之多在戏曲剧本中可排第一位，《荔镜记》刻本用这些北曲名曲来补白，无形中为自身刻本增色不少。

《荔镜记》戏文上栏之《颜臣》，写陈颜臣、连靖娘的爱情故事，刻本仅有唱词。共用一百一十一

---

① 杨越、王贵忱：《〈明本潮州戏文五种〉后记》，《明本潮州戏文五种》，第828页。
② 详见林淳钧《释"五色"》，《潮学研究》第1期，汕头大学出版社1993年版，第235页。
③ "新增勾栏"，详见《明本潮州戏文五种》，第499—528页上栏。
④ "新增北曲"，详见《明本潮州戏文五种》，第529—531页。

个唱段，六十一个曲牌。

　　《荔枝记》是万历刻本，全名《新刻增补全像乡谈荔枝记》。嘉靖本《荔镜记》刻本书坊告白已指出"前本《荔枝记》字多差讹，曲文减少"，说明在嘉靖或嘉靖以前已有《荔枝记》刻本刊行，所以，此万历本标示"新刻"，且内容上有所"增补"。所谓"乡谈"，是乡下话、地方话的意思。《水浒传》第七十四回："燕青打着乡谈说道"，《古今小说》卷二："口内打江西乡谈"。有时也指用地方方言表演的节目，宋代《武林旧事》就记载当时的勾栏有"学乡谈"节目。《荔枝记》标明"乡谈"，是用潮州话演出来吸引人。卷首第三行刻有"潮州东月李氏编集"，这是万历时期潮州人编集的戏文集第一个署名编者；卷末题"万历辛巳岁冬月，朱氏与畊堂梓行"，知此本刻于万历九年（1581），与《荔镜记》刊刻时间（1566年）相隔才十五年。迨至清代，又有刻本陆续问世，见于著录的则有顺治、道光、光绪诸朝刻本，可知陈三五娘故事在潮汕地区不断被搬演，影响十分深远。

　　《金花女》也是万历刻本，首行题"重补摘锦潮调金花女"，上栏附刻《苏六娘》戏文十一出，下栏是《金花女》戏文共十七出。书名冠以"重补"，知非初刻；"摘锦"指的是摘录锦出戏，并非整个戏从头到尾照录。"潮调"，指本子用潮腔独立演唱。

　　《苏六娘》戏文附于《金花女》上栏，也属摘锦戏，开头就是《六娘对月》一出，接下来是《林婆见六娘说病》一出，总共十一出。本子来源于吴守礼先生编印《明清闽南戏曲四种》。饶宗颐先生曾指出：

　　　　潮调《金花女》，分明出自潮州，具有"潮调"名目，把它单纯列入"闽南"的范围，似乎不甚公允。①

《金花女》属潮调，《苏六娘》也如是，该戏文无论唱词与说白，皆用不少潮州话语汇，如"茶米（茶叶）、是乜话（什么话）、专专（专门、特地）"等等。

　　以上粗略说了七种明本潮州戏文的来龙去脉，之所以说它们是"闪亮登场"，因为这七种戏文的出现，是一件十分重大的事情，意义非同凡响。

　　首先，明本潮州戏文具有巨大的文化价值与文物价值，它给我们提供了有关明代社会的许多宝贵资料，可以从社会学、历史学、民俗学、语言文字学等许多方面对它们进行研究。举例来说，这些戏文为我们提供了明代前期至中后期约二百年时间潮汕地区各种民俗活动的情况，如春节、"十五夜"（元宵节）、清明、"五月节"（端午）、"七月半"（"蚀孤"鬼节）、中秋节、"廿九夜"（过年）等节庆习俗，还有诸如"出花园"（成人仪式）、红白喜事（"做好事"与"做斋"）以及民间的驱鬼习俗、禁忌习俗、求神问卜、谢神禳灾、各种术数等等。戏文中展现的具体生动的民俗场景，是明代潮汕百姓情感与精神的重要载体，是维系民众和谐生活的一种重要仪典。如《荔镜记》从第五出《邀朋赏灯》开始，至第六出《五娘赏灯》、第七出《灯下搭歌》、第八出《士女同游》，一共用四出篇幅描写潮州元宵节的热闹景象。"今冥（夜）元宵，满街人炒（吵）闹。门前火照火，结彩楼。""今冥是元宵景致，谁厝（何地）娘仔不上街来游嬉？""鳌山上都是傀儡仔（安仔），不免去托一个来去得桃（玩耍）。""元宵景，好天时，人物好打扮，金钗十二。满城王孙士女，都来游嬉；今夜灯光月团圆，琴弦笙箫，闹满街市。"这些可以说是明代潮汕元宵习俗的真实展现，为寻好兆头，游赏人都会买一个"安仔"（傀儡仔）回家"得桃"摆设。"今冥官民同乐，人人爱风调雨顺，国泰民安。"② 这些节庆场景的描绘，表现了潮汕百姓祈求平安和顺、趋吉避凶的企盼和热闹祥和的节日气氛。据《揭阳县志》（清乾隆四十四年刻本）载：

---

① 饶宗颐：《〈明本潮州戏文五种〉说略》，《明本潮州戏文五种》，第5页。
② 引文均见《明本潮州戏文五种》，第373—377页。

> 上元，张灯树，放烟花，扮八景，舞狮子……乡村架秋千为戏，斗畲歌，善者胜。

《澄海县志》（清嘉庆十三年刻本）也载：

> 十五日为上元节……十一日夜起，各神庙街张灯，士女游嬉，放花爆，打秋千，歌唱达旦，今俗元夜，各祠庙张灯结彩，竞为鳌山，人物台榭如绘。……十六日收灯，各分社演戏。

这些记载，与《荔镜记》的描写很相似。这些节庆民俗，让我们看到古代中国人追求和谐、崇尚平衡的思维方式与待人处世的基本理念，加深我们对中华博大精深传统文化的了解。近几年，除春节外，国家法定节日增加了清明节、端午节、中秋节，它的意义绝非让百姓单纯的休闲放假或吃吃喝喝。其实，过一次传统节日，就是对中华民族文化之根的一次亲善与接近，是对自己祖先智慧的一种认同，对民族文化魅力的一种体验。所以，从民俗角度看待明本潮州戏文，其意义与价值非同寻常。

其次，从戏曲史的角度说，明本潮州戏文的发现是戏曲史上一件大事。《金钗记》《蔡伯皆》《荔镜记》等，或写本，或刻本，都是戏曲文献宝库中罕见的海内孤本，它们都是舞台演出本，为我们提供了丰富的明代舞台演剧史料，可以从剧种（如南戏如何演化成潮剧）、剧目（如《刘文龙菱花镜》如何改编成《刘希必金钗记》）、题材（如《荔镜记》与《荔枝记》有关陈三五娘故事的变化）、唱腔（如南戏唱腔如何演化成潮腔潮调）以及舞台演出、语言、俗字、版本等许多方面进行研究。《刘希必金钗记》是迄今发现的最早的南戏写本，《蔡伯皆》是迄今发现的最早的单独为一个角色（男主角蔡伯皆）准备的舞台演出脚本，它们为南戏在粤东的流行与传播提供了绝好的证据，为"南戏之祖"《琵琶记》提供了另一种非常珍贵的版本，让我们看到民间艺人如何把这个古典名剧搬上舞台。

一般来说，文学剧本搬上舞台，总要经过一番增删改动的，名剧也不例外。《蔡伯皆》"总本"就删去了原来《琵琶记》第三出《牛氏规奴》和第十五出《金闺愁配》，把次要人物的戏加以删节，使剧情更加紧凑，舞台演出更加集中，这是非常必要的。有的地方，从演出方面考虑，也增加了一些内容，如第十九出（即《琵琶记》原本第十八出《牛宅结亲》），增加了热闹的婚礼场面，如揭盖头、"做四句"说吉祥话，增加看茶、讨酒等表演，使婚礼的"潮州味"更浓郁。尤其要指出的是《蔡伯皆》对原本《琵琶记》有一些重要的改动，如原本《丹陛陈情》一出，蔡伯皆并没有向皇帝申明自己家有妻室，《蔡伯皆》写本中蔡声明"奈臣已有粗糠配"，这一改动非常重要，使蔡伯皆忠贞形象始终如一。这些地方，写本更胜原本。

最后，七种潮州戏文中，《荔镜记》《荔枝记》《金花女》《苏六娘》共四种均为潮汕民间故事题材的戏曲，这一点特别引人注目。中国戏曲史上，今存明代的戏曲剧本，包括南戏、传奇、杂剧的本子数以百计。但剧本出自某一地域，演绎某一地域的民间故事，则甚为罕见。因此，明本潮州戏文的出现，它的鲜明的地域性特征，是中国戏曲史尤其是明代戏曲史上一道独特而亮丽的风景。陈三五娘（《荔镜记》与《荔枝记》故事）、金花女、苏六娘的故事，从明代嘉靖万历以降到今天，一直在潮汕舞台上演绎，这些乡土题材的民间故事几百年来受到潮汕百姓的追捧，不是没有原因的。对乡土题材，无论编剧家还是观众，都表现了一种文化认同，它给人一种情感上的亲切感，一种强烈的身份认同感。潮汕人对家乡的眷恋，无论是近在咫尺，还是飘流在外，远涉重洋，都不忘家乡父老乡亲，不忘报答桑梓。由于地域文化相同，道德观念相似，风俗习惯相类，从明代嘉靖开始的这种乡土题材的创作，形成了潮剧关注本地题材的优良传统。这种传统，今天的潮剧一直在继承与发扬。

七种潮州戏文，包括乡土题材的剧目与改编自南戏的剧目，毫无例外表现出鲜明的潮汕地域特色。如景观名物、风气习俗、乡音歌谣、土谈俗语，都给人留下深刻的印象。如《刘希必金钗记》的改编就十分引人注目。剧作写的不是潮汕本土故事，但剧中出现的潮汕胜迹如灵山寺、凤城、洗马桥、洗马河，出现潮州童谣《公婆相打》与"拜得鲤鱼上竹竿"的"决术"，出现请客吃槟榔的习俗，还有"十五夜""廿九夜"的节庆习俗，出现大量如"痴哥""大菜头""平长"等潮州话词汇。浓郁的潮州味使《金钗记》被打上深深的潮汕地域烙印，使它成为南戏向潮剧转型的第一个重要剧本，它有力地宣告了潮剧的诞生。

明本潮州戏文是潮剧生成发展的重要标志，虽然这些剧本今天看来构思较粗糙，场面处理枝蔓较多，人物形象还欠鲜明，但是，浓郁的潮州味，鲜活的戏剧场面，生动的潮州话语汇，使明本潮州戏文开始形成潮剧贴近乡土、贴近民众的艺术传统，充满抒情搞笑的娱乐精神。这种传统与精神，值得今天潮剧学习与继承。

举例来说，明本潮州戏文对戏曲语言的运用，尤其是对潮州话语汇的运用，就非常到位，非常成功。《荔镜记》中有林大鼻唱的［四边静］（《无妳歌》）（按，妳音亩，指老婆），直是叫人绝倒：

拙年（拙，音蓋。拙年，近年）无妳守孤单，清清（原作青）冷冷无人相伴。日来独自食，冥（夜）来独自宿；行尽暗膡路，踏尽狗屎乾。盘尽人后墙，屎肚都蹪（刺）破。乞人力（逮住）一着，鬓仔去一半。丈夫人（男子汉）无厶，亲象（真象）衣裳讨无带。诸娘人（女人）无婿，恰是船无舵，拙东又拙西，拙了无依倚。人说一妳强十被，十被甲（盖）也寒。①

无独有偶，《苏六娘》中净扮林婆有［卜算子］（葵扇歌）：

伞仔实恶持（难拿），葵扇准（当成）葵笠。赤脚好走动，鞋子阁下（腋下）挟。裙裾榔纳起，行路正斩截（齐整）。②

这两首潮州歌仔，可谓异曲同工，生动有趣，动作性强，不难想见舞台演出时人物之噱头十足，神采飞扬。这两首潮州歌仔，代表了明代潮剧运用潮州话语汇最高成就。

据知名文字学家、语言学家、潮州人曾宪通教授统计，明本潮州戏文运用的地道潮州话语词在四百个以上，他还选取约二百句潮州方言句型，如"阿爹，天时透风，无物卖""林婆，你来若久了？"等等进行剖析，说明这些戏文地域性特征非常明显，其潮州话语汇与句型的运用十分生动。③ 其实，鲜明的地方语言特色是地方戏曲剧目成功的重要标志之一，它表明剧目"接地气"，贴近生活，贴近百姓。戏曲是演给广大群众看的，不是演给少数人看的，因此，生活化的口语俗语的运用非常重要，尤其在乡土题材剧目中更应如此。反观这些年潮剧的演出，舞台上"展书句"（指文绉绉的书面语言）过多过滥，这方面实在应向明本潮州戏文学习借鉴，用生活化、口语化的戏曲语言演绎人物故事的艺术传统应予以发扬光大。李渔说："凡读传奇（戏曲）而有令人费解或初阅不见其佳，深思而后得其意之所在者，便非绝妙好词。……总而言之，传奇不比文章，文章做与读书人看，故不怪其深；戏文做与读书人与不读书人同看，……故贵浅不贵深。"④ 诚哉斯言。

三、明代潮剧的演出

明代潮剧是如何演出的？由于相关资料较少，我们只能根据今天留下来的明本潮州戏文，作轮廓性的叙述。

潮剧是南戏的嫡传，是南戏在粤东地区的支脉，初期潮剧的演出，与南戏非常相似。一开场，它采

---

① 《明本潮州戏文五种》，第374页。
② 《明本潮州戏文五种》，第789页。
③ 参见曾宪通《明代戏文五种的语言述略》，陈历明、林淳钧编《明本潮州戏文论文集》，香港：艺苑出版社2001年版，第377—416页。
④ 李渔：《闲情偶寄》卷一"贵显浅"、"忌填塞"，《中国古典戏曲论著集成》第七册，中国戏剧出版社1959年版，第22页，第28页。

用南戏"自报家门"（或称"家门大意"）的体例，由末或副末上场（所以也称"副末开场"）叙说剧情梗概，让观众对全剧有一个总体印象，并用一两支曲子抒发感慨。

今存最早的潮剧、南戏《刘文龙菱花镜》的潮剧改编演出本、产生于明代宣德六年（1431）的《刘希必金钗记》第一出即为：

（末上，唱）
〔临江仙〕□□□□□处（原文佚五字），无明彻夜东流。滔滔不管古今愁，浪花如飞雪，新月似银钩。（下略）
〔鹊桥仙〕（略）
（白）众子弟每（们），今夜搬甚传奇？（内应）今夜搬《刘希必金钗记》，即见那邓州南阳县忠孝刘文龙，父母六旬，娶妻萧氏三日，背琴书赴选长安。一举手攀丹桂，奉使直下西番。单于以女妻之，一十八载不回还。公婆将萧氏改嫁，□□日夜泪偷弹。宋忠要与结情缘，□文龙□□复续弦。吉公宋忠自投河，□□□□□□。一时为胜事，今古万年传。（下）①

嘉靖本《荔镜记》第一出：

（末上）
〔西江月〕世事短如春梦，人情薄似秋云。不须计较苦劳心，万事自然由命。
公子伯卿，佳人黄氏，窈窕真良。因严亲许配呆郎，自登彩楼选同床，却遇陈三游马过，荔枝抛下绿衣郎。陈三会合无计，学为磨镜到中堂。益春递简，得交鸾凤，潜他（疑为"逃"）私奔。被告发遣，逢伊兄运使，把知州革除，夫妇再成双。襟怀慷慨，陈公子体态清奇，黄五娘荔枝为记，成夫妇一世，风流万古扬。②

以上《金钗记》用〔临江仙〕〔鹊桥仙〕二曲，《荔镜记》用〔西江月〕一曲开头抒发感慨，如说"世事短如春梦"之类的老生常谈，无非是要人们及时行乐。开头这一二支曲子，起着"静场"的作用。待观众情绪安定下来之后，再用长短句韵白推介剧情，即总括全剧本事，又为该剧再做一次广告，如说"一时为胜事，今古万年传"等等。这样开场，完全是南戏的套路。有"南戏之祖"美称的《琵琶记》，第一出就是这样开场的：

（副末上）
〔水调歌头〕③ 秋灯明翠幕，夜案览芸编。今来古往，其间故事几多般？少甚佳人才子，也有神仙幽怪，琐碎不堪观。正是：不关风化体，纵好也徒然。（下略）
（向内科）且问后房子弟，今日敷演谁家故事？那本传奇？（内应科）"三不从"《琵琶记》。（末）原来是这本传奇，待小子略道几句家门，便见戏文大意：
〔沁园春〕赵女姿容，蔡邕文业，两月夫妻。奈朝廷黄榜，遍招贤士；高堂严命，强赴春闱。一举鳌头，再婚牛氏，利缰名牵竟不归。饥荒岁，双亲俱丧，此际实堪悲。堪悲，赵女支持，剪下香云送舅姑。把麻裙包土……（下略）④

---
① 《明本潮州戏文五种》，广东人民出版社1985年版，第315页。也见吴国钦《〈刘希必金钗记〉校注稿选登》，《论中国戏曲及其他》，岳麓书社2007年版，第310—311页。
② 《明本潮州戏文五种》，第367页。
③ 按照南戏演出惯例，此处〔水调歌头〕及接下来的〔沁园春〕，还有上面所引《刘希必金钗记》的〔临江仙〕、《荔镜记》的〔西江月〕等曲词，用韵白道出，即〔水调歌头〕下面副末所说"待小子略道几句家门"，这些曲牌，乃道白，用韵白"道"出，而非歌唱。
④ 用《六十种曲》本，黄竹三、冯俊杰主编《六十种曲评注》本第一册《琵琶记》，吉林人民出版社2001年版，第29页。

"荆刘拜杀"四大南戏之首《荆钗记》的第一出：

  （末上）

  ［临江仙］一段新奇真故事，须教两极驰名。三千今古腹中存。开言惊四座，打动五灵神。（下略）

  （问答照常）

  ［沁园春］才子王生，佳人钱氏，贤孝温良。以荆钗为聘，配为夫妇，春闱催试，拆散鸾凰。（下略）①

  无论是开场诗词，介绍剧情及与后台的例行问答，明代潮剧的开场演出与南戏几乎一模一样。可见潮剧来自南戏，这是铁定的、不可改易、不可辩驳的事实。

  从全剧篇幅长度来说，潮剧与南戏也相似。今存南戏，如《琵琶记》共四十二出，《张协状元》五十三出，《宦门子弟错立身》十四出，《小孙屠》二十一出，"荆刘拜杀"各为四十八出、三十三出、四十出、三十六出；今存明本潮州戏文的篇幅为：《刘希必金钗记》六十七出，《蔡伯皆》四十二出，《荔镜记》五十五出，《荔枝记》四十七出，《金花女》（锦出）十七出，《苏六娘》（锦出）十一出。看来潮剧的篇幅与南戏相似，全在十出以上，长则五六十出不等。上面说过，戏曲的发展从篇幅上说是从短剧而至长剧，这是为适应宋以后观众的审美需要而出现的变化。长篇的剧作，故事情节曲折了，人物形象丰满了，消遣娱乐的时间拉长了，这种种变化，说明戏曲日益成熟。潮剧产生于明代，但文献记载明代潮剧极少短剧，这是因为潮剧的源头是南戏，它是南戏的"延长版"，早期南戏已有不少短剧，所以潮剧的短剧阶段似乎就不见了。

  南戏的脚色行当有七大类：生旦净丑末外贴，初期潮剧的脚色也大致如此，如《金钗记》有八种脚色，除与南戏相同的"生旦净丑末外贴"之外，还有"婆"脚，实乃"老旦"之属。其他诸本潮州戏文也大体如此，《荔镜记》有七种脚色生旦净丑末外占，此"占"扮黄五娘贴身婢女益春。占，其实是"贴"行当之省写，不少南戏本子也将"贴"写成"占"。

  舞台表演方面，明本潮州戏文提示各种舞台科介动作，也与南戏相仿。《金钗记》第三出写堂前庆寿，"末执瓶上，白：有福之人人服侍，无福之人服侍人。东人，酒在此"，就注上"生把盏"科介②；第十五出萧氏卜卦，净白："娘子你来拜"，就注上"旦拜"字样。③剧本还有不少朱笔圈点，其中有些就属于科介的舞台提示。嘉靖本《蔡伯皆》第五出旦唱［歌香门］曲之前，有"旦上慢"的提示，这一"慢"字，并非指词曲的一种板式，如［木兰花慢］［长亭怨慢］之"慢"，而是标在人物上场之时，应是提示动作节奏缓慢的科介。

  同出还有"生上挫慢"，估计也属慢节奏，应表现出动作之抑扬顿挫的科介提示。《荔镜记》提示的舞台科介更多，如"生、外、净马上唱"，"占讨水上介"，"生看介，旦闪介"等等，对科介动作的提示较频繁，当可想见舞台表演之精细。

  明代潮剧演出时，每一出终场一般都有下场诗，这也是仿效南戏的体例。《金钗记》第一二出下场诗因佚字较多，现举第三出下场诗：

  （公白）萱堂安乐喜无忧，

  （婆白）好□诗酒共遨游。

  （生白）今朝更有新条在，

---

① 《六十种曲评注》本第二册《荆钗记·香囊记》，第22页。
② 《明本潮州戏文五种》，第8页。
③ 《明本潮州戏文五种》，第37页。

（众白）恼乱春风醉未休。（并下）①

《荔镜记》第二出《辞亲赴任》下场诗为：

拜辞爹妈便起身，
山高路远雁鱼沉。
万两黄金未为贵，
一家安乐值千金。②

《金花女》属摘锦戏，即并非将全剧原原本本录出，而是将重点的精彩的场次摘录出来，故无"副末开场"之类，卷首《刘永攻书》一出下场诗为：

（同白）婚姻大事志，月老赤绳系；
（生）只去问消息，明日再相见。③

每出基本上都有下场诗，这其实也是南戏的演出模式。《琵琶记》第一出的下场诗为：

极富极贵牛丞相，施仁施义张广才，
有贞有烈赵真女，全忠全孝蔡伯喈。④

这四句诗实际是副末开场后用下场诗的形式，对全剧四个主要人物进行总评价，以达到作者表彰忠义贞孝的创作目的。

《琵琶记》第二出的下场诗为：

逢时对景且高歌，须信人生能几何？
万两黄金未为贵，一家安乐值钱多。⑤

不难发现，上引《荔镜记》第二出下场诗末两句与《琵琶记》第二出下场诗"万两黄金未为贵，一家安乐值钱多"，除韵脚不同，文字与意义几乎全然一样。这是戏曲史上一种非常有趣的现象，由于宋元明清诸朝并无当代的所谓署名权、著作权、版权之类的问题存在，因此戏曲创作上互相模仿、蹈袭甚至抄袭现象时有发生，不要说照搬几句下场诗，有时是关目的蹈袭（如高堂庆寿、辞亲赴考、长亭送别等）人物的设置、情节的铺排都可能相似。所以，明本潮州戏文在这些地方照搬南戏，文字上出现"你抄我，我抄你"的现象，在当时来说是十分自然的事情。

明代潮剧的演出，舞台上角色的道白，基本上用潮州方言，如《刘希必金钗记》所用的潮州方言语汇就十分丰富，极具潮汕乡土气息。嘉靖本《荔镜记》同样如此。

《荔镜记》所用潮州方言词语，如：么（音庙，即妻子），查么（即楂庙，妇女，有时也指妓女），查么仔（女孩），姿娘仔（女孩），诸娘人（妇女），病仔（怀孕时身体反应），仔婿（女婿），斟一下（吻一下），鬃仔（发髻），物食仔（零食），生份人（陌生人），人客（客人），返去厝（回家），七面（即拭面、擦脸），东司（厕所），石部（石头），目涉（即目涩，眼睛不开，想睡），清气（洁净），爻呾话（能说会道），得桃（玩耍），屎肚（腹部），惊畏（害怕）等等。

《荔枝记》所用潮州方言口语，如：呾（说），阮（我们），脚疮（屁股），交罗（即胶罗、差得

---

① 《明本潮州戏文五种》，第9页。
② 《明本潮州戏文五种》，第371页。
③ 《明本潮州戏文五种》，第768页。
④ 《六十种曲评注》本第一册，第29页。
⑤ 《六十种曲评注》本第一册，第37页。

远），头壳（脑袋），小礼（害羞），张样（装模作样）等等。

《金花女》的潮州方言口语俗语也很多，如：乜人（什么人），透夜（整夜），交郎（即胶郎、完整），做年（怎么样），在只（在这里），心肝头（胸口），目汁（眼泪），草头（原配妻子）等等。

以上罗列了许许多多潮州方言词语，实际上只是明本潮州戏文中使用方言语词的一小部分。① 这些词语，"潮"味十足，如果不是潮州本地人，是很难望文生义想象它的意义的。大量潮州方言词的运用，说明演出时角色的念白是用潮州话道出的。

演唱体制方面，明代潮剧的唱腔体制属南戏的曲牌联缀体制（即一场戏的唱腔由若干支曲牌组成）。演唱形式则有独唱分唱、合唱"合前"、帮唱等。如《金钗记》第二出生（扮刘希必）唱：

〔八声甘州〕院子，我每日书窗勤苦，为利名牵惹，日日攻书。前程基业，双亲难舍，存吾高堂，勤为双寿祝，托赖苍天多保护。（合）周全心欲改换门闾。（末）
〔前腔〕东人，听……（下略）②

这里是生角（刘希必）独唱〔八声甘州〕，后由生与末（院子）"合"唱一句"周全心欲改换门闾"，然后再由末唱〔前腔〕即〔八声甘州〕曲，末唱完后，有"合同"（或"合前"）的演唱提示，这也是南戏本子常见的角色演唱标识，指场上人物与后台一起合唱曲文的后几句。潮剧与南戏一样，上场角色均可歌唱，视剧情与表演有分有合，形式自由。下面拟重点说一说"帮唱"，因为这是潮剧很有特色的一种演唱方式。

帮唱，指台上众角或后台棚内的帮腔合唱。如嘉靖本《荔镜记》第八出《士女同游》：

〔滴溜子〕（旦）好天时，好月色，实是清气；好人物，好打扮，宫娥无二。……（合）琉璃灯、牡丹灯，诸般可吝（潮音弟，满、多），金炉内宝鸭香炉烟微微。（内唱）得桃障更深，残月更催风露冷，作笑动我心。一位娘仔赛观音，真个闷杀人心，刘吊人心，不得伊着怎甘心！③

这一曲旦角（黄五娘）唱〔滴溜子〕曲之后，"合"是场上黄五娘（旦）、益春（占）、李婆（丑）三人的合唱；"内唱"即后棚的帮唱，这种帮唱成为刻画人物内心、渲染戏剧氛围的重要艺术手段。有时，帮唱只是一种"有声无字"的歌唱，如《荔镜记》第四十八出《忆情自叹》，写黄五娘夜忆陈三，伤心落泪：

〔四朝元〕忆着情郎相思病损，几番思量肝肠寸断。空房障青荒陌生，秋月分外光。……
（内唱）唯柳喨喨柳唯唯，哑柳唯喨柳唯，哑柳柳唯喨。
〔伤春令〕（旦）春天万紫千红，装成富贵新气。……（略）
〔生地狱〕城楼鼓打初更，自君出去，眠房清冷，是我前世欠君债。……
（内唱）唯柳喨喨柳唯唯，哑柳唯喨柳唯喨，柳唯，哑柳柳喨唯。④

黄五娘从初更一直唱到五更，内棚帮唱"柳喨唯"歌，这种有声无字曲，作为一种和声衬腔的帮唱，成为明代潮剧一种帮唱形式，不仅见于《荔镜记》，在《金钗记》《荔枝记》《金花女》中都出现过。饶宗颐先生指出：

---

① 知名文字学家、语言学家、中山大学曾宪通教授有《明代戏文五种的语言述略》，对明本潮州戏文运用潮州方言、俗语、口语、句式等有详尽论述。见陈历明、林淳钧编《明本潮州戏文论文集》，香港：艺苑出版社2001年版，第377—416页。
② 《明本潮州戏文五种》，第6页。
③ 《明本潮州戏文五种》，第388页。
④ 《明本潮州戏文五种》，第554—558页。

至于哩唯啰的助声，在成化本《白兔记》的开场中［红芍药］一曲便有。……史浩在《鄮部峰真隐漫录》中［粉蝶儿］劝酒上阕内有"解教人，啰哩哩啰。把胸中一些磊块，一时熔化。"（《金宋词》1929页）……至今潮州歌谣中仍有这种助声。潮州人在形容人们高兴时顺口唱无字曲，叫做唱唯啰曲。①

可见这种"唯啰曲"，有时是"高兴时顺口唱"，有时却也可以"熔化""胸中一些磊块"。这种有声无字的伴腔帮唱传统，一直沿袭至今。

明代潮剧还有一种更奇特的帮唱，是模拟锣鼓声或乐器敲击声，如嘉靖本《荔镜记》第二十六出《五娘刺绣》：

　　［望吾乡］尽日无事整针线，逍遥闲闷心无挂。针穿五色绒共线，绣出鳞毛千万般。线共针穿步步相"蔡"（潮音娶，相随），引动人，心情切，我守孤单。（内调）一更鼓打北风飕，里打灯、另打灯、打灯，娘仔思君心不安。里打灯、另打灯，里打灯、打灯；值时共君成大伴，里打灯，另打灯，里打灯、打灯；即便得被烧（即暖和）枕不单。里打灯、另打灯，里打灯，打灯、打灯。②

这一曲的"内调"，即棚内后台唱曲调，这是内棚帮唱的提示。这种"里打灯、另打灯"的帮唱和声，伴随着锣鼓点或乐器敲击声，起着烘托人物、加强气氛的作用，娱乐性强，不难想见演出时场面之活跃。这种特殊的帮唱和声，在《荔镜记》中不止一次被运用。

明代潮剧的音乐唱腔，除对《刘希必金钗记》学者有不同意见外，其余诸本潮州戏文，不是采用潮泉腔即用潮调，这是不言而喻的。

嘉靖本《荔镜记》标示"潮腔"的曲子有八支，即［风入松］（第十三出）、［驻云飞］（第十三出）、［大河蟹］（第十七出）、［黄莺儿］（第二十二出）、［梁州序］（第二十四出）、［望吾乡］（第二十六出）、［醉扶归］（第二十八出）、［四朝元］（第四十九出），除这些外，其余的曲子是否唱"泉腔"？恐怕未必。如第四十九出《余遇佳音》生角（扮陈三）上唱［四朝元］曲，注明乃"潮腔"：

　　脚酸袂行，首领（指差役）莫做声。为着私情，拆散千里断形影。伊许处，被云遮；我只处，隔山岭，隔山岭。树林乌暗"蔡"人（叫人）惊，猿啼共鸟叫，哀怨做野声，越添我心头痛。嗟，那位五娘仔，乞人屈断，配送涯州城。腹饥饭又袂食，无处通可歇，怨切身命。怨切身命，目滓流落，无时休歇。③

这一曲"潮腔"，用了不少潮州方言词语，如：脚酸（脚累），袂行（不能走路），断形影（一个人都没有），伊（他）许处（那里），只处（这里），乌暗（黑暗），"蔡"人惊（叫人害怕），袂食（不能吃），目滓（眼泪），唱起来"潮州味"十足。值得注意的是此［四朝元］曲之后，生角（陈三）接着唱［皂罗袍］曲：

　　自恨一身遭贬，家乡隔断路八千。到只其段，谁解倒悬？红粉佳人总无缘。（说白略去）
　　云横秦岭，恶遇韩仙；脚痛袂行，心危倒颠，正是"雪拥蓝关马不前"。④

这曲［皂罗袍］，化用韩愈《左迁至蓝关示侄孙湘》诗句，但依然有几处运用潮州话口语，如到只（到这里）、恶遇（难遇）、袂行（不能走路）等，这种曲实际上只能用"潮腔"来唱。所以，我们估计剧

---

① 饶宗颐：《〈明本潮州戏文五种〉说略》，《明本潮州戏文五种》，第11—12页。
② 《明本潮州戏文五种》，第478—479页。
③ 《明本潮州戏文五种》，第561—562页。
④ 《明本潮州戏文五种》，第562页。

作标示了八支"潮腔"曲牌,但可能有一些曲子(如上引[皂罗袍])虽未标上,依然应用"潮腔"来唱。

明代潮剧演唱时常采用"曲白相生"的做法,唱中夹白,唱白互相穿插。如《金花女》,《刘永夫妻行路》一出末尾:

> (家僮)(唱)桥上路板摇摆,(白)官人,娘子,仔细行来。生(唱)借力扶手,桥小险隘,三人行过黄潭西,前面官店,人物整齐相随行,近前从容好安排,好安排。旦(白)客店都畏不方便,生(白)只大官店,专接来往使客,极是方便。(唱)方便客店,大样慷慨,暂且安歇,从容自在,从容自在。(并下)①

这种曲白相生、互相穿插的表演,在明本潮州戏文中十分常见。

演出时的舞台布景、舞美设计方面,因资料匮乏,无可陈说。不过,切末道具的运用应与南戏相似,甚至可以说从古到今,无论潮剧或其他戏曲剧种,相当多的剧目对切末道具的运用有一个特点:用一些小物件作为剧情引线串起全剧。如《金钗记》的"三般古记"(金钗、菱花镜与弓鞋),《荔镜记》的荔枝与铜镜,《蔡伯皆》的琵琶……用这些小道具串起人物命运的悲欢离合。

以上只是就明代潮剧舞台上表演等方面的情况作些推测,至于潮剧流行的情况,由于资料少,无法充分披露。对于潮剧这一类民间戏曲艺术,由于"士大夫罕有留意者",因此史籍记载者少,湮没者多。不过,如果由此而得出结论,认为明代潮剧演出不多,流行不广,那就大错特错。事实上,明代潮剧自产生后,不久即流行于潮域各地。《潮阳县志·宋元翰传》记福建莆田人宋元翰,于明正德九年(1514)为潮阳县令,"生平自守以礼,其治人也,亦必先礼教而后刑罚。凡椎结(按:椎型发髻。结,音义同髻)戏剧之俗,一时为之丕变(即大变)"②。饶宗颐先生引用这一材料后指出:

> 可见弘治(1488—1505)、正德(1506—1521)之际,潮州一带,南戏已甚盛行。《琵琶》《金钗》两记之出土,正足以说明这一事实。这两本均见于《永乐大典·戏文》(戏文四与九),惜已佚去。尤其《金钗记》卷终下记着"在胜寺梨园置立"。有"梨园"二字,当时戏班之具体规模,可想而知。③

这里的"梨园",指戏班。因为戏曲多演于迎神赛会之时,所以戏班多置于寺庙名下。既然有戏班,其演出当不只《金钗》一记,所以饶宗颐先生说"戏班之具体规模,可想而知"。

估计从嘉靖(1522—1566)开始,潮剧的演出便红火起来。何以见得?成书于嘉靖十四年(1535),由当时广东监察御史戴璟主持编撰的《广东通志初稿》卷十八《风俗》篇有《御史戴璟正风俗条约》十三条,其中第十一条曰:

> 访得潮属多以乡音搬演戏文,挑男女淫心,故一夜而奔者不下数女。富家大族恬不知耻,且又蓄养戏子,致生他丑。……今后凡蓄养戏子者令逐出外居,其各乡搬演淫戏者,许多(原文如此)邻里首官惩治,仍将戏子各问以应得罪名,外方者送回原籍,本土者发令归农。其有妇女因此淫奔者,事发到官,乃书其门曰"淫奔之家",则人知所畏,而薄俗或可少变矣。

专门负责"监察"广东各地民情风俗的御史戴璟,已注意到"潮属多以乡音搬演戏文"的巨大社会影

---

① 《明本潮州戏文五种》,第801—802页。
② 明隆庆黄一龙纂修《潮阳县志》卷之十一《名宦列传·宋元翰传》,潮州市地方志办公室编印,2005年,第102页。蔡起贤先生有《"椎结戏剧"考辨》一文(载《潮剧艺术通讯》第九期)认为:椎结戏剧"是官吏对地方戏丑诋之词,并不单纯指发饰",可资参考。
③ 饶宗颐:《〈明本潮州戏文五种〉说略》,《明本潮州戏文五种》,第13页。

响，决心严厉整治。此条例对蓄养戏子之大户、演戏之戏子及因看潮剧而私奔妇女的惩治十分严酷，甚至书写"淫奔之家"于其门对女家加以羞辱。但从这一惩治条例中，我们却从反面读出了如下信息：

第一，潮属乡音（即潮音戏）演出之戏文十分火爆，属广东各地之最，监察御史对此十分恼火，因为"各乡搬演"之戏文俘获人心，致礼崩乐坏，一夜而私奔者数女之多，可见潮剧演出引人入胜，效果十分强烈。

第二，潮属乡音搬演戏文，其剧目肯定多属男欢女爱一类，如《荔镜记》，演出"挑男女淫心"，"其有妇女因此淫奔者"，使卫道者们大为光火，不得不动用律令加以惩治。

第三，蓄养戏子成风，富家大族乐此不疲。条例虽未列举豢养戏子之数字，但估计潮汕地区和其他地方情形相似。明代官宦豪绅喜蓄戏班养戏子，家乐堂会几乎无时无之。晚明著名文学家张岱就曾写到他祖父养着几个戏班；当时著名戏曲家、做过巡抚与苏松总督的祁彪佳在自己的日记《祁忠敏公日记》中曾记一个月内参与家班堂会观剧二十多场，几乎平均每日一场。潮汕地区看来也差不多，如果不是豪门大族蓄养（戏子）成风，估计不会立下如此严厉的惩罚条例。

明代潮剧的红火，留存的有关戏台的资料也可见一斑。潮州城内建于明代的戏台，有城隍庙戏台、管巷的火神庙戏台、翁厝巷的药王庙戏台、桥东的天后宫戏台等；揭阳榕城有关帝庙戏台（清代重修）保留明代戏台的连结斗拱，屋顶为"四滴水"结构，戏台前面是广场（观众席）；南澳的关帝庙戏台，建于万历十一年（1583），为南澳副总兵于嵩建关帝庙时作为附属建筑而建的。建成后，每年"关爷诞"（农历五月二十三日）或其他盛大节日，便从澄海或饶平请戏班前来演出。连远离内陆的南澳岛都建有潮剧戏台，可见潮剧在明代嘉靖、万历时期在潮汕地区的流行程度。

四、明本潮州戏文七种

（一）《刘希必金钗记》

《刘希必金钗记》写本1975年于广东潮州出土，该戏文改编抄写于明代宣德六年（1431），距今已五百八十年。

《刘希必金钗记》第一出即由末角开场报告剧情梗概：

> （末白）怎觑得《刘希必金钗记》？
> 即见那邓州南阳县忠孝刘文龙，父母六旬，娶妻萧氏三日，背琴书赴选长安。一举手攀丹桂，奉使直下西番。单于以女妻之，一十八载不回还。公婆将萧氏改嫁，□□日夜泪偷弹。宋忠要与结情缘，□奈文龙□□复续弦。吉公宋忠自投河，□□□□□□□，一时为胜事，今古万年传。①

全剧的大意是：河南邓州府南阳县书生刘文龙（字希必），与萧氏结为夫妻。新婚三日后，刘即赴长安考科举，得中状元。曹丞相拟招他为婿，刘文龙以"家有兔丝瓜葛夫妻，六旬父母望吾归故里"为由拒之。曹丞相心有不满，奏请圣上派遣刘文龙出使单于国。单于欲以公主妻之，刘无法只得屈从。幸公主贤惠，在她的帮助下，刘乔装潜回长安。皇上加官封赐，文龙回故里省亲。时距文龙离家已二十一年！先前刘父、刘母认定儿子已死，拟将萧氏改嫁乡人宋忠。萧氏不从，投河自尽遇救。宋忠逼婚，恰文龙归来，宋忠与媒翁吉公畏罪投河，文龙阖家于是团圆。

《刘希必金钗记》从刘文龙新婚写起，开头的戏剧情事与《琵琶记》相似：燕尔新婚，高堂庆寿，士子离家赴考。《琵琶记》后来写蔡伯喈入赘牛丞相府，家乡陈留郡发生灾荒，蔡家经历种种变故；

---

① 《明本潮州戏文五种》，广东人民出版社1985年版，第4—5页。

《金钗记》则写刘文龙拒婚曹丞相,由此而引发人生一系列遭际:当了匈奴单于的驸马,十八年后才在公主帮助下潜回朝京,但发妻却被人逼婚自杀……整个戏遵循的是后来李渔所归纳的"一人一事"的传统戏曲剧作法,以刘文龙为中心,以他离家赴考为线索,集中写他中举后个人婚姻生活的变故:拒婚丞相府,入赘单于朝,发妻萧氏同样遭遇厄难。

《金钗记》在结构上分为三大段落:从开场至第十三出中状元为第一段落,写刘文龙赴考及对家乡父母与新婚妻子的不舍与眷恋;第十四出至第五十出是全剧的中心段落,写刘文龙被丞相逼婚与入赘单于国为驸马。其中有些戏剧场面相当感人,如第十七出写刘文龙理直气壮以"再娶重婚是甚道理"驳回曹丞相的逼婚;第三十一出写刘文龙拟以一死拒为单于女婿;第四十出、四十五出写刘文龙说服公主助其逃回家乡,场面婉转细腻,情见乎词。刘并非那种花心人物,贪恋美色与荣华富贵,他忠于国家,矢志不渝,千辛万苦回乡与父母发妻相聚,十分难能可贵。第五十七出至第六十七出为第三段落,写文龙潜回帝京受封赏及返乡省亲情事,其中如第六十三出写文龙夫妻洗马桥边相会,场面波谲云诡,令人荡气回肠。

从《金钗记》的剧情来看,搬演的情节关目似乎都是当时的"寻常熟事"(语见宋耐得翁《都城纪胜》):士子上京赴考,大官恃权逼婚,番邦公主招婿,媳妇投河遇救等。这些情节,既有写实的成分,又有传奇的因素。从唐宋以降,士子赴考而导致婚变家变的故事,可谓车载斗量。一些士子攀登科举"天梯"爬上去之后,身份地位陡然改变,"朝为田舍郎,暮登天子堂"。因此,"贵易妻、富易交",引发了不少家庭悲剧。徐渭在《南词叙录》中列为"宋元旧篇"的六十五种戏文,一半以上是写士子赴考后引发的家庭变故的,如《赵贞女蔡二郎》《王魁负桂英》《王十朋荆钗记》《朱买臣休妻记》《司马相如题桥记》等等,无一不属这种题材。其实,士子赴考,多数人是考不上的,这些考不上的士子最后可能沦落异乡或客死他乡,但这类题材过于严酷,对百姓心中的理想企盼打击太甚,善良而在水火中挣扎求生的旧时代百姓并不愿意在遭受生活熬煎之后,于看戏时再受二度熬煎,这就是旧时代中国戏曲舞台上极少悲剧而较多喜剧,并几乎都给以大团圆结局的根本原因。因此,许许多多士子赴考落第的悲惨故事题材不被看好,这些故事理所当然地从舞台上消失了(只有《柳毅传书》等少数剧作以落第士子为主人公)。舞台上演出的绝大多数是士子中举否极泰来的悲欢离合的故事。这类故事既是现实生活中存在的,又具传奇性,如《刘希必金钗记》所写的,刘希必虽然中举了,但变故纷至沓来,先是曹丞相逼婚,刘顶住了,接着是单于逼婚,这一次他没顶住。这也是人之常情,他还想活着回家见父母发妻。他做了驸马,却终日以泪洗面(这多么像《四郎探母》中的杨四郎),好在公主识大体明大义,放他一马,助他潜回汉朝。由于在匈奴度过了他青壮年的大好时光,归家后成了亲属乡人眼中一位"陌生的刘文龙",乡亲们"疑他是鬼",虽然朱颜已改,须发苍霜,但他的心依然向着家乡父老,向着发妻萧氏。故事显然糅合了《琵琶记》《荆钗记》《苏武牧羊记》《香囊记》的某些情节,为我们塑造了一位忠贞至孝的刘文龙的艺术形象。他面对权势不屈服,面对富贵不动心,从不辱君命到不忘父母与糟糠之妻,忠孝两全,贞烈兼备,二十一年的悲欢离合,锻铸出刘文龙忠信耿直的个性品格。

《金钗记》通过描写刘文龙坎坷的命运遭际与个人的禀赋情操集中表现了当时社会的道德理想,表达了孟子所概括的儒家的"富贵不能淫,贫贱不能移,威武不能屈"的理想人格与坚毅精神。这种精神与人格,一直是中华民族精神文化中最宝贵的部分,因此,这类故事,绝大多数国人百姓乐于接受,乐于欣赏。当然,今天看来,剧作所描写的愚忠死节的理念已成明日黄花,难免陈旧迂腐,但其中要展现的刘希必的精神品格依然动人,其题旨所闪现的思想文化光辉,仍然应给予较高评价。

《金钗记》改编自元代南戏《刘文龙菱花镜》。《刘文龙菱花镜》今已失传,但我们从《汇纂元谱南曲九宫正始》中可见到它的佚曲二十二支(钱南扬《宋元戏文辑佚》辑合为二十一支),其开头[女冠子]二曲所叙剧情大意为:

> [女冠子]听说文龙,总角时百事聪慧。汉朝一日,遍传科诏,四海书生,齐赴丹墀。匆

匆辞父母，水宿风食，上国求试。正新婚萧氏，送别嘱咐，行行洒泪。

[前腔换头]① 二十一载离家去，奈光阴如箭，多少爹娘虑。忽然回里，衣冠容颜，言语举止，旧时皆异。天教回故里，毕竟是你姻缘，宋忠不是。忙郎都看，小二觑了，疑他是鬼。

从这二首[女冠子]曲来看，《刘希必金钗记》是根据元代南戏《刘文龙菱花镜》改编的，剧中主要人物与情事大体相同，之所以一取名《菱花镜》，一取名《金钗记》，这是因为刘文龙（字希必）离家赴考前，新婚妻子萧氏交付他"三般古记"，即用弓鞋、金钗与菱花镜三种信物，"剖金钗、拆菱花，每半留君根底；弓鞋儿各收一只"。（第七出）所以剧名或曰《金钗》，或曰《菱花》，指的都是临别时的信物，并非说剧情有何不同。不过，元代南戏传到福建与潮州后，由于改编者兴致不同，情趣各异，故事变了形也是难免的。福建莆仙戏今存有《刘文龙》剧目，写刘文龙陪同王昭君前往匈奴和亲，就让人备感诧异；而福建梨园戏有《刘文良》剧目（闽南话良、龙同音，当为《刘文龙》之讹读），有钗镜重合，人物故事与《刘文龙菱花镜》近似。② 安徽贵池傩戏也有《刘文龙》剧目，基本情节如庆寿、赶考、中元、和番、招驸马、公主设计、逃归等与元戏文《刘文龙》或潮州戏文《金钗记》大同小异。傩戏还出现玉皇大帝，把媒翁吉公换成媒人吉婆，吉公则成了与文龙同去赴考的士子。③

元代南戏《刘文龙菱花镜》究竟出自何书何故事，至今仍然未详。已故著名戏曲小说学者谭正璧在《话本与古剧》中说："《刘文龙菱花镜》，戏目似较完整。作者不详，本事来源亦无考。"④ 不过，当代戏曲学者康保成据明代《国色天香》卷一《龙会兰池录》记载："萧氏之夫，本汉娄敬，诈曰文龙。"⑤ 而娄敬即刘敬，《史记》卷九十九有《刘敬叔孙通列传》。把刘文龙附会到汉高祖刘邦时的娄敬身上，似有点牵强。真相到底如何很难说。不过，穿凿附会，张冠李戴，在戏曲小说是一件极寻常的事，也不用大惊小怪。

明清两朝，有关刘文龙的戏曲及唱本相当流行，除以上列举之外，谭正璧指出：

> 与之同题材的有清初人所作《说唱刘文龙菱花记》。叙唐刘文龙娶萧贞娘为妻，夫妇爱好，为后母所嫉。文龙上京赴考，贞娘碎菱花镜为二，各执其半，为将来信物。文龙病误试期，在京与妓女云娇相恋，遂留京待下届试期。后母乃诳称文龙已死，逼贞娘改嫁其内侄元仲。贞娘誓死不从，元仲百计谋娶，复逼死贞娘之父。……⑥

这种将背景易汉为唐，人物故事有较大改动，甚至主要人物名字都有不同，反映了《刘文龙菱花镜》在不同时期的演变。

以上是明本潮州戏文《刘希必金钗记》的"母本"元代戏文《刘文龙菱花镜》的本事及剧目流变的大体情形。

《刘希必金钗记》全剧共六十七出戏，如果演出，估计要演十个小时以上，约三四个夜晚才能演完（这是明代传奇戏曲的通例，实际上也可说是通病，大多数剧作都显得冗长，正因为如此，折子戏演出大行其道）。《金钗记》篇幅最长的是第六十五出，有二千多字，九支曲子；最短的是第六十二出，只有约七十字，是一出过场戏，写钦差到邓州南阳县封赠刘文龙全家。可以说是长短不拘，形式灵活。

---

① 前腔换头：曲子板式名称。南戏曲牌书写体例，凡重复袭用某一曲牌，除开头一曲标明曲名之外，其余皆以"前腔"标出。如此处即重复上一曲[女冠子]。所谓"换头"，即将上一曲开头替换，如此处用"二十一载离家去"换掉上一曲开头的"听说文龙"。

② 转引自刘念兹《宣德写本〈金钗记〉校后记》，陈历明、林淳钧编《明本潮州戏文论文集》，香港：艺苑出版社2001年版，第30页。

③ 参见江巨荣《南戏〈刘文龙〉的流传及剧情的变迁》，《明本潮州戏文论文集》，第91—96页。

④ 见谭正璧著，谭寻补正《话本与古剧》一书内，《宋元戏文三十三种内容考》"刘文龙"条目，上海古籍出版社1985年版，第238页。

⑤ 康保成：《潮州出土〈刘希必金钗记〉叙考》，《明本潮州戏文论文集》，第49—50页。

⑥ 谭正璧著，谭寻补正：《话本与古剧》，上海古籍出版社1985年版，第238页。

上面说过，《金钗记》说白部分采用大量潮州方言词汇，演出时是用潮州话口白来念的。该剧究竟用什么声腔来演唱呢？对这个问题，学者有不同看法。

戏曲文物专家刘念兹认为宣德写本标明"新编全相南北插科忠孝正字《刘希必金钗记》"，"现在仍然流行在粤东沿海一带的正字戏古老剧种，与此有很大关系"。①《中国戏曲曲艺辞典》望文生义，将"正字"与"正字戏"剧种等同起来，该辞典在"正字戏"条释文中说："旧称正音戏"，"宣德年间已有剧本《刘希必金钗记》流行"。②

已故知名潮剧学者陈历明认为《金钗记》演唱使用的是中原音韵（正字）。但奇怪的是，他不是从声腔上进行论证，而是采用旁敲侧击的方法，从墓葬出土的铜镜上的铭文（江西"吉安路胡东石作"）及《金钗记》附录的《三棒鼓》属于江西花鼓，还有墓主书写剧本的瓷碟类似江西景德镇产品等来论证《金钗记》唱的是江西"弋阳的正字"。③这实在很难令人信服。前面我们已用大量事实论证潮剧并非来自正字戏或弋阳腔，指出《金钗记》的所谓"正字"绝非指正字戏，刘念兹自己也认为"至今尚未发现广东正字戏的传统剧目中有此剧的痕迹"④。至于《三棒鼓》根本就不是什么"江西花鼓"，据清代姚燮《今乐考证》中《缘起》引《事物原始》云："三杖鼓始于唐时，咸通（860—874）中王文举好弄三杖。今越人及江北凤阳之男妇，用三杖上下击鼓，名曰'三棒鼓'。"⑤该书又引李有《古杭杂记》云："杭州市肆有丧之家，命僧为佛事，必请亲戚妇人观看……每举法事，则一僧三四棒鼓，轮转抛弄，诸妇女竞观以为乐。"⑥这说明《三棒鼓》乃唐时打击乐遗响，流行于杭州一带，与"江西花鼓"毫无关系。从这些记载来看，《三棒鼓》估计随南戏从温杭流传至福建而到达潮州的。

《金钗记》不是正字戏，也不是江西弋阳的正字。这个"正字"，指的是书写端正，或如饶宗颐先生所说，是用潮州话正音演唱。

总之，我们认为《刘希必金钗记》是南戏向潮剧转型过渡的一个重要剧本，它既具有南戏的基因，又包含许多潮剧的因素，在唱腔方面同样如此。全剧与其他南戏本子一样，属曲牌体，不少曲牌与嘉靖本《荔镜记》或万历本《金花女》《苏六娘》相同。全剧共有曲牌一百多个，兹录如下：

［五供养］［八声甘州］［菊花新］［夜行船］［驻马听］［金蕉叶］［春色满皇州］［大斋郎］［园林好］［皂罗袍］［夜合花］［风入松］［花心动］［斗宝蟾］［入赚］［梁州序］［锁南枝］［催拍子］［江儿水］［水底鱼儿］［复衮阳］［忆多娇］［鹧鸪天慢］［香柳娘］［四边静］［望吾乡］［青玉案］［柳摇金］［红绣鞋］［出队子］［猴山月］［杜韦娘］［赏宫花］［小桃红］［庭前柳］［罗帐坐］［玉抱肚］［金钱花］［好姐姐］［一枝花］［太平歌］［二犯梧桐树］［醉落魄］［解三醒］［驻云飞］［水红花］［三棒鼓］［扑灯蛾］［北燕归巢］［蛮牌令］［风入松慢］［哭相思］［五更子］［黑麻序］［步步娇］［雁儿舞］［惜奴娇序］［浆水令］［梨花儿］［粉蝶儿］［排歌］［称人心］［红衫儿］［降都春］［降黄龙］［黄莺儿］［凤马儿］［红衲袄］［大迓鼓］［七娘儿］［四时景］［散花歌］［金字经］［醉扶归］［川拨棹］［好孩儿］［集贤宾］［琥珀猫儿］［人月圆］［石竹花］［缕缕金］［六么歌］［点绛唇］［清江引］［神仗儿］［滴溜子］［五方鬼］［孝顺歌］［罗江怨］［寄生草］［双劝酒］［牧牛歌］［临江仙］［十二拍］［斗双鸡］［玩仙灯］［梁州令］［风简才］［木樨花］［女冠子］。另有残出曲牌［行查子］［奈子花］［锦衣香］等。值得注意的是：

其一，全剧曲牌十分丰富，以南曲为主，如［皂罗袍］［锁南枝］［解三醒］等，也有北曲，如［北燕归巢］等，更有南北合套，如第二十六出［北燕归巢］与［红绣鞋］南曲并用，这在当时是艺

---

① 陈历明、林淳钧编：《明本潮州戏文论文集》，香港：艺苑出版社2001年版，第30页。
② 上海艺术研究所、上海剧协编：《中国戏曲曲艺辞典》，上海辞书出版社1981年版，第217页。
③ 参见陈历明《〈金钗记〉与潮州戏》，《明本潮州戏文论文集》，第128页。
④ 陈历明、林淳钧编：《明本潮州戏文论文集》，第30页。
⑤《中国古典戏曲论著集成》第十册，中国戏剧出版社1959年版，第59页。
⑥《中国古典戏曲论著集成》第十册，中国戏剧出版社1959年版，第59页。

术革新的一种标志，故剧名之前也以"南北"广而告之。

其二，从以上所录全剧曲牌名目中，有不少是属于徐渭在《南词叙录》中说的"里巷歌谣"，如［牧牛歌］［太平歌］［好姐姐］［七娘儿］［散花歌］［大斋郎］［四时景］［排歌］［大迓鼓］［好孩儿］等，这说明《刘希必金钗记》属于初期戏文，俚歌俗曲的广泛使用正是它的一个基本特征。

其三，嘉靖本《荔镜记》中标明"潮腔"的八支曲子，即［风入松］［驻云飞］［梁州序］［望吾乡］［醉扶归］［四朝元］［大河蟹］［黄莺儿］，在《刘希必金钗记》中，除［四朝元］［大河蟹］未见外，其余皆见，其中有五出用了［望吾乡］曲，三出用了［风入松］［驻云飞］曲（每出少则一二支曲，多则六七支不等），试举第六出几支［风入松］曲用韵为例，韵脚用字分别为：启、纪、备、理、李、利、意、儿、第、里、机、离、义、儿、你、疑、义、时、旨、庇，这些用字全押潮州韵，所以，我们估计《刘希必金钗记》中［风入松］诸曲，可能是用潮腔演唱的，只是未特别标明而已。

其实，饶宗颐先生早就指出，《刘希必金钗记》剧名的"正字"，指的是用潮州话的"正音"，"以示别于完全用潮音演唱的白字戏"。他说：

> 最可注意的是"正字"一名称的使用。潮州戏称正字，亦称为正音，意思是表示其不用当地土音而用读书的正音念词。……潮州语每一字多数有两个音，至今尚然。一是方音，另一是读书的正音。……
>
> 正音即是正字，与白字（潮音）分为二类。虽然宾白仍不免杂掺一些土音，但从曲牌和文辞看来，应算是南戏的支流，所以当时称为"正字"，以示别于完全用潮音演唱的白字戏。①

在这里，饶宗颐虽未明确肯定《刘希必金钗记》是一本潮州戏，但他认为潮州语音有方音土音与读书正音两种读法，这本戏文是读潮州话正音的，剧名前的"忠孝正字"的"正字"，指的就是潮州话的正音的意思。饶先生这种看法，笔者非常赞同。

《刘希必金钗记》中许多唱段或下场诗，就是押潮州话正音韵脚的，兹以第七出和第八出为例。

第七出旦扮萧氏唱：

> ［前腔换头］听启：奴有芳心，对不老苍天，诉君得知。奈孤帏漏永，春宵无寐。及第蓝袍若挂体，急须返故里。

同出萧氏下场诗为：

> 我夫来日赴科场，功名拆散两鸳鸯。
> 愿君此去登高第，夺志标名衣锦香。

第八出公婆唱：

> ［锁南枝］孩儿去今日中，公婆来相送。此去身安乐，得意到蟾宫。愿得鱼化龙，荣归日称门风。

萧氏唱：

> ［江儿水］丈夫今朝去，赴试分别离。途中全把身心记，忆着萱堂，奴家周济，休要恋鸾帏，莫把奴抛弃。

这些地方，押的都是潮州话正音的韵。兹不一一赘举。

有意思的是，宣德写本《刘希必金钗记》末尾附页，有残文南散曲［黑麻序］四支，内容为咏春

---

① 饶宗颐：《〈明本潮州戏文五种〉说略》，《明本潮州戏文五种》，第15页。

夏秋冬四季,是古南曲的佚曲,十分难得。兹录如下:

[黑麻序](春)春景融和,百草万花绽开千朵。见游蜂浪蝶,□□颠播。相□惜花杨贵妃,娇姿艳色多。甚袅娜,且问若个,不怕岁月蹉跎。

(夏)榴火,金焰烘波,滚浪龙舟斗唱菱歌。叹忠臣屈原,投水汨罗,贬挫。青红五彩结,沉浮坠水波。应端午,共赏凉亭,同饮蒲酒赏新荷。

(秋)姮娥,移近天河,朗照阎浮,燃指如梭。□牛郎织女,会少离多,情可。……

(冬)风雪,冰冻□河,孝顺王祥救母身卧。动天恩感应,龙王阴察,资助。金鱼聚挟窝,娘身病瘥可。孝心多,携手并肩,红炉唱饮高歌。①

这四支咏春夏秋冬的明代南曲《四季歌》,附于剧末,用歌戈韵,如用潮州话来演唱,完全押韵,这是否也透露出《刘希必金钗记》演出时曲子演唱腔调的一些信息呢?

(二)《蔡伯皆》

蔡伯皆是"南戏之祖"《琵琶记》中的主人公。《蔡伯皆》写本于1958年在广东省揭阳县出土,是《琵琶记》在潮州地区的一个改编演出本,分为两册(实有五册,另三册已被虫蛀火烧),第一册为总本,第二册为己本。总本从《琵琶记》第二出《高堂称庆》开始,至二十一出《糟糠自厌》止,属《琵琶记》上半部;己本是蔡伯皆一角的舞台演出脚本,从第五出《南浦送别》至第四十二出《一门旌奖》结局,是迄今为止发现的最早的演员舞台表演脚本,意义非同寻常。

《琵琶记》是一个古典名剧,属改编作品,它是据"宋元旧篇"《赵贞女蔡二郎》改编的。《赵贞女蔡二郎》的剧本或演出本已不可见,从徐渭《南词叙录》的记载来看,它敷演一个十分悲惨的故事,"即蔡伯喈弃亲背妇,为暴雷震死"②。剧情大意是士子蔡伯喈中状元后,背弃双亲,不认结发妻子,不但不认,还采用残忍手段,"马踹赵五娘"。对于这样的逆子凶徒,剧作没有动用清官去惩治他,而是采用非人间的力量,"雷轰蔡伯喈",让他被雷劈死。

"宋元旧篇"《赵贞女蔡二郎》被徐渭称为"戏文之首",是一个民间戏曲,揭露不忠不孝不贞不义的蔡伯喈的狗彘行为,天上的雷鸣霹雳代表了人间的正义,把沿着科举"天梯"爬上去而黑了心肝的人劈死,强烈的现实精神与批判力度,给人留下深刻的印象。

蔡伯喈是一位真实的历史人物,名邕,字伯喈,后汉陈留人。《后汉书》卷六十《蔡邕列传》:"邕性笃孝,母常滞病三年,邕自非寒暑节变,未尝解襟带,不寝寐者七旬","忠孝素著","好辞章、数术、天文、妙操音律",是当时一位知名的音乐家,相传"焦尾琴"就是他制作的。这样一位大孝子,且对祖国历史文化有所贡献的人,为何到了宋代成了一个十恶不赦的坏人?这实在令人气结不解。所以,南宋著名诗人陆游在《小舟过近村,舍舟步归》诗中写道:"斜阳古柳赵家庄,负鼓盲翁正作场。身后是非谁管得,满村听说蔡中郎。"就表达了他对蔡邕被诬的感慨与对说唱混淆视听的不满。

《琵琶记》的作者高明(1300?—1359)字则诚,世称东嘉先生,浙江温州人。《南词叙录》云:"永嘉高经历明,避乱四明之栎社,惜伯喈之被谤,乃作《琵琶记》雪之。用清丽之词,一洗作者之陋,于是村坊小伎,进与古法部相参,卓乎不可及也。"③高明是否为雪伯喈之谤而作《琵琶记》?这很难说,或者说只能是高明写作的初衷,至于完成之后的《琵琶记》,其中蔡伯喈的所作所为,已与历史人物相去殊远,剧作散发出来的忠孝思想观念咄咄逼人,但对人情物理描摹之真切,尤其是对赵五娘善良本性的刻画,对元末现实之混乱破败,贫苦百姓之痛苦与无助,描写得入木三分,使《琵琶记》成

---

① 参考林道祥《〈明本潮州戏文五种〉零扎》,《明本潮州戏文论文集》,第282页。
② 徐渭:《南词叙录》,《中国古典戏曲论著集成》第三册,中国戏剧出版社1959年版,第250页。
③ 《中国古典戏曲论著集成》第三册,中国戏剧出版社1959年版,第239页。

为南戏出现之后首部经典剧作，并被赋予"南戏之祖"的美誉。

高明如何把一个逆子凶徒变成一个"全忠全孝"的正面人物呢？说起来他的改编手法十分高明。他把原作中蔡伯喈"三不孝"的关目，即对父母"生不能养，死不能葬，葬不能祭"，改为"三不从"关目，即蔡伯喈感到父母年事已高，不愿离家赴试，但父母不答应，即"辞试不从"；他中了状元，坚辞入赘牛府，但牛丞相不听，这是"辞婚不从"；他想辞官归故里，但朝廷不准，此即"辞官不从"。就这样，蔡伯喈违心赴考，违心做了牛丞相的女婿，违心官拜议郎。他虽身在相府，做了娇客，但生活并不快乐，剧作写了蔡伯喈在现实巨大压力下的无奈与无助。第十六出《丹陛陈情》的几支曲子，把蔡伯喈内心的痛苦表现得淋漓尽致：

[啄木儿] 苦，我亲衰老，妻幼娇，万里关山音信杳。他那里举目凄凄，我这里回首迢迢。他那里望得眼穿儿不到，俺这里哭得泪干亲难保。闪杀人么一封丹凤诏。

[三段子] 这怀怎剖？望天墀天高听高。这苦怎逃？望碧云山遥路遥。

[归朝欢] 冤家的，冤家的苦苦见招，俺媳妇埋怨怎了？饥荒岁、饥荒岁怕他怎熬？俺爹娘怕不做沟渠中饿殍？①

不出蔡伯喈所料，他赴试后，家乡发生饥荒，父母双双饿死，真个做了"沟渠中饿殍"。但悲剧的发生，蔡伯喈没有责任，他被迫远行，滞留京师，无力挽救家乡的悲剧，"三不孝"的罪名因此加不到他身上。剧作出色地刻画了一个身不由己的士子的家庭悲剧，蔡伯喈主观上极孝而客观上极不孝，他内心的伤痛挣扎与表面的华贵光鲜出现巨大反差，这种矛盾正是蔡伯喈形象的艺术价值所在。

《琵琶记》最成功的，还是塑造了赵五娘的形象。这位善良内敛、克勤尽孝的媳妇，是我国古典戏曲人物画廊中光彩照人的艺术形象。

丈夫离家赴考，公婆年事已高，她一人支撑整个家庭，困顿无助，艰辛备尝。在《糟糠自厌》一出，她唱道：

[山坡羊] 乱荒荒不丰稔的年岁，远迢迢不回来的夫婿。急煎煎不耐烦的二亲，软怯怯不济事的孤身己。衣尽典，寸丝不挂体。几番要卖了奴身己，争奈没主公婆教谁看取？（合）思之，虚飘飘命怎期？难捱，实丕丕灾共危。

[前腔] 滴溜溜难穷尽的珠泪，乱纷纷难宽解的愁绪，骨崖崖难扶持的病体，战钦钦难捱过的时和岁。这糠呵，我待不吃你，教奴怎忍饥；我待吃呵，怎吃得？（介）苦，思量起来不如奴先死，图得不知他亲死时！②

大灾之年，赵五娘好不容易从义仓乞到一点粮食，却被里正半路抢了去，好在有张广才的接济，她把米熬成粥让公婆吃，自己却躲着吃糠，家公家婆以为她私自吃什么好东西，冷不防"搜夺"下她的碗，才发现媳妇正在吃糠。通过吃糠、尝药、剪发、筑坟、描容等情节，一个忍辱负重、吃苦耐劳、牺牲自己、体贴亲人的赵五娘的形象令人动容，集中表现了中国妇女善良克己、艰辛持家的传统美德。

《琵琶记》的成功，一是艺术形象动人，蔡伯喈的两难心态，赵五娘的忍辱负重，皆鞭辟入里，入木三分；二是剧作"接地气"，高明处于元末乱世，尽管他主观上想通过剧作宣扬"子孝共妻贤"，但是，这位忧国忧民的正直读书人，他无法闭眼不看现世，他的家乡在元顺帝元统二年（1334）发大水灾，闹大饥荒，灾民饥民达到五十七万人，那时高明约三十岁，他亲历这场大灾难，因此，他笔下的灾

---

① 《明本潮州戏文五种》之《蔡伯皆》第一册，广东人民出版社1985年版，第248—249页。又见钱南扬校注《琵琶记》，中华书局1960年版，第91页。

② 钱南扬校注：《琵琶记》，中华书局1960年版，第117页。

民"肚又饥,眼又昏,家私没半分,子哭儿啼不可闻","子忍饥,妻忍寒,痛哭声,恁哀怨"。① 艺术地为我们留下了一幅元末灾民饥馑图。

高明之所以要把一个"马踹赵五娘,雷轰蔡伯喈"的大悲剧改成"子孝共妻贤"的大团圆结局,即是说,把蔡伯喈由坏改好,由反面人物改成正面人物,还赵五娘一个"好丈夫",除了剧作主题的需要外,其实是被巨大的社会心理的力量所左右着的。王国维曾精辟指出:

> 吾国人之精神,世间的也,乐天的也,故代表其精神之戏曲小说,无往而不著此乐天之色彩:始于悲者终于欢,始于离者终于合,始于困者终于亨。非是而欲伏阅者之心,难矣!②

有一件轶事还可一说,笔者当研究生期间(1961—1965),业师、全国著名戏曲学者王季思教授曾对研究生们说过:学者们研讨《琵琶记》时,曾请湖南湘剧团照原本"马踹赵五娘,雷轰蔡伯喈"演出《赵贞女》剧目,戏演完后,剧团全体演员给与会学者写了一封信,大意是说:公演时不能这样演,这样演太悲惨了,我们难以接受,也不愿演,应该还赵五娘一个美好的结局,还她一个好丈夫。从这件轶事也可以印证上引王国维的论断,群众的善良愿望以及要求"好人有好报"的企盼心理太强大了,这恐怕就是我国戏曲绝大多数剧目采用大团圆结局的根本原因,悲欢离合最后还是要落实到"合"上来,才符合国人圆融和谐的处事理念。

揭阳出土《蔡伯皆》写本,基本上沿袭《琵琶记》的人物情事,较接近于《琵琶记》原本。至于剧名《蔡伯皆》的"皆"字,可能是当时流行于坊间的书写惯例,因为刻于嘉靖三十二年(1553)的《风月锦囊》也同样作"蔡伯皆"。③

《琵琶记》属古典名剧,由于明太祖朱元璋的大力推介,说"贵富家不可无"④,自此声价倍增。明清时期演出极多,坊间刻本亦夥,其中最主要的有《新刊元本蔡伯喈琵琶记》(清陆贻典钞校本,即当代钱南扬校注,中华书局1960年版《琵琶记》所用本子),还有明毛氏汲古阁刻《六十种曲》本《琵琶记》二卷等,比较元本与《六十种曲》本,揭阳出土的嘉靖写本《琵琶记》即《蔡伯皆》有几个鲜明的特色:

首先,嘉靖本《蔡伯皆》对《琵琶记》原剧进行了较大的压缩精简。《琵琶记》总共四十二出,内容虽较为紧凑,但依然无法用一两个晚上演完,因此,作为演出本的《蔡伯皆》,压缩了一些次要场次,如第三出《牛氏规奴》与第十五出《金闺愁配》(元本第十四出),写牛小姐规诫奴婢,还有不满其父牛丞相安排的婚事,这两出均属次要人物牛小姐的戏,在《蔡伯皆》演出本中被删掉了。

又如元本第十五出(即《六十种曲》本第十六出《丹陛陈情》)用一套北曲〔北点绛唇〕〔北混江龙〕及一套大曲〔入破第一〕〔破第二〕〔衮第三〕等总共十九支曲子,洋洋洒洒;但《蔡伯皆》写本仅用〔北混江龙〕〔神仗儿〕等十一支曲子,且在〔北混江龙〕之后压缩了长达五百多字的念白。这些念白,历数各种宫殿名目与御林军、龙虎卫的各种称号,冗长而令人生厌,演出本统统删削了,使剧情更加紧凑。诸如此类的精简,兹不赘述。

其次,是艺术形象的丰富与提升,尤其是蔡伯皆形象,比元本有升华。拿"辞婚"和"辞官"这两大关目来说,元本第十二出(《官媒议婚》)写牛丞相府堂候官与媒婆前来向蔡伯皆说亲,一进门就说:"奉天子之洪恩,领牛公之严命,欲与状元谐一佳偶。"⑤嘉靖写本将"牛公"改为"太师",更突出丞相之威严。写本写蔡伯皆理直气壮拒绝这门亲事:"堂候官、官媒,牛丞相既然蒙圣恩招我,你去

---

① 钱南扬校注:《琵琶记》,中华书局1960年版,第98、102页。
② 王国维:《红楼梦评论》,《王国维文选》,上海远东出版社2011年版,第168页。
③ 《风月锦囊》,明代嘉靖年间刊刻的戏曲说唱集,现藏西班牙皇家图书馆,见孙崇涛、黄仕忠笺校《风月锦囊笺校》,中华书局2000年版,第168页。
④ 《中国古典戏曲论著集成》第三册,中国戏剧出版社1959年版,第23页。
⑤ 钱南扬校注:《琵琶记》,中华书局1960年版,第77页。

回他话说：有父母在堂，已娶妻室了，实难从命。"① 蔡伯皆断然辞婚，毫不含糊。这些说白，可谓掷地有声，无论元本或《六十种曲》本皆无。

"辞官"关目中，嘉靖写本蔡伯皆以"父母在堂，今欲上表辞官家去侍奉"为由，与黄门官有如下一段对白：

> 外（黄门官）白：状元，你莫不是嫌官小？
> 生（蔡伯皆）唱：念邕非嫌官小，奈家乡万里遥，双亲又老。干渎天威，万乞恕饶。
> 外白：原来如此，我引你去奏，只须在此（听）批喧。
> 〔折桂令〕（生唱）臣蔡邕谨启：幸如今蒙圣旨，除臣议郎官职，又崇蒙赐婚牛氏。深荷圣恩，奈臣已有糟糠配。干渎天威，臣谨诚惶诚恐，稽首顿首。念臣邕躬耕力学，无意贪名利，事父母，供子职，……②

这些曲与白，直截了当将辞婚、辞官理由和盘托出，表现了民间演出本鲜明的态度，对蔡伯皆形象的提升增色不少。这些曲白，元本或《六十种曲》本皆无，可见写本是下了不少功夫来提升蔡伯皆这一形象的。

还有，元本有一些不妥当的地方，演出本能给予改正，使人物性格更加合理。如元本第五出有生（蔡伯皆）唱："亲闱暮景应难保。"③《蔡伯皆》写本将"亲闱暮景"改为"桑榆暮景"，更合蔡的读书人身份。④元本第十出写饥荒年岁，赵五娘说："奴自有些金珠，解当充粮米。"⑤就不大贴合赵的身份，既然有"金珠"，怎会饿肚子吃糠？写本改为"钗梳首饰"，就更合理些。⑥

再次，谈嘉靖写本《蔡伯皆》，不能不谈到己本，这是一册专为蔡伯皆这一角色准备的演出脚本，是国内迄今为止发现的最早的演员表演脚本，现摘录一段以见其庐山真面。第二十五出（即《拐儿赆误》）有一段写蔡伯皆接家书前后情形：

> 〔凤凰阁〕（慢）寻鸿觅雁，寄个音书没便。谩劳回首望家山，和那白云不见。泪痕如线，想镜里孤鸾影单。（白）院子，他在哪里来？（介白）他带有家书来么？（介白）将来看。谢天地，且喜父母家书！
> 〔一封书〕一从尔去离，我在家中常念你，功名事怎的？
> （白）功名事已成就了。（唱）想多应折桂枝。幸得爹娘媳妇，各保安康无祸危。（白）且家中安乐。（唱）见家书，可知之，及早回来莫更迟。（白）我岂不要归去，怎奈不由我。院子，尔将纸笔过来，我写一封书与他去，一就取些金珠过来。
> 〔下山虎〕蔡邕百拜，大人尊前：一自离膝下，顿觉数年……（下略）⑦

这一段删去了院子和送信人（骗子）的念白，只有蔡伯皆的曲与白，由于是单角演出本，艺人更能照应剧中情景，如在唱〔一封书〕曲之前，蔡伯皆有"（介白）将来看。谢天地，且喜父母家书！"这是他拿到家书后拆开一看，原来是父母家书，于是他喊出"谢天地，且喜（是）父母家书！"表达他接到父母家书后的喜悦心情。他这两句念白，为元本或《六十种曲》本所无，足见嘉靖写本在细节处理上更加真实合理。〔一封书〕曲用蔡公口气唱出，当唱到"功名事怎的"时，蔡伯皆插上口白："功名事

---

① 《明本潮州戏文五种》，第232页。
② 《明本潮州戏文五种》，第243页。
③ 钱南扬校注：《琵琶记》，第39页。
④ 《明本潮州戏文五种》，第175页。
⑤ 钱南扬校注：《琵琶记》，第70页。
⑥ 《明本潮州戏文五种》，第224页。
⑦ 《明本潮州戏文五种》，第321—322页。

已成就了",这一句也为嘉靖写本所独有而其他本子所无(《风月锦囊》本也无)①,不但显得更合情合理,且曲白相生,不至于一味寡唱。

最后,嘉靖写本《蔡伯皆》于广东揭阳出土,显而易见是《琵琶记》在潮汕地区的一个演唱本,为了迎合潮汕观众的口味,写本加入一些潮汕元素,使它颇具地方特色,特别是在语言方面,用了不少潮汕词汇,如俺(我)、阮(我们)、乜(什么)、未曾(还没有)、猜着(猜中)、乞(讨)、阮屈(冤枉)、无了(没有了)、了未(完事了吗)、老爹(旧时潮汕百姓对长官的称谓)、老贼(老妻对丈夫的谑称)、佐官(做官)等等。

且说一例:《糟糠自厌》一出,旦扮赵五娘唱[孝顺歌](呕得我肝肠痛,珠泪垂)之后,元本有如下对白:

(外、净上探,白)媳妇,你在这里吃什么?(旦遮糠介)(净搜出打旦介)(白)公公,你看么,真个背后自逼逻(安排)东西吃,这贱人好打!(外白)你把它吃了,看是什么物事?(净荒吃介)(吐介)……②

这段对白,《蔡伯皆》写本改为:

(公、夫白)这贱人,你在这里吃什么好物?
(旦白)没有什么。(夫白)恁的拿来看。
(旦白)公婆请坐,听奴家一句分剖。③

这两段对白一对照,可以说优劣立判。元本对白较长,蔡婆未问明白就动手打媳妇,显得粗野,写本把这些都删去了。值得注意的还有写本将元本"什么物事"改成"什么好物",完全是潮汕人的口吻。这些地方,可见写本尽量运用潮州语词来投合观众。

总的来说,写本对《琵琶记》原剧作了较大的压缩精简,这是演出的需要,无可厚非。有许多属于"掉书袋"一类的说白,也都大量削删。当然,有时不免出现"孩子与脏水一起泼掉"的情况,如《糟糠自厌》这一出的[孝顺歌]就被删掉几首,大家公认为第一流曲子的那首"糠和米,本是两倚依"的[孝顺歌]就被删掉了,不免令人有遗珠之憾。毕竟,艺人多从演出方面考虑,故对剧作进行大刀阔斧砍削,而从文本鉴赏方面来说,艺人可能欠缺些,[孝顺歌](糠和米)被删就是一个典型的例子。

(三)《荔镜记》

明本潮州戏文《荔镜记》演潮汕百姓家喻户晓的"陈三五娘"的故事。

《荔镜记》刻于明嘉靖丙寅,即嘉靖四十五年(1566),距今已四百五十年。该本子卷末刊行者告白云:"因前本《荔枝记》字多差讹,曲文减少,今将潮泉二部……校正重刊。"④ 故《古典戏曲存目汇考》云:《荔镜记》"此剧原名《荔枝记》,系重刻增订之本"⑤。即是说,在《荔镜记》之前,还有同一题材的《荔枝记》刻本刊世。可知嘉靖朝或嘉靖之前,"陈三五娘"的故事就已流传开来。现今发现与《荔镜记》同一题材的刊刻本,除嘉靖本外,还有万历本,清代的顺治本、光绪本,以及潮州李万利诸家木刻本。潮剧、梨园戏、莆仙戏、高甲戏、芗剧、歌仔戏等均有此剧目。20世纪50年代以

---

① 参见孙崇涛、黄仕忠笺校《风月锦囊笺校》,中华书局2000年版,第234页。
② 钱南扬校注:《琵琶记》,第118页。
③ 《明本潮州戏文五种》,第273页。
④ 《明本潮州戏文五种》,第580页。
⑤ 庄一拂:《古典戏曲存目汇考》,上海古籍出版社1982年版,第1623页。

后，在大陆与台湾，该剧还被拍成电影或电视剧。① 20世纪60年代与80年代，《荔镜记》又重新改编演出于潮剧舞台之上。一个戏历经四五百年之久在舞台上长演不衰，坊间刊刻不断，其魅力，其张力，实在非同小可，值得我们认真思考与研究。

嘉靖本《荔镜记》原本一藏于日本天理大学图书馆，一藏于英国牛津大学。《明本潮州戏文五种》中的《荔镜记》本子，就是根据日本天理大学藏本影印的。

《荔镜记》卷首有末角报告家门始末，云：

> 公子伯卿，佳人黄氏，窈窕真良。因严亲许配呆郎，自登彩楼选同床。却遇陈三游马过，荔枝抛下绿衣郎。陈三会合无计，学为磨镜到中堂。益春递简，得交鸾凤，潜他（疑为"逃"）私奔。被告发遣，逢伊兄运使，把知州革除，夫妇再成双。襟怀慷慨，陈公子体态清奇，黄五娘荔枝为记，成夫妇一世，风流万古扬。②

剧情的梗概大意是说：明代潮州富户黄中志（九郎）有女碧琚（五娘），城西武举人林大鼻垂涎五娘美色，遣媒人李姐下聘订婚，五娘不满这门亲事。时有福建泉州人陈伯卿送兄嫂广南赴任后，路过潮州，与五娘邂逅，五娘于楼上将一并蒂荔枝用罗帕包后投与伯卿。伯卿得荔枝后，在磨镜师傅帮助下，改名陈三，入黄府磨镜；且故意失手碎镜，卖身入黄府为奴以偿。一年后，林大鼻逼娶日近，婢女益春相助，陈三五娘私订终身，并于夜半三人逃离黄家，直奔泉州。林大鼻闻讯前往州衙告状，州衙行文捉拿三人。陈三被捕后，发配崖州。时其兄广南运使陈伯延（必贤），升迁为都御史，勘得潮州知府赵德接受林大鼻贿赂，遂革去赵德官职，惩治林大鼻，陈三五娘冤案得平，二人重聚完婚。

《荔镜记》的魅力首先表现在男女主人公陈三五娘的艺术形象上。陈三五娘一见钟情（这其实是古代社会男女爱悦的一种相当普遍方式），但情爱路上并不平坦，在游马楼前、罗帕包荔等旖旎风情过后，陈伯卿为了亲近五娘，不顾身份入黄府磨镜，并不惜碎镜为奴，改了一个杂役的名字"陈三"，艰辛备尝；当仆役后，爱情并非手到擒来，他还要通过五娘的种种"考验"，甚至忍受一些令人难堪的冷嘲热讽，但他不改初衷。他后来身受刑罚，发配崖州。发配路上，他托人捎信给五娘，向对方表白自己的诚挚，又宽解安慰对方，表现出沉稳执着、矢志不渝的品格。

黄五娘是一个光彩照人的艺术形象。她身受多重压力，既有家长的受聘约束，又有礼教的桎梏拘管，但她敢做敢言，行事泼辣。元宵观灯路上，她受到林大鼻无理"拦截"调戏，对林的轻狂恨之入骨。当林大鼻托媒人李姐前来下聘时，她坚决顶回去。第十四出《责媒退聘》两人有如下对白：

> 李姐：林大官伊也是个有钱人。
> 五娘：任伊有钱，我不愿嫁乞伊（嫁给他）。
> 李姐：富贵由天，姻缘由天。
> 五娘：姻缘由己。
> 李姐：姻缘都是五百年前注定。
> 五娘：句（岂）敢来我面前说三四。

好一个"姻缘由己"！这在封建社会，实在是掷地有声，振聋发聩。封建婚姻不是主张"父母之命，媒妁之言"吗？五娘却认为婚姻应由当事人自己来决定；封建婚姻不是主张"门当户对"吗？因此，出身富户的"富二代"黄五娘理应嫁与"有钱人"林大鼻。但五娘对这些统统说"不"，用一句"姻缘由己"的话说出自己的心声。如此大胆的"爱情宣言"，我们在元明清三代戏曲小说中似还见所未见，闻所未闻。当李姐不肯收回金钗时，五娘就脚踏金钗，并叫仆人将她赶打出门。媒人走后，母亲

---

① 参见林淳钧、陈历明编著《潮剧剧目汇考》，广东人民出版社1999年版，第1056页。
② 《明本潮州戏文五种》，广东人民出版社1985年版，第367页。

又来劝说，五娘把观灯时受到调戏，林大鼻长得"像猴狲一般体"说给母亲听，但其母不依不饶，说其父已受聘礼。五娘最后表示宁可"剃光头发去做尼姑"也不嫁给林大鼻，她最后以"投井"抗拒这桩"父母之命，媒妁之言"的包办婚姻。她决心把"姻缘由己"付诸行动，在罗帕上绣"宿世姻缘"四个字包着荔枝投给陈伯卿。陈三入府磨镜后，她多方试探，考验对方的诚意，有时难免愁苦哀怨，眼看心爱的人近在咫尺却无法亲近，真如《西厢记》所说的"隔花阴人远天涯近"。私奔后，看似万事大吉，好事已近，实则不然，陈三受刑责发配崖州，爱情一下子坠入无底黑洞。最后好在陈伯延秉公断案，一对痴情男女才重聚团圆。《荔镜记》中陈三五娘的爱情，插上自由的翅膀，冲破封建礼教的藩篱，反抗恃强凌弱的逼婚，最后有情人终成眷属。黄五娘一直按照"姻缘由己"的性格逻辑行事，不畏人言物议。《荔镜记》就这样为我们塑造了一位敢做敢言敢于悖逆封建礼教的艺术典型。

剧作的人物塑造相当成功，如陈三的襟怀慷慨，能屈能伸，真情永笃；五娘的美丽自主，行事泼辣；林大鼻相貌奇丑，"不亲象龟，也不亲象鳖"，举止粗俗；知州赵德的贪赃蛮横，无视法度，都刻画得维妙维肖，恰到好处。

还可以举一个次要人物陈伯卿之兄陈伯延（必贤）来说。《荔镜记》一开头写陈伯卿送兄嫂赴广南运使任上，从第二出《辞亲赴任》与第四出《运使登途》，陈伯卿一直陪其兄到广南后才折回，足见兄弟情谊之深长。但陈三五娘私奔事发后，陈三被发配崖州，路遇其兄，虽诉说原委，指冤情乃知州徇私受贿所致，但陈伯延官气十足，先是"心头火起"，后则大骂其弟"不掌进畜生，随你去，我再不理你"，非常绝情。最后还是伯卿之嫂出来圆场，要伯延"须念同胞兄弟，便佐（做）奸情小可事"（奸情只不过是生活作风小事一桩）。当伯延听伯卿说在知州面前曾提及自己名字而知州赵德竟然毫不理会时深感颜面受损，这才法办了赵德，救了陈三。这个陈伯延，官越做越大，脾气也越来越大，面皮却越来越薄。此人戏虽不多，但个性独具，给人留下颇为深刻的印象。

《荔镜记》的故事本源，据学者考证，应来自明正德（1521）前后流行的文言小说《荔镜奇逢传》，有二万七千多字。《荔镜记》戏文明显优于小说。戏文写陈三五娘邂逅于元宵灯会，极其自然，小说却写两人得神姬托梦，遂坠虚幻缥缈之境；小说写陈黄两家乃原配，只因泉州潮州"路道阻隔"才断了关系，后因两人相遇又重新结合，这种写法，实属败笔，均为戏文所弃。①

《荔镜传》小说现存清嘉庆与道光刻本。《荔镜传》的作者，至今未知其详。由于故事内容悖逆礼教，有人竟将其附会到晚明大名鼎鼎的李卓吾头上。清末龚显鹤还有诗云："北调南腔一例俱，梨园黉本手编摹。沿村荔镜流传遍，谁识泉南李卓吾。"② 不过经过学者考证，认定《荔镜记》小说不可能为李撰。至于谁人所写，目前还不能考出个所以然来。

《荔镜记》戏文在广东、福建影响极大，有的剧种（如福建高甲戏）将《荔镜记》下半部加以点染推演出另一个新剧目《审陈三》。著名学者谭正璧考释云：

> 高甲戏除《陈三五娘》外，还有《审陈三》一剧，两戏相加，等于小说《荔镜奇逢集》的整部内容。……现行改编的潮州歌和潮州戏的《陈三五娘》，其内容几乎完全相同，但都略去"审陈三"一段，而历史背景则一宋一明。
>
> 高甲戏《审陈三》的内容如下：
>
> 陈三与五娘离黄家奔泉州，中途被捕。知府受林大贿，将陈三发配崖州。五娘得放归，托李公送书于陈三。李公与陈三中途相遇，恰又遇陈三兄伯贤升任巡抚入京，即命解差带回潮州重审。知府惧陈兄官大，急改判释放。五娘因林大又约期来娶，欲自尽。适益春得陈三讯，共

---

① 参考蔡铁民《明传奇〈荔枝记〉演变初探——兼谈南戏在福建的遗响》，陈历明、林淳钧编《明本潮州戏文论文集》，香港：艺苑出版社2001年版，第487页。

② 林颂：《"陈三五娘"文献初探》，《福建戏剧》1960年8月号。

议会面，再度逃往泉州，有情人终成眷属。①

从故事内容看，《审陈三》别有一番趣味，其最重要关目是知府闻知陈三之兄陈伯贤升任巡抚入京，命解差马上将陈三押回重审，因惧伯贤官大，急判陈三无罪释放。知府之前倨后恭，翻手为云覆手雨，令人发噱。真是：官字两个口，贪财口如斗，重判轻判只凭口，说说真轻巧。

《荔镜记》戏文在流传过程中，与其他名剧一样，被改编，被增饰，被改头换面，被张冠李戴，这都是常见的现象。这里说说《荔镜记》刻本中"增入勾栏"的一场戏。

《荔镜记》戏文刻本卷首全称为"重刊五色潮泉插科增入诗词北曲勾栏荔镜记"，所谓增入"勾栏"，指的是《荔镜记》戏文本身所无，但在当时估计是作为折子戏演出的一场戏，被置于刻本第二十八至第四十出的上栏，写陈伯卿送兄嫂广南赴任后，返回泉州老家，途经惠州府，因旅途寂寞，叫安童去寻娼家饮酒唱曲取乐。饮酒过程中，问及娼家二姐李资身世，二姐自叙因年冬荒旱，丈夫过南洋谋生，便与丈夫的朋友勾搭成奸，二姐有意嫁他，但碍于丈夫尚在海外，对方又有妻室，故于烟花阵中混日子。二姐还巴望丈夫"过海遭风"，或"遇强人迨（即杀）他一命亡"。面对二姐这样心肠歹毒的"小三"，陈三鄙其为人，赠二两银子与她后，虽说天色已晚、二姐要他留下歇息，但陈三不肯，径自回馆驿去。这场戏出场人物有生（陈三）、末（安童）、丑（鸨母），旦（二姐，三姐）。这出戏由妓女唱［山坡羊］［锁南枝］［绵搭絮］诸曲，边舞边唱，陈三唱［排歌］，估计这是一场当时受欢迎的载歌载舞的歌舞戏，因为和"陈三五娘"爱情故事关系不大，入了"另册"，成了游离于故事之外的戏；又因为有烟花女加入，歌舞戏份重，估计很有观赏性，所以书坊将它附刻于《荔镜记》上栏，以"增入勾栏"为名招徕读者。勾栏，指戏曲或百戏演出场地，也指妓院。所谓"增入勾栏"，指的就是新增加在妓院的一场戏的意思。这一场戏唱腔、曲牌、人物都很完整，可以作为一个折子戏独立演出。

这一场勾栏戏，颇有现实感。潮谚云："食到无，过暹罗。"二姐李资的丈夫就因为"年冬荒旱"日子无法过而往南洋谋生，二姐在家生活困顿，常得到丈夫朋友的接济，这位朋友"一貌堂堂，言语又有些高强，识古通今，棋子、双陆（古代一种博戏）武艺尽皆全"②。总之是一位"生得标致"的帅哥，二姐才与他勾搭成奸。二姐的命运本来值得同情，但是，当她咒丈夫"过海遭风"或遭强盗杀死时，她歹毒的性格便暴露无遗。陈三离开了她，他性格中的正面因素因而有所展现。勾栏中的陈三，和《荔镜记》戏文中的陈三形象是一致的，虽说多情，但一身正气。一个人独处娱乐场所，是更能见出他的精神品格的。

可能今天的读者觉得，写陈三因旅途寂寞而到勾栏妓院征歌买醉，对其正面形象会是一种损害。其实不然。古代士子狎妓，不但合法，且被认为是风流韵事，于道德层面上并无缺陷。看待这个问题，千万不能混淆古今界限：在今天，狎妓嫖娼既违法，又不道德，但在古代却是合法且合道德标准的。因此，唐代浪漫的大诗人李白在这方面自然不必说，就是忧国忧民的诗圣杜甫，诗中也有"携妓纳凉"的描写。中唐名妓薛涛不但出入宰相李德裕及多位节度使门下，且与白居易、元稹、刘禹锡、王建等著名诗人多有唱和相狎，这方面的例子可谓不胜枚举。所以，"增入勾栏"一场戏写陈三去勾栏妓院找乐，对于"古人"陈三来说，是寻常之事（好比我们今天去 K 厅唱歌），不至于造成名节污损的。

《荔镜记》戏文影响巨大，从时间上说，四五百年或演出，或刊刻，或移植为他种艺术形式（如泥塑、民歌、绘画等），从未间断；从空间上说，在潮汕平原、闽南一带乃至东南亚华侨聚居地，都有"陈三五娘"的戏曲演出。究其原因，除了陈三是泉州人，五娘是潮州人这一出身籍贯因素外，剧作对自由爱情的赞颂，其反封建礼教的力度，剧情的传奇性：陈三以一个官家子弟的身份为了爱情竟入黄府磨镜并不惜典身为奴，私奔后又屡遭厄难，最后才得遂心愿有情人终成眷属。这样的戏曲，穿越不同时

---

① 谭正璧、谭寻编著：《木鱼歌潮州歌叙录·曲海蠡测》，上海古籍出版社 2012 年版，第 141—142 页。
② 《明本潮州戏文五种》，广东人民出版社 1985 年版，第 531 页上栏。

代，穿越不同观众群与读者群，其生命力与张力在戏曲史上应属于美轮美奂的经典剧目一类。

如果说《刘希必金钗记》是转型期的潮剧，是南戏转变为潮剧的一个里程碑式的作品的话，《荔镜记》戏文则可说是纯粹的成熟型的潮剧，是潮剧史上又一个里程碑式的作品。剧中无论说白与曲文，满布潮州方言语汇。如：老个（老年夫妻互称），阮娘仔（我们娘子），着媒人（需要媒人），你目青冥（你眼睛瞎了），布摆（安排），亲象（相似），嫁乞伊（嫁给他），一钟茶（一杯茶），七老八大（老了），屎肚（肚子），满街满巷（所有街巷），头毛去试火（用头发去试火）等等。知名语言学家林伦伦指出：

> 《荔镜记》的戏文无论是道白还是唱词，几乎每一页里都有至今还用的潮汕方言词语，笔者粗略扫描一遍，便挑出一百多个。特别关键的是，方言词汇系统中使用频率最高的基本词，如人称代词、亲属称谓词、基本动作词、常用形容词和副词等都基本上出现了。如：
>
> 1. 代词：阮（我们）、伊（他）、只（这，此）、许（那）、拙（这样，这么）、乜（什么）。
>
> 2. 亲属称谓及其他称谓名词：翁（丈夫）、妧（音亩，妻子）、丈夫人、诸娘人（男人，女人）、亲姆（亲家母）、仔婿（女婿）、仔儿（儿子）、诸娘子（女儿，姑娘）、亲情（亲戚）、查妧仔（小姑娘）。
>
> 3. 常用名词：日头（太阳，日影）、冥（夜，晚上）、月娘（月亮）、天时（天气）、十五冥（元宵），厝（家），家后（家属）、钱银（钱）、石部（石头）、尾蝶（蝴蝶）、风台（台风）、加川（屁股）。
>
> 4. 常用动词：呾（说）、食（吃）、行（走）、企（站）、力（掠，抓捕）、使（花钱）、饲（喂养，养育）、得桃（玩儿）、咒誓（发誓）、引惹（招引）、沃花（浇花）、入去（进去）、洗面（洗脸）、排比（安排）、痛（疼爱）、断约（约会）、着（得，要）、却马屎（检马粪）。
>
> 5. 常用形容词：七早八早（一大早）、削骨落肉（瘦骨嶙峋）、恶（难）、害（坏了，糟了）、暗静（偷偷地，静悄悄地）、火着（生气）、汶（能干，会）、好食（可以吃了，味道好）、骨头（骂人话，鬼）、脚酸手软（手脚酸软无力）。①

正如我们在上文指出的，《荔镜记》刻本除了标示八支"潮腔"曲子之外，有一些曲子不但曲辞中夹杂潮汕方言词语，必须用方言演唱，而且押潮州话韵脚。除了上面引过的林大鼻《无妧歌》之外，还可以举出许多例子，如 第六出《五娘赏灯》：

> 〔娄娄金〕（旦，占）元宵景，好天时，人物好打扮，金钗十二。满城王孙士女，都来游嬉。今冥（今夜）灯光月团圆。琴弦笙箫，闹满街市。
> 〔水车歌〕今冥是好天时，上元景致，正是在只（在此）。见鳌山上吹唱都佃（潮音弟，满，多），打锣鼓动乐抽影戏。花灯万盏，花灯万盏，灯光月圆。昭君出塞，唐明皇游嬉。愿待更鼓，且慢催更，障般好景，过了再得到新年。

其中韵脚用字如"时、二、嬉、圆、市、只、佃、戏、年"，在曲韵中并不相押，但它们全押潮韵。又如第十九出《打破宝镜》，生扮陈三唱"新歌"：

> 壮节丈夫谁得知，愿学温峤玉镜台。刘晨（原误为神）阮肇误入天台，神女嫦娥，照见在目前。谁料今旦（今日）到只蓬莱，楚襄王朝云暮雨梦到阳台。

---

① 林伦伦：《潮汕方言与潮剧之关系散论》，《明本潮州戏文论文集》，第421—423页。为省篇幅，林文所举例句均删去。

此曲韵脚用字"知、台、前、莱"押潮韵,其中"刘晨"误为"刘神",也是因为潮州话"神、晨"同音才误用。

第二十一出《陈三扫厅》中,陈三唱了一曲"潮腔"[驻云飞](绣厅清趣,四边粉白无尘埃)之后,"又唱":

> 费尽心机,恨我一身做奴隶。受尽人轻弃,不得近伊边(她那里)。(嗏)看是娘仔在绣厅边,伊许处(她那里)抹粉檫胭脂。不记得楼前时,今旦返面(反脸)力阮(将我)做障弃。(唱)
>
> 伊今做呆(装呆),是乜心意;许处旁妆台,我只处(这里)心闷如江海。未知娘仔你知不知?(嗏)你今目高不瞅睬,误我做只事(这事)。我厝威仪,我兄做运使。今日不说,娘仔总不知。
>
> [误佳期](旦)贼奴你闲做声,搅得我无心对菱花镜。颇耐贼陈三,敢来我只绣房口闲行。

这些曲子在"潮腔"[驻云飞]之后,其实均押潮韵,所以林伦伦说:《荔镜记》"用方言押韵的唱段很多",他还认为"《荔镜记》是用同现在的揭阳音相同的潮音来演唱的"。①

关于《荔镜记》的用腔,知名潮乐研究家郑志伟指出:

> 《荔镜记》的用腔则包括潮腔和泉腔。潮腔和泉腔是既有相通,又有差别的两种地方声腔。二者所用语音有差异,音乐的感情格调自然也会不同。……以潮腔演唱和以泉腔演唱,都属于"以土音唱南北曲"。总之在这个时期,南北曲的曲牌本体并未变化,仅是以潮州方言和泉州方言融入曲牌腔调,故称"潮腔"、"泉腔"和"乡谈"。②

除了运用大量潮州方言语汇和较多"潮腔"演唱之外,《荔镜记》戏文还有大量潮州风物、风俗、风情的描写。剧中用四五出(从第五出至第九出)的篇幅写各色人物元宵观灯,正月十五夜元宵看灯属典型的潮俗时年八节,潮州府各地方志多有记载。元宵观灯时还有"斗歌",也是潮俗。剧中第七出《灯下搭歌》有如下对白:

> 李姐:西街林大爹欲共恁答歌。
> 五娘:向般人(这种人)共伊答是乜(什么)歌!
> 李姐:赖只潮州人风俗,看灯答歌,二年无去病。

按潮俗看灯斗歌还可以禳灾去病,接着双方便斗起歌来。其实,潮州男女平时也有唱歌的习惯。如第十九出《打破宝镜》写陈三入黄府磨镜,益春说你师父每次来磨镜都会唱歌,你岂会唱?陈三说会,接着便唱起来。在剧中,磨镜老师傅李公、一介武夫林大鼻、媒人李姐、陈三五娘等男女老少,个个都能唱,并不限于元宵节。

《荔镜记》戏文还写到潮州人以工夫茶待客,过年过节请客人吃槟榔,潮州人穿木屐(五娘元宵观灯就穿木屐上街),还有缠足(林大鼻见五娘缠足,说是"弓鞋三寸,蟠鬓又光"),年青姑娘画眉点胭脂习俗,如第二十六出《五娘刺绣》五娘唱"早起梳妆正了时,抹粉画眉点胭脂"。剧中还写到著名的潮州刺绣:

> 益春:捧个绣篚出绣房,金刀金剪尽成双。画花粉笔尽都有,五色线绒绿间红。

---

① 《明本潮州戏文论文集》,第 424 页。
② 郑志伟:《略论潮州古戏文曲腔演进》,《潮乐文论集》,中国戏剧出版社 2010 年版,第 101—102 页。

五娘：绣成孤鸾戏牡丹，又绣鹦鹉枝上宿，孤鸾共鹦鹉不是伴，就象我对着许（丁古）林大。

明清时期潮州妇女皆习针黹。周硕勋《潮州府志》载："妇女多勤纺绩，凡女子十一二龄，其母即为预治嫁衣，故织纴刺绣之功，虽富家不废也。"潮州刺绣是我国"四大名绣"之一"粤绣"的一支，有独特针法线步，多用金银线，并以棉线垫底，具金碧辉煌的浮凸感。"潮绣"在海内外享有盛誉。他如舞狮、抽纸影（影戏）、斗蟋蟀、荡秋千等等潮俗描写，兹不一一赘述。①

《荔镜记》行当齐备，各施各色。如生旦的缱绻多情，净丑的插科打诨，都极具观赏性。第六出《五娘赏灯》中，五娘（旦扮）、益春（占扮）与媒人李姐（丑扮）就有令人发噱的对白：

　　占：哑（亚）娘，只一盏正是乜灯？
　　旦：只一盏，正是唐明皇游月宫。
　　丑：唐明皇是丈夫人，孜（姿）娘人？
　　旦：唐明皇正是丈夫人。
　　丑：那莫是丈夫人都有月经？
　　旦：只正是月内个宫殿。
　　丑：向生（这样）待我估叫是丈夫人有月经。
　　占：呵（阿）娘，只一盏正是乜灯？
　　旦：只正是昭君出塞（原本误为赛）。
　　丑：呵娘，昭君便是丈夫人诸（姿）娘人？
　　旦：昭君正是诸娘人。
　　丑：向生，待我一估（误为辜）叫，一诸娘向恶（这样厉害）都会"出婿"！

　　丑角利用潮州话"月宫"与"月经"、"出塞"与"出婿"发音相同来说诨话逗笑，效果相当好。当然，有的地方也出现一些"黄段子"来插科打诨，如第十四出有"孜娘仔（姑娘仔），十八客（十八岁），不嫁放石压"的诨话，就属于"重口味"的调侃。

　　《荔镜记》艺术上精彩纷呈，人物刻画相当到位，生动的细节描写尤其值得称道。在第六出《五娘赏灯》，五娘叫益春"你入内去点一灯来去"，丑扮李姐接着说："哑娘，满街满巷都是灯，点灯要乜用？"五娘回答说："妇人夜行以烛，无烛则止。"这种答话，符合当事人身份，符合一个有教养的循规蹈矩的妇道人家的身份，这种写法，既有时代感，又生活化、个性化，真可谓一石三鸟。

　　只要翻开《荔镜记》戏文本子，其曲文特色会给我们留下鲜明的印象。剧作大量采用民间熟悉的"哩啰唯"或"叹五更"之类的唱法，用后台帮唱或合唱分唱的形式渲染剧情氛围。如第六出《五娘赏灯》用内棚帮腔形式把晚唐杜牧《清明》诗唱成曲，一看曲文就知道是非常有特色的一段唱：

　　（内唱介）清明冷丁时节雨纷纷，冷丁冷打丁打个冷，爱个冷打丁，路上行人欲断魂（因潮音相同误为云）。冷丁冷打丁打个冷，爱个冷打丁。借问酒家何处有？冷丁冷打丁打个冷，爱个冷打丁。牧童遥指杏花村。冷丁冷打丁打个冷，爱个冷打丁。
　　丑：冷打丁，冷打丁，是也好听。

虽然下文五娘回应说"冷打丁"之所以好听是"人操琴"，但如何操法，琴声怎样好听，这些现在已不得而知了，但从文本看，用妇孺皆知的《清明》诗配以"冷打丁"的琴声与内棚帮唱，估计艺术效果是十分生动的。

---

① 参阅林淳钧《明本潮州戏文所见潮州风俗述考》，《明本潮州戏文论文集》，第449—460页。

《荔镜记》戏文以其深邃的思想艺术力量成为潮剧史上一部经典剧作，也招来封建卫道者的诋毁。清代同治年间（1862—1874）纂修的福建《厦门志》卷十五中记：

> 厦门前有《荔镜传》（按：实指戏文《荔镜记》）演泉人陈三诱潮妇王（黄）五娘私奔事，淫词丑态，穷形尽相，妇女观者如堵，遂多越礼私逃之案，同知（官名）薛度禁止之。

虽然官府诋其为"淫词丑态"，但从"妇女观者如堵"的记载看来，戏文演出无疑受到热烈的欢迎。

广东《揭阳县志·风俗篇》也有类似记载："乡谈《陈三》一曲，伤风败俗，必淫荡亡检（按：行为不检点）者为之，不知里巷市井何以翕然共好？崇祯间，邑令陈鼎新首行严禁。"① 但是，无论如何"严禁"，怎样诋毁，陈三五娘的故事不胫而走，在潮州地区历演四五百年而不辍。潮州市至今还有黄五娘的故乡花园村和"五娘井"的存在，新修建的"潮州戏苑"有两个巨大的人物浮雕，一个是李老三（潮剧名剧《柴房会》男主角），另一个就是黄五娘。② 可见从明清至当代，黄五娘的艺术形象深入人心，一直活在潮剧的舞台上。

（四）《颜臣》

《颜臣》戏文附刻于嘉靖本《荔镜记》的上栏，卷首曰"颜臣全部"。对于《颜臣》戏文的来龙去脉及其意义，饶宗颐先生有精要论述：

> 在《颜臣》戏文内屡次提及彦臣，又称陈彦臣，例如：
> 〔普天乐〕只一封书信寄去还前日陈彦臣……不是娘仔细时（幼年）亲柑许彦臣何敢想来……
> 〔一封书〕陈彦臣书拜禀连氏靖娘是我有情妻。
> 可见彦臣即是陈彦臣，龙彼得君认为《颜臣》与宋人笔记罗烨《新编醉翁谈录》乙集卷一《静女私通陈彦臣》是同一桩事，那是对的。《荔镜记》此本题目把"彦臣"写成"颜臣"，但内容分明是陈彦臣。……此本的"颜（彦）臣全部"虽不能说是宋时《烟粉欢合》所记陈彦臣的戏文原本，可能是经过多少损益润饰，改编而成，但本事同出一源，则毫无疑问。我们可以从这本书恢复陈彦臣戏文全出的原貌，堪为研究南宋戏曲以及它渐变为地方戏曲的历史提供一无上数据，应该把它拆出单行。③

《颜臣》写的是陈彦臣与连靖（静）女的爱情故事。之所以将"彦臣"讹为"颜臣"，可能"彦"字与"颜"字音形相近而误刻。陈彦臣与连静女的爱情故事，见宋代罗烨《新编醉翁谈录》乙集卷一，是一个温馨的爱情喜剧。由于篇幅并不长，原文照录如下：

静女私通陈彦臣

> 静女者，乃延平连氏簪缨之后，早孤，喜读书。母令入学。十岁，涉猎经史；及笄，议婚不成。邻有陈彦臣，亦业儒，有执柯者，而母坚不许。自是两情感动，而彦臣往来，时复相挑，静女愈属意焉。因七夕乞巧之夜，静女辄以小红笺题诗一首，赂邻居之妇而通殷勤。
> 〔诗曰〕
> 牛郎织女本天仙，隔涉银河路杳然，
> 此夕犹能相会合，人间何事不团圆？
> 彦臣得诗，感念若不胜情，许以十五日夜来过。乃和诗一首，复托邻妇以达其意。

---

① 转引自张庚、郭汉城《中国戏曲通史》中册，中国戏剧出版社1981年版，第162页。
② 参见李英群《李老三与黄五娘》，《广东文艺研究》2009年第2期，第101页。
③ 饶宗颐：《〈明本潮州戏文五种〉说略》，《明本潮州戏文五种》，广东人民出版社1985年版，第10页。

〔诗曰〕

玉质冰肌姑射仙，风流雅态自天然，

天心若与人心合，等待月圆人已圆。

静女接诗，喜而不寐。待到十五夜，千方百计，欲妈妈之先睡，而候其来也。到一更许，挨门而入，欢意相通，自天而下，事谐云雨，何异神仙。静女乃复填一词以记。

〔词云〕

朦胧月影，黯淡花阴，独立等多时。只恐冤家误约，又怕他侧近人知。千回作念，万般思忆，心下暗猜疑。蓦地偷来厮见，抱着郎语颤声低。轻移莲步，暗褪罗裳，携手过廊西。已是更阑人静，粉郎恣意怜伊。霎时云雨，半晌欢娱，依旧两分飞。去也回眸告道："待等奴兜上鞋儿"。

自后两意悬悬，匪朝伊夕。至八月十五夜中秋，月色澄澈，桂子飘香，赏月宴罢，静女忽忆彦臣月圆之语，侯妈妈熟睡后，挨门而出，潜身夜窜，适值彦臣与朋旧赏月方归，欲酬未酬，倚门独立，蓦地相通，情倍等美，非天作之合而何？携手相同归，虽生死不顾也。媾欢华，静女索笔，题诗于寝房之后云云。

〔诗曰〕

来时嫌杀月儿明，缓步潜身暗里行，

到此衷肠多少恨，欲言犹怕有人听。

到夜分，彦臣执手送归。挨门而入，遂为妈妈觉之。自后禁制稍严，而静女含泪，亦不敢出入也。静女既为禁制，不许逾（捆）。忽一夕，彦臣伺其隙而潜往静女之家，遂讲好以叙前欢。彦臣问："夜来曾有梦否？"静女曰："无。"彦臣曰："何无情也？"静女乃口占一词，名〔武陵春〕：

人道有情须有梦，无梦岂无情？夜夜相思直到明，有梦怎生成？伊若忽然来梦里，邻笛又还惊；笛里声声不忍听，浑是断肠声。

二人忘情，不觉语言为母氏所闻，遂亲捉获了，因解官囚之。

宪台王刚中花判

王刚中，探花郎及第。不数年，出为福建宪台。出巡首到延平，撞狱引问彦臣、静女因依。一直招认，并无逃隐；两处合款，更无异辞，而又供状语言成文。王刚中遂问静女："能吟此竹帘诗否？"静女遂口占一诗。

〔诗曰〕

绿筠擘破条条直，红线经开眼眼奇，

为爱如花成片段，置令直节有参差。

王刚中见其诗，甚为称赏。时值蛛丝网一蝴蝶于帘头，刚中指示彦臣云："汝能吟此为诗乎？"彦臣遂便吟诗。

〔诗曰〕

只因赋性太猖狂，游遍名园切尽香，

今日误投罗网里，脱身惟仗探花郎。

当时刚中拍手称赏。问："汝愿为夫妻否？"答曰："万死一生，全赖化笔"。刚中即判云：

佳人才子两相宜，置福端由祸所基，

永作夫妻谐汝原，不劳钻穴隙相窥。[①]

[①] 《新编醉翁谈录》卷之一乙集（亦为"烟粉欢合"），辽宁教育出版社1998年版，第10—12页。

粗读一遍，以为不外是男女逾垣钻穴苟且之事。其实不然，细读下去，才知这是一个美丽的爱情故事。陈彦臣与连静女原是"邻居"，属"朝见口，晚见面"的青梅竹马一类。"彦臣往来，时复相挑，静女愈属意焉"。可见两情相悦，由来已久。男女主人公的谈情说爱还有一个特点，就是情愫的萌动以诗词为媒介，静女喜读书，十岁涉猎经史，陈彦臣也业儒，诗词的来往酬对使两人情意愈笃。值得注意的是静女大胆主动行事，"七夕乞巧之夜"，"静女辄以小红笺题诗一首，赂邻居之妇而通殷勤"，陈彦臣接诗后，"感念若不胜情"，两人终于在八月十五中秋夜谐了好事，"携手相同归，虽生死不顾也"。但是，"此事为妈妈觉之，自后禁制稍严"。终于有一天，二人欢娱之际，为母氏所闻，因解官囚之。一囚数年后，王刚中探花及第，出为福建宪台，出巡首到延平，"撞狱引问彦臣、静女因依"，王有感两人情坚意笃，判其永作夫妻。这段情爱以喜剧结束，有情人终成眷属。

《颜臣》戏文今仅存曲辞一百一十一支，基本上没有宾白，这是古老的戏曲剧本刊刻惯例。今存最古老的戏曲刻本《元刊杂剧三十种》，就是只有曲辞没有宾白。早期的戏曲演出，演员只记住曲辞，宾白是在场上临时即兴生发的。由此可以推知《颜臣》属于较古老的潮州戏文，至迟在嘉靖朝已经演出。

《新编醉翁谈录》中的《静女私通陈彦臣》是一个美丽而情节并不复杂的爱情故事，《颜臣》却据之敷演成一个大型潮州戏文，全剧情节的脉络大致如下：

前半部，戏剧情事基本上围绕几个民俗节日来展开：

元宵节，陈彦臣于连静女住所楼下吟诗示爱；

清明节，陈、连于扫墓踏青时会面，陈赠对方手帕定情；

端午节，爱情未见进展，陈、连各自心事重重，进退维谷；

乞巧节，静女终于冲破礼教樊笼，书信约会陈彦臣；

中元节，陈、连二人终谐鱼水之欢……

将陈、连爱情置于百姓熟悉的几个民俗节日之中来展示，戏剧情境既热闹又温馨，这种构思颇见匠心。一般来说，民俗节日喜庆热闹，儿女爱情则重在心理活动，情感复杂细腻，整个戏剧情境显得闹中取静，静中有闹，而人物的性格形象，也一一在情境中予以呈现。请详说之。

元宵节，我们在关于《荔镜记》中已说过，这是明代潮汕百姓十分看重的民俗节庆，热闹非常。《颜臣》戏文一开始就是闹元宵的场景，"好时好节，见人心都爱，太守放灯，人尽结彩"（［琥珀猫儿］）。听见街上箫鼓声闹，"乐人来报今冥（夜）又是元宵来到"（［疏影］）。元宵夜，当繁华褪尽，夜阑更深之时，却有人在静女住处楼下高声吟诗。"三更人尽散，见月下几对纱灯，成对正是谁？"（［本序急］）楼上的静女，叫婢女秋兰下楼看看"是乜人（什么人）在街上闲吟诗句？"秋兰回应道："偷目一看是好人物，原来是厝边（邻居）颜臣，记得当初曾与娘仔同入学堂。"（［黑麻序］）十年前，静女八岁时曾与陈彦臣一起入学读书。十年后，两人均已成年。热闹的节日令青春的躁动比往日更甚，每逢佳节倍思春嘛！颜臣终于鼓起勇气大胆来到静女楼下大声吟诗示爱，而楼上的静女在"月色朦胧，灯影依稀，得桃（游玩）人都去尽，绣房内空傍珊瑚枕"。在这热闹过后孤寂空虚的时刻，陈彦臣大胆示爱令静女心中泛起情爱的涟漪。静女平时憧憬爱情，但当爱情突然而至的时候，静女又显得惊慌而不知如何是好，情感的躁动让戏剧冲突一开始就充满张力。这时候，舞台上形成了楼上楼下两个表演区，楼下的陈彦臣长时间吟诗示爱，"是乜人在街上闲吟诗句拙久（这么长时间）"，楼上静女"楼前赏月托起窗门"，关注楼下吟诗人动向。虽然幸福来敲门，但静女不敢开门，她把春心关闭，不为所动。她说："我是日照牡丹，肯学趁风柳絮，竹是竹，篾是篾，伊人共你有乜相拔蚀（即毫不相干）？"（［孝顺歌］）就这样，男方大胆示爱，女方却春心封闭，无甚表露。两人如何到达幸福彼岸，戏剧悬念终于出现，戏剧矛盾就这样抓住读者或观众的心。

清明节，男女主人公在剧中第一次面对面相见，他们于扫墓踏青时会面，其时母亲先行返家，秋兰劝静女："今旦（今日）相逢，恁二人一对□□生，又兼细时（小时候）曾同学，莫畏是（莫不是）

五百年前注定。"但静女怕对方像王魁那样变心,心中犹豫。彦臣表白说:"不是娘仔细时亲相许,彦臣怎敢来到只(到这里)?"再三表白自己不是花口花舌一类人。([绣停针])

因为女方坚持"须着(要)明婚正娶合道理",彦臣回家时对母亲说:"连府内府娘仔接阮(我)一条手帕,许仔亲情(亲事),无媒人亦袂(不会)得成。"([锁寒窗])其母于是托媒人到连府提亲,但遭到静女母亲的拒绝,因为陈彦臣父亲早已下世,彦臣无爹可拼,陈家既无权力又无财力。秋兰于是劝彦臣,说静女心情矛盾,对手帕"不敢收,不敢放"不知如何是好。但既然其母反对,"只水(这里的水)无鱼,劝你别处下钩"([桃花犯])。虽说心情矛盾,但静女对彦臣之爱一直萦系于心,"伊在东,我在西,落得相思一病可利害"。秋兰宽慰静女,说彦臣"伊人不是忘恩负义","且冷耐(耐心等待),缘分终久有日来"([傍妆台])。

五月初五端午节,"水面上龙船排二行,听见人声锣鼓齐"([画眉序])。男女主人公各自心事重重,静女内心依然郁闷,"恩爱割断日又烦,甘草丈夫,变成黄莲心肠"([四朝元])。彦臣却认为"娘一块甘草,挂觅鼻头上,待我冥日思甜"([月儿高])。

七夕乞巧节夜,连静女终于战胜自己,下了决心,她不再战战兢兢,如临深渊,如履薄冰,她决意迈出坚实的一步,托秋兰带一书信给陈彦臣,她叮嘱秋兰:"诸娘仔(姑娘仔)值当佐只事(做这件事),千万俩(音再,这样,怎样)我遮盖,通心腹话,尔莫闹出乞外人得知。"([普天乐])要秋兰千万为她保密。静女致陈彦臣信云:

  连靖娘再三拜意陈彦臣,是我知心个兄弟,前日□□亲相见,曾许下亲情事志。恨阮(我)妈不从人意,心刬你有真心真意!今冥(夜)是七夕节气,心腹题书佐(做)表记,断约(约定)中元十五冥,就花园内思量较议。言语轻重未专,莫不怪连靖娘子三拜意。([剔银灯])①

"一封书信做媒人",陈彦臣接信后欣喜若狂,回信中竟大胆称呼"连氏靖娘是我有情妻"。双方都在等待,"等待七月十五冥,就只花园内赏月,就是月圆人亦圆"([红衲袄])。

七月十五夜中元节,"二腹都是一心肠、阮(我)见恁(你)如蜜,你见阮如糖"([金殿□])。当"鼓打三更"、"厝厝(家家)关门"的时候,陈彦臣与连靖娘终于得谐鱼水之欢,"双人笑入青纱帐,珊瑚排牙床"([一赚])。但是,好事多磨折,欢合被静女之母撞破,二人终于因"奸情"而吃官司。不过"阮双人甘心去受罪",男女主人公可说是无畏又无悔,"虽生死而不顾也",下狱而不改初衷,两人情比金石。

剧情至此转入后半部,写王刚中等三名士子"盘山共过岭"前去应举,"三人一齐去应举,但愿金榜带名字"([望吾归])。依据《新编醉翁谈录》的记载,王刚中得中探花,"出为福建宪台,出巡首到延平,撞狱引问彦臣、静女因依",有感于两人才情洋溢,情志永笃,终于判两人"永作夫妻"。戏文写到在王刚中审案之前,狱中男女主人公用一套([三换头])的曲子从古(鼓)打一更唱到五更,大声申诉"有乜罪告,力(掠)阮来关",终于捱到五更鸡啼了,"押上官厅问招打"。戏文最后二句唱辞是"好怯(好坏)未得知,目淬(眼泪)如雨落"。②

戏文这个结尾,恐怕有些问题。我们觉得戏文可能漏刻了部分内容,根据《新编醉翁谈录》的记载,起码漏刻了两桩重要情事:一是王刚中得中探花并出任福建宪台,二是王刚中审陈、连"奸情"一案,对陈、连二人出口成章与情比金石有深刻印象,故判二人"永作夫妻"。《新编醉翁谈录》记陈、连二人的情爱最终得到官府承认,团圆作结,有情人终成眷属,但《颜臣》戏文却在"目淬如雨落"时戛然而止,显得突兀,应是漏刻了后面的审案情节。可以肯定的是戏文不可能悲剧收场,也不可能把

---

① 《明本潮州戏文五种》,广东人民出版社1985年版,第465—466页上栏。
② 《明本潮州戏文五种》,广东人民出版社1985年版,第498页上栏。

王刚中的中举、赴闽、审案以及公堂上王出题与陈、连二人敏捷对诗等等情事全部用说白交代，特别是在王刚中出人意表作出让陈、连二人"永作夫妻"的判决之后，男女主人公喜出望外，人身被解放，情爱被肯定，这是多么令人欣喜兴奋呀！所以末尾应有一曲歌唱团圆喜庆、天作之合的尾曲高屋建瓴来囊括全剧，现在却以"目渗如雨落"作结，显而易见遗漏了太多的内容情节，这是非常令人遗憾的，卷首所谓"《颜臣》全部"，其实并不全，保守估计，在狱叹之后，至少有全剧约四分之一的剧情被遗漏。就算这部分剧情可以用道白敷演，属于删除之列，但全剧的尾曲（此处应为全剧高潮），是无论如何不应该漏刻的。

根据王国维关于戏曲小说"始于悲者终于欢，始于离者终于合，始于困者终于亨"①的论断，再加上《新编醉翁谈录》中《静女私通陈彦臣》的记载，故事肯定是团圆收场的。王刚中以"竹帘"与"蝴蝶"为题要静女与彦臣当场作诗，两人于是敏捷应对，尤其是彦臣诗的末两句云"今日误投罗网里，脱身惟仗探花郎"，履新的王刚中听后，拍手称赏，对这一对才情洋溢的患难夫妻大加赞叹："才子佳人两相宜"，"永作夫妻谐汝愿"。因此，戏文无论从剧情发展或观众心理来说，都应是团圆作结的，不可能以"目渗如雨落"的悲悲切切氛围来了结。我们判断戏文漏刻了部分曲辞，至少漏刻了大团圆的尾曲，应是没有疑义的。

尽管在《颜臣》戏文"虎头蛇尾"漏刻了全剧重要的中举、审案、对诗、判案（团圆）等场次的曲辞，但该戏文依然是潮剧史上重要的篇章，戏文的特色是显而易见的。

首先，《新编醉翁谈录》中《静女私通陈彦臣》情事较为简单，人物除男女主人公之外，还有双方母亲、婢女秋兰及王刚中，故事重点有二：一是连静女与陈彦臣的爱情，最后"因解官囚之"；二是王刚中的审案，"称赏"两人才情及判其"永作夫妻"。《颜臣》据此而敷演成一个大型潮州戏文，大力拓展剧情空间，丰富戏剧情境，将男女主人公的爱情置于民俗节日中来表现，构思上很有特色。两个主要人物的性格形象也随着剧情的发展而不断丰富，陈彦臣的大胆单纯与连静女从犹豫不决到战胜自我，主动邀约对方，心路历程勾勒得十分自然，两人对爱情的笃诚忠贞，给人留下深刻印象。两人冲破礼教的桎梏私自结合后，坚定地表示"虽生死不顾也"。被抓入狱后，他们申诉辩解，自觉无罪，态度鲜明，正是这种坚定的态度感染了王刚中，让王刚中作出撮合他们的公正判决。尤其需要强调的是，《新编醉翁谈录》以"私通"二字冠题，像是在描述一桩桃色事件，而戏文则旗帜鲜明地站在男女主人公的立场上，颂扬他们的爱情，把爱情描绘得真切感人，笑时真笑，啼时真啼，哀艳婉绝，自始至终把陈彦臣与连靖女的爱情作为一桩美好情事来描绘，特别是最后通过王刚中的判决，给两人的爱情盖棺论定，使戏文肯定爱情、颂扬男女自由相爱、自主择偶的爱情观得到极大的弘扬，《颜臣》戏文也以其旗帜鲜明的颂扬爱情的主题在明代戏曲史上占有一定的地位。

《颜臣》是一个潮州戏文，不少曲子估计是用潮腔演唱的，因为曲辞中运用了大量的潮州话语词，这些语词直至今天在潮州老百姓中一直在使用，如"厝边（邻居）、断约（约会）、尾蝶（蝴蝶）、天时（天气）、得桃（游玩）、许时（那时候）、久长（长时间）、在只（在这里）、目涉（困了）、目渗（眼泪）、好怯（好歹）、天乌地暗（天黑）、盘山过岭（爬山）、面皮（脸皮）、今冥（今夜）、落耳（入耳）、是乜人（什么人）、听声望影（听其言观其形）、削骨落肉（消瘦）"等等。

从曲牌方面来说《颜臣》保留了初期南戏的演唱特色，"其曲则宋人词而益以里巷歌谣"。②《颜臣》运用了〔高阳台〕〔疏影〕等宋词词牌，运用了不少的民间"里巷歌谣"，如在〔惜红花〕一曲中，运用民间戏曲的滚唱形式，一连用了八个"莫畏是"的连排滚唱：

莫畏是（莫不是）夫人口快，莫畏是自可性紧，莫畏是伊人无心，莫畏是秋兰使毒行，

---

① 王国维：《红楼梦评论》，《王国维文选》，上海远东出版社 2011 年版，第 168 页。
② 徐渭：《南词叙录》，《中国古典戏曲论著集成》第三册，中国戏剧出版社 1959 年版，第 235 页。

莫畏是嫌仔袂（不会）小心，莫畏是嫌仔不志诚，莫畏是嫌仔命怯，莫畏是嫌仔可穷……①

这一滚唱如水银泻地，把人物纠结矛盾的心情如盘托出，一吐为快。剧末"狱叹"一场，主人公用民间潮曲"叹五更"的唱段（嘉靖本《荔镜记》同样运用过），从"一更"唱到"五更"，把内心的郁闷与忐忑不安表现得淋漓尽致："……五更风飔，鸡啼月落，合床上又畏许促命来点牢。押上官厅问招打，好怯未得知，目滓（眼泪）如雨落。"（[三换头]）②

《颜臣》的一百一十一支曲子中，还有极少数的北曲掺杂其中，如[北上小楼]等，这也是初期南戏剧目在唱腔方面一个显著的特色。

《颜臣》是一个民间戏曲，除运用大量通俗的潮汕百姓日常口语俗语外，其曲辞的民间性特别明显，浅显俚俗的修辞运用颇具特色。如形容男女主人公两情相悦时唱"听说年已相当，二腹都是一心肠，阮（我）见恁（你）如蜜，你见阮如糖，终久共你同枕共床"（[金殿□□]）。又如连静女唱："我是日照牡丹肯学趁风柳絮？竹是竹，篾是篾，伊人共你有乜相拔蚀（即毫不相关）？"（[孝顺歌]）还有"又畏外人来探听，说出我只亲情（指与彦臣亲事），跋落（传到）阮妈耳内（指亲事被其母闻知），心性孛（惹）人惊"（[锦缠道]）。③ 这些比喻生动直白率真的唱词，完全是本色俚语，入耳消融，其民间戏曲的特色非常明显。

《颜臣》戏文应为初期南戏的潮剧改编演出本，正如上引饶宗颐先生所说："此本的'颜臣全部'，虽不能说是宋时《烟粉欢合》所记陈彦臣的戏文原本，可能是经过多少损益润饰、改编而成，但本事同出一源，则毫无疑问。我们可以从这本书恢复陈彦臣戏文全出的原貌，堪为研究南宋戏曲以及它渐变为地方戏曲的历史提供一无上数据。"《颜臣》戏文在徐渭《南词叙录》关于"宋元旧篇"的名目上未见著录，元明清三代戏曲史籍上也未见记载，收录繁富的现代人庄一拂所著《古典戏曲存目汇考》也没有关于《颜臣》的词组，可见这是一部十分珍贵的明代戏曲刻本，应当引起研究者的重视。《颜臣》究竟是直接改编自南宋笔记《新编醉翁谈录》，还是改编自某一南戏剧本，现已无法判定。可以判定的是，无论对于南戏还是对于潮剧史，《颜臣》都是一个不折不扣的重要剧本，这是没有疑问的。

（五）《荔枝记》

关于"陈三五娘"故事的潮剧，在明代有三个版本，一是嘉靖本《荔镜记》，二是嘉靖本"陈三游勾栏"（笔者暂名。此本附刻于《荔镜记》上栏，因其唱腔、曲牌、人物、故事都很完整，应是明代关于"陈三五娘"故事独立演出的一个本子），三是本节要讨论的《荔枝记》。

万历刻本《荔枝记》原藏奥地利维也纳的国家图书馆。刻本上栏为插图，下栏为正文。卷一首行题剧名《新刻增补全像乡谈荔枝记》，第二行题剧名"书林南阳堂叶文桥绣梓"，第三行为"潮州东月李氏编集"，卷末有牌记"万历辛巳岁冬月，朱氏与畊堂梓行"。故知此本梓刻于万历辛巳冬月，即明代万历九年（1581）冬季。

杨越、王贵忱《〈明本潮州戏文五种〉后记》云：

> 《荔枝记》保留编集者东月李氏的姓名，此为明代潮州人编集潮州戏文的第一个署名编者……再就版式和插图绘刻风格而论，与余氏刻本《荔镜记》甚为相近，而且《荔镜记》刻于一五六六年，《荔枝记》为一五八一年所刻，相隔仅十五年，两本写刻图文风格相似，可能都是同一地区的刻本。明代插图本戏曲，多为万历中后期的作品，属于万历初年和嘉靖间的刊本甚为少见，这两部早期插图本戏文，对研究明代版画和潮州戏曲服饰等方面，提供了宝贵

---

① 《明本潮州戏文五种》，广东人民出版社1985年版，第421—466页上栏。
② 《明本潮州戏文五种》，广东人民出版社1985年版，第498页上栏。
③ 《明本潮州戏文五种》，广东人民出版社1985年版，第455页上栏。

数据。

　　此本书名冠以"新刻增补"四字，印证余新安刊本的告白，可知《荔枝记》在潮州流行是由来已久的事，而且传刻不绝……①

嘉靖本《荔镜记》与万历本《荔枝记》（简称《镜》本与《枝》本）皆有精美插图，这是研究明代版画艺术极为宝贵的资料。嘉靖《镜》本画面精细，线条明晰，人物五官轮廓分明，风格近于写实，而万历《枝》本画面较简洁。如第三十六出插图两侧文字为"林大鼻告黄仲志"，画面右侧只有一小角衙门和作为背景的半截子树，林大鼻就跪在画面中央，手拿状纸，整个画面十分简朴，和《镜》本的版画风格其实并不相似。

　　《枝》本的插图主要是图解每一出的内容，或三四幅，或五六幅，最少的只有一幅（第二十九、四十二出），最多的是第二十四出，竟然有十七幅插图。

　　万历刻本第一行《荔枝记》剧名之上冠以"乡谈"一词，这一词语本指使用家乡语即方言谈话，如《水浒传》第七十四回："燕青打着乡谈说道：你太小觑人了。"《古今小说》卷二："口内打江西乡谈，说是南昌府人。"在元明或近代，"乡谈"一词为戏曲曲艺的专门术语，指用方言演唱的戏曲或曲艺。如这本《荔枝记》冠上"乡谈"之名，指的就是用潮州方言演唱；还有苏州评弹、评话等曲艺形式，均称为"乡谈"。

　　万历《枝》本与嘉靖《镜》本演绎的都是潮州百姓耳熟能详的"陈三五娘"的故事，两个本子情节大同小异，《枝》本晚出《镜》本十五年，编写者显然见过《镜》本并参考移植了它的一些情节与唱辞，如脍炙人口的林大鼻的《无奴歌》和五娘思念陈三的"自叹曲"，都可见借鉴袭用的痕迹。但是，万历《枝》本后出，改编者有自己的一套思路。

　　现将《枝》本剧情梗概略叙如下：元宵节，五娘、益春与李姐一同观赏花灯，西街林大鼻垂涎五娘美色，托了李姐为媒，前往黄厝议亲。五娘之父黄九郎（仲志）答应亲事，收了聘礼，但五娘不肯，表示"情愿剃（头）毛做（尼）姑食斋"，也不愿嫁与林大鼻。后欲投井幸遇益春解救。主婢二人前往南山寺院求签，长老解签说"六月初六有一骑马官人楼下站"，可与"伊人结亲成"（即成亲）。时陈伯卿送兄嫂广南赴任后游潮州，五娘即抛荔枝与陈。伯卿为接近五娘，竟入黄府磨镜，并设计碎镜为奴。陈三于月夜跳墙欲与五娘相会，遭拒后只好写信托益春交与五娘，经过一番盘问磨合，二人终于冰释前嫌，五娘于是写柬约陈三夜晚幽会，后三人离家私奔泉州。林大鼻前往告状，知州赵德接受贿赂下令捉人，三人终被追回。陈三发配崖州，行至海丰地面，邂逅离任返乡之兄长，冤情终于在其兄干预下昭雪，一家团圆。

　　《枝》本与《镜》本比较，有几处明显差异：

　　其一，《镜》本一开头写元宵观灯，主要人物陈伯卿、黄五娘、林大鼻等悉数出场，陈、林皆倾慕五娘姿色，林马上托媒说亲。戏剧冲突于元宵游赏已展开。《枝》本于元宵观灯场面中不见陈伯卿出场，只写林大鼻托媒下聘，黄家受礼，五娘反抗等情事，冲突三方只剩下黄、林二方。

　　其二，《镜》本写五娘欲投井自尽遇救后，向月祷告"乞许（给那个）林大促命姻缘不成"；《枝》本写主婢二人前往南山寺求圣，长老解签说是"六月初六有一骑马官人楼下站"，可与"伊人结亲成"。把陈三五娘一见钟情、互相倾慕的情事完全付与求签与解签，使这场动人心扉的爱情被推排为天注定。这样写，《枝》本显然较《镜》本逊色。

　　其三，《镜》本写益春劝陈三修书一封"揿（掷）过墙去乞伊（给她）"，并无益春传书情节；《枝》本则模仿《西厢记》写益春将陈三书信置于绣盒内，引起五娘不满并罚陈三下跪。这样写，既无新意，又嫌过激。

---

① 《明本潮州戏文五种》，广东人民出版社1985年版，第829—830页。

其四，《镜》本写益春同情陈三际遇，说陈三"是好人仔"，"为阮亚娘，即会受阮阿娘障般（这般）苦痛"（第二十五出）。《枝》本却写陈三遭五娘拒绝后，竟欲与益春行苟且之事。这样写，对陈三形象实是一大损害。

其五，关于益春的归宿，《枝》本写五娘遣"家奴"小七送寒衣给发配崖州的陈三，并对小七说"转来我讨一个妳（老婆）乞（给）你"作为回报，小七提出要益春，五娘说"你是要益春，亦罢，准你。我今入去（即回房内）随恁（你们）私下较量"（潮音到粮，商量意）。但益春未明确表态，只是催小七"你今好行唠"（第四十三出）。小七在海丰遇上陈三及陈运使后，陈三马上修书让小七带回给五娘报平安。小七返黄厝后，又提起益春事，说："小七夜日念念在心头，亦亲像阿娘忆着官人一般般。"五娘回应道："随恁二人去较量。"小七说："向年（这样）我从命。"（第四十五出）五娘与小七对话时益春是在场的，但不见表态。一直到全剧结束，也未交代益春是否跟了小七。从当时主仆关系看，益春虽未表态，但主人的话即可定终身，所以，很有可能益春最后配给了小七。但从五娘的商量（较量）口吻看，益春既未表态，似又表明她并不愿意配给小七，心中可能另有所图。关于益春归宿的这些描写，为《镜》本所无。

其六，《镜》本第五十二出《问革知州》，写陈运使升任都堂御史，提审知州赵德，林大鼻做证指赵德收其贿银百两，赵德于是被革去知州之职。《枝》本并未写陈运使升官，而是写他"三年任满转归乡"，凭官威打了长解三十大板，并将赵德"私情枉法"，"题本奏闻朝廷"，了结陈三冤案。（第四十六出）没有亲自革去赵德官职的情节，陈运使最后还亲自到黄厝与五娘父母见面。这些情事，亦《镜》本所无。

从以上六大差异可知，《镜》本与《枝》本各有千秋，但总体上看，晚出十五年的《枝》本并没有以《镜》本为鉴而超越它，不少地方反而显得不如《镜》本，未免令人遗憾。

从陈三与五娘这两个主人公艺术形象来看。五娘对封建婚姻的态度，《枝》本承袭《镜》本，对她的反抗性格有较多刻画，如媒婆李姐夸说林大鼻，"伊是官家人子孙"时，五娘回她说："富如石崇我不去争，待伊早去别处俿（潮音虾第二声，作动词，意为找机会，给好处）。"（第十出）在父母面前，五娘更是斩钉截铁地表示："情愿剃（头）毛做（尼）姑食斋"，也不愿嫁给林大鼻；要她嫁给林大鼻，除非"听待太行山崩，天地改换时"！（第十一出）当然，《枝》本中那个五娘虽激烈反抗"父母之命，媒妁之言"的封建婚姻，但总体来说形象还是不如《镜》本。更为逊色的是，五娘是在听到南山院长老解签说"尼姑做不成。六月初六有一骑马官人在许（那）楼下站，对伊人结亲成"（第十四出）。五娘于是听从命运的安排，不当尼姑了，静下心来等待上天在六月初六天赐郎君。这样写，把一场轰轰烈烈反抗封建婚姻的爱情，写成命中注定的姻缘，化解了爱情与礼教的矛盾，降低了全剧的品位与格调，也使黄五娘的形象有所削弱。

《枝》本中陈三的形象同样没有写好。陈三在五娘面前，一副儇薄轻佻的样子，五娘就说他"双目溜溜，亲像（真似）贼一般"。陈三还公然"牵五娘裙裾擦面"，实在于礼有损。他甫一出场，就说自己是"贪风月，逢花酒，未曾中意；官不愿做，心内专要得桃游戏"，很有点浪荡公子的做派，《枝》本开头的元宵观灯场次中（第五至七出），并未安排陈三上场，原来一见钟情的陈三五娘爱情化为乌有。而在《镜》本的观灯场次中，陈三与林大鼻都看上五娘并展开角逐，戏剧冲突一开头就形成犄角之势。最令人不齿的是《枝》本中陈三在追求五娘碰壁之后，竟然要求与益春行苟且之事。益春拒绝他说："见读诗书，亦知道理"，"三哥莫起只（这）心意"，但陈三还恬不知耻地说："读书人专要干只一个买卖！"并得意地唱起来："陈三色胆大如天，瓜园李下不畏人疑"，"隔墙花强拔来做连娌（理）"！最后竟然动手动脚，但益春始终不肯就范。这种写法，把原来《镜》本中倜傥潇洒、用情专一的陈三形象给糟蹋了。

不过，话说回来，这种写法实际上是明代中后期戏曲小说编写的一种风气，是编写者为了追求低级趣味、追逐廉价喜剧效果而添油加醋加上去的。江湖上早有先例。金代的《董西厢》就写张生追求莺莺碰壁后，回过头来要与红娘"权做夫妻"。所以，陈三要与益春行苟且之事，并非《枝》本所"独创"。明代中后期不少戏曲家，热衷于"浓盐赤酱"，即用重口味写性，文本中往往出现下流话或性挑逗场面，连伟大戏曲家汤显祖也未能免俗，《牡丹亭》中就有一些下流挑逗的描写。所以，不能全怪《枝》本，这其实是剧坛不良风气影响所造成的。

陈三形象总体来说显得轻薄，有时为了追求廉价喜剧效果，人物性格前后不够统一。如第三十出，林厝催婚，五娘心急如焚，叫益春请"官人来（出）主意"（第二十六出已写陈三五娘私底下谐了好事，所以此处五娘改称陈三为"官人"），但陈三现身后，竟然说："女以聘礼为定，新妇是林厝人个（即林厝的人），陈三无乜（什么）主意。"给五娘当头泼了一盆冷水，五娘于是心灰意冷，觉得自己做了"墙花路柳"，不如"舍身暗入黄泉"。经过一番折腾，陈三才提出私奔泉州的主意。这样写，冲突似乎无因而至，实如其来，陈三以旁观者身份看五娘干着急，人物性格难免受到损害。

从音乐曲调方面看，全剧共享了约二十六支曲牌，所用曲牌依出数先后为：［粉蝶儿］［锦缠道］［地锦当］［金钱花］［滴溜子］［出队子］［皂罗袍］［四边静］［菊花新］［赏宫花］［驻云飞］［大迓鼓］［黑麻序］［篓上金］［灞陵桥］［四朝元］［黄莺儿］［望吾乡］［双鸡漱］［醉扶归］［缕缕金］［庭前柳］［风入松］［雁过沙］［水底鱼儿］［一封书］。

这些曲牌运用的情况，有几点值得注意：

第一，除个别曲牌标识漫漶不可辨识者外，全剧四十七出戏，只用了约四十四支曲子，二十六个曲牌，在明本潮州戏文中，相对来说曲子运用数量较少（《刘希必金钗记》共六十七出，用曲一百零四支，《颜臣》无标出目，共享曲子达到一百一十一支）。

第二，在《枝》本四十四支曲子中，除重复运用者外，全剧实际上仅用曲牌二十六个。其重复使用的曲牌有：［皂罗袍］六支，［地锦当］三支，［金钱花］三支，［驻云飞］三支，［大迓鼓］三支，［四朝元］三支，［四边静］二支，［望吾乡］二支。其中像［皂罗袍］这样惯常的南曲曲牌和［金钱花］这样的民间曲调一再被使用。

第三，在《镜》本被标示为"潮腔"的八个曲牌（即［风入松］［驻云飞］［大河蟹］［黄莺儿］［梁州序］［望吾乡］［醉扶归］［四朝元］），除［大河蟹］［梁州序］《枝》本中未见，其余六个曲牌《枝》本中均有出现，且不止一次被使用，如［四朝元］［驻云飞］［望吾乡］就出现二三次，再加上曲辞或说白中大量运用的潮州方言语汇，可以证实《枝》本属于"乡谈"，基本上是用潮调演唱的。

第四，大约有十七出戏有唱词但未标示曲牌名，故未知所唱何曲。这种现象在以往南戏剧本或其他明本潮州戏文中还未见到。数量如此之多未标曲牌名的唱词的出现，只能说明这是一个较粗放的民间本子，抑或是艺人很熟悉可即兴演唱，故不必标示曲牌名。这个问题，现在还很难说清楚。

第五，《枝》本与《金钗记》《荔镜记》戏文一样，多次出现［哩啰连］曲（即所谓"连啰曲"）如《枝》本第十五出五娘于六月初六日掷荔枝前所唱：

　　［灞陵桥］……深深拜，拜谢天乞灵，共乞圣荔枝，掷落甚分明，好人来收领。连哩啰，
　　啰哩连，连哩哩连啰哩连，连哩啰连。

这说明在明代潮州戏文中，［哩啰连］曲很受欢迎，一再在文本中出现。饶宗颐先生说：

　　用哩啰唱词的习惯，可追溯到南宋……这类哩啰连是有声无义，至今潮州歌谣中仍有这种
　　助声。潮州人在形容人们高兴时顺口唱无字曲，叫做"唱连啰曲"。①

《枝》本在器乐伴奏演唱方面，与《镜》本一样很有特色。《镜》本开场不久，元宵观灯场面中有"内唱"唐代杜牧《清明》诗；

---

① 饶宗颐：《〈明本潮州戏文五种〉说略》，《明本潮州戏文五种》，第11—12页。

> 清明冷丁时节雨纷纷，冷丁冷打丁打个冷，爱个冷打丁，路上行人欲断魂……（下略，见第六出）

《枝》本与《镜》本有所不同，至剧末第三十七出才出现《清明》诗，是由艄公在场上唱的，器乐和声部分又有变化：

> 清明时节雨纷纷，依磨朗当，路上行人欲断魂，依磨朗打当，嗄哆赟，哆咳哆啰嗄哆，借问酒家何处有，依磨朗当，牧童遥指杏花村。依磨朗当，呀，依磨朗打当嗄哆，哆咳哆赟，哆！

《镜》本中和声的"冷丁冷打丁打个冷"，五娘解释是"琴"音，《枝》本改为"依磨朗当"与"哆咳哆"，未明是何乐器的和声。光从文本来看，特色是明显的。演唱的情境选择也比《镜》本自然合理（《镜》本于元宵观灯的热烈氛围下唱《清明》诗，显然与情境不甚吻合）。

在科介方面，《枝》本基本上没有标示，只有少数曲牌标出"生慢唱""旦慢唱"之类，估计是提示行腔舒徐缓慢，相当于"慢板"的意思。这也说明《枝》本是属于较粗放的民间演出本，缺乏周全细致的舞台提示。

之所以说《枝》本剧本编写显得粗放，除部分曲子未有标识，极少提示科介，不够规范之外，人物上下场诗也极少，多数情况是一上场即唱曲，不像《镜》本那样人物一上场即有上场诗。至于下场诗，总共只有七出戏（即第一、二、十三、十七、二十八、四十一、四十六出）有下场诗。全剧结束时有终场诗八句：

> 陈运使登程赴任，林大鼻谋娶五娘，
> 黄阿公亲收前聘，黄五娘志坚不从；
> 高结彩楼再招偶，陈伯卿久恋团圆，
> 续编一本荔枝记，新奇万古来传扬。

这八句终场诗，除末二句属广告语之外，其余六句实际上是全剧故事之纲目。从这八句终场诗可见，本剧的编写者决非什么饱学之士或文苑奇才，他可能只是一位粗通文墨的民间艺人，笔下没有什么绮词丽语，对上下场诗或曲子的编写较随意，使文本显得不够周全，不够规范。

之所以说《枝》本乃民间艺人所编，是因为文本的遣词用句非常民间化，通俗、俚俗词句十分常见，如"你今障大（这么大了）未有亲，怕是命中带孤神（一种霉菌，意为晦气、倒霉）"（第七出），用潮州土话"孤神"，显得十分俚俗生动；又如"富如石崇我不去争，待伊早去别去俸（作动词用，给钱物、给好处）"（第十出），用土话"俸"，使说白显得动作化。他如"情愿将身跳入井中死，免得对着伊冤家相盘缠（交缠、牵涉）"（第十三出），"为伊人情有千般，今旦不念阮（我）半声（第十九出），"新造船仔如飞蜂，摇摇过溪去载人"（第三十七出），"君今去远望不见，心头恰似虎着箭"（第四十一出），等等，这些语句，直白俚俗，虽去雕饰，却是原生态的东西，并未有进一步加工修润。

《枝》本还有较特别之处，是出现很多骂人的话。所有上场人物，嘴上皆有骂人词语出现。如黄九郎骂小七"死狗"，骂林大"死畜牲"，骂陈三"死贼"，五娘骂陈三"贼奴""腌臜贼奴""死贼奴"，骂李姐"死精"，小七骂益春"死鬼""贼鬼""孛尿贼婢"，益春骂小七"贼斩头"，老夫人骂小七"死狂丁"，林大鼻骂黄九郎"老狗"，等等。在第十九出、第三十四出多有场上人物对骂情节。大量詈词的出现，说明《枝》本不仅粗放、粗糙而且粗俗，这种现象不但在其他明本潮州戏文中较少见，就是在南戏或明传奇中也较少出现。

除了詈词之外，不少舞台语言动作或涉黄，或趣味低下有损人物形象。如第十九出，出现五娘水泼陈三的激烈场面，但陈三也不"示弱"，有搂五娘的动作，还"牵娘子裾裙擦面"，这些均有损两人形象。还有"溪中姿娘（女人）赤交烈（潮语，裸上身）大乳胞，真个是"，"不敢摸阿娘个乳"等涉黄念白，可见《枝》本格调确实不高。

尽管格调不高，但《枝》本仍然是潮剧史上一个重要的剧目，它让我们得以窥见明代万历时期潮剧演出的约略情形，其较为粗疏的种种表现，正是民间剧本的本色所在，当然，从全剧来说，它有时也不乏精彩之笔，如对于官吏狱卒解差之流贪赃枉法的揭露，就入木三分。第三十八出写都军逮住陈三后，立马索要银子；陈三说"要阮（我）钱银，亦无半分半厘"。一听说没有银子，解差态度大变，大骂"什（杂）种，你夭（这样）口硬，在只绑来去"。五娘只得叫益春快去拿二两银子送与解差。第三十九出写知州赵德审陈三一案。劈头便大骂陈三"狗骨头"，然后下令打陈三五十杀威棒，陈三只得招认"奴婢奸家主情真是实"，赵德于是"依律问他死罪"。陈三就这样被严刑逼供，差点枉死狱中。陈三带长枷入狱后，狱卒就来盘剥，声明有"银来乞（给）我，刑法放轻微；无银来乞我，定遭我手死"。上场后即"拿出天平秤"，"待人犯来相探秤银"。五娘与益春前来探监，狱卒便依次索要"开门钱""油火钱"。总之，"一日近官一日威"，《枝》本似超越了《镜》本，从中可见明代后期社会生活之一斑。

总体来说，《枝》本词采显"俗"，有些唱段浅俗流畅而有韵味。如第二十七出陈三唱（无曲牌名）："听见城楼鼓角三四声，纱窗外月光都成镜……看许墙风摆花弄影，轻轻近前仔细去听。"

第四十五出五娘唱［四朝元］曲：

> 一枝灯火暗又光（潮音斤），更深什静夜今又长。（介）雁鸟尽日飞，不见我君寄书转，一日袂（不会、难）得到眠昏（黄昏），一夜袂得到天光。恨夜昏（夜晚），怨夜长，（白）三哥，三哥，（唱）记得当初时，恩义不曾断，共伊人相爱相惜如蜜丢落糖。

这样的唱辞，既押潮韵，又曲白相生，贴合情境，虽浅俗而韵味悠长，属戏曲唱辞中"入耳消融"的佳作。"蜜丢落糖"云云，完全是民间口吻。

《枝》本的潮州乡土特色，潮州民俗、潮州话语汇的运用都非常到位，说明它是明代万历年间潮州人编集的戏文。《枝》本借泉州人陈三初游潮州（第十二出），对潮州的景色有生动的描写：

> ［金钱花］且喜来到潮州城、潮州城，城内军马（疑为"车马"之误）得人惊、得人惊，弹琴吹箫实好听、实好听。马册紧，放脚行，别处好不如潮州城，别处好不如潮州城。

《枝》本还涉及不少潮州民情风俗。如以茶待客习俗。潮州人饮工夫茶的习俗遐迩知名。《枝》本第八出黄九郎白："原来是媒姨，老汉失接。小七，端椅坐，讨茶食。"第十七出益春云："师父，一钟茶待恁（你）。"还有用槟榔作为礼品待客、下聘、祭拜的习俗。如《枝》本第十出黄九郎收下林家定亲聘礼后拜祭祖先，说："拜请堂上高祖曾显考妣，女孙五娘收入聘礼槟榔果盒金花表礼，虔诚拜鉴欢喜姻缘团圆。"潮州用槟榔习俗，府志、县志均有记载。周硕勋《潮州府志》记："童叟俱嗜蒌叶槟榔，无时释口。亲朋来往，不具酒茗勿以为嫌，不设槟榔便称简慢。""行聘则槟榔蒟叶鸡酒而已。"

《枝》本还写到妇女"缠脚"习俗。缠脚本是陋习，但相沿相续，习以为常。《枝》本第三十出写陈三五娘与益春三人私奔至泉州，途中五娘"脚痛袂（不会、难）行"，陈三叫益春"共阿娘脚缠解宽一下"。这种缠足陋习，明清时期很盛行，直到辛亥革命后才逐渐被废除。

还有三月三踏青风俗。《枝》本第二出即全剧开场不久，就写到益春劝五娘三月三去踏青："阿娘，今旦正是三月三，来去踏青得桃一下。"三月初三日，即上巳节，是民间祓禊之俗。《周礼·春官·女巫》云："女巫掌岁时祓除、衅浴。"郑玄注："岁时祓除，如今三月上巳如水上之类。衅浴，谓以香熏草药沐浴。"可见这是一个非常古老的风俗。周硕勋《潮州府志》记："三月三日出郊修禊，谓之踏青。"《潮阳县志》（光绪刻本）记："三月上巳，士民登山踏青，修兰亭禊事。"

《枝》本还写到插柳行桥习俗。第六出黄五娘念白："李婆，夜昏（今夜）正月十五，天官赐福，人人头插柳菁,去体(看)灯行桥,四季平安利市。"元宵夜潮州人插柳行桥习俗,潮州府志、县志均有记载。《普宁县志》(乾隆十年刻本)云:"元宵:十一夜妇女度桥,投瓦砾土块,谓之度厄;十五夜门首插松竹,妇女插松叶。"

他如元宵节看花灯、斗歌习俗(见第五出、第七出)以及拜月、插花、斗蟋蟀等等,因讨论《镜》本时已涉及,此处不再赘述。

《枝》本出现大量潮州话语汇与句子,是我们研究明代后期潮州方言的宝贵资料。兹约略援举如次:

好怯(好歹);乜事(什么事);做年咀(做什么);到只(到这里);厝(屋、家);乞伊(给他);孤神(霉菌);教示(教训);清气(干净);障大(这么大);门楼(门);不知头(即唔知头,不小心);障般(这么样);乜话(什么话);向好(这样好);向无用(这么无用);向生(这样);前无亲,后无情(指无亲情,即亲戚);烧熟(熟悉);亲象(相似);无意思(无心情);障重(这么重);田埕(田基);借问(问候);石埠(石头);投阿公(向阿公投诉);恶认(难辨认);做年(怎么说);乞(给);阮(我);恁(你、你们);只处(这里);若久(多久);乌心肝(黑心肠);剃毛(剃头发);亲成(即亲事,成亲);乡里(故乡);会约(会猜);恐畏(害怕);只扎时(这段时间);数簿(账本);在那(在那里);目汁(眼泪);展乜心性(摆款,发什么脾气);扣(折断);屎肚佃(肚子满是屎);袂(不会);赤交烈(裸上身);头毛又茹(头发乱);瘦骨落肉(消瘦);听我(听我说);暗静(暗地里);咀东咀西(说东说西);人客(客人);灯心缚人亦倒;危石藏珠俗目恶认;起厝人健孥妭人兴;一头挑鸡分作二头啼……

以上只是方言俗谚的一部分,《枝》本从头到尾,潮州土语、俗语、谣谚、成语等极多,这些潮州话语词,绝大部分今天还在使用。我们常说要弘扬传统文化,弘扬潮汕乡土文化,因为潮汕文化是一种非常独特的地方文化,而究其实,文化最基本的元素就是语言,潮州话是潮汕文化基本的载体,是潮汕文化最基本的元素,没有潮州话,潮汕文化就等于无本之木、无根之花,潮州话实际上是潮州人共同的文化标记,是潮汕人的精神家园。它的独特魅力,令潮州人有一种身份认同感,叫人备感亲切与温暖。我们要弘扬潮汕文化,就必须保护好潮州话,研究古代和当代的潮州话。从这个角度看,《枝》本为我们提供了明代潮州方言演出的绝好语境,值得我们重视与研究。

《枝》本是陈三五娘故事流传过程中重要的一环。这个宣扬婚姻自主,不畏艰难追求爱情幸福的剧目,已经成为潮剧的经典剧目,从明代一直演到清代、民国及当代,几百年来经潮剧艺人锲而不舍地改进演化,"陈三五娘"已经成为潮剧精品剧目,一颗晶莹闪光的艺术明珠。

《枝》本承继《镜》本,对反封建礼教的题旨有所拓展,特别是写主人公在追求爱情道路上,百折千回,其所受苦难与个人毅力令人瞩目。当然,剧末采用"离任返乡"之陈运使用"余威"为陈三五娘平冤,实际上是用大的官府豪门的权势去压倒赵德、林大鼻较小的权势,这是《枝》本的历史时代的局限,它不可能圆满解决陈三五娘与林大鼻、赵德之流的矛盾,不过,时代使然,我们不能苛求古人。

(六)《金花女》

刘永与金花的故事在潮汕民间广泛流传,潮剧《金花女》与《荔镜记》《苏六娘》一样,是潮汕观众十分熟悉的传统剧目。潮剧《金花女》的"母本"就是明刻本《重补摘锦潮调金花女大全》。饶宗颐先生说:

> 《重补摘锦潮调金花女大全》二卷无序目,传为万历时刊……书分两栏,下栏为《金花女》戏文,写书生清州刘永上京赴试途中遇贼投水获救,金花女水边祭灵(引者按:前应为金花女,后为刘永),纪年为"大宋熙宁七年十二月朔"。是剧亦以"金姑看羊"一段闻名,

可知其故事原亦出于北宋。上栏为苏六娘与郭继春事，乃出潮州本地故事……此册为孤本，原东京长泽规矩也博士所藏，现归东京大学东洋文化研究所。①

为什么说《重补摘锦潮调金花女大全》是明代刻本呢？参与《明本潮州戏文五种》整理的知名学者杨越、王贵忱说："《重补摘锦潮调金花女大全》（附刻《苏六娘》）……此书卷头卷尾犹沿古卷子本款式，文字、版式略如万历本《荔枝记》书版，可能也是万历初期刊本。书名冠'重补'二字，知非初刻，此前旧本已不可踪迹，就是这一版本也是传世孤本。"②

因此，正如饶宗颐先生所说："《重补摘锦潮调金花女大全》传为万历时刊。"当然，并不能确认为万历本。但据其梓刻本之版式文字，推断其为明代万历刻本估计当去事实不远。"摘锦"者，摘录其锦出重要者也。故卷一首页即为《刘永攻书》，不见南戏或其他明本潮州戏文开卷之《家门大意》《家门始末》之类戏出。

明刻本《金花女》总共"摘锦"十七出戏，即：一、刘永攻书；二、兄嫂教妹；三、薛秀求婚；四、金花挑绣；五、姑嫂赏花；六、刘永迎亲；七、夫妻乐业；八、借银往京；九、借银回家；十、刘永夫妻行路；十一、登途遇贼；十二、投江得救；十三、兄问来由；十四、金花女烧夜香；十五、刘永祭江；十六、迫姑掌羊；十七、南山相会。

本剧男主人公刘永自报家门称"祖居清州韩岗之阳"。清州在河北，北宋大观二年定乾宁军为州，治所即今河北青县。故刘永祖籍河北，是外省人迁居潮州。本剧女主人公金花女，姓金名花，自幼父母双逝，靠兄嫂抚养成人。剧情揭幕时，金花十八岁，书生刘永托朋友薛秀前往金家求婚，金花之兄答应亲事，后即择日成亲。婚后三月，刘永拟赴东京（汴京，今开封）科考，金花只得回娘家向兄长借盘缠，金章慷慨给了十两银子，但金花嫂嫌刘永清贫，对这门亲事早有不满，虽不愿借钱与金花，但金章"暗静"（暗地里）给钱妹妹，其嫂也无法。刘永金花夫妻俩于是一同上京，不料行至福建龙溪遇贼人抢劫，金花投水后遇救回到金家，其嫂迫其南山牧羊。后刘永中进士得官，返乡时与在南山掌羊（即牧羊，潮州人谓放牧牛羊为掌牛或掌羊）的金花相见团圆。

《金花女》写的是穷书生刘永科考得官发迹变泰的故事。"男儿志气与天高，把那文章压富豪。"（《夫妻乐业》出）刘永是一个贫贱不移其志、奋发有为的秀才，但全剧重心却落在金花身上。金花幼时父母亡故，由兄嫂抚养，在家时和许许多多潮州少女一样，是一名勤苦的绣花女；出嫁后亲操井臼，安贫若素，夫妻乐业，剧中写纯朴而坚毅的金花碰到的人生第一次挫折，为了刘永上京赴考，她开口向兄嫂借钱，遭到其嫂百般奚落，说金花"尖口薄舌厚面皮"，好在金章同胞情重，"姐妹连枝同一气"（《借银往京》出），借给十两银子，让刘永夫妻俩能够上京赴考顺利渡过难关。但金花的人生第二次挫折却随之而来，两人行至福建，"到龙溪遇贼来掠，惊惶无路走去投水送命；感蒙天地慈悲，救得小妇残命。幸有残仆义童，亦赖救我，孥见我兄"（《南山相会》出）。金花遇救返娘家后，其嫂又起歹心，迫她改嫁，金花不肯就范，嫂即迫其南山掌羊二百只，还要砍一担柴草挑回家。虽受百般折磨，金花却"宽心克苦"捱过这第三次挫折，最后与刘永夫妻重聚，否极泰来。

《金花女》一剧中的《迫姑掌羊》一出，后代常作为折子戏演出。《迫姑掌羊》，又名《金花掌羊》，写金花南山牧羊受冻馁。一日号泣野外，忽有路过官员诘问其故，金花悲从中来，尽诉受嫂欺迫凌辱之苦，官员令其抬头，竟为其夫刘永。原来刘永江边祭妻，孰料与妻邂逅相遇，金花苦尽甘来，一对患难夫妻终于团圆。

《金花女》除表现贫贱夫妻坚守信念，守得云开日头来之外，剧作对一个乡下弱女子悲惨命运的描写，令人动容。金花受嫂欺凌的情节，与著名南戏剧目《刘知远白兔记》中李三娘受兄嫂虐待情节十

---

① 饶宗颐：《〈明本潮州戏文五种〉说略》，《明本潮州戏文五种》，广东人民出版社1985年版，第8—9页。
② 杨越、王贵忱：《〈明本潮州戏文五种〉后记》，《明末潮州戏文五种》，第820页。

分相似，李三娘"日来挑水三百担，夜来推磨至天明"。其故事在潮汕地区传之遐迩。《金花女》在穷秀才发迹变泰的故事中，加入世俗内容，写弱女子在家中受尽欺压，把普通人家的家庭矛盾搬上舞台，把嫌贫爱富、世态炎凉的人世悲欢生动演绎。在这方面，《金花女》与《白兔记》有异曲同工之妙，难怪它们一直演出于潮剧舞台之上，无论是李三娘的《磨房产子》，还是金花女的《金花掌羊》，皆催人泪下，一唱三叹，令人荡气回肠！

明刻本《金花女》中，生扮刘永，旦扮金花，外扮金花之兄金章，丑扮院子进才，丑有时也串梅香，净扮判官，末扮薛秀，占（即贴）扮金花之嫂（其嫂有时也用丑扮或末扮）。南戏的七种脚色生旦净丑末外贴，全部出齐，除主人公刘永与金花之外，金章与其妻也是剧中重要角色。金章心地善良，为人忠厚老实怕老婆。当薛秀前来求婚，他看刘永读书上进"不图石崇家计，只要文艺精制，便是伉俪"（《薛秀求婚》出）。说明他颇有眼光，不轻贫重富。金章还十分疼惜其妹，金花出嫁后，金章知刘永贫穷，家无长物，叫院子进才去"庄（樟）林买二个海味"，"赤蟹买几对，车白（一种贝蛤类海产）买50斤，大虾买几十插"（《借银往京》出），送与金花，对金花关怀备至。这与金花嫂子的刻薄蛮横悉成对照。其嫂对金花嫁与刘永这门亲事十分不满，金花上花轿前与她道别，她却骂道"短命仔去了"。她不肯借钱与金花，绝情地说："我不识你是乜人，勿来认我做兄嫂。"（《借银往京》出）金花落水遇救后住到外家，其嫂十分计较，颐指气使，金花敢于顶撞她，说自己在外家是"食阮（我）父母阮兄个"（的），气得其嫂大骂她"死鬼子""死贼精"。金章听到吵闹声前来劝阻，希望姑嫂"一团和气"，其妻气焰更加嚣张，大骂金章"死老狗"，闹得不可开交。最后，金章只好劝金花去掌羊，说"去掌，亦无乜害事"。金花只好答应，说："自生（这样）阿兄你呾只话，我就应去。"（《迫姑掌羊》出）（后代有的本子改为金章外出经商，金花为其嫂所迫南山掌羊，似更合情理些。）

明刻本《金花女》中男主人公刘永不但读书上进，且有情有义，中了举做了官，却失去心爱妻子，令他伤心欲绝。"细思量，只为着争名夺利齐赴科场"，因此才"拆散鸳鸯，甲人（叫人）怎不伤心忆着娘（子）"；"想着当初投水时，那有十日亦好啼；双人漂散相离去，二头（两处）不知生共死，亲像（真像）牛郎织女隔在天边"（《南山相会》出）。在"二头不知生共死"的情况下，刘永做了官，不是入赘豪门，而是念念不忘发妻。行至龙溪地面时，备感伤心，于是有《刘永祭江》一出戏，把刘永的矢志如一、富贵不忘糟糠之妻的善良笃诚形象托出，演出了声泪俱下的祭江一场戏。南戏中有许多写丈夫赴考或投军、茹苦含辛的妇女，如《琵琶记》中的赵五娘，还有这本《金花女》中的金花，最后夫妻团圆，"亲像花再重开，月再团圆"（末出《南山相会》）。不这样写，剧作就通不过观众这一关。善良而勤苦的中国老百姓，总希望"好人有好报"，苦尽甘来。受尽苦难的弱女子，剧作最后会"还"一个好丈夫给她，收到剧中人和观众皆大欢喜的效果；如果女主人公在受尽诸般痛苦之后，却碰到一个薄幸寡情的丈夫，则剧情就会演变成《秦香莲》一类的戏，戏情虽然令人震撼，却是善良百姓所不愿承受的结局。

因此，《金花女》是一个正剧，或说是悲喜剧，它和《琵琶记》《荆钗记》《白兔记》一样，剧情的发展由顺境（《夫妻乐业》）而到逆境（《登途遇贼》《迫姑掌羊》），最后又回复到顺境（《南山相会》）这种剧情发展逻辑，与古希腊亚里斯多德《诗学》中所说的悲剧乃是从顺境至逆境的逻辑不同，可以说是中国特殊的"国情"决定的。这种特殊的"国情"，就是中国老百姓善良纯朴的心志，尽管现实生活残酷与不堪，他们仍然希望在戏曲中看到自己希望的圆满和谐的结局。

明刻本《金花女》这个悲喜剧，包含了喜剧氛围浓郁的《姑嫂赏花》与悲剧场次《刘永祭江》《迫姑掌羊》，这几出在当时即可作为折子戏独立演出。兹援举《姑嫂赏花》一出试析之。

《姑嫂赏花》一出，发生情境是在金花未嫁之时，其嫂对金花说："庭前花红白兼间，光景整齐。阿嫂请你同赏得桃一下。"这一出是小丑（嫂）与小旦（金花）的唱工对手戏，最突出的特点，是在唱辞中镶入一至二个曲牌名：

［姑嫂同唱平调］庭前花开玉交枝，白海棠上粉蝶儿，山（疑为"小"）桃红间白金钱，木莉花（即茉莉花，潮州人称为"木莉"）落红满地。杨柳枝摇摆，惊散黄莺儿；木兰花香上罗带，清平乐庆杏花天。锦堂春色，淡薄清奇；素英开谢，山花结子。对对蜂蝶恋花枝，双双燕子飞过金明池。露滴芭蕉叶，轻风入松枝；四边清静，中央闹气。恰似玉楼春阁，对许高阳台边。风光好景，游动少年；且掠报（这个）芳心守定，莫得为伊轻移。园内实好景致，菊花新茂，桂枝香味；石竹花上，喜鹊踏枝。金菊兼芙蓉，牡丹兼蔷薇；小小重山，尖峰巧俐。菩萨蛮洞红衫儿，逍遥作乐，醉倒蓬莱基。千秋岁，万年欢，心起巫山一片石，驻云飞上天。正是金衣公子，共许传言玉女相见；喜迁莺飞过鹧鸪天，夜飞鹊八声甘州啼。山坡羊子，水底鱼儿；昼堂生春色，满庭芳菲意。玉楼上赛过观音寺，娄娄金殿致，垂莲花坐起。伊是天仙女子，岂比㧎游耍孩儿；普天大圣作乐，再（怎）肯轻落凡世。

这一支曲是姑嫂同唱［平调］，有五个句子用上潮州方言词，可见不是从其他地方"抄袭"移用过来，如"对许高阳台边"，"且掠㧎芳心守定"，"岂比㧎游耍孩儿"，"再肯轻落凡世"等，当可想见撰曲者乃潮州本地人，也有可能就是剧作者本人。这一曲姑嫂同唱，有分唱合唱，载歌载舞，曲子中巧妙地镶进众多曲牌，计有：［庭前花］［玉交枝］［白海棠］［粉蝶儿］［小桃红］［茉莉花］［杨柳枝］［黄莺儿］［木兰花］［香罗带］［清平乐］［杏花天］［锦堂春］［山花子］［蝶恋花］［双双燕］［金明池］［芭蕉叶］［风入松］［四边静］［玉楼春］［高阳台］［风光好］［少年游］［定芳心］［园内景］［菊花新］［桂枝香］［石竹花］［鹊踏枝］［金芙蓉］［小重山］［菩萨蛮］［红衫儿］［逍遥乐］［醉蓬莱］［千秋岁］［万年欢］［巫山一片石］［驻云飞］［金公子］［见玉女］［喜迁莺］［鹧鸪天］［八声甘州］［山坡羊］［水底鱼儿］［昼堂春］［满庭芳］［赛观音］［娄娄金］［天仙子］［耍孩儿］［普天乐］等，唱完这一［平调］曲，这一出也就结束了。这出《姑嫂赏花》，共镶入五十四个曲牌缀成一套曲子，诗情画意，巧智袭人，确有可观可赏、可圈可点之处，殊属不易。这出戏喜剧效果显著，把金花尚未出嫁时与其嫂和谐相处其乐融融的氛围表现得很生动。

明刻本《金花女》共演唱三十二支曲子，分属十三个曲牌，即［锦堂月］［平调］［尾声］［桂枝香］［驻云飞］［望吾乡］［半插玉芙蓉］［倒板四朝元］［一封书慢］［金钱花］［四朝元歌尾］［大圣乐］［山坡羊］。在唱腔方面，明刻《金花女》有所创新，如［大圣乐］本非"潮调"曲牌，但刻本加以改造而特别标示"乡谈"二字，可见是用潮腔来唱［大圣乐］曲；全剧［尾声］曲用了五次，虽未明是什么曲子的"尾声"，但如此多运用曲子的［尾声］，是很独特的。另外，对［四朝元］［玉芙蓉］［一封书］诸曲，也加以改造创新，变成［倒板四朝元］［四朝元歌尾］［半插玉芙蓉］［一封书慢］。最值得注意的是［平调］的运用，［平调］在万历本《金花女》中共用了七次，几占全剧用曲的四分之一。［平调］究竟是何种曲调，潮剧音乐专家郑志伟先生认为：

> ［平调］是《金花女》创用的腔调，是形成独立的"潮调"的一种标志。［平调］应该来自潮州民间或士人中流传的腔调。查浙江一带，至今有称为"平调"的民间说唱艺术，潮剧《金花女》中的［平调］可能与之有关。另一可能是从潮州民间弹词或宋代琴歌中发展而来。潮州地区最流行的歌唱曲调有两种，一种是与唐代变文有渊源关系的潮州歌册，一种是士子的琴歌。琴歌在宋代已很普及，有清调、平调、瑟调三种，潮剧的［平调］也可能与琴歌的平调有关联。演唱潮州歌册不用伴奏，唱平调则须用弦索伴奏，或因采用弦索入戏文，同时将弦索也引入戏文伴奏。还可考虑流行潮州的谱式——二四谱，也随弦索一起进入《金花女》戏文中，才使该剧潮味十足而称"潮调"，以示潮州曲腔之独有特色。[①]

[①] 郑志伟：《略论潮州古戏文曲腔演进》，《潮乐文论集》，中国戏剧出版社2010年版，第106—107页。

可见《金花女》中的［平调］，乃是该剧的独创，如此多的运用［平调］曲子，在明本潮州戏文中十分罕见，应是"潮调"本子的一大特色。

说到明刻本《金花女》的"潮味"，除曲腔之外，语言的运用更是潮味十足。在七种明本潮州戏文中，《金花女》无论唱辞与道白，潮州话词汇可以说俯拾皆是，是七种明本戏文中运用潮州语词最为普遍的一种。兹援一些句子与词语如下：

阿爹天时透风无物卖；鞋袜相踏（互相矛盾）；向烦恼伊乜事（这样烦恼干什么）；日长勿□人，夜长勿□鬼；无闲钱缚狗豆（狗窝）；无许福气（没那个福气）；三分亲，强别人；上山擒虎易，开口告人难；日都障暗，掠耳来遮；老实无能为；穷厝勿穷路（在家勤俭些，出外则不能太省）；脚酸袂行（脚累难走路）；粗糠骗麻雀；同头呾乞我听（从头到尾说给我听）；丈夫子食田根，姿娘人食田面（意为男人耕田，女人收获或享受）；红个红，白个白（红的红，白的白）；扎时（这段时间）；同细（自小时候）；眠起（早晨或早餐）；日到（潮音道第三声，中午或午饭）；值时（什么时候）；值处（什么地方）；迭聂（潮音打蝶，整理）；障年（怎么说）；天是（原来是）；向生（这样）；简子（小孩，家僮）；亲像（相似）；夜昏（夜晚，晚饭）；教示（教训）；好怯（好歹）；在生（怎样）；得桃（游耍）；口花（乱说）；障生（这样）；短命仔（骂人话）；尢中用（无能）；无能为（无本事）；用工（下功夫）；口甜舌滑；向愚（这么蠢）；交己（即胶己，指自己）；失辱（羞辱）；宽宽（慢慢来）；外家（娘家）；害事（坏事）；野姿娘（坏女人）；变面（变脸，发脾气）；怎年好（怎么办）；赧（发语词，这，这个）；近年边（接近年终）；去做阿奶了（去做太太享清福）；痴哥（色鬼，或痴心妄想）；相占（相帮）……这些句式或语词，今天潮汕百姓还一直在用，足见《金花女》的"潮味"满满。

万历本《金花女》有几句说白特地标注"正音"，以示与其他地方说"潮音"有所区别。在《刘永祭江》一出，驿丞面对钦差老爷刘永，两人有几句对白：

丞白（正音）：龙溪驿丞，迎接爷爷。
生：起来。这是龙溪地方……（引）云岗行尽是龙溪，衣冠文物更整齐……（正音白）
驿丞过来，代我……

驿丞与刘永的对白，刻本在两个地方，特别注明"正音"，即打"官腔"，两人用中州"正音"对白。到《南山相会》一出，由于刘永与驿丞两人再次见面，较熟络了，于是又有下面几句对白：

驿丞：驿丞接爷爷。
生：驿丞，你是那里人氏呀？
丞：小驿丞正是漳浦县。
生：见是我邻县乡里，就将白话吧。

两人既是"邻县乡里"，刘永要驿丞不必说"正音"了，讲回"白话"吧。估计下面两人就用潮州"白话"来说，这些地方，既见全剧运用的潮调潮语，又见剧作者的匠心。

明刻《金花女》编写者的文学水平较高，这从《姑嫂赏花》一出巧用54个曲牌名编织成一套［平调］曲子可见，曲子既有意境，又有趣味，有很高的观赏价值，如果不是熟悉当时的流行曲，不是有较好的文学修养，无论如何是编不出来的。几出重头戏，如《姑嫂赏花》《刘永祭江》《迫姑掌羊》，举凡戏剧冲突、人物性格、语言运用、科介提示、上下场诗词引子的写作，都中规中矩。在这些方面，万历本《金花女》要比同是万历本的《荔枝记》严谨、规范得多，前者的文学水平要比后者高出好多。如《刘永祭江》一出，刘永做官后衣锦荣归，行到龙溪，其上场曲（无曲牌名）为：

行过山岗驿道，雄山峻岭胜如登天，鸟声哀怨共猿啼。树林深暗，青天蒙蔽，北风猛吼，坑水凄凄。霜雪纷纷飞落地，夫（疑为"人"字）马寒冻真个苦气。正是蓝关雪拥，使人心长伤悲；忆想龙溪，相思又起，相思又起。

这一曲全押潮州韵，把主人公刘永路过龙溪时的情境与心态充分揭示出来。

明刻本《金花女》对科介的提示还算周全，如"跪禀介""看夫介""请拜介""祭品完备科"；还有声音效果提示，如"内作鸦声"。《登途遇贼》一出，三次出现"内嗷"的舞台效果提示，"内嗷"是幕后发出模仿贼人抢掠喊叫声音，以制造男女主人公为强盗包围走投无路的舞台效果。

万历本《金花女》写的虽是贫苦夫妻坚守信念，苦尽甘来的故事，但贯穿全剧的却是一种积极的人生态度，这是颇为难得的。不少南戏剧本在"副末开场"时总是宣扬一种人生苦短、及时行乐的价值观，但万历本《金花女》男主人公刘永一开场即唱："论人生须当竭力劳心，早遂凌云志。"刘永的上场诗是：

世态升平人安居，有田不耕仓廪虚；
富贵皆从勤苦得，男儿须读五车书。

这种积极向上的人生态度，一开场就给观众留下深刻的印象。

更为可贵的是，作为一个民间世俗题材的本子，它大胆亮出与当时主流价值观不同的伦理观念。儒家主张要处理好人伦关系，"五伦"即君臣、父子、兄弟、夫妇、朋友的先后次序是不可移易的，也就是说，忠君孝悌是首位的。但万历本《金花女》中刘永却以孟子的"不孝有三，无后为大"作依据，认为"伦理之中，尤当以夫妇为重；既有夫妇，然后有君臣、父子、兄弟、朋友。是夫妇者，乃人道首务。我之志，亦先宜择配，以成光前裕后之欢"。"若无室家庆会，纵中三元亦何益！"（《刘永攻书》出）这些见解，完全无视儒家"五伦"排序，把结婚生子、夫妻关系置于君臣、父子、兄弟之上，这是民间世俗朴素的人伦观，大胆地把儒家的"忠孝"观念挤兑到末尾，不能不令人刮目相看。

随着刘永做官荣归，金花悲惨命运行将结束，全剧最大悬念（金花命运）也将解决，但戏剧冲突并未了结，金花、刘永与嫂子的矛盾并未解决，不过，解决已在情理之中，在观众意料之中。万历本《金花女》剧末，刘永对其妻金花说："尔（你）共夫马随后赶来，待我假做未中模样，来去试大舅心意。待我再试恁（你）阿嫂，夭有（原有）若恶，如旧性不改，我正好凌迟（凌辱）一顿，乞伊乞我伸一腹懊气，乞你伸一场怨积。手下，将夫人抬落驿去。正是：善人自有善人报，恶人自有恶人磨。"

这就为后世改编本留下极大的想象与创意空间，这也是万历本之所以称为"摘锦"的缘故。

在当代，《金花女》仍然演出于潮剧舞台之上，《刘永祭江》《金花掌羊》依然是全本《金花女》中最受欢迎的重头戏出；《姑嫂赏花》一出由于众多曲牌名在当代观众心目中已日渐淡薄，它们已经退出"流行曲"的舞台，因此，这一出在全本《金花女》演出中已不再重要，自然就"退出"了舞台。作为经常演出的折子戏是《南山会》，《南山会》以官袍丑（驿丞）与小旦（金花）的对手戏为观众所喜闻乐见，驿丞将"羊屎"看成"乌豆"（黑豆）的场面令人发噱绝倒。不过，此是后话，留在后面再说。

（七）《苏六娘》

"欲食好鱼白腹枪，欲娶娇妻苏六娘。"潮汕地区流行的这二句谣谚说明"苏六娘"的故事，一直是潮汕百姓关于爱情与人生的一个美丽传说，它和"陈三五娘""金花女"一样是潮汕地区流传遐迩、家喻户晓的故事。明本潮州戏文《苏六娘》，正是我们目前所能见到关于这个故事的最古老的传本。

明本潮州戏文《苏六娘》附刻于《重补摘锦潮调金花女大全》之上栏。"此书卷头卷尾犹沿古卷子本款式，文字、版式略如万历本《荔枝记》书版，可能也是万历初期刊本。"[①] 原书为日本"东京长泽

---

① 杨越、王贵忱：《〈明本潮州戏文五种〉后记》，《明本潮州戏文五种》，广东人民出版社1985年版，第830页。

规矩也博士所藏,现归东京大学东洋文化研究所"。① 戏文本子则据台湾大学教授吴守礼先生编印的《明清闽南戏曲四种》影印。但正如饶宗颐先生指出的,具有"潮调"名目,人物故事语言都是潮州的,"把它单纯列入'闽南'的范围,似乎不甚公允"。②

明本潮州戏文《苏六娘》是一个凄美的爱情故事,故事的女主人公苏六娘,是揭阳荔浦村人(也作雷浦村,戏文作吕浦村),男主人公郭继春为潮阳西芦村人。《苏六娘》和《金花女》一样,并非全本,而是一个锦出戏,共有十一出,即:

一、六娘对月;二、林婆见六娘说病;三、林婆送肉救继春;四、六娘写书得消息;五、桃花引继春到后门;六、六娘不嫁会继春;七、六娘对桃花叙旧;八、六娘死继春自缢;九、苏妈思女责桃花;十、六娘想继春刺目;十一、六娘出嫁。

明本潮州戏文《苏六娘》和当代作为潮剧名剧的《苏六娘》(张华云改编本)在情节上有许多不同的地方。戏文说的是苏六娘与郭继春两情相悦,两人在西芦曾有过五年相聚相恋的幸福时光。分别后,刻骨铭心的相思给六娘带来极度痛苦,她望月慨叹:"君今在东妾在西,百年姻缘隔天涯。时间倏忽容易过,春去无久秋又来。"(《六娘对月》)媒人林婆前来苏厝替郭继春说媒,但苏妈未答应,林婆说起继春病重,六娘托林婆带去金钗罗帕,并割股让林婆带去给继春治病(《林婆见六娘说病》)。继春醒后,郭妈万分欣慰,表示"得伊(指六娘)来做我媳妇,七日不食腹不饥"(《林婆送肉救继春》)。六娘让婢女桃花捎书信给继春,"我有满怀春消息,全凭桃花报你知"。六娘交代桃花,如继春病愈可,即请来晤面;恰林婆前来报讯:好在有六娘割股,继春病有起色(《六娘写书得消息》)。桃花引郭继春前来与六娘相见。见面时,"欢喜未过又更添烦恼",因六娘见继春"形容憔悴,颜色枯槁"(《桃花引继春到后门》)。苏父苏妈已将六娘许身杨家,杨家前来催亲。六娘问计于继春,继春提出私奔,六娘说不可,郭苏两家不是独子便是独女,双方父母年老无人照看,不能私奔;六娘提出抢亲,但郭说自己一介儒生,"身单力薄",干不了抢亲的事。就这样,两个年轻人找不到好办法,郭继春一句"这不行那不行,杨家来□孚(娶),便共伊去罢"惹怒六娘,郭苏二人激烈争吵起来(《六娘不嫁会继春》)。六娘绝望,为感谢桃花多年陪伴照料,把一箱衣服与首饰送与桃花后气绝身亡(《六娘对桃花叙旧》)。郭继春回到家,"忆着当初割股人,无计共伊结成双"。怨愤之下,将金钗踹踏,罗帕拍碎。桃花前来报丧,郭也自缢而死(《六娘死继春自缢》)。六娘死后,苏妈责备桃花:"自小跟娘西芦去,娘为乜人病相思?"苏家对郭苏二人的私情还一直蒙在鼓里。正在苏妈责骂桃花,桃花叙说因依之际,突然报知六娘"返魂"复活了(《苏妈思女责桃花》)。苏六娘复活后,坚守对继春的承诺,为了不让杨家"来相缠",拟学古人刺目毁容。正在此时,郭继春也"返魂"复活了,"天神月老从志愿,使恁返魂再结亲"(《六娘想继春刺目》)。最后,六娘辞别父母,出嫁西芦。"若得郭郎做官时,朝廷诰封侯德妇"(《六娘出嫁》)。不难看出,明刻戏文《苏六娘》与眼下还活跃于潮剧舞台的《苏六娘》有很大的不同,这里既没有风靡潮汕观众的折子戏《桃花过渡》,也没有《杨子良讨亲》,但明刻本《苏六娘》依然是一个扣人心扉的戏文,男女主人公郭继春与苏六娘由于想不出好主意,找不到出路,只好以死殉情,谱写了一曲哀婉的爱情之歌。试想,在礼教的桎梏下,男女青年双方对自身的婚姻完全没有话语权的情势下,爱情哪有自己的位置呢!可见酿成苏郭爱情悲剧的主因,乃在于外力的压迫,在于有权势的杨家催婚日紧,苏家父母既不了解女儿的私情,更无力抗拒杨家的逼婚。在这种情况下,年青人想出了两条计策,但都遭到对方的否决,终于计无所出,不欢而散。实际上是在"亚历山大"的情势下,爱情没有办法找到立足之地,于是一个气绝,一个自缢,用这种极端的方式来维护爱情的神圣,真是令人扼腕!

从明刻《苏六娘》戏文演绎的故事,我们几可推定:发生在潮汕地区这一对青年男女苏六娘和郭

---

① 饶宗颐:《〈明本潮州戏文五种〉说略》,《明本潮州戏文五种》,广东人民出版社1985年版,第9页。
② 饶宗颐:《〈明本潮州戏文五种〉说略》,《明本潮州戏文五种》,广东人民出版社1985年版,第5页。

继春的爱情悲剧，原本属于当地一个真实发生的故事，也即是说，明代戏文《苏六娘》是据一个真人真事的爱情悲剧而敷演成编的。何以见得呢？

依据之一，苏六娘之家乡揭阳荔浦村与郭继春之家乡潮阳西芦村，两地距离只有四十华里，分属榕江两岸，来往相当方便。苏六娘曾在其娘亲之老家西芦尚厝居住，期间邂逅郭继春，两人因此有五年之相聚相恋的时光。①

依据之二，饶宗颐先生曾说："苏六娘是揭阳雷浦村人，清时谢链尝将她的故事写成长诗，载于其所著的《红药吟馆诗钞》。"② 今将谢链（字巢云）之《苏六娘长歌并序》引录如次：

> 明季有苏六娘者，揭阳荔浦村人，去余家二里许。六娘幼以美名著，母氏为棉之西胪，二家豪富埒程卓。花开陌上时，随母往来。因与郭生者两相爱慕，私有伉俪之约，终以不遂，毕命江波。其志可悯，其情可悲。近二百年来，文人无咏及者。梨曲村歌，传讹失实。夫陈三屈节，漫步武于六如；余娭题诗，空寄情于半偶。以此例彼，何啻瑕瑜。余悲世俗之不察，与淫奔者同类而非笑之也。略序其事，谱为韵语，庶令知者有所考云。
>
> 杜鹃花开枝连理，啼血芳魂唤不起。红颜命薄为情多，多情谁似苏家女？苏家有女字六娘，深闺二八美名扬。卓女远山羞眉黛，丽娘吹气胜兰香；天然十指麻姑爪，红玉雕成增窈窕。惭煞唐宫染凤仙，落花流水难成调。西胪风景说豪华，少小曾游阿母家，玉楼人倚西窗月，金屋春停油壁车。尽日窥帘愁贾午，王昌只隔墙东住。偶经蓝驿见云英，从此桃花感崔护。一夕琴声别调弹，求凰有意怜孤鸾，罗带盘成栀子结，避人暗掷隔阑干。岑生薄幸聊复尔，讵料拚作吞鞋死，遂教成智慕弦超，何年弄玉随萧史。离长会短苦伤神，誓指山河字字真。但愿君心坚如铁，莫愁则墨变成尘。别后几回盼雁鱼，望到团圆月又初，茑萝有心终附木，媒妁无灵枉寄书。太息三生鸳牒误，除将一死偿前错。扁舟诀别迎官奴，特遣桃花渡江去。江水沉沉去不回，相对哽咽掩泪哀。生愧游鱼双比目，死同化蝶逐英台。昔年誓愿悲相左，我不负卿休负我，双双携手赴洪波，银汉无声星月堕。二百年来话风流，残脂剩馥不胜愁。梨园曲按中郎谱，子夜歌传下里讴。么舞么弦空碌碌，竟无蒋防传小玉。红粉香埋久化烟，绿珠井塞倏成谷。美人黄土谁复论，王嫱生长尚有村。寂寂梨花春带雨，年年芳草为销魂。

从《苏六娘长歌并序》中得以了解到，作者谢链乃揭阳桃山村人，其家离荔浦村苏六娘家仅二里，荔浦村寨门正对桃山。诗人感到"去余家二里许"的苏六娘故事"其志可悯，其情可悲"，便拳拳于心，勃勃于胸，"悲世俗之不察，与淫奔者同类而非笑之也"。乃大胆为之翻案，把这个世俗目为"淫奔"之故事，还其爱情之本来面目。谢链决心将家乡这个"多情谁似苏家女"的故事，长歌当哭，"谱为韵语，庶令知者有所考云"。从《长歌》叙说可知，苏六娘情事之肇始与终结（两人双双跳江殉情），地点与人物皆具体可察，且历历在目，这个发生在毗邻诗人家乡的真实故事，明本戏文将其搬上潮调舞台，但谢链对"梨曲村歌，传讹失实"很不满意，对"文人无咏及者"也深以为憾，因此才有"竟无蒋防传小玉"的喟叹。③ 从《长歌并序》可见，《苏六娘》源自一个真实发生的故事，将这一故事编成戏文的作者，应该是潮汕地区的一位揭阳籍人，因为戏文有的唱辞韵语，都是押揭阳韵的。

明刻戏文《苏六娘》是一个悲喜剧，原故事主人公六娘与继春最后双双跳江殉情，和戏文所写的

---

① 参考陈朝阳《介绍明朝古本〈潮调苏六娘〉》，原载 1960 年 6 月 4 日香港《文汇报》；晓岑《请看〈苏六娘〉之来龙去脉》，1960 年 6 月 4 日香港《大公报》。两文又见广东潮剧院艺术室资料组编《潮剧赴京宁沪杭赣港九及访问柬埔寨王国演出有关评介文章选辑》，1961 年内部印行，第 288—292 页。
② 饶宗颐：《〈明本潮州戏文五种〉说略》，《明本潮州戏文五种》，广东人民出版社 1985 年版，第 9 页。
③ 唐代蒋防将当时社会上流传的诗人李益与霍小玉的爱情故事编撰成《霍小玉传》传奇。该传奇见近人张友鹤选注《唐宋传奇选》，人民文学出版社 1964 年版，第 45—55 页。

一个气绝，一个自缢不同，但不管怎样，两人终极为情而死是相同的。戏文最后，两人又都是"返魂"复生，"天神月老从志愿，使恁返魂再结亲"。这有点类似《同窗记》（即《梁祝》）。正如前文所说的，古典悲剧的结局一定以喜剧作结，否则观众是不会答应的。所以汤显祖说："情不知所起，一往而深。生者可以死，死可以生；生而不可与死，死而不可复生者，皆非情之至也。"（《牡丹亭·题词》）明刻《苏六娘》戏文结尾拖上一条"光明尾巴"，主人公返魂团圆，表达了百姓理想与企盼，让有情人都成眷属，这在一定程度上符合中国古典悲剧创作规律，即：悲剧产生→用非人间的超自然的或神奇的方式，让主人公复仇、复活或成仙幻化→新的团圆结局。

明刻《苏六娘》有十一出戏，每一出都以苏六娘为中心展开戏剧冲突，苏六娘一直处于剧作的核心位置。戏文省去六娘与继春相识相知的过程（不像后来有的改本写郭苏两人属表兄妹关系），锦出戏从《六娘对月》开始，写六娘对继春无休止的想念与刻骨的相思，"终日思君十二时"。值得注意的是，六娘对月祷告："愿上天莫辜负夫妻百世"，"愿替我君落阴乡"；郭继春也曾说"五年半路夫妻债，当初共娘如鸳鸯"。从这些唱辞来看，苏郭两人似已偷吃禁果，私自结合，对礼教作出了大胆的反叛。所以，当得知继春病重时，六娘毫不犹豫托林婆带去金钗等定情信物，并割股与继春疗疾。不知继春究竟病体如何，六娘心急如焚，又让桃花捎信问候，并嘱咐身体愈可时即来相会。见面时，继春"形容憔悴，颜色枯槁"，六娘爱怜痛惜之情油然而生，她表示如果父母不同意他们结合，即毅然决然与之抗争到底："为君立身同死生，别人富贵我不争；爹妈若不从子愿，甘心剃毛（剃去头发）去出家。"（第六出）返魂复活后，依然坚守承诺，"头白毛白愿相守，那畏爹妈不由人"。最终"天神月老从志愿"，"生死共阮相盘缠"。戏文通过这些生生死死、矢志不渝的描写，塑造了一个"潮籍"杜丽娘——苏六娘的鲜明形象，她不贪富贵，孝顺父母，为爱情一往无前，不惜抗争到底的所作所为给人留下深刻的印象。

在有关苏六娘的情节描写中，有两个关目值得注意，可能是今天读者觉得较难理解、不可思议的地方，这就是割股与刺目。割股疗疾，今天我们会觉得十分幼稚可笑，没有科学常识，但在明代，为亲属割股肉疗疾被看成是十分难能可贵的德行。割股疗疾关目的描写，并非《苏六娘》戏文的首创。明代中期官至户部尚书、武英殿大学士的琼山（今属海南省）人丘濬撰有《伍伦全备记》传奇，其中就写到伍伦全与伍伦备兄弟俩的母亲范氏病重，两人的妻子淑清与淑秀一个割肝、一个割股为家婆范氏治病。《伍伦全备记》在明代是一个影响很大的剧作，全剧宣扬封建道德咄咄逼人，所以王世贞评该剧曰："元老大儒之作，不免腐烂。"① 徐复祚犀利指出："陈腐臭烂，令人呕秽，一蟹不如一蟹矣。"② 《苏六娘》戏文写六娘割股为继春治病，虽不合常识，今人会觉得不可思议，但它与《伍伦全备记》不同，并非宣扬封建道德，而是在一定程度上表现了六娘对继春的爱与牺牲精神。

戏文写到"刺目"的关目，同样不是《苏六娘》戏文的原创。明代中期华亭（今上海松江）人徐霖所撰《绣襦记》，乃据唐代人白行简文言小说《李娃传》改编，添枝增叶成四十一出之传奇。剧中写到李亚仙为劝勉郑元和攻书求仕，竟刺目激励郑。《绣襦记》影响极大，京、昆、滇以及秦腔、河北梆子、梨园戏等剧种均有此剧目。前几年，著名戏曲作家罗怀臻将其改编为川剧《李亚仙》，依然保留刺目的关目。笔者认为，无论明代还是当代，写李亚仙为激励夫婿郑元和读书求官而刺目，实在是一个拙劣的不可取的败笔。笔者看过演出，刺目后的李亚仙以白布遮去一目出场，舞台形象不好看；且刺目后果堪虞。刺目等于毁容，万一郑元和不爱"独眼"的李亚仙又怎么办？郑中举后，高官有得做，骏马任意骑，娇娥随便挑，郑变心了又怎么办？这些都是非常现实的问题。戏文《苏六娘》虽也写到"刺目"，但并非原创，且其动机是为了规避杨家的催婚，最终因为郭继春返魂复活而没有"刺"成，所以戏文的刺目描写，不能与李亚仙的"刺目"同等看待。苏六娘的刺目，目的是捍卫自身爱情的权利，

---

① 王世贞：《曲藻》，《中国古典戏曲论著集成》第四册，中国戏剧出版社 1959 年版，第 34 页。
② 徐复祚：《曲论》，《中国古典戏曲论著集成》第四册，中国戏剧出版社 1959 年版，第 236 页。

企图用毁容来逃避杨家的逼婚，行动本身应给予较高评价。

作为苏六娘的"绿叶"陪衬，其他几个次要人物也有可圈可点之处。郭继春在第五出《桃花引继春到后门》才上场，他跟着桃花前来吕浦与六娘晤面。因为是大病初愈，且胆子小（桃花说他"秀才今旦畏人知"），因此"行来辛苦"。继春"舍身扶病"与六娘见面，首先感谢对方"割股艰辛"；当得知六娘被催婚时，内心痛苦万分，"听见杨家日子近，恰似虎着枪"。在巨大外力重轭下，两个年青人计无所出，激烈争吵，甚至怨恨当初相爱，"分情割爱归本乡，放手算来总是无落场"。"长情由我，薄倖在伊"。这一场因爱生怨、因怨生恨、爱恨纠结的戏，令人揪心。只有将其置于礼教外力的压迫下，才能解读。

桃花在戏文中虽没有后来《桃花过渡》中的伶俐风趣，却也是剧中不可或缺的人物。她为郭苏两人传书递简，迎来送往。当六娘病重绝望时，她极力为之宽解。从戏文所写的"十八年前在洞房（此指六娘闺房），盆水茶汤是你捧"来看，婢女桃花已在六娘身边多年，两人既是主婢，又是"闺密"，才有整整一出《六娘对桃花叙旧》的戏。六娘的临终嘱托，要桃花帮其净身，帮其照看父母……两人互诉衷曲，极尽哀伤，既表现了六娘用情的专一，待人的厚道，又可见桃花对六娘的忠心与失去六娘内心的痛苦。

媒人林婆在戏文中以净扮，并非反面人物，而是一个热心的较"标准"的媒人形象。她为郭苏两家亲事奔走传讯，帮郭妈用肉汤灌醒继春，这是一个为人牵红线且助人为乐的媒婆，并非见钱眼开的俗物。相比之下，苏妈的境界就差多了。林婆为继春前来苏厝说媒，苏妈一张口就问："许人（那个人）有若（多）富贵？"她既不了解女儿的私情，对从西芦回来"尽日恢恢病利害"，"水饭袂（不会）食身袂理"的女儿十分不解；女儿死了，就打骂桃花出气，还要桃花不要对他人透露六娘的私情，"莫乞（给）邻里人知机"。这些细节，十分生动揭示出苏妈的内心世界。饶宗颐先生指出：

> 从《苏六娘》戏文还可以看到潮剧从南戏逐渐演变成地方剧种，并早在明代已有将地方故事编成戏文的实例，说明了潮剧源运流长的古老历史。①

《苏六娘》戏文无论体例名目、行当角色、语言运用以及曲牌唱腔，一方面承接南戏的传统，另一方面已嬗变为实实在在的地方剧种——潮调。

在行当方面，《苏六娘》戏文各个角色分扮如下（按出场先后为序）：旦扮苏六娘，末扮苏妈，净扮林婆，占（即贴）扮桃花，末扮郭继春，外扮苏父，丑扮郭妈，丑扮书僮，末扮苏父。南戏七大角色生旦净丑末外贴均扮演相应人物（其中苏父或外扮，或末扮，郭妈或末扮，或丑扮）。

戏文《苏六娘》之科介及舞台效果提示简明细致。如《林婆送肉救继春》一出写继春病重昏迷，众人乱了手脚，戏文写"末（郭妈）右下左上"，"净（林婆）左下右上"，"末净同下同上"，把紧张忙乱的氛围托出，不但提示了动作效果，且涉及舞台调度。《桃花引继春到后门》一出，听说继春来到门脚，戏文写六娘"仓卒迎科"。光是《六娘不嫁会继春》一出就有"旦叹介""旦怒介""旦闷介""生打，旦跌介"等细致的关于表情动作的舞台提示。有些曲子，如《六娘死继春自缢》一出写桃花赶到郭厝报丧，唱〔望吾乡〕曲："事急如火，事急如火，走来如飞，走来如飞，如梭织布，就去就回"，充满动作感唱辞的本色当行可以说一望而知。

戏文《苏六娘》与《金花女》一样不是每一出都有上下场诗，但如有上下场诗的话，却也写得奇巧别致。如第四出下场诗：

  净（林婆）：有心石成穿，
  旦（六娘）：无心年……（无心又怎样）

---

① 饶宗颐：《〈明本潮州戏文五种〉说略》，《明本潮州戏文五种》，广东人民出版社1985年版，第16页。

净：无心石交郎（完整）；
旦：一时割股计，
净：万世乞（给）人传。

戏文《苏六娘》附刻于《金花女》之上栏，与《金花女》一样，剧情故事发生于潮汕本土，说明戏文作者正利用乡土故事使"潮调"更加深入人心；且文本所用语言也全盘"潮化"，已不见南戏向潮调转化时期潮汕人并不熟悉的语词，如"兀自""则甚的""我每"等等，而是通篇潮语，潮州话的方言口语遍纸皆是。兹举其大略如下：

无久（不久），向久（这么长时间），障久（这么久），只久（这么久），若久（多长时间），恶当（难受），目汁（眼泪），冥昏（夜晚），扎时（这段时间），只处（这里），有乜（有什么），亲情（亲事），值处（何处），着惊（惊愕），姿娘人（女人），来去（来），袂（不会），呾得也是（说的也有道理），交郎（完整），稳心（自在镇定），剃毛（剃去头发），向横（这么凶），按心肝（凭良心），障生（这样），做年呾（怎么讲），长情（多情），害了（坏事了），踏扁（踩扁），归返圆（回家来团聚），"穿破是君衣，死了是君妻"（潮汕俗谚至今还在说，意思是衣服穿破了没人要那才是自己的衣服，老婆死了不会跟别人跑那才是自己的老婆），"共君眠破九领席，节（疑为"孰"之讹）料君心夭未着"（意为与丈夫已经睡破了九张席子，但丈夫心思依然未猜透），该再（早该如此），"啼肠深，笑肠浅"（意为因痛苦而哭，不会轻易停歇；因开心而笑，却很快会收歇），轻健（"即轻劲"，健康轻松）。

除这些口语俗谚之外，戏文《苏六娘》的曲子或上下场诗词全押潮州韵，如第一出《六娘对月》苏六娘上场诗："君今在东妾在西，百年姻缘隔天涯；时间倏忽容易过，春去无久秋又来。"其韵脚"西""涯""来"，从传统曲韵来说并不相押，但它们却押潮州韵。上面说过，《苏六娘》戏文的曲辞不但押潮州韵，且好些地方押的是揭阳语韵，何以见得？且看脍炙人口的林婆的［卜算子］曲：

伞子实恶持（难拿），葵扇准（代替）葵笠（竹笠），赤脚好走动，鞋子阁下（腋下）挟（夹紧），裙裾榔枘起（折起来），行路正斩截（标致爽利）。

此曲（实际上是小快板）的持（kòu）、笠（lòu）、挟（gòu）、截（zhòu），押的是揭阳韵，如果用标准的潮州话来念就不押韵，潮州话的"持"读kè，而不读kòu，只有揭阳人才读kòu。还有同一出的苏六娘韵白：

西芦恩爱，五年之前，不料今旦拆东西；贱身不死，甘心守待。

这一韵白，如"爱"与"前"，并不押潮州韵，而是押揭阳韵。由此我们可以判断，《苏六娘》的故事不但发生在揭阳，且戏文作者就是揭阳籍人，戏文中不少韵语是押揭阳韵的。揭阳的作者，揭阳的故事，揭阳的语言，可以说是明戏文《苏六娘》最大的特色。

《苏六娘》戏文共享曲子七十九支，曲牌四十个。每出用曲情况如次：

第一出：［似娘儿］［二犯朝天子］［前腔］［滚遍］；

第二出：［金钱花令］［桂枝香］［前腔］（即前一曲［桂枝香］，这是南戏用曲标示法，潮调也按南戏体例标示）［大迓古（鼓）］［啄木儿］［望吾乡］［皂角儿］［望吾乡］［大迓古］［赚］［赚］［望吾乡］［前腔］［前腔］；

第三出：［清平乐］［双鸡漱］［前腔］［赚］［刮地风］；

第四出：［一封书］［玉交枝］［卜算子］［前腔］；

第五出：［皂罗袍］［杏花天］［黑麻序］［前腔］［前腔］［前腔］；

第六出：［杨柳枝］［番卜算］［皂罗袍］［望吾乡］［绣停针］［望吾乡］［醉扶归］［前腔］［望

吾乡］［满江红］［园林序］［前腔］［尾声］［皂罗袍］［望吾乡］；

第七出：［木兰花令］［香罗带］［前腔］［皂罗袍］［望吾乡］［前腔］［赚］［孝顺歌］［前腔］；

第八出：［皂罗袍］［望吾乡］［巫山一片云］［赚］［玉楼春］［双鸡漱］［前腔］；

第九出：［长相思］［好姐姐］［望吾乡］［前腔］［滴溜子］；

第十出：［剔银灯］［下水船］［赛观音］［赚］［出队子］［前腔］［前腔］；

第十一出：［忆多娇］［前腔］［俊甲马］。

如果将《苏六娘》戏文的用曲与"南戏之祖"《琵琶记》作一对照比较，我们发现：两剧同用过的曲牌，计有［玉交枝］［黑麻序］［似娘儿］［出队子］［双鸡漱］［剔银灯］［桂枝香］［大迓鼓］［滴溜子］［孝顺歌］［满江红］［香罗带］［一封书］［好姐姐］［卜算子］［忆多娇］［醉扶归］。不比不知道，一比吓一跳。在明刻《苏六娘》戏文所用的四十个曲牌中，竟有十七个曲牌是《琵琶记》用过的，几乎占《苏六娘》用曲的一半；在《琵琶记》中，［玉交枝］等十七个曲牌显然是用南曲，而不可能是用"潮腔"演唱的，但在《苏六娘》戏文中，戏文将"南戏之祖"演唱过的［玉交枝］等十七个曲牌接受过来，用"潮音"演唱，因此这些曲牌成了"潮腔"，全剧成了"潮调"，所以饶宗颐先生说，从《苏六娘》戏文可以"看到潮剧从南戏逐渐演变成地方剧种"，诚不谬也！从这里也可以看到《苏六娘》戏文的出现，在潮剧史上意义十分重大。

[文史纵横]

唐代南贬文人的水域书写

张蜀蕙

(东华大学中国语文学系　台湾花莲)

摘　要：唐代文人贬谪南方，笔下南方风土人情、山岭川泽，皆有可观，尤其是对于南方水域的书写，文人南来多舟行，舟行既有身体感与视野变化，迥异陆行，"进入"文化异域。湘江、西江为两大水系，新开大庾岭路，度岭之前，入赣江虔州，历惶恐滩险。入湘江、赣江，必经洞庭、彭蠡两大湖，连接通往海天的"南中""炎州"。空间转换之际，对于南方水域的描写，取择前人屈贾自沉与马援征南的水域书写的图式开展。文人南贬皆有长篇骚体，有向屈原献祭的意味；马援南征，推拓帝国势力，却受困武溪，乐府《武溪深》，营造"鸟飞不度，兽不敢临"深沉毒淫的水域，文人笔下瘴江、恶溪、贪泉、鬼魅之地，交织成了韩愈《赴江陵途中寄赠王二十补阙李十一拾遗李二十六员外翰林三学士》所谓"春风洞庭浪，出没惊孤舟"的历险，杜甫《天末怀李白》"文章憎命达，魑魅喜人过"的惊骇。文人的生活场景由中土移往南方，书写的水域由河洛、汾水移转到南方水域，当文人身心俱疲，投荒江湖，途中如何开展对南方水域的感知与书写，值得探究。

关键词：唐代；南贬文人；水域；感知；心态

一、前　言

(一) 唐人笔记中的南方水域传述

唐代贬谪文学研究关于作者个人心绪与在贬地适应，讨论许多。但对于作品于南方风土人情、山岭川泽，开拓了哪些书写内容，在美学、文学的延续与贡献甚至在山水的发现，则有待研究者关注。

黄山谷入宜州途中，作《到桂州》诗云："桂岭环城如雁荡，平地苍玉忽嶒峨。李成不在郭熙死，奈此百嶂千峰何。"[①] 山谷感叹桂州群山临前，必待大手笔。欧阳修《菱溪大石》诗云："卢仝韩愈不在世，弹压百怪无雄文。"[②] 感叹天地奇景，必待韩愈笔下驯服。自唐宋以来，称"江山之助"，风景与诗人心灵共感多矣。但韩愈等南贬文人曾经完成的、发现的、写作的山水是什么？稍晚范成大入桂，《骖鸾录》详记："甫入桂林界，平野豁开，两傍各数里，石峰森峭，罗列左右，如排衙引而南，同行皆动心骇目，相与指示夸叹，又谓来游之晚。"[③] 补足山谷难以描述的风景，是以行记、实录的文字记载。宋诗与宋文的写作一再往真实——地景的真实性、场域精神靠近，宋人笔下的山水与南方，愈来愈具有地志的风格与意义，诚如苏轼诗："他年谁作舆地志，海南万里真吾乡。"[④] 将作品视为家乡志，务实详密的记载，且具有平常、客观、在地人的立场，在宋人南贬作品时常可见。

---

① 黄庭坚著，任渊、史容、史季温注，黄宝华点校：《山谷诗集注》卷二十，上海古籍出版社2003年版，第490页。
② 欧阳修著，洪本健校笺：《欧阳修诗文集校笺》卷三，上海古籍出版社2009年版，第83—84页。
③ 范成大：《骖鸾录》，《范成大笔记六种》，中华书局2002年版，第59页。
④ 苏轼：《吾谪海南，子由雷州，被命即行，了不相知。至梧乃闻尚在藤也。旦夕当追及，作此诗示之》，王文诰、冯应榴辑注《苏轼诗集》卷四十一，台北：学海出版社1991年版，第2243页。

宋人的要求真实，在唐与唐以前不是这样的。宋人将山水客观化记载，行记、方志甚多，唐与唐前行记甚少，几本岭南的笔记，多述草木、风俗、饮食之异，晋嵇含《南方草木状》、唐刘恂《岭表录异》、唐郑熊《番禺杂记》、晋顾微《广州记》等有采风，类似《山海经》着重描述远国异人异物，几则川洋记载，如晋顾微《广州记》："海中有大珠，明月珠、水精珠"，"海中有文鮋，乌头鱼尾，鸣似謦而生玉"，"百管溪，周回丈余，水极沸腾，如猛火煎油声"。①唐郑熊《番禺杂记》从空而生如弹丸，渐如车轮，生人中之即病的瘴母，半夜买卖、鸡鸣即散的海边鬼市②，唐刘恂《岭表录异》写晕虹飓母，震雷则飓风不作，珠池与海水相通，珠母有知，"太守贪，珠即逃去"③。这些记载形象化地掌握自然世界的奇异，一如《山海经》中海经最有价值，保存相当多的神话和传说的资料④，是神话的渊府，反映在地理、历史、民族、宗教等方面对自然世界的认识、接触心理。这种思维正是唐与唐前的笔记反映人们对江河川洋的丰富想象。

诉诸理性，这些充满想象的记载其真实性必被质疑，郭璞注《山海经》道："世之览山海经者，皆以其闳诞迂夸，多奇怪之俶傥之言，莫不疑焉。"但山海经的价值，换一方面来看，意味无穷，郭璞引《庄子·秋水》云："计人之所知，不若其所不知"，中国只是太仓一稊米而已，追求中国以外未知世界的好奇心，承认知识与经验是有限制的，这种追求尤为可贵。郭璞反思："世之所谓异，未知其所以异，世之所谓不异，未知其所以不异。何者？物不自异，待我而后异，异果在我，非物异也。玩所习见而奇所希闻，此人情常弊。"⑤郭璞的解释对于我们认识唐人笔下的南方是有意义的，笔记川洋江河的知识，在唐人歌诗中经常出现。质疑其客观性，或叹其愚妄，反不如了解所谓"述奇""录异"，是理解自己所拥有的认识不足以解释所见，具有热切的好奇与渴望。当袁珂解释《山海经·海经》中的远国异人，认为这些带有奇幻想象的实有、半实有的国家，在传述者内心是"一视同仁地对待，认为都是实有的国家"⑥。相信在唐人当时的理解，这些奇异的世界是存在的。在过渡到宋人追寻现地真实呈现之前，唐人作品这种掺杂真实与想象的特质，应被重视。

（二）地志与地图中的南方水域

在李吉甫《元和郡县图志》中，不时发现《山海经》传闻的自然世界，如《剑南道·曲州·唐兴县·溺水》："穷年密雾，未尝睹日月辉光。树木皆衣毛深厚，时时多水湿，昼夜沾洒。上无飞鸟，下绝走兽，唯夏月颇有蝮蛇，土人呼为漏天也。"⑦《江南道·郴州·郴县·横溪水》："俗谓之贪泉，饮者辄冒于货财。"⑧在蛮荒之地常道其山川形势，显露军事地理的特质，如《剑南道·西泸县·泸水》："诸葛亮征越巂上疏曰：'五月渡泸，深入不毛'谓此水也，水峻急而多石，土人以牛皮作船而渡，一船胜七、八人。"⑨此中水域记述简略，在为数不多的记载中，比较突出的是汉军南征的战役现场，经行水路，塞堡要地，如《岭南道·韶州·浈阳县·浈水》："元鼎五年征南越，楼船将军下横浦，入浈水，即此水。"⑩《岭南道·韶州·始兴县·大庾岭》："从此至水道所极，越之北疆也。……汉代南越，有监军姓庾城于此地……故名大庾。秦南有五岭之戍，谓大庾、始安、临贺、桂阳、揭阳。"⑪《岭南

---

① 顾微：《广州记》，杨伟群校点《南越五主传及其它七种》，广东人民出版社1982年版，第48页。
② 参见郑熊《番禺杂记》，《历代岭南笔记八种》，广东人民出版社2011年版，第35页。
③ 刘恂：《岭表录异》，《历代岭南笔记八种》，广东人民出版社2011年版，第49页。
④ 参见袁珂《山海经校注》序，台北：里仁书局1982年版，第1页。
⑤ 袁珂：《山海经校注》序，第1页。
⑥ 袁珂：《山海经校注》附录，第478页。
⑦ 李吉甫：《元和郡县图志》卷三十二，中华书局1983年版，第827页。
⑧ 李吉甫：《元和郡县图志》卷二十九《江南道五》，第707页。
⑨ 李吉甫：《元和郡县图志》卷三十二《剑南道中》，第823页。
⑩ 李吉甫：《元和郡县图志》卷三十四《岭南道一》，第902页。
⑪ 李吉甫：《元和郡县图志》卷三十四《岭南道一》，第902页。

道·安南·朱鸢县·朱鸢江》:"从此至水道所极,越之北疆也。……汉代南越,有监军姓庾城于此地……故名大庾。秦南有五岭之戍,谓大庾、始安、临贺、桂阳、揭阳。"① 这些文字记载本是附在版图之后,"每镇皆图在篇首,冠于叙事之前"②。为版图补充说明,李吉甫《元和郡县图志》序道:"此微臣之所以精研,圣后之所宜周览也。"③ 南宋孝宗淳熙二年(1175)程大昌作跋时称:"图至今已亡,独志存焉。"④ 原来版图遗失了,只剩下文字记载。和《山海经》一样,文字只是为图说明,更精彩的是这些图像,海野一隆称为"世界之形象",是对世界的想象。海野一隆认为一般的地图,常是将经验过的地方、日常行动所及的"脑中之图"绘出。⑤ 而"世界之图"是在文化发展到相当程度,具体构想出一个世界的形象(即便是想象的)。在黄河流域文化发展的世界形象,常常停留在中央(中华)和四方(四海、大荒)的架构上。⑥ 在这幅世界形象中,南方是以怎样的方式呈现?作为统治者,如何自居四方之中观览南土,深深影响人们看待南方的方式。

这些"世界之图"是怎样的面貌?古代地图传世极少,目前可见是几幅宋人绘图。拜考古发现,1973年马王堆发现画于帛上之古地图,马王堆地形图(附录图1)绘制的时代背景是与南越国交涉,定南岭分界的争议,因此图中凸显出军事地理的重要,于边防、要道、岭南山川、水系、山脉标识。尤其是深水域主流支流网系,虽破损严重,但帛图非常清楚、仔细标出交通水陆转运站、驻军要道、进入南北的路线,或南人北犯的必经之途。研究者将此图与《汉书·地理志》比对,某些水域往往较地理志更为精确。⑦ 马王堆帛画古地图中另一幅驻军图,是被实际使用的军事地理图。⑧ 地图亦是示意图,形态极为逼真,能精准判读图示的山川地理。这两幅地图与《元和郡县图志》突出南方地理形势,作为军事统治所需相仿。马王堆地形图,研究者认为绘图者具有丰富的岭南地理、军事知识和制图术,可能是实地观察所绘。⑨ 地形图则以九嶷山为主,流布潇、湘水域,山并无注明,图示以柱状九座山峰,连绵波状以示山脉,水域则以粗细示深浅,江河注其名,柱状九座山峰,更以符号注明"帝舜",以示舜南巡葬于此。(附录图2)

现存几幅宋人绘图是十分清楚的图示,皆与唐德宗贞元十七年(801)宰相贾耽《海内华夷图》有关,是在《海内华夷图》的基础上绘制,据此可以了解唐人世界图像。这些绘图的时间在南北宋之际刻石,依时间先后地点:北宋,九域守令图[徽宗宣和三年(1121)十一月,荣州];南宋刻石,有华夷图[南宋高宗绍兴六年(1136)十月刻石]、禹迹图[南宋高宗绍兴六年(1136)四月刻石],地(墬)理图[南宋光宗绍熙元年(1190)绘图,南宋理宗淳佑七年(1247)刻石],舆地图[日人白云惠晓带回日本,南宋度宗咸淳二年至宋赵昺祥兴二年(1266—1279)]。

其中华夷图、禹迹图⑩,最为可观。两图同刻于一石两面,是提供印图用的图石。⑪ 两图大致按照贾耽《海内华夷图》辗转绘制,研究者以刻石墨线图表示(附录图3),是以水系水文构成,图中江汉、湖湘、赣蠡水域清楚,尤其湖湘水系支流与湘南五溪,以及湘水、漓江与南方水系连接(附录图

---

① 李吉甫:《元和郡县图志》卷三十四《岭南道一》,第902页。
② 李吉甫:《元和郡县图志》序。
③ 李吉甫:《元和郡县图志》序。
④ 李吉甫:《元和郡县图志》附录《程大昌元和郡县图志跋》,第1101页。
⑤ 参见海野一隆《地图的文化史》,中华书局2002年版,第17页。
⑥ 参见海野一隆《地图的文化史》,中华书局2002年版,第20—21页。
⑦ 1973发现长沙马王堆三号墓中三幅古地图,学界命名"地形图""驻军图""城邑图"。古地图的测绘年代,约在2100多年前西汉初期。见曹婉如等编《中国古代地图集(战国—元)》,文物出版社1990年版;张修桂《马王堆地形图测绘特点研究》,第5页,第7页。
⑧ 《中国古代地图集(战国—元)》;傅举有《马王堆汉墓出土的驻军图》,第9—11页。
⑨ 《中国古代地图集(战国—元)》;张修桂《马王堆地形图测绘特点研究》,第7页。
⑩ 禹迹图(1142,南宋绍兴十二年十一月刻石),大致同禹迹图,略有图像出入,两图按元符三年(1100)本图,图略成于北宋,刻石略晚。
⑪ 《中国古代地图集(战国—元)》;曹婉如《有关华夷图问题的探讨》,第41页。

4），映证唐人的看法："桂水为漓，言离湘之一派而来，曰湘曰漓，往往行人于此销魂。"① 离湘水南流为漓江，为其命名由来。华夷图、禹迹图清楚标示了大庾岭、五岭入南方的通道。两图在湖湘与西江流域比例不同，华夷图体现唐人称："凡广西之水，无不自蛮夷中来。"②（附录图5）及赣虔水系与大庾岭北、岭南水系的连接。相较之下另一幅稍早于两图刻石的九域守令图无论各水系与海岸线入海口都接近现今的地图③，清楚标示北宋州县地名，是立在文庙教学用的地图。图中鄱阳、洞庭水系放大（附录图6-1），显出两水系连络岭南水系（附录图6-2），南方以大庾岭、桂岭山、罗浮山三山为主，西江水域则与昆仑山神话地理连结。

在进入文学文本探讨之前，这些图经的思维与表现方式，有助于了解所谓南方的图像是如何形成，南方水域承载了远国异人海经浪漫的神话地理，与南方民族征战军事所需要的水文知识。宋以后地图教学刊行流传，对南方的了解有图可寻，宋人南贬作品与九域守令图呈现的地理图像相合，唐人南方水域图示可谓由原始传说想象过渡到真实之间的南方认识。

（三）进入南方

图经清楚标示进入南方的信道与地理位置，这种特质也表现在唐代南贬文人的水域书写，南方不是单一岭南水域，而是由"进入"南方的水路开始。唐人作品常将南行水路视为一体，以地图观览全貌的方式呈现，如韩愈《燕喜亭记》记王仲舒由长安到连州（今广东）："弘中自吏部郎贬秩而来，次其道途所经，自蓝田入商洛，涉浙、湍，临汉水，升岘首以望方城，出荆门，下岷江，过洞庭，上湘水，行衡山之下，繇郴逾岭，蝯狖所家，鱼龙所宫，极幽遐瑰诡之观。"④ 又如李绅开成三年《追昔游诗》序文道："追昔游，盖叹逝感时，发于凄恨而作也。遭谗邪，播历荆楚，步湘沅，逾岭峤荒陬，止高安。"⑤ 南行是从进入异方的交通通道开始，如同宋周去非《岭外代答》称五岭虽以山名之，其实"乃入岭之途五耳，非必山也"⑥。是五岭之说纷纷，具五出、五道的意义，山以岭显⑦，以自然地理形成进入南方的交通通道。循着自然水线驿道，进入南方，江水、湖泊、滩泷、江口、分水岭、界围，具有同样的意义。唐人水上交通发达，水驿达三百四十多所，南方驿道自江淮以下水陆两道兼有⑧，舟行较为便捷，在空间转换与视野变化上迥异陆行，轻便有趣。舟行另一个理由是交通、安全因素。廖幼华指出李德裕、苏轼走藤江到容州，考虑山路崎岖、当时赤脚蛮为患行人，水道连系深广，是便捷的选择。⑨

以交通考虑，不为游览风景，诗人的水域书写，往往是其南行北返所见，且关心水路的衔接、期程与气候。正如李吉甫《元和郡县图志》标示的"八到"、衔接四方的交通与路程，以潮州一例，即"西北至上都取虔州路五千六百二十五里。西北至东都取虔州路四千八百一十里。西北至虔州一千五百里。……西南至广州水陆相兼约一千六百里"⑩。南贬文人水域书写对水程关注与游览者放舟乘流的心情不同，如韩愈诗作中惦记需要的时程、所在的方位，《晚次宣溪辱韶州张端公使君惠书叙别酬以绝句二章》："韶州南去接宣溪，云水苍茫日向西。"⑪《泷吏》："南行逾六旬，始下昌乐泷。……往问泷头吏，

---

① 周去非著，杨武泉校注：《岭外代答校注》卷一《地理门·灵渠》，中华书局1999年版，第27页。
② 周去非著，杨武泉校注：《岭外代答校注》卷一《地理门·广西水经》，第24页。
③ 见《中国古代地图集（战国—元）》；郑锡煌《九域令守图研究》，第37—38页。
④ 《韩昌黎文集校注》卷二，台北：学生书局1986年版，第48页。
⑤ 《文苑英华》卷七一四，台北：新文丰出版公司1979年版。
⑥ 周去非著，杨武泉校注：《岭外代答校注》卷一《地理门·五岭》，第11页。
⑦ 同上注。
⑧ 参见马楚坚《中国古代邮驿》，《隋唐邮驿的新发展》，台北：台湾商务印书馆1999年版，第85页。
⑨ 参见廖幼华《深入南荒——唐宋时期岭南西部史地论集》，《唐宋时代鬼门关及瘴江水路》，台北：文津出版社2013年版，第56页。
⑩ 李吉甫：《元和郡县图志》卷三十四《岭南道一》，第894页。
⑪ 韩愈撰，朱彝尊、何焯评：《昌黎先生诗集注》卷十，台北：学生书局1967年版，第510页。

潮州尚几里？行当何时到？"① 询问水程距离与时日，挂念不已。

目前留存比较完整的水程记录是李翱《来南录》，《来南录》记录唐宪宗元和四年（809）李翱入广州水陆途程。其中记载的水路情况："自东京至广州，水道出衢、信七千六百里，出上元、西江七千一百有三十里。"相对于自洛川、黄河、汴梁、过淮至淮阴一千八百有三十里，皆顺流。南行而下水系复杂，"自淮阴至邵伯三百有五十里，逆流。自邵伯至江九十里，自润州至杭州八百里。渠有下，水皆不流。自杭州至常山六百九十有五里，逆流，多惊滩，以竹索引舡，乃可上。……自湖至洪州一百有一十八里，逆流。自洪州至大庾岭一千有八百里，逆流，谓之漳江。自大庾岭至浈昌一百有一十里，陆道，谓之大庾岭。自浈昌至广州九百有四十里，顺流，谓之浈江。出韶州，谓之韶江。"② 这是新开大庾岭路。如图1所示，进入南中的两条路线：一、大庾岭一路入南，二、沿湘江南行。新开大庾岭路，翻越之前，入赣江、虔州，必经过零丁洋的震荡。入湘江、赣江，必经过洞庭、彭蠡两大湖泊，再进入岭南。两条路线水驿山程，落差极大，是新的水域体验。其中经湘南一路，自古即有屈贾自沉、二湘二妃仙灵、桃源秘境、马援征南故事，这些丰富的故事在他们进入南方的水域书写中表现出来。

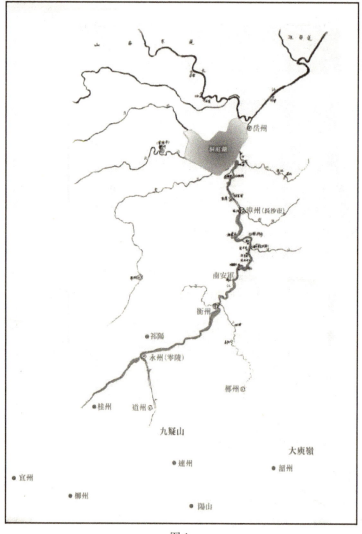

图1

---

① 《昌黎先生诗集注》卷六，第351页。
② 李德辉：《晋唐两宋行记辑校》，辽海出版社2009年版，第154页。

二、猿多天外闻、一想一氤氲

诗歌里的水域书写，例来以"山水""山川"合论，映现出风景与空间的意义，在《文苑英华》地部，水域书写则由海、河、江、湖、潭、水、泉、瀑布、池、游泛分类构成，池、泉、潭、瀑布，常是封闭密合的水流空间，收录游览赏玩小景，以流动绵延的江河为背景，多是迁客骚人游宦行商的空间移动。其中长江水系交通作品最多，与航运繁忙有关，次为黄河，作为交通承载的水路，也承载人生离合的故事。

关中水域与文人生活、文化息息相关，是熟悉的水域，梁沈君攸《桂楫泛河中》云："黄河曲渚通千里，浊水分流引八川。"① 书写多映现历史人文记忆、兴亡之叹，汾河诗往往与汉武帝得鼎祭后土、渡汾《秋风辞》本事相连，汾河似时间的河流，帝王犹作"少壮几时兮奈老何"叹息。汾上之秋，犹如人生的秋天，苏颋《汾上惊秋》云："北风吹白云，万里渡河汾。"② 岑参《虢州后亭送李判官使赴晋绛得秋字》："君去试看汾水上，白云犹似汉时秋。"③ 汴河诗则常与隋炀帝引汴河作广兴渠本事有关，渠之兴废，犹如帝国的命运，李益《汴河曲》云："汴水东流无限春，隋家宫阙已成尘。"④ 长江水路网密，文人往来频繁，歌诗多叙人事离合聚散，如韦应物《初发扬子寄元大校书》："凄凄去亲爱，泛泛入烟雾。归棹洛阳人，残钟广陵树。今朝为此别，何处还相遇？世事波上舟，沿洄安得住。"⑤ 在唐人歌诗里，水域常化为情感生发场景，如李白《黄鹤楼送孟浩然之广陵》："孤帆远影碧山尽，惟见长江天际流。"孤帆远影二句，历来说解多谓"怅望之景，情在其中"⑥，陆游《入蜀记》寻访黄鹤楼故址，谓此"盖帆樯映远山，尤可观，非江行久，不能知也"⑦。说明诗歌并非纯粹想象。只是唐人常将所历所见，映现为抒情式语句，诗歌多达情，缺少地理式的描述，如孟浩然往台州《舟中晓望》诗："挂席东南望，青山水国遥。舳舻争利涉，来往接风潮。"⑧ 唐诗表现方式、律绝篇幅情调乃至诗人感受到的自然，与水域的熟悉以及江河深广，舟行累日，诗人打开情感维度，怀想人生，将不同水域的自然景致、风物、声响、空气感，糅化为一种水域的氤氲。例如沈佺期《十三四时常从巫峡过，他日偶然有思》回想少年航行巫山巴东间水域感受深刻："小度巫山峡，荆南春欲分。使君滩上草，神女庙前云。树悉江中见，猿多天外闻。别来如梦里，一想一氤氲。"⑨ 印象式的氤氲掌握与舟行水域的感受，是唐诗所常见。

当文人进入不熟悉的水域，视觉打开了，自然景物的描述更具体，朱使欣《道峡似巫山》诗："江如晓天静，石似暮云张。征帆一浏览，宛若巫山阳。楚客思归路，秦人谪异乡。猿鸣孤月夜，再使泪沾裳。"⑩ 柳田国男解释眼睛是短期观察者最有力的武器，眼睛观察要经过一个生理过程才能进入内部，即观察产生疑问，然后重新认识，并自己给出解释。⑪ 诗人从经验的感知，得出"宛若巫山阳"，南方水系似峡中的结论，这样的判断是否合理？柳田国男指出异俗志的观察者实际上受到许多条件限制，例

---

① 郭茂倩：《乐府诗集·杂曲歌辞十四》第二册，卷七十四，台北：里仁书局1981年版，第1047页。
② 《全唐诗》卷七十五，上海古籍出版社1986年版，第194页。
③ 《全唐诗》卷二〇一，第477页。
④ 《全唐诗》卷二八三，第717页。
⑤ 《全唐诗》卷一八七，第435页。
⑥ 《全唐诗》卷一七四，第408页。
⑦ 陆游：《入蜀记》卷五，新北市：广文书局2012年版，第52页。
⑧ 《全唐诗》卷一六〇，第376页。
⑨ 张之象撰，中岛敏夫编：《唐诗类苑》卷二十六，东京：汲古阁书院1990年版，第423页。
⑩ 《全唐诗》卷九十八，第248页。
⑪ 参见柳田国男著，王晓葵、王京、何彬译《民间传承论与乡土生活研究法》第二章《殊俗志的新使命》，学苑出版社2010年版，第29页。

如季节、交通因素，以及只是短暂一次性的旅行，很难有两次以上的检验与确认的机会，是异俗志观察者的问题。① 提醒我们这些首次南行书写者的体会，有许多外部条件的不充足，诗人认为南方水域似三峡，乃是一种初步印象，将陌生的水域联想熟悉的场景，是诉诸个人感觉的连系，不一定为客观化的山水描写。

"宛若巫山阳"，以猿声，移转入峡水路经验与南方水域的连系，常见于唐人歌诗，如李绅经洞庭湖行湘江水路也有类似的感受，《至潭州闻猿》："湘浦更闻猿夜啸"②，又《闻猿》："见说三声巴峡深，此时行者尽沾襟。端州江口连云处，始信哀猿伤客心。"③ 此诗引郦道元《水经注》卷三十四《江水注》，记三峡中"常有高猿长啸，属引凄异，空谷传响，哀转久绝，故渔者歌曰：'巴东三峡巫峡长，猿鸣三声泪沾裳。'"南方猿声如泣诉常见于南贬文人歌诗，宋之问《端州别袁侍御》诗云："猿啼江树深"④，韩愈往阳山道中《次同冠峡》诗："无心思岭北，猿鸟莫相撩。"⑤ 贾岛《寄韩潮州》连同此调，想象韩愈贬地潮州，"海浸城根老树秋"寂寂深沉，猿声寂寞荒凉，是黄庭坚《寄黄几复》想象故人所居广东四会景象："隔溪猿哭瘴溪藤"⑥。

三、下潦上雾，毒气熏蒸

《山海经》称极远处"大荒"，古人称"荒服"为化外蛮陌。荒远是地理上也是文化上，离开中心的边缘位置。唐代交通要道是江、河，连系两京和南北经济物资，江、河是文化的核心。唐时连系两条重要水域、密如织网的淮河水域仍很安静，内山精也称尚有乡野荒远之感，不似后来以汴京为重心，宋人南北往返连系京城、往来频繁的水路，淮河是到了宋代才走进文学的场域。⑦ 这是文化心理的问题，元稹《嘉陵江》诗云："秦人惟识秦中水，长想吴江与蜀江。今日嘉川驿楼下，可怜如练远明朧。"⑧ 京洛之河益显亲切，韩愈《赠侯喜》写温洛之水垂钓，枯渴水域，"尽日行行荆棘里，温水微茫绝又流。深如车辙阔容辀，虾蟆跳过雀儿浴"⑨。只有对于经常生活其中的水域，才能这么放松。因此对于不曾生活其中的南方，荒远、凄楚之感是必然的。

唐人诗歌常以洞庭湖作为文化的南界，大中年间于武陵《客中》诗云："楚人歌竹枝，游子泪沾衣。异国久为客，寒宵频梦归。一封书未返，千树叶皆飞。南过洞庭水，更应消息稀。"⑩ 又于武陵《友人南游不回》曾道："鄠杜月频满，潇湘人未归。"⑪ 鄠杜即京兆府鄠杜县与潇湘作为对比，戴叔伦《湘南即事》亦道："卢橘花开枫叶衰，出门何处望京师。沅湘日夜东流去，不为愁人住少时。"⑫ 慨叹与乡国的阻隔，两地挂心，窦巩《寄南游兄弟》云："书来未报几时还，知在三湘五岭间。独立衡门秋水阔，寒鸦飞去日沉西。"⑬

诗人进入文化的异域，对于不同于中土的山水，如何捕捉？宋之问写云雾初开的光影，其《晚泊

---

① 参见柳田国男《民间传承论与乡土生活研究法》，第 27 页。
② 李绅著，卢燕平校注：《李绅集校注》，中华书局 2009 年版，第 17 页。
③ 《李绅集校注》，第 23 页。
④ 《宋之问集校注》卷三，陶敏、易淑琼校注《沈佺期宋之问集校注》，中华书局 2006 年版，第 553 页。
⑤ 《昌黎先生诗集注》卷九，第 452 页。
⑥ 《山谷诗集注》内集卷一，第 16 页。
⑦ 参见内山精也《长淮诗境——从〈诗经〉到北宋末》，宋代诗文研究会《橄榄》第 15 号（2008 年 3 月），第 5—34 页。
⑧ 《全唐诗》卷四一二，上海古籍出版社 1996 年版，第 1013 页。
⑨ 《昌黎先生诗集注》卷三，第 207 页。
⑩ 方回选评，李庆甲辑评校点：《瀛奎律髓》卷二十九《旅况》，上海古籍出版社 2005 年版，第 1266 页。
⑪ 《全唐诗》卷五九五，第 1514 页。
⑫ 《全唐诗》卷二七四，第 693 页。
⑬ 《全唐诗》卷二七一，第 682 页。

湘江》："况复秋雨霁，表里见衡山。"① 《度大庾岭》："山雨初含霁，江云欲变霞。"② 水域的水气氤氲，如《题大庾岭北驿》："江静潮初落，林昏瘴不开。"③ 江面往往逼仄，宋之问的南方水域多有密林云雾湿气，如其《发端州初入西江》："翠微悬宿雨，丹壑饮晴霓。树影梢云密，藤阴覆水低。"④ 两岸多南方植物，《早发始兴江口至虚氏村作》："薜荔摇青气，桄榔翳碧苔。"⑤ 近景深密，《发藤州》写道："石发缘溪蔓，林衣扫地轻。云峰刻不似，苔藓画难成。"⑥ 宋之问《发端州初入西江》诗云："潮回出浦驶，洲转望乡迷。"⑦ 引出心绪。初唐沈宋的山水与南朝山水意趣略同，宋之问好捕捉光晕林雾的变化，以表现逐臣畏惧心理，情景交融，实与谢朓笔下山水相似，其刻画意象繁密又近似谢灵运。沈佺期或有与宋之问情调相同的诗作，然而有些作品则与后来中唐文人较为相似，沈佺期流贬至驩州，多写瘴江水路，回程《自乐昌溯流至白石岭下行入郴州》诗云："我行湍险多，山水皆不若。安能独见闻，书此遗京洛。"⑧ 诗人察觉眼前山水不同于过去的经验，到底要用惯常的笔法，还是刻意为之，韩愈称柳宗元"务记览、为词章"，美学表现方式因而发生变化。

南方书写述奇、猎奇的趋向，有比较复杂的理由，诚如地理书、笔记所载，观看南方世界的视角与眼光，有着许多热切的好奇。对世界的认识，对南方的看法，似乎被定焦了。但愈走进南方，所见和定焦的镜头发生了落差，究竟要有更凸显奇异的方式，还是属于记览的描述？

因为诗人的诗歌常是这片陌生水域的第一手报道，提供许多地理、水文的了解，补充史料上不足。正因为对于南方描述甚少，诗人与读者难免猎奇的期待与心情，笔下多印象式猎奇采风，如张籍《蛮中》诗："铜柱南边毒草春，行人几日到金潾。玉镮穿耳谁家女，自抱琵琶迎海神。"⑨ 铜柱为马援征西南立下边界象征，金潾交趾异女子风情，滨海歌舞异域情调，此类写作多赠人远行之作，作者并没有南行的经历，多就听闻想象。如此诗"琵琶"二字，移植边塞诗异域情调，张籍另一首《送蜀客》诗云："蜀客南行祭碧鸡，木棉花发锦江西。山桥日晚行人少，时有猩猩树上啼"⑩，引扬雄《蜀都赋》"猩猩夜啼"⑪ 妆点蜀中自然景物。然木棉却是广州、日南、交趾、合浦常见植物，未必为蜀中独有。在唐人赠行酬作，这种写作占了相当大的部分，化用了既有的诗歌素材点染拼贴，博物志的书写，强化视觉的异域风情。

南贬诗人不能避免猎奇的写作程序，逐臣心理更易将所有奇异放大，尤其是视觉感受，投射内心的恐惧，川合康三评韩愈贬阳山诗："对南方的异物常是观念性的，……加上倾吐逐臣之怨，有着强化苦难感的南方异物的描写，都是极为夸张的观念性的，较之恐怖不安的实际体验，更侧重于强调他的被害者意识。"⑫ 这种恐惧感的放大，在写南方水域的作品中尤其明显。南方水泽往往深没不可知，瘴气弥漫、潜伏害人怪物，如杜甫《天末怀李白》想念李白贬夜郎："鸿雁几时到，江湖秋水多。文章憎命达，魑魅喜人过。"⑬ 又《梦李白》中述夜梦李白魂归来之景："江南瘴疠地，逐客无消息。故人入我

---

① 《宋之问集校注》卷三，第546页。
② 《宋之问集校注》卷二，第428页。
③ 《宋之问集校注》卷二，第427页。
④ 《宋之问集校注》卷二，第555页。
⑤ 《宋之问集校注》卷二，第431页。
⑥ 《宋之问集校注》卷三，第556页。
⑦ 《宋之问集校注》卷三，第554页。
⑧ 《沈佺期集校注》卷二，第132页。
⑨ 《全唐诗》卷三八七，上海古籍出版社1996年版，第966页。
⑩ 《全唐诗》卷三八六，上海古籍出版社1996年版，第963页。
⑪ 《昭明文选》卷四，中州古籍出版社1990年版，第58页。
⑫ 川合康三著：《韩愈诗中的几个人物形象·刘师命》，川合康三著，刘维治、张剑、蒋寅译：《终南山的变容——中唐文学论集》，上海古籍出版社2007年版，第168页。
⑬ 萧涤非主编：《杜甫全集校注》，人民文学出版社2014年版，第1475页。

梦，明我长相忆。恐非平生魂，路远不可测。魂来枫林青，魂返关塞黑。君今在罗网，何以有羽翼？"①南方潜藏害人毒物水泽，乃至连天瘴气与海泽物候，在南贬文人笔下具体呈现。如沈佺期《入鬼门关》："昔传瘴江路，今到鬼门关。……夕宿含沙里，晨行菵露间。马危千仞谷，舟险万重湾。……"②宋之问《早发大庾岭》："含沙缘涧聚，吻草依林植。"③ 柳宗元赴任柳州《岭南江行》道："山腹雨晴添象迹，潭心日暖长蛟涎。射工巧伺游人影，飓母偏惊旅客船。"④ 这些水泽意象，显然是受到鲍照《苦热行》影响。

鲍照《苦热行》的写作，《乐府诗集》称古人所著《苦热行》多言"流金铄石，火山炎海之艰难也。若鲍照则言南方瘴疠之地，尽力征伐，而赏之太薄"⑤ 鲍照《苦热行》引用了马援南征困于水泽的故事，即诗句"身热头且痛，鸟堕魂来归"。马援南平征侧反，"缘海而进，随山刊道千余里"。明年春"至浪泊上与贼战破之"⑥，马援故事与行迹遍留南方。汉军为了适应南土水泽征战，武帝南征为习水战，造昆明池。此役"经瘴疫死者十四五"⑦。《后汉书》传记马援曾慨叹："在浪泊、西里间，虏未灭之时下潦上雾，毒气熏（熏）蒸，仰视飞鸢跕跕堕水中，卧念少游平生时语，何可得也？"⑧ 怀念族弟马少游闲居乡里御款段马之安。南方水泽终究成了困住老将的死亡泥沼，当刘尚击五溪蛮，"轻敌，攻之，乘船溯沅水入武溪击之，尚轻敌入险，山深水疾，舟船不得上"。"蛮缘路徼战，尚军大败，悉为所没。"⑨ 马援请行，壶头一役，困住大军，据《后汉书》本传载："贼乘高守隘，水疾船不得上，会暑甚，士卒多疫死，援亦中病，遂困，乃穿岸为室以避炎气。贼每升险鼓噪，援辄曳足以观之，左右哀其壮意，莫不为之流涕。"⑩ 群蛮隐没竹林，或出之鼓噪，热气蒸腾，水流湍急渡不得。马援两次南征，地点不同，但南方水域战场景即是"下潦上雾，毒气熏（熏）蒸"，乐府诗《武溪深》本事即此，欧阳修《集古录·后汉桂阳周府君碑》道："武溪惊湍激石，流数百里。昔马援南征，其门生元爱寄生善笛，援为作歌和之，名曰：《武溪深》。"⑪ 欧阳修引晋崔豹《古今注》。乐府诗《武溪深》，武溪成了"鸟飞不度，兽不敢临"⑫，瘴气与自然吞没生人的恶泽，刘孝胜《武溪深》道："武溪深不测，水安舟复轻。"千仞回峰，水深湍急，深潭无底，往往败人舟船。

鲍照《苦热行》写道："汤泉发云潭，焦烟起石圻。日月有恒昏，雨露未尝晞。丹蛇逾百尺，玄蜂盈十围。含沙射流影，吹蛊病行晖。瘴气昼熏体，菵露夜沾衣。饥猿莫下食，晨禽不敢飞。毒泾尚多死，度泸宁具腓。生躯蹈死地，昌志登祸机。戈船荣既薄，伏波赏亦微。爵轻君尚惜，士重安可希"⑬，集四方水泽之恶，汇集写出南方水泽形象，南行者受此影响甚深，点染马援南征、受困武溪的故事，便成为诗人南行时的心情写照，如沈佺期《赦到不得归题江上石》："魂疲山鹤路，心醉跕鸢溪。"⑭ 宋之问《入泷江》道："孤舟泛盈盈，江流日纵横。夜杂蛟螭寝，晨披瘴厉行。潭蒸水沫起，山热火云生。

---

① 萧涤非主编：《杜甫全集校注》，第1356页。
② 《沈佺期集校注》卷二，陶敏、易淑琼校注《沈佺期宋之问集校注》，中华书局2006年版，第87页。
③ 《宋之问集校注》卷二，第429页。
④ 《柳宗元集》卷四十二，中华书局2006年版，第1168页。
⑤ 郭茂倩编撰：《乐府诗集》卷六十五《苦热行》，台北：里仁书局1981年版，第937页。
⑥ 范晔撰，李贤等注，司马彪补志，杨家骆主编：《后汉书》卷二十四《马援列传》，台北：鼎文书局1981年版，第838页。
⑦ 《后汉书》卷二十四《马援列传》，第840页。
⑧ 《后汉书》卷二十四《马援列传》，第838页。
⑨ 《后汉书》卷八十六《南蛮西南夷列传》，第2832页。
⑩ 《后汉书》卷二十四《马援列传》，第838页。
⑪ 《欧阳修全集》卷一三六，中华书局2001年版，第2132页。
⑫ 爱寄生："滔滔武溪一何深，鸟飞不度，兽不敢临。嗟哉武溪多毒淫。"李昉《文苑英华》卷二〇一，台北：新文丰出版公司1979年版，第998页。
⑬ 《苦热行》，《昭明文选》卷二十八，中州古籍出版社1990年版，第394页。
⑭ 《沈佺期集校注》卷二，第106页。

猿蹂时能啸，鸢飞莫敢鸣。海穷南徼尽，乡远北魂惊。"①

唐人更善于描述南方水泽怪物，柳宗元诉《诉螭文》描述湘流的怪螭："潋潋湘流，清且微兮。阴幽洞石，蓄怪螭兮。……嗟尔怪螭，害江湄兮。涎泳重渊，物莫威兮。螺形决目，潜伺窥兮。"② 传说中的神物螭，见首不见尾，飘忽难以捉摸。恶溪上的鳄鱼，形象更为鲜活。柳宗元《愚溪对》写鳄鱼生于恶溪，伴随毒雾之气，以听闻知："予闻闽有水，生毒雾疠气。中之者，温屯呕泄。藏石走濑，连舻糜解；有鱼焉，锯齿锋尾而兽蹄。是食人，必断而跃之，乃仰噬焉，故其名曰恶溪。"③ 稍后九年，韩愈南贬潮州作《泷吏》诗，亦是透过传闻，借泷吏口述："岭南大抵同，官去道苦辽。下此三千里，有州始名潮。恶溪瘴毒聚，雷电常汹汹。鳄鱼大于船，牙眼怖杀侬。州南数十里，有海无天地。飓风有时作，欣簸真差事。"④ 恶溪仍旧毒瘴，更可怕的是天候的异象，雷电、飓风、海水连天。柳宗元掌握了鳄鱼外型，食人以尾断之跃而吞食。而韩愈描述鳄鱼潜行，露出水面，牙、眼狰狞状。这些皆为舟行时，在船上的角度看见的鳄鱼。韩柳传述的鳄鱼虽然文学化了，还是较《永州记》所载"大者凡数丈，善食人，一生百卵，及成形则有为蛇、为龟、为蛟者，甚灵"⑤ 来得真实。韩愈在告鳄鱼檄文曰："后王德薄，不能远有，则江汉之间，尚皆弃之以与蛮夷楚越，况潮岭海之间，去京师万里哉？鳄鱼之涵淹卵育于此，……鳄鱼其不可与刺史杂处此土也。"⑥ 苏轼称韩愈："忠能驯鳄鱼之暴"，诚如林纾所言："篇中凡五提天子之命，颇极郑重，然在当时读之，自见其中忠，自后人观之不免有呆气。试问鳄鱼一无知嗜杀之介虫，岂知文章，又岂知有天子之命，且鳄非海中之物，半陆半水，在斐州衡居苇荡之间，断无能驱入海之理。"⑦ 是不必作之文，但韩愈驱赶恶溪恶灵形象，则是逆反了所有南贬文人书写中被南方水域吞灭的恐惧。尤其韩愈称："刺史虽驽弱，亦安肯为鳄鱼低首下心，伈伈睍睍，为民吏羞，以偷活于此邪！"⑧ 一介文弱书生宣告状，俨然具有英雄屠龙般的勇气。

四、洞庭、湘南——仙乡、异境、蛮洞

洞庭湘水以南，被视为文化的边陲，柳宗元《送李渭赴京师序》："过洞庭上湘江，非有罪左迁者罕至。"⑨ 洞庭、湘江五溪这一片水域，逐臣与蛮荒共处，是屈原自沉水域，《水经注·湘水》引《湘中记》曰："湘水又北，汨水注之。……汨水又西，为屈潭，即汨罗渊也，屈原怀沙，自沉于此。故渊潭以屈为名，昔贾谊史迁，皆尝径此，弭楫江波，投吊于渊。"⑩ 相传湘灵、二妃从征之地，王逸注《楚辞·九歌·云中君》云："尧用二女，娥皇、女英妻舜。有苗不服，舜往从征，二女从而不返，道死沅湘之中，因为湘夫人。"⑪ 五溪，《水经注·沅水》："武陵有五溪，谓雄溪、樠溪、西溪、无溪、辰溪其一焉，夹溪悉是蛮左所居，故谓此蛮五溪蛮也。"⑫ 东汉伏波将军征之，沼泽密林。杜甫《咏怀古迹》五首之一："五溪衣服共云山"，兼之湘南武陵桃源，这一片水域充满了仙乡、异境、蛮洞色彩。

---

① 《宋之问集校注》卷二，第434页。
② 《柳宗元集》卷十八，第505页。
③ 《愚溪对》，《柳宗元集》卷十四，第357页。
④ 《昌黎先生诗集注》卷六《泷吏》，第352页。
⑤ 《昌黎先生诗集注》卷六《泷吏》引注，第352页。（明）彭大翼《山堂肆考》卷二二四《鳞虫类》，"牙如锯齿"条。
⑥ 《韩昌黎文集校注》卷八，第329—331页。
⑦ 《韩柳文研究法》，台北：广文书局1996年版，第55页。
⑧ 《韩昌黎文集校注》卷八，第329—331页。
⑨ 《柳宗元集》卷二十三，第618页。
⑩ 郦道元：《水经注》卷三十八《湘水》，台北：学生书局1986年版，第477页。
⑪ 洪兴祖：《楚辞补注·九歌章句第二》，台北：长安出版社1987年版，第59页。
⑫ 郦道元：《水经注》卷三十七《沅水》，台北：学生书局1986年版，第465页。

（一）自古流传是汨罗

文人至湖湘多吊屈原，自抒心情，李白《陪族叔刑部侍郎晔与中书贾舍人至游洞庭》五首其一："洞庭西望楚江分，水尽南天不见云。日落长沙不见远，不知何处吊湘君。"[①] 韩愈《湘中》："猿愁鱼踊水翻波，自古流传是汨罗。苹藻满盘无处奠，空闻渔父叩舷歌。"[②] 韩愈《祭河南张员外文》说明此地"南上湘水，屈氏所沉。二妃行迷，泪踪染林。山哀浦思，鸟兽叫音"[③]。逐臣遭逢此处，难免伤情，湘水为南行北返的主要孔道，韩愈《湘中酬张十一功曹》："休垂绝徼千行泪，共泛清湘一叶舟。今日岭猿兼越鸟，可怜同听不知愁。"[④] 而柳宗元北返道《汨罗遇风》："南来不作楚臣悲，重入修门自有期。为报春风汨罗道，莫将波浪枉明时。"[⑤]

送人南行多以"木兰舟"喻之，取自离骚"朝搴阰之木兰兮""朝饮木兰之坠露兮"，据其物性以喻，王逸注云："木兰去皮不死，……以喻谗人虽欲困己，己受天性，终不可变易。"[⑥] 湘南多有，《尔雅翼》称此："似桂而香，生零陵山谷……高数仞。"[⑦] 因此逐臣南行之舟以"木兰舟"喻之，如贾岛《寄韩潮州愈》称："此心曾与木兰舟，直到天南潮水头。"[⑧] 柳宗元《酬曹侍郎过象县见寄》："破额山前碧玉流，骚人遥驻木兰舟。"[⑨] 又许浑《闻昭州李相公移拜郴州》："诏移丞相木兰舟，桂水潺湲岭北流。"[⑩] "木兰舟、兰舟后"常见于诗词，但在唐人则用于赠南行之人与洞庭水域的书写，如齐己《送人往长沙》："好听鹧鸪啼雨处，木兰舟晚泊春潭。"马戴《楚江怀古》："猿啼洞庭树，人在木兰舟。"李商隐、罗隐等诗可见。

（二）春风洞庭浪，出没惊孤舟

据《水经注·湘水》所记，洞庭湖汇聚众流："四水同注洞庭，北会大江……湖水广圆五百余里，日月若出没于其中。"[⑪] 在九州岛之中，是最广阔的水域，元稹《洞庭湖》道："人生除泛海，便到洞庭波。驾浪沉西日，吞空接曙河。虞巡竟安在，轩乐讵曾过。惟有君山下，狂风万古多。"[⑫] 文人遇此，莫不用力书写。唐人写洞庭湖名篇不少，孙昌武谓孟浩然《望洞庭湖赠张丞相》、杜甫《登岳阳楼》"以传神写照，感兴深远见称"[⑬]。洞庭深广，杜甫《登岳阳楼》："吴楚东南坼，乾坤日月浮。"[⑭]《过洞庭》谓："湖光与天远，直欲泛仙槎。"宋之问："地尽天水合，朝及洞庭湖。初日当中涌，莫辨东西隅。"[⑮]

洞庭湖海纳与通道，在唐人笔下万顷，"万古巴丘戍，平湖此望长。问人何淼淼，愁暮更苍苍。迭浪浮元气，中流没太阳。孤舟有归客，早晚达潇湘"[⑯]。张说好写洞庭，《送梁六自洞庭山作》："巴陵

---

① 《李太白》集卷十八，张式铭标点《李太白集杜工部集》，岳麓书社1987年版，第175页。
② 《昌黎先生诗集注》卷九，第456页。
③ 《韩昌黎文集校注》卷五，第183页。
④ 《昌黎先生诗集注》卷九，第454页。
⑤ 《柳宗元集》卷四十二，618页。
⑥ 《楚辞补注·离骚章句》卷一，第6页。
⑦ 罗愿：《尔雅翼》卷十二，《百部丛书集成》，台北：艺文印书馆1965年版。
⑧ 《全唐诗》卷五七四，第1469页。
⑨ 《柳宗元集》卷四十二，第1186页。
⑩ 《全唐诗》卷五三五，第1350页。
⑪ 郦道元：《水经注》卷三十八《湘水》，台北：学生书局1986年版，第478页。
⑫ 《元稹集校注》卷十五，上海古籍出版社2011年版，第470页。
⑬ 孙昌武：《韩昌黎诗文选评》，《岳阳楼别窦思直》，三秦出版社2004年版，第16页。
⑭ 方回选评，李庆甲集评校点：《瀛奎律髓》卷一《登览类》，第6页。
⑮ 《宋之问集校注》卷四，第579—580页。
⑯ 刘长卿：《岳阳馆中望洞庭湖》，陈伯海主编《唐诗汇评》，浙江教育出版社1992年版，第472页。

一望洞庭秋，日见孤峰水上浮。闻道神仙不可接，心随湖水共悠悠。"①首二句写巴陵与洞庭山，次而引《拾遗记》："洞庭山浮于水上，其下有金堂数百间，玉女居之，四时闻金石丝竹之声，彻为山顶。"②《唐诗别裁》谓："远神远韵，送意自在其中，此洞庭为神仙窟宅，然身不至，唯送人之心与湖水俱远耳。"③唐人洞庭诗多类此，情景交融。或写其秋景、清美平静之状，如刘禹锡《望洞庭》："湖光秋月两相和，潭面无风镜未磨。遥望洞庭山水翠，白银盘里一青螺。"④

韩愈异于前人，好写洞庭湖动态多变，其《复志赋》云："从伯氏以南迁，凌大江之惊波兮，过洞庭之漫漫。"⑤写洞庭之广，而南贬阳山历洞庭波涛，则是最深刻的记忆，在韩愈几首诗反复出现，《赴江陵途中寄赠王二十补阙李十一拾遗李二十六员外翰林三学士》："春风洞庭浪，出没惊孤舟"⑥，将洞庭湖与九嶷山以为天险，成为回忆南行的凭借；《县斋有怀》："湖波翻日车，岭石坼天罅"⑦；《送区弘南归》："江汹洞庭宿莽微，九疑巉天荒是非。"⑧其《陪杜侍御游湘西两寺独宿有题因献杨常侍》，夜闻松风记起洞庭波涛："山楼黑无月，渔火灿星点。夜风一何喧，杉桧屡磨飐。犹疑在波涛，怵惕梦成魇。静思屈原沉，远忆贾谊贬。椒兰争妒忌，绛灌共谗谄。谁令悲生肠，坐使泪盈脸。"⑨注者认为是长沙地景所致，樊汝霖云："公自御史贬阳山，至是量移江陵……，过长沙，故引此二人以自比。"⑩《韩诗臆说》称此："不觉触动自己平生遭遇"⑪，朱彝尊注云："屡梦可味"⑫，解释何以洞庭波涛，连系逐臣情志，九死一生的经历。在韩愈《岳阳楼别窦司直》诗后段云："追思南渡时，鱼腹甘所葬。严程迫风帆，劈箭入高浪。颠沉在须臾，忠鲠复谁谅。"⑬屈原《渔父》以自沉作为宣誓："安能以身之察察，受物之汶汶者乎，宁赴湘流，葬于江鱼之腹中。又安能以皓皓之白，蒙世俗之尘埃乎？"⑭破浪乘风之姿，忠鲠之士被波涛所掩。悲志之外，韩愈好险求胜，诚如其《送灵师》歌颂灵师冒险故事："寻胜不惮险，黔江屡洄沿。瞿塘五六月，惊电让归船。怒水忽中裂，千寻堕幽泉。环回势益急，仰见团团天。投身岂得计，性命甘徒捐。浪沫蹙翻涌，漂浮再生全。同行二十人，魂骨俱坑填。灵师不挂怀，冒涉道转延。"⑮两首诗兼有"甘所葬""甘徒捐"，朱彝尊云："不独有才调，兼胆勇。"⑯江行险恶愈发显出主人翁过人胆识。因此《八月十五夜赠张功曹》："洞庭连天九疑高，蛟龙出没猩鼯号。"⑰《祭河南张员外文》："洞庭漫汗，粘天无壁。风涛相豗，中作霹雳。追程盲进，驷船箭激。"⑱两首诗以道张署之志。

韩愈写洞庭波涛数诗中以《岳阳楼别窦司直》最为雄放，朱彝尊称："宏阔跌宕，是大局面"，"大约以力量胜"⑲。此诗起始："洞庭九州岛间，厥大谁与让。南汇群崖水，此注何奔放。自古澄不清，环

---

① 《全唐诗》卷八十九，第231页。
② 王嘉：《拾遗记》卷十，《百部丛书集成》，台北：艺文印书馆1966年版。
③ 沈德潜：《唐诗别裁集》，上海古籍出版社1988年版，第638页。
④ 刘禹锡著，瞿蜕园笺证：《刘禹锡集笺证》外集卷八，上海古籍出版社1989年版，第1475页。
⑤ 韩愈著，阎琦校注：《韩昌黎文集注释》卷一，三秦出版社2004年版，第5页。
⑥ 《昌黎先生诗集注》卷一，第132页。
⑦ 《昌黎先生诗集注》卷二，第159页。
⑧ 《昌黎先生诗集注》卷四，第239页。
⑨ 《昌黎先生诗集注》卷二，第164—166页。
⑩ 屈守元、常思春主编：《韩愈全集校注》"顺宗永贞元年"，四川大学出版社1996年版，第2421页。
⑪ 程学恂著：《韩诗臆说》卷一，商务印书馆1934年版，第14页。
⑫ 《昌黎先生诗集注》卷二，第165页。
⑬ 《昌黎先生诗集注》卷二，第166—169页。
⑭ 《楚辞章句》卷七。
⑮ 《昌黎先生诗集注》卷二，第155页。
⑯ 《昌黎先生诗集注》卷二，第157页。
⑰ 《昌黎先生诗集注》卷三，第210页。
⑱ 《韩昌黎文集校注》卷五，第312—313页。
⑲ 《昌黎先生诗集注》卷二，第166—167页。

混无归向。"接着紧扣"炎风日搜搜,幽怪多冗长"①。《义门读书记》道"借风起兴"引出"轩然大波起,宇宙隘而妨。巍峨拔嵩华,腾踔较健壮"②。洞庭波浪充溢宇宙,腾跃与嵩山、华山争高,描绘波涛巨浪冲撞"声音一何宏?轰輵车万两",以奇想追述"犹疑帝轩辕,张乐就空旷。蛟螭露笋簴,缟练吹组帐。鬼神非人世,节奏颇跌踼"。韩愈以"铺张""虚实相济",扩大心性、感受的方式书写,长篇四十六韵,将庄子《天运篇》云:"帝张咸池之乐,于洞庭之野"③,《至乐》:"咸池九韶之乐,张之洞庭之野"④ 的传说实之,并化用鲍照《数名诗》:"六乐陈广坐,组帐扬春风。"⑤ 高会乐音,与枚乘《七发》写钱塘江潮涌进之状:"其少进也,浩浩澄澄,如素车白马帷盖之张。"⑥ 程恂《韩诗臆说》认为此诗写洞庭,一如韩愈后来作《南山》诗,"纯用子虚、上林、三都、两京……之法,铸形镂象,直若天成者"。咏洞庭亦然,"宇宙间既有此境,不可无此诗也"。⑦

(三)桃源仙乡与蛮洞

南土多仙乡传说,唐人笔记、地理书皆有记载,零星的乡野传述,在"桃源"书写中被完成。张旭《桃花溪》:"隐隐飞桥隔野烟,石矶西畔问渔船。桃花尽日随流水,洞在清溪何处边。"⑧ 唐人好寻桃源,好作桃源诗,"唐人以桃源为神仙,如王摩诘、刘梦得、韩退之作桃源行是也"⑨。刘禹锡《桃源行》:"翻然恐迷乡县处,一息不肯桃源住。桃花满溪水似镜,尘心如垢洗不去。仙家一出寻无踪,至今水流山重重。"⑩ 其仙乡,正是后来南贬的朗州,古地名即为武陵,唐时曾几度更名。

刘禹锡好以武陵樵客自比,其《元和甲午岁诏书尽征江湘逐客余自武陵赴京宿于都亭有怀续来诸君子》:"云雨江湘起卧龙,武陵樵客蹑仙踪。十年楚水枫林下,今夜初闻长乐钟。"⑪ 逐臣起复回返长安,以误入桃源仙境武陵人自居。其作《武陵书怀五十韵》⑫、《游桃源一百韵》⑬、《八月十五日夜桃源玩月》⑭ 可见。其《楚望赋》自序:"予既谪于武陵,其地故郢之裔邑,与夜郎诸夷错杂。"《楚望赋》道桃源春景:"湘沅之春,先令而行。腊月寒尽,温风发荣。土膏如濡,言鸟嘤嘤。三星嗜其晚中,植物飘以落英。……环洲曲塘,含景曜明。"仙乡亦是蛮洞,"躔次殊气,川谷异宜。民生其间,俗鬼言夷"⑮。湘南之水化为进入仙境的桃源,《武陵书怀五十韵》自序道:"永贞元年,余始以尚书外郎出补连山守,道贬为是郡司马。至则以方志所载而质诸其人民,顾山川风物皆骚人所赋,乃具所闻见而成是诗。"诗云:"桃花迷隐踪,楝叶慰忠魂。""照山畲火动,踏月俚歌喧。""乡里皆迁客,儿童习左言。炎天无冽井,霜月见芳荪。"⑯ 瞿蜕园认为《游桃源一百韵》从总叙沅江风物递入桃花源:"沅江清悠悠,连日郁岑寂。回流抱绝巘,皎镜含虚碧。昏旦递明媚,烟岚纷委积。香蔓垂绿潭,暴龙照孤碛。渊明著前志,子骥思远跖。寂寂无何乡,密尔天地隔。金行太元岁,渔者偶探赜。寻花得幽踪,窥洞穿

---

① 《昌黎先生诗集注》卷二,第166页。
② 何焯撰:《义门读书记》第五册,卷三十,台北:台湾商务印书馆1970年版。
③ 陈鼓应注释:《庄子今注今释》,台北:台湾商务印书馆2005年版,第383页。
④ 陈鼓应注释:《庄子今注今释》,台北:台湾商务印书馆2005年版,第475页。
⑤ 萧统编:《昭明文选》卷三十,中州古籍出版社1990年版,第421页。
⑥ 《昭明文选》卷三十四,第474页。
⑦ 《韩诗臆说》卷一,第14页。
⑧ 《全唐诗》卷一一七,第273页。
⑨ 胡仔:《苕溪渔隐丛话》前集卷三《五柳先生上》,台北:世界书局2009年版,第13页。
⑩ 《刘禹锡集》卷二十六,第819页。
⑪ 《刘禹锡集》卷二十四,第302页。
⑫ 《刘禹锡集》卷二十二,第605—607页。
⑬ 《刘禹锡集》卷二十三,第653—655页。
⑭ 《刘禹锡集》卷二十三,第653—655页。
⑮ 《刘禹锡集》卷一,第11—14页。
⑯ 《刘禹锡集》卷二十二,第605—607页。

暗隙。……挥手一来归，故溪无处觅。"五百年后得以重访桃源，"我来尘外躅……遂登最高顶，纵目还楚泽。平湖见草青，远岸连霞赤。幽寻如梦想，绵思属空阅。寅缘且忘疲，耽玩近成癖。清猿伺晓发，瑶草陵寒圻。祥禽舞葱茏，珠树摇玓瓅。羽人顾我笑，劝我税归轭。……"① 仙气飘飘。《八月十五日夜桃源玩月》诗亦道："尘中见月心亦闲，况是清秋仙府间。……少君引我升玉坛，礼空遥请真仙官。"② 此诗"假桃源以怀仙迹"，进入到仙乡，并入仙者"辰溪童子瞿柏庭升仙事"当地传说人物。刘禹锡善于融入贬地人情土风与故事，水域书写尤见，其居夔州以《竹枝词》歌滟滪堆三峡水域，以《浪淘沙》歌河、洛、锦江，地居湘南唱《潇湘神词》歌颂二妃深情从征不及，泪洒斑竹，溺死化为潇湘水神。皆巧妙结合当地传说与水域故事，桃源仙乡与蛮洞化而为一，后人行记受此影响，如蒋桨《巴东龙昌洞行记》③，将深幽奇丽山水与蛮州风景合一。

五、岭南水路——千山万水分乡县

宋之问《至端州驿见杜五审言沈三佺期阎五朝隐王元无竞题壁慨然成咏》："逐臣北地承严谴，谓到南中每相见。岂意南中歧路多，千山万水分乡县。"④ 没想到南方山山水水，歧路纷杂，是一个广大的世界。南北水域进入岭南，有两条重要的通道：一是虔州（今江西）大庾岭路，入浈昌（今广东），临浈水（江），入始兴、接韶州。水路据李翱《来南录》述："自洪州至大庾岭一千有八百里，逆流，谓之漳江。自大庾岭至浈昌一百有一十里，陆道，谓之大庾岭。自浈昌至广州九百有四十里，顺流，谓之浈江。出韶州，谓之韶江。"⑤ 一是郴州（今湖南）骑田岭路，由临武，临武水（溪）流郴州（今湖南）入乐昌（今广东）。又伏波将军路博德讨南越"出桂阳，下湟水"之路，则经湟水到连州。大庾岭与骑田岭两路会于韶州东南，合溱水，南流经浈阳峡，入清远峡、峡山抵广州。

郴州路上接衡阳湘江而达洞庭，大庾岭路上接赣江而达彭蠡。两路水域岭北南行时皆为逆流，回程时是顺流，南行时备觉辛苦，回程时益觉轻快。岭南诸水南行时顺流、北归时逆流。文人因当时情况与目的地而择其路途，宋之问走大庾岭路，张说、杜审言、沈佺期走郴州骑田岭路。韩愈贬潮州，走郴州骑田岭路，经乐昌到潮州。贞元十九年贬阳山，因阳山、连州位于岭南岭北交界处，则是入郴州骑田岭路，经临武沿湟水经连州、桂阳，过贞女峡到阳山，返程经龙宫滩原途返。刘禹锡贬连州亦走骑田岭路，与柳宗元在湘江衡阳分路。

入桂林，则取桂州越城岭路，柳宗元由湘江入灵渠，经桂林而至柳州。⑥ 灵渠为秦始皇所开，接湘、漓二水，以制百越。此路是文人由湘江入桂林、西南的主要通道。至于入安南与广州境内以西，则自端州取自西江流域，接漳江、鬼门关而下，渡海。唐代南贬文人南行水路大抵如此。（附录图7）

南行时因水域落差大，舟行时感受水流速度、水面的宽窄、两岸视野、水位的高低、四时天气、风向变化。水程时间漫长，文人可以好好观览两岸，舟行不像陆行随时可停止、逆返，对于南贬文人而言，陌生的水域感受是新鲜的，有许多不期然的风景。对生长在岭南的张九龄而言，则是家乡风景。张九龄（678—740），韶州曲江（始兴）人，开元四年（716）返乡，建议开大庾岭新路。他在开元十四年奉祭南岳衡山与南海，沿洞庭湖、湘水而至衡山，由衡州沿耒阳溪经耒阳，取郴州骑田岭路至广州。祭南海神后，取道湘江路返。翌年，开元十五年，出任洪州都督，开元十八年转桂州刺史岭南观察使。洪州任满，转任之际，取赣江，虔州大庾岭路回韶州省亲，再经广州，来往桂广之间。回返时则取桂州

---

① 《刘禹锡集》卷二十三，第653—655页。
② 《刘禹锡集》外集卷八，第1461页。
③ 李德辉辑校：《晋唐两宋行记辑校》，第215页。
④ 《宋之问集校注》卷二，第433页。
⑤ 《晋唐两宋行记辑校》，第154页。
⑥ 参见曾一民《唐代广州之内陆交通》，台中：国彰出版社1987年版，第20—22页，第88页，第130—131页。

越城岭路，取道湘江北返。这段时间密集往返湖湘、洪州、岭南桂广，行迹与南贬文人所历相仿，但心情不同。他往返湘水多次，《南还湘水言怀》①，《初入湘中有喜》言："征鞍穷郢路，归棹入湘流。望鸟唯贪疾，闻猿亦罢愁。两边枫作岸，数处橘为洲。却计从来忆，翻疑梦里游。"② 熟悉的水域，航程在预期中展开。因此谪人畏听的猿声似能解愁。韩愈赴江陵途中赠友人诗道："湘水清且急，凉风日修修。胡为首归路，旅泊尚夷犹。"③ 湘水湍急，熊孺登《湘江夜泛》称："江流如箭月如弓，行尽三湘数夜中。"④ 在张九龄诗中却如画屏开展，《南还以诗代书赠京都旧寮》："土风从楚别，山水入湘奇。石濑相奔触，烟林更蔽亏。层崖夹洞浦，轻舸泛澄漪。松筱行皆傍，禽鱼动辄随。惜哉边地隔，不与故人窥。"⑤

（一）郴州骑田岭路

郴州入乐昌，《舆地纪胜·韶州》"景物下·武水"载："源桂阳监平县界临武冈，流出郴州宜章县下，南流入乐昌县界。古名虎溪，唐改名为武溪，湍泷危峻。"⑥ 岭北岭南均落差大，韩愈《送廖道士序》称郴州："地益高，山益峻，水清而益驶。"⑦ 韩愈言好写郴水湍急，《郴口又赠》其一："山作剑攒江写镜，扁舟斗转疾于飞。"其二："雪飚霜翻看不分，雷惊电激语难闻。沿涯宛转到深处，何限青天无片云。"⑧ 昌乐泷，欧阳修《集古录·后汉桂阳周府君碑》称："武溪惊湍激石，流数百里。……武水源出郴州临武县鸬鹚石，南流三百里入桂阳（一作桂水），而桂阳真水、卢溪、曹溪皆与武水合流。其俗谓水湍峻为泷，韩退之诗云：'南下昌乐泷'，即此水也。"⑨ 韩愈《泷吏》写其险："南行逾六旬，始下昌乐泷。险恶不可状，船石相舂撞。"⑩ 沈佺期北归诗《自乐昌溯流至白石岭下行郴州》："北流自南泻，群峰回众壑。驰波如电腾，激石似雷落。"⑪ 沈佺期将视线留在两岸物色布置："崖留盘古树，涧蓄神农药。乳窦何淋漓，苔藓更彩错。娟娟潭里虹，渺渺滩边鹤。"⑫ 张九龄《赴使泷峡》诗里寒溪风景："溪路日幽深，寒空入两嶔。霜清百丈水，风落万重林。"⑬ 则是一派平静从容。

（二）阳山

贞女峡见《始兴记》载："中宿县有贞女峡。"⑭ 在连州桂阳，《水经注·汇水》："水出桂阳南至四会，溪水下流，历峡南出，是峡谓之贞女峡。……汇水东南入阳山县。"《贞女峡》诗："江盘峡束春湍豪，雷风战斗鱼龙逃。悬流轰轰射水府，一泻百里翻云涛。漂船摆石万瓦裂，咫尺性命轻鸿毛。"⑮ 岭南水路落差大，舟行险象环生，李翱《来南录》记"官艘隙……水溺舟败"，韩愈《送区册序》描述区册自"南海挐舟而来"交通的情况，"陆有丘陵之险，……江流悍急，横波之石，廉利侔剑戟；舟上下失势，破碎沦溺者往往有之"。阳山县西北七十里，同冠峡有此险，其《次同冠峡》诗云："落英千

---

① 张九龄撰，熊飞校注《张九龄集校注》卷三，中华书局2008年版，第230页。
② 《张九龄集校注》卷三，第231页。
③ 《赴江陵途中寄赠王二十补阙李十一拾遗李二十六员外翰林三学士》，《昌黎先生诗集注》卷一，第129页。
④ 《全唐诗》卷四七六，第1208页。
⑤ 《张九龄集校注》卷三，第252页。
⑥ 王象之著，李勇先校点：《舆地纪胜》卷九十，四川大学出版社2005年版，第3124页。
⑦ 《韩昌黎文集校注》卷四，第150页。
⑧ 《昌黎先生诗集注》卷九，第454页。
⑨ 《欧阳修全集》卷一三六《后汉桂阳周府君碑》，中华书局2001年版，第2132页。
⑩ 《昌黎先生诗集注》卷六，第351页。
⑪ 《沈佺期宋之问集》，《沈佺期集校注》卷二，第132页。
⑫ 《沈佺期集校注》卷二，第132页。
⑬ 《张九龄集校注》卷三，第238页。
⑭ 《艺文类聚》卷六地部。
⑮ 《昌黎先生诗集注》卷三，第206页。

尺堕，游丝百丈飘。泄乳交岩脉，悬流揭浪摽。"① 写石灰岩钟乳穴，与瀑布悬流。顾嗣立引胡渭注《次同冠峡》诗云："阳山县西北七十里有同冠峡，接连州界，疑即此同冠峡。"② 韩愈笔下必取其险，朱彝尊注《同冠峡》"维舟山水间"篇云："昌黎诗大抵师谢客，而加之俊快。"③ 韩愈有诗《宿龙宫滩》："浩浩复汤汤，滩声抑更扬。奔流疑激电，惊浪似浮霜。"沈钦韩引《阳山县志》云："峡水东流，注于湟水，……又南十里，曰龙坂滩，又南十五里，为龙宫滩。"④ 顾嗣立引《阳山县志》云："龙宫滩在县西十五里。"⑤

（三）韶州广州之间

浈阳峡见《始兴记》："梁、鲜二水口下流有浈阳峡，长二十余里，山岭纡郁，丛流曲勃。"⑥ 位于韶州东南合浈水南流，下接清远峡、峡山抵广州。《元和郡县图志》述地势之险，《岭南道·韶州·浈水·浈阳峡》："崖壁千仞，猿狖所不能游"⑦，此乃溱水，《水经注·溱水》："郴州临武有武溪水，南入重山，……悉曲江县界。崖壁岨峻，岩岭干天，交柯云蔚，霾天晦景，谓之泷中。悬湍回注，崩浪震山，名之泷水。"⑧ 张九龄《浈阳峡》诗述奇丽风景："行舟傍越岑，窈窕越溪深。水暗先秋冷，山晴当昼阴。重林间五色，对壁耸千寻。惜此生遐远，谁知造化心。"⑨ 浈阳峡以下峡山，许多诗人好赋此段风景，多题写峡山寺诗，该寺为旅程可留宿处。宋之问《早入清远峡》长篇书写："传闻峡山好，旭日棹前沂。雨色摇丹嶂，泉声聒翠微。两岩天作带，万壑树披衣。秋菊迎霜序，春藤碍日辉。翳潭花似织，缘岭竹成围。寂历环沙浦，葱茏转石圻。露余江未热，风落瘴初稀。猿饮排虚上，禽惊掠水飞。榜童夷唱合，樵女越吟归。良候斯为美，边愁自有违。谁言望乡国，流涕失芳菲。"⑩ 正如其《宿清远峡山寺》道："寥寥隔尘世，何异武陵源。"⑪ 视之为世外桃源。

相较前人设色山水，韩愈诗工巧不足，但别有朴拙。《韩诗臆说》评韩愈《郴州祈雨》："公于此等诗实不能工，索性还他不工，正见高明处。"⑫ 又称韩愈："摹写景物处，工不及柳州远甚。而别有一种苦味可念。"⑬ 以其曾江入东江口《宿曾江口示侄孙湘》二首，正是如此，其一："云昏水奔流，天水漭相围。三江灭无口，其谁识涯圻。暮宿投民村，高处水半扉。犬鸡俱上屋，不复走与飞。篙舟入其家，暝闻屋中唏。问知岁常然，哀此为生微。海风吹寒晴，波扬众星辉。仰视北斗高，不知路所归。"其二："舟行亡故道，屈曲高林间。林间无所有，奔流但潺潺。嗟我亦拙谋，致身落南蛮。茫然失所诣，无路何能还。"朱彝尊称："岭南不时泛滥，或平夜溢没公署，此所赋，宛然画出。"⑭

六、清溪之美与道德化的山水

在南方经历久了，韩愈、柳宗元这群南贬士人群体，笔下山水有一种经验式的描述，一种崭新的体

---

① 《昌黎先生诗集注》卷九，第452页。
② 《昌黎先生诗集注》卷九，第452页。
③ 《昌黎先生诗集注》卷二，第152页。
④ 《韩愈全集校注》诗永贞元年，第188页。
⑤ 《昌黎先生诗集注》卷九，第449页。
⑥ 《艺文类聚》卷六地部。
⑦ 李吉甫：《元和郡县图志》卷三十四《岭南道一》，第891页。
⑧ 《水经注·溱水》，第480页。
⑨ 《张九龄集校注》卷三，第260页。
⑩ 《沈佺期宋之问集》校注，《宋之问集校注》卷三，第572页。
⑪ 《沈佺期宋之问集》校注，《宋之问集校注》卷三，第573页。
⑫ 程恂：《韩诗臆说》卷一，第11页。
⑬ 程恂：《韩诗臆说》卷一，第9页。
⑭ 《昌黎先生诗集注》卷六，第358—359页。

会。柳宗元《始得西山宴游记》的发现历程,必有"望西山,始指异之"开辟式的过程。韩愈《燕喜亭记》王仲舒至连州也有此历程,"匠茅而嘉树列,发石而清泉激",营造南方的燕居之处。韩愈并加以道德教化的命名,名之"俟德之丘""谦受之谷""秩秩之瀑""振鹭之瀑""天泽之泉""燕喜之亭",名取之书经"谦受"、诗经《小雅·斯干》"秩秩斯干,幽幽南山",郑玄笺:"喻宣王之德如渭水之源秩秩流出,无极已也。"① 其它则据诗经鲁颂称鲁侯燕喜命名。韩愈为王仲舒取名连州所见山水池泉,予以贤人之德以名之,完全忽视与"鬼怪之观"的名实不符。主要揄扬主人:"弘中之德,与其所好,可谓协矣。"并称"吾知其去是,而羽仪于天朝也,不远矣"②。暗示《燕喜亭记》毕竟只是主人暂居之所,起复将至。

柳宗元常将永州山水的原始蛮荒表现出来,在程序化的写作上之外,有着永州山水的特殊性,亦富教化意涵,如南方水域多汨没者,柳宗元《饶娥碑》记载饶娥父亲"世渔鄱水",一日"醉渔,风卒起,不能舟,遂以溺死。求尸不得"。饶娥至孝至诚感动天地,"娥闻父死,走哭水上。三日不食,耳鼻流血,气尽伏死。明日尸出,鼋鱼鼍蛟浮死万数,塞川下流"③。善游者犹不免溺死,在《哀溺文》写盲昧之民的贪婪:"永之氓咸善游,一日,水暴甚,有五六氓乘小船绝湘水,中济,船破,皆游。其一氓尽力而不能寻常",乃腰系千钱不去,最终成"大货之溺大氓者"。④

较宦游者以德自我期许、自我揄扬,柳宗元命名愚溪,"以余故,咸以愚辱焉","愚"字,一方面是自我的否定,"今余遭有道,而违于理,悖于事,故凡为愚者莫我若也"。更是自我的肯定,"愚虽不合于俗,亦颇以文墨自慰。漱涤万物,牢笼百态,而无所避之"。较元结以"浯溪"、"浯"字命名示我拥有,道"溪虽莫利于世,而善鉴万类"⑤,山水喻己的色彩更为强烈。柳宗元《愚溪对》谈水域命名,偏地之"恶溪""弱水""浊泾""黑水"道:"夫恶弱,六极也;浊黑,贱名也。彼得之而不辞,穷万世而不变者,有其实也。"⑥ 严格来说,这些水域除了浊泾是柳宗元熟悉,其它多是山经水志与神话传说,因此"秦有水,掎汩泥淖,挠混沙砾,视之分寸,眙若睨壁,浅泽险易,昧昧不觌,乃合清渭,以自彰秽迹"⑦。对北方水域而言,"愚溪"之清美,反倒是可贵的特质。谈传闻岭南"贪泉"之名,"汝不见贪泉乎?有饮而南者,见交趾宝货之多,光溢于目,思以两手左右攫而怀之,岂泉之实耶?过而往贪焉,犹以为名"⑧。

"愚溪"无大用,"功可以及圃畦,力可以载方舟"⑨。愚溪般的水流,在柳宗元的永州书写可见,柳宗元极用力水经地志的书写,如《黄溪记》,《袁家渴记》:"由冉溪西南水行十里,山水之可取者五,莫若钴鉧潭。由溪口而西陆行,可取者八九,莫若西山。由朝阳岩东南,水行至芜江,可取者三,莫若袁家渴。皆永中幽丽奇处也。楚、越之间方言,谓水之支流者为'渴',音若'衣褐'之'褐'。渴上与南馆高嶂合,下与百家濑合。其中重洲小溪,澄潭浅渚,间厕曲折,平者深墨,峻者沸白。舟行若穷,忽又无际。"⑩ 皆有方位可寻,且多半是沿溪溯源,踏查式的书写,而非行舟所见。因此于水文、水系、水域地质、植被皆有"真实"的记载。如《袁家渴记》:"有小山出水中,山皆美石,石上生青丛,冬夏常蔚然。其旁多岩洞,其下多白砾,其树多枫柟石楠,楩槠樟柚,草则兰芷。又有异卉,类合

---

① 王先谦撰:《诗三家义集疏》,中华书局2011年版,第649页。
② 《韩昌黎文集校注》卷二,第48页。
③ 《柳宗元集》卷五,第135页。
④ 《柳宗元集》卷十八,第506页。
⑤ 《柳宗元集》卷二十四,第642—643页。
⑥ 《柳宗元集》卷十四,第357—358页。
⑦ 《柳宗元集》卷十四,第357—358页。
⑧ 《柳宗元集》卷十四,第357—358页。
⑨ 《柳宗元集》卷二十四,第642—643页。
⑩ 《柳宗元集》卷二十九,第768—769页。

欢而蔓生，缪辚水石。"①《钴鉧潭记》："钴鉧潭在西山西，其始盖冉水自南奔注，抵山石，屈折东流。其颠委势峻，荡击益暴，啮其涯，故旁广而中深，毕至石乃止。流沫成轮，然后徐行，其清而平者且十亩余，有树环焉，有泉悬焉。"②《钴鉧潭西小丘记》："梁之上有丘焉，生竹树。其石之突怒偃蹇，负土而出，争为奇状者，殆不可数。其嵚然相累而下者，若牛马之饮于溪，其冲然角列而上者，若熊罴之登于山。"③《石涧记》："亘石为底，达于两涯。若床若堂，若陈筵席，若限阃奥。水平布其上，流若织文，响若操琴。"④ 柳宗元永州诸记，多有得之、乐之语，自道："古之人其有乐乎此耶？后之来者，有能追予之践履耶？"⑤

永州水域在柳宗元笔下有风动的空气，诗人息焉、游焉，如《袁家渴记》："每风自四山而下，振动大水，掩苒众草，纷红骇绿，蓊葧香气，冲涛旋濑，退贮溪谷，摇扬葳蕤，与时推移。"⑥《石渠记》："其侧皆诡石怪木，奇卉美箭，可列坐而庥焉。风摇其巅，韵动崖谷。视之既静，其听始远。" 听泉鸣、观游鱼，《石渠记》："有泉幽幽然，其鸣乍大乍细，……北堕小潭。潭幅员减百尺，清深多鯈鱼。"⑦ 其中《至小丘西小石潭记》尤有神，"从小丘西行百二十步，隔篁竹，闻水声，如鸣佩环，心乐之。伐竹取道，下见小潭，水尤清冽。全石以为底，近岸卷石底以出，为坻为屿，为嵁为岩。青树翠蔓，蒙络摇缀，参差披拂。潭中鱼可百许头，皆若空游无所依。日光下澈，影布石上，佁然不动；俶尔远逝，往来翕忽，似与游者相乐。潭西南而望，斗折蛇行，明灭可见。其岸势犬牙差互，不可知其源。坐潭上，四面竹树环合，寂寥无人，凄神寒骨，悄怆幽邃。以其境过清，不可久居，乃记之而去。"⑧ 短短一篇，俱有风神。

余 论

本文提到的几位诗人，韩愈、柳宗元、刘禹锡不约而同以水域比喻南行持志之心，刘禹锡以长诗《游桃源一百韵》表忠而见逐之悲告，"北渚吊灵均"，时郎州居所即于招屈亭畔，自伸己志："尝闻履忠信，可以行蛮陌。"⑨ 柳宗元《囚山赋》："肆余目于湘流兮，望九疑之垠垠。波淫溢以不返兮，苍梧郁其茏云。重华幽而野死兮，世莫得其伪真。屈子之悁微兮，抗危辞以赴渊。古固有此极愤兮，矧吾生之艰。……块穷老以沦放兮，匪魑魅吾谁邻？……噫！禹绩以勤备兮，曾莫理夫兹川。殷周之廓大兮，南不尽夫衡山。余囚楚越之交极兮，邈离绝乎中原。壤污潦以坟洳兮，蒸沸热而恒昏。……雄虺蓄形于木杪兮，短狐伺景于深渊。仰矜危而俯栗兮，弭日夜之拳挛。虑吾生之莫保兮，忝代德之元醇。"⑩ 韩愈元和七年《江汉一首答孟郊》："江汉虽云广，乘舟渡无艰。流沙信难行，马足常往还。凄风结冲波，狐裘能御寒。终宵处幽室，华烛光烂烂。苟能行忠信，可以居夷蛮。嗟余与夫子，此义每所敦，何为复见赠，缱绻在不谖。"⑪ 可谓自道之词，虽然南行始终有着屈志情怀，但藉水域书写，开展出不一样的生命历程。

---

① 《柳宗元集》卷二十九，第 768—769 页。
② 《柳宗元集》卷二十九，第 764 页。
③ 《柳宗元集》卷二十九，第 765 页。
④ 《柳宗元集》卷二十九，第 771 页。
⑤ 《柳宗元集》卷二十九，第 772 页。
⑥ 《柳宗元集》卷二十九，第 769 页。
⑦ 《柳宗元集》卷二十九，第 770 页。
⑧ 《柳宗元集》卷二十九，第 767 页。
⑨ 《刘禹锡集》卷二十三，第 655 页。
⑩ 《柳宗元集》卷二，第 57—59 页。
⑪ 《昌黎先生诗集注》卷一，第 137 页。

附录

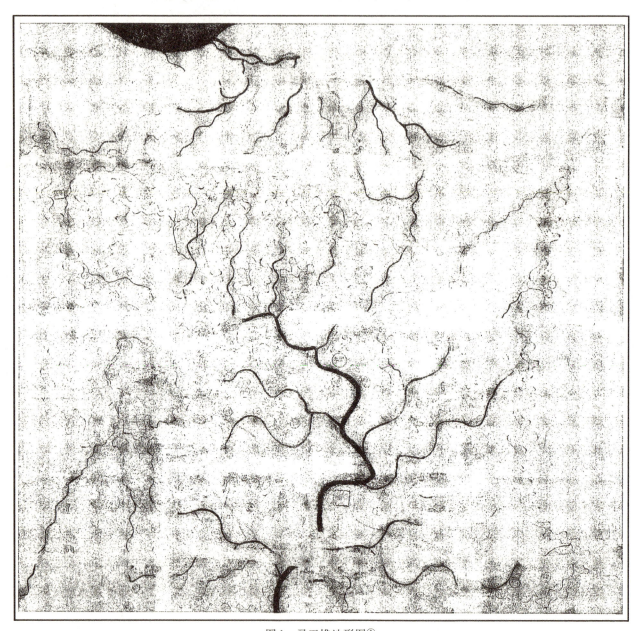

图1　马王堆地形图[①]

[①]《中国古代地图集（战国—元）》，图版20，刷淡加框线处理。

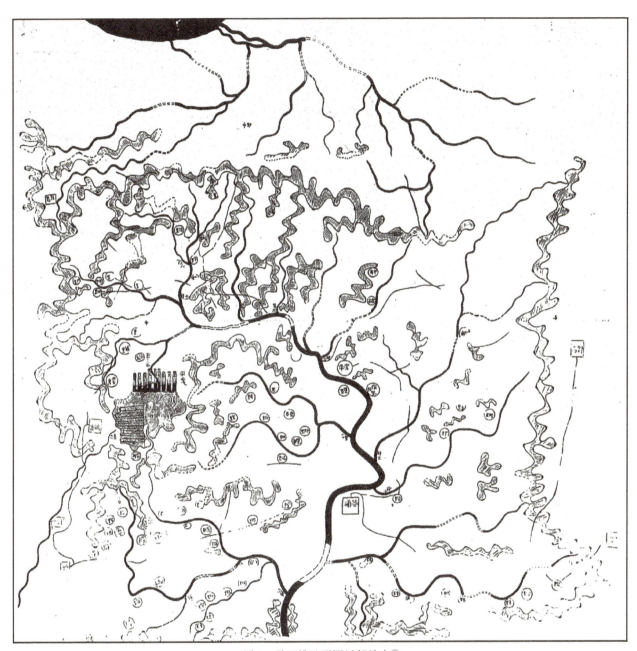

图2　马王堆地形图局部放大①

---

① 《中国古代地图集（战国—元）》，图版21，地形图整理复原图。

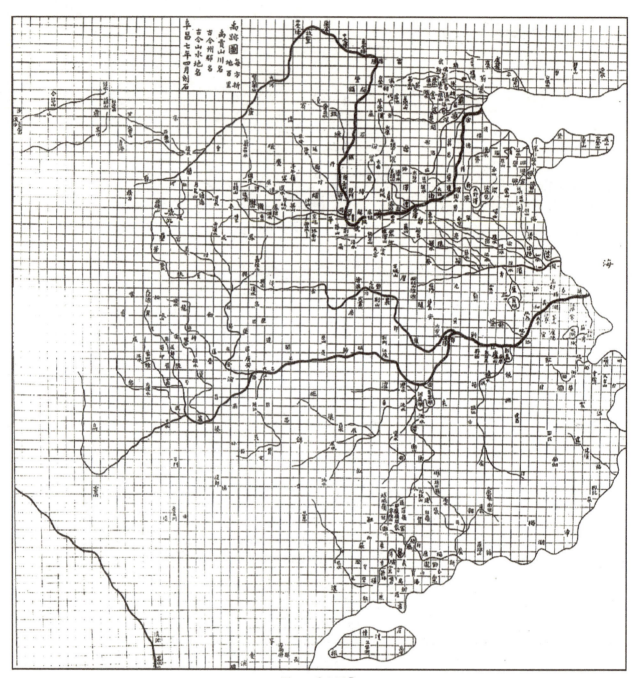

图3 禹迹图①

---

① 《中国古代地图集（战国—元）》，图版56，禹迹图墨线图。

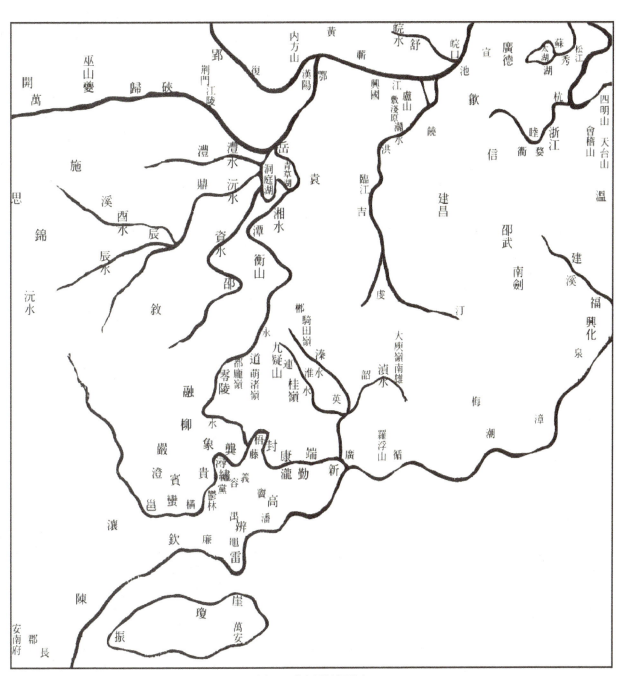

图 4　禹迹图局部放大

图5 华夷图局部放大①

---

① 《中国古代地图集(战国—元)》,图版62,华夷图墨线图局部放大。

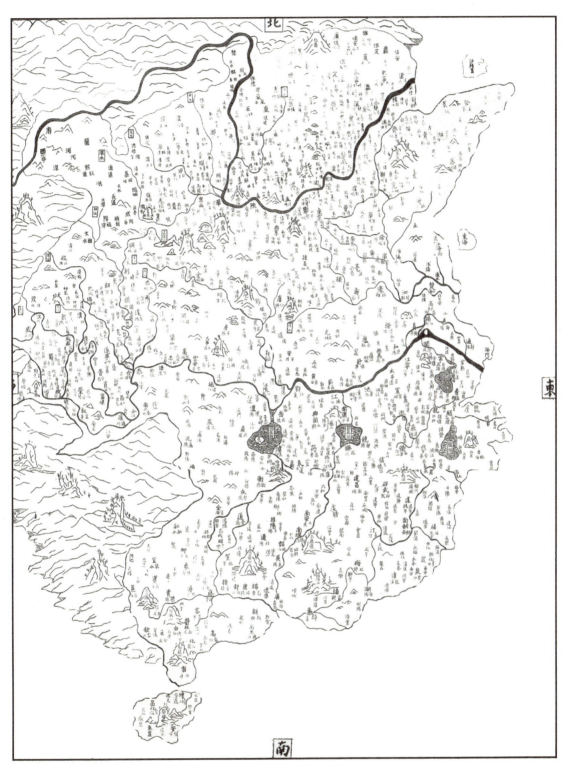

图 6-1 九域守令图①

---

① 《中国古代地图集(战国—元)》,图版65,九域守令图墨线图。

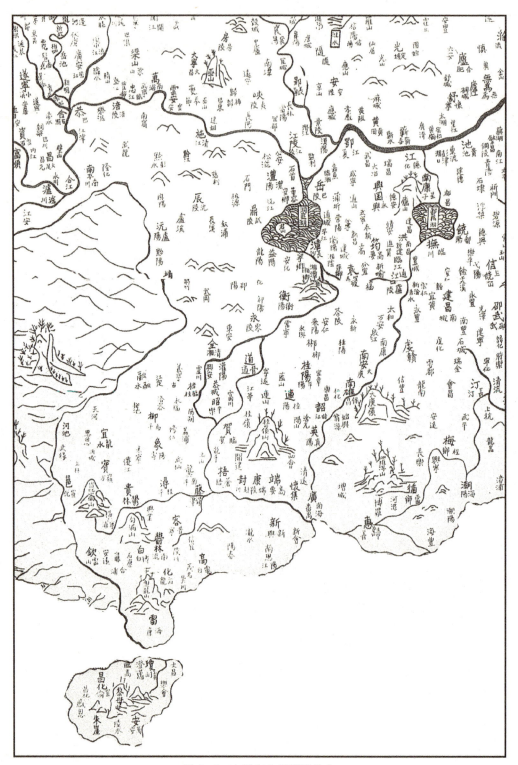

图 6-2 九域守令局图部放大

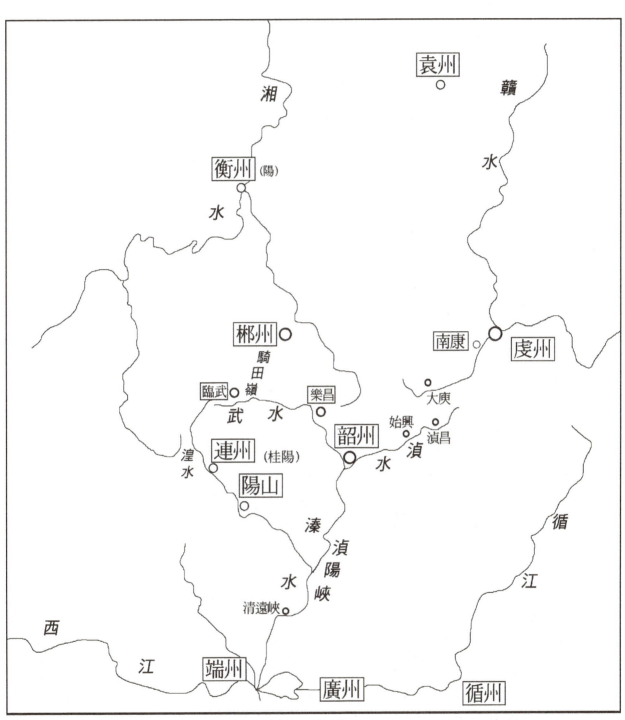

图 7　入岭水域图

从"补读书"到"读无用书"

——温廷敬的读书心路与学术观念

陈 腾

（华南师范大学文学院　广东广州　510006）

摘　要：作为晚清民国潮州颇具声望的学者，温廷敬以董理地方文献自持，阅读购藏书籍成为其生活不可分割的一部分，丰富的阅历使其读书心迹饱含人生况味，而读书趣味的调整又与其学术观念的转变密切相关。温廷敬在不同时期为其书斋分别命名"补读书"与"读无用书"，暗含了其学术方向的调整：前期之学术颇受梁启超"新史学"思路影响，心追手摩，扩张阅读视野，有意接纳西方社会科学知识进入史学研究；在西学上的短暂徘徊之后，复归古典，致意考据等传统历史文献学方法，以此自我彰显文化立场。

关键词：读书；西学；古典学术；史学；温廷敬

从读书、藏书入手，考察一个文人的学术思想与文化观念，进而体贴个体在急速变动的时代潮流中的真切心情，无疑是一个极富意味的角度。对于立志以考究学问、读书养志终其一生的温廷敬而言，书籍一直左右在旁，既是日常相随形影不离的伴侣，又是具备终极意义的精神寄托。温廷敬购藏书籍的习惯颇与他早年干济时世的心态类似，也讲求"经世致用"，故而披览温氏著述时，常常可以读到书籍与其学术观点和文化观念互通有无的消息，作为温廷敬思想世界变动和文化立场回归的忠实记录者，阅读与写作成为进入个人心灵变化痕迹可以依凭的一个文本。申而言之，这对进一步了解温廷敬个人的学术背景和文化修养不无帮助，而通过此，似乎也可以感知到一点昔日潮州读书人所身处的知识氛围。

一、温廷敬的读书生活

温廷敬几乎终生以读书为业，在他政治热情非常高涨的时代，读书成为见诸报端的一些政论文章的绝佳养料，而伴随其一生的整理古典和搜罗文献的事业，则更使书籍成为离不开的必需品。可以说，读书是温廷敬生活当中的主旋律，最好的例证就是他在晚年双目失明的情况下仍不废著述，勤读不已。《贺新凉·寄夏剑丞》记载了这一幕："衰年我叹螟巢睫，计避尘，殚心著述，归来辍业"，词下自注："余自滞汕后，因目瞽且无书可读，日取《葩经》和《左传》寻研，知毛郑之臆说曲解。"① 这恐怕是温氏生命时光里最后的著述，也就是后来的《广汉宋斋诗说》。设想这样的场景：一位年近八旬的老人，在目盲的情况下还在用笔记录读书心得，争夺如蚊睫般稍纵易逝的时间，可能唯有读书这件事才能使其迸发出如此惊人的意志力，这算得上是读书人的一种理想境界。从另一侧面看，则不难解读出，经传之类的典籍仍是温氏读书的基底，古典学的知识在其身上已经沉淀为一种修养，这才使得他能在如此不便利的条件下还能从容写作。应当说，在图书世界里忘却时光，安放心灵是温廷敬一直以来的理想，《遣闷》一首云："此心久已澹行藏，只惜忧时意未忘。安得一灯相对读，不知人世有沧桑。"② 如此消沉的心境并非事出无因，彼时温廷敬所处的汕头备受军阀纷争袭扰，正是温氏《咏怀》诗所感受到的"风云扰扰遍人寰"的混乱时期，而对于曾有强烈用世之心的他来讲，这时候已无法凭借此前他抱持着

---

① 温丹铭撰，郑焕隆点校：《温丹铭先生诗文集》，香港：天马出版有限公司2014年版，第298页。按：笔者对标点略有调整。
② 温丹铭撰，郑焕隆点校：《温丹铭先生诗文集》，第105页。

很大期望的报纸言论来澄清天下，只能眼睁睁地看着"竖子成名视等闲"的乱局，徒生"英雄失路甘禅阅"之感。此时的书籍就不再是供凭研阅的资料，而是精神慰藉的伴侣，故而才有以书就酒的疏狂情态，"一卷史书供下酒，无端涕笑杂悲欢"，这无疑更令他坚信"最是人生行乐事，醉围红袖写乌丝"①乃人生最为惬意的一种状态。事实上，辛亥年之后，动荡的社会局势与温氏曾抱有的革命愿景形成巨大落差，受此刺激，先前就已萌生的回归书本，效仿传统文人皓首穷经的心态就日渐强烈。写于1913年的《漫兴》即为此种心境的真实写照："西风忽忽鬓毛催，转瞬流年换几回。世际沧桑天亦老，国分蛮触地堪哀。骤遭横逆宁非福，能受摧残始是才。浊酒狂歌吾愿毕，图书丛里任徘徊。"②读来颇觉像自我表白，作者在诗中构拟着"图书丛"里身心解放的自由感。

当温廷敬决意远离俗务，躲进小楼，那么购藏书籍，摩挲书本自然就成为填充生活的主题。如此看来，读书则又添了一份怡然自得的潇洒，《寄友人》曰："周室共和今已废，宣王复辟漫同观。读书雅慕陶弘景，神武门前早挂冠。"③诚为肺腑之言。翻读温廷敬的诗集，其中不时记录着他亲昵书本，四处访读的踪迹。1909年，温廷敬暂别《岭东日报》报馆和同文学堂，北上吉林就职，途经上海时所作《沪上逆旅书怀》记录了彼时彼刻的心情："春申无俚且盘桓，从识人间行路难。瀛海家遥徒入梦，清明节过尚余寒。香车宝马通衢闹，倦枕残书逆旅摊。壮志未酬思返棹，鸡林风雪正漫漫"④，这应当是温廷敬平生涉足最远的一次旅行。在春寒料峭的异乡，何以排解心中的孤愁？还是摊开旧卷，在和它亲狎的过程中温暖心灵，借之逃离喧闹的市声。

随着地方文献编校工作的日益深入，四处访书自不在话下，温廷敬自道此中况味时就说"我来访古瞻陈迹，乡邦文献苦寻觅"，但是，这个寻访的过程中，珍稀秘籍的发现又常常使温氏能苦中作乐。当他在潮州探访到城南书庄的后人林君任时，接触到不少明刻古本，不禁为之眼前一亮，感觉"琳琅如入神仙府"，故而兴奋不已地写道："东胡国祚已倾覆，灵光鲁殿犹岿然。海内牙签流异域，君家世代征遗泽。虽无稀世宋元书，尚得古本前明籍"，而诗下自注更是详细罗列所看到的藏书："所藏书如《唐鉴合璧》、《事类》等十数种俱明刻初印，黄泰泉《六艺流别》为《岭南遗书》所未收，馀亦多清康乾时初本"，出于爱书的心情，温廷敬对这些充盈眼前的载籍发出感叹"其余名迹尚盈箱，蠹鱼毁损真堪惜"，谏言道"林君卓荦发宏愿，私心祝起图书馆。遗书借列惠桑梓，庐山东林何足算"⑤。这些零星的记录弥足珍贵，如果深加追索，或对了解近代潮州图书流传状况有所帮助，而其中所蕴藏的一座城市的古雅风韵亦可借之想象一二。温廷敬与上海亦颇投缘，《沪邸偶咏》自道"五度申江浪迹羁"，这五赴上海的经历除却一次因北上吉林路过，其它几次很可能是出于上海毗邻江苏，皆为书肆集中的文化集聚之地，便于访读购买旧籍。温原《吃书记》一文的回忆或许可以提供一点辅证："我父亲藏书的来源，大多数是在京沪各地旧书店购进"、"购书最多的是京沪两地旧书店，如谭隐庐、来青阁等"。⑥温廷敬本人很珍视可以浏览珍本秘籍的机会，因为对于居于文化边缘而又有志学问的学人而言，文献材料的匮乏常常是心头之痛，其《酬逸叟书拙撰〈新史料〉后，即次原韵》的体味颇为真切，"胜朝史书藏故府，草野未易窥昌丰"⑦，故而当他从南京访书回潮后，即将寓目善本的经历用作诗材，告知诗友云"万卷图书究椠刻，六朝山色吊兴亡"，并特意在诗下自注"江南图书馆得观善本秘籍"⑧，言下不无欢欣自得之意。这次江南图书馆读书是温廷敬第五次赴申计划中的行程，彼时温氏在上海短暂停留后即转

---

① 温廷敬：《咏怀》，温丹铭撰，郑焕隆点校《温丹铭先生诗文集》，第105页。
② 温丹铭撰，郑焕隆点校：《温丹铭先生诗文集》，第105页。
③ 温丹铭撰，郑焕隆点校：《温丹铭先生诗文集》，第89页。
④ 温丹铭撰，郑焕隆点校：《温丹铭先生诗文集》，第46页。
⑤ 温丹铭撰，郑焕隆点校：《温丹铭先生诗文集》，第57页。
⑥ 温丹铭撰，郑焕隆点校：《温丹铭先生诗文集》，第619页。按：原标点有误，笔者略有调整。
⑦ 温丹铭撰，郑焕隆点校：《温丹铭先生诗文集》，第66页。
⑧ 温丹铭撰，郑焕隆点校：《温丹铭先生诗文集》，第144页。

道南京,《余在金陵,连日往图书馆观书,以其暇,略探名胜,秦淮咫尺,未得一至,将归,拟往游焉。闻郑义卿说秦淮近已寥落,兴遂索然,作诗二绝》一诗略存行迹:"此行原为访书来,兼览名踪畅素怀。满眼兴亡今昔感,更无馀兴到金钗。"流连古迹,翻读书本,本是极雅致的事,可是乱世当前,风流标地秦淮连同有风雅象征的书籍都隐没在时代洪流之中。这种感受,温廷敬在苏州时就已略有体会,当他在商铺林立的观前街买书时,看到周遭熙熙攘攘的是商贩的叫卖,古旧书店却因之显得门庭冷落,便略带自嘲地说"孤怀冷癖无人识,独觅书坊问古书"①,书本仿佛将现实隔为两度空间,一个尊重学问、敬惜字纸的时代已渐次消逝,这是温廷敬在读书中所感知到的孤独。

最令读书人尴尬的事莫过于囊中羞涩,以致买书时需要思量再三。这一点温廷敬深有体会,《八十自述》言"思以著述、收藏自见,而二者又非寒士所猝办"②,藏书欲成规模非有雄厚财力支撑不可,"妄冀布衣追毕阮"就只能成为无奈的念想。不过,温廷敬还是勉力支持,陈梅湖谓其"持躬澹泊,所御六合皂帽一顶,棉绸裘、白纺袍各一袭,经三十馀年褪绽不易",用度如此节省,以至"家居非值年节,罕市鱼肉",为的是"惟遇珍奇书籍则倾囊以购"③,足见他为买书而拮据生活的窘迫。为此家人还与他产生了小分歧,温原回忆这段过往时提到一处细节,"父亲多购书,我的母亲很有意见,她要求我父亲说'少买些,把钱储蓄不是更好'。但我父亲却笑着回答道'买书,因目前要用,万一将来发生困难时,还能救活我们'"④,这话出自爱书如命的温廷敬之口实不出奇,今日读来,一个憨痴书蠹的可爱面目简直如在眼前。甘愿为买书而耐受清贫,反过来看,书籍亦可以疗治物质的贫困,实现精神的富有,温廷敬的《次韵和逸叟记梦中作(访谪仙三五七言)》诗就连道"君乐道,我安贫","我有书,不忧贫"⑤,与其说因书忘记贫困,倒不如说贫境让人回归读书是一种意外的幸运,《杂兴》颇为俏皮地辨明此中的"读书辩证法":"我生无赢余,笔耕为远客。一旦砚田荒,家徒立四壁。匆匆唱渭城,颇笑饼师痴。因贫可读书,未始非得。抗心希古人,歌声出金石。邻里咸目笑,妻孥也动色。余暇课幼儿,三公乐不易。"⑥ 因贫而读书,却丝毫不忧贫,读到起劲时还击节高吟,全然无我,可见温廷敬在书籍构筑的世界中是何等自足享受。

温廷敬的藏书量究竟有多少,今已无从考索。唯有其子温原留下的回忆文字约略提及"藏书从几千册发展到一万几千册,朋友和学生们都称誉他的藏书是当时粤东第一"⑦,当然这是在他履职广东通志馆期间所达到的高峰,那也是他经济最宽裕、读书生活最从容的时光。然而早在此之前,他的藏书数量已经略具规模,这或可从其诗中不时流露的喜悦之情探得一二。《崎碌杂兴六首》其四描摹闲居无事时的悠然心境,"隔帘通雨梦,搅枕作江声",一片风神潇洒。此时看着堆砌满屋的书籍,一股读书人最能深味亦最为享受的幸福感油然而生:"书帙看连架,侯封拥百城"⑧,略同于此的还有"老筑书城拟小侯"⑨,似可看出彼时的藏书已经不少,可能出于此,温廷敬遂将藏书屋命名为"补读书楼"。颇有意思的是,书楼之称是严重的名实不符,初听以为是杰阁伟构,实际情况是"整座楼房充满了书"⑩,书与人并处一室,并非独备一楼以供藏书。温氏在诗中与友人打趣道"有书可读原堪老,近市能忘亦不妨。笑我一椽犹寄寓,胸中楼阁枉评量",诗下特别注明"余补读书楼虽有名而实无其地"⑪。温廷敬后

---

① 温廷敬:《观前街》,温丹铭撰,郑焕隆点校《温丹铭先生诗文集》,第132页。
② 温丹铭撰,郑焕隆点校:《温丹铭先生诗文集》,第250页。
③ 陈梅湖:《故修职郎温丹铭先生传》,温丹铭撰,郑焕隆点校《温丹铭先生诗文集》,第603页。
④ 温原:《吃书记——父亲温丹铭的藏书及其散佚》,温丹铭撰,郑焕隆点校《温丹铭先生诗文集》,第619页。
⑤ 温丹铭撰,郑焕隆点校:《温丹铭先生诗文集》,第105页。
⑥ 温丹铭撰,郑焕隆点校:《温丹铭先生诗文集》,第106页。
⑦ 温丹铭撰,郑焕隆点校:《温丹铭先生诗文集》,第620页。
⑧ 温丹铭撰,郑焕隆点校:《温丹铭先生诗文集》,第61页。
⑨ 温丹铭撰,郑焕隆点校:《温丹铭先生诗文集》,第119页。
⑩ 温丹铭撰,郑焕隆点校:《温丹铭先生诗文集》,第619页。
⑪ 温廷敬:《慕韩索题韭香斋,漫赋五七律各一首应之》,温丹铭撰,郑焕隆点校《温丹铭先生诗文集》,第106页。

来的藏书是否达到"粤东第一"的高度已难以证实，然而相比其在近代文学和学术史的默默无闻，他的书斋室名却能进入今人编的词典，如《近现代书斋室名趣录》收录"读无用书斋"，题下说明"近代大埔藏书家温廷敬之书斋名，以藏书不全为有用书故"①，又有《中国藏书家通典·近现代》亦收录"温廷敬"，称补读书楼"收藏古今地方文献最为系统，有'潮汕文献总汇'之誉"②，将之与温原的回忆对勘，可知温氏当年的藏书应当颇为可观。

一份温廷敬亲笔写录的藏书跋尾手稿多少可为我们想象其藏书规模提供一点基础。这本名为《抱残楼藏书跋尾》的手稿，是温廷敬将藏书中具备版本价值的古籍挑选而出并加以著录的提要结集。从这份藏书目录反映的情况看，温廷敬是比较注重贮藏珍稀之本的，虽然藏书基本是以明清刻本为主，但是其中不乏元印元刻之书，比如《清庵先生中和集》、《集千家注批点杜工部诗集》和《续资治通鉴》（残本）皆属此列。最为珍贵的当属宋刊本的《增修互注礼部韵略》和《朱子语类》，尽管两部书都被著录为"残本"，但是作为私人购藏，为财力所限，这已实属难得。可能出于对宋刊本的格外珍稀，温廷敬考订其版本时的跋文也写得特别用心，比如考订《增修互注礼部韵略》的文字就如他自己所说"不惮罗举其得失而辨正之"③，从避讳字、行数格式、刻书笔法诸多方面与铁琴铜剑楼、皕宋楼之藏书目录相互比照，从而确证陆心源"宋本"的著录乃定论。书稿中的文字大都对藏书的版本源流详加考证，颇能反映温廷敬在历史文献学方面的学养。这些对温氏而言相当珍贵的藏书中，乙部典籍和诗文别集构成藏书的主体，这与温廷敬以史学为学术旨归和雅好诗歌的阅读兴趣密切相关。《抱残楼藏书跋尾》著录的书籍信息非常丰富，对于考量晚清民国潮州善本古籍的流转情况，甚而对考订某些书的版本源流当不无帮助。

乱世中的图书之厄永远是读书人心头之筋，温廷敬经营大半生的藏书在战乱中也难逃散佚的命运，"衰年茕独成无告，生计儿孙赖鬻书"的晚境堪称凄凉。温原的回忆还原了这些图书是如何像剐肉一般一点点地换成米薪的过程："首先卖的是大部头如《二十四史》、《四部丛编》之类。还是无济于事，于是，不管是善本或是今后需用的书，只求有人要，也忍痛卖掉"，此种"米价愈高书愈贱，儿孙无计度馀生"的窘况一直没有好转，直至"连他准备作为自己学术研究所用的大批图书文献也无法保存"④，这其中或许正有《中国藏书家通典》所言及的"最为系统"的古今地方文献。温廷敬的大部分书籍都是在举家避难上海时卖掉的，讽刺的是，正是为躲避兵灾而辛苦护送的书籍终究还是无法保住，此种"避兵图籍反遭兵，历劫春申惨莫名"的切肤之痛真是在在可感。此春申之劫还可稍作铺展，温氏《步〈曲江秋唱〉韵》曾道出细节，对照阅读，则更能体会作为一个读书人对书本极致的热爱："余途遇日宪兵检查，以应声稍亢即连被掌颊，余绝不觉痛，彼极力欲拽下车，衣裳两重缝皆裂，余坚坐不动，旋伪警至，为解释始得寝"⑤。临危能如此，临终也不例外，当家人询问遗言时，温廷敬过了良久才答："无他事，非以银四两托饶宗颐孝廉在京购某书一部，书尚未读，不能忘怀。"⑥合此而读之，不禁为之潸然动容。

这种以读书作为生存方式的信仰可谓贯穿温廷敬的一生，这也使他能在寇氛嚣张、生死难卜的情状下仍固执地坚持"乱世还当读我书"⑦，以示读书人的气节。就在1940年，一个雨后新晴的元旦日，年过古稀的温廷敬满怀感慨地写下《又和〈庚辰元旦〉韵》："块垒填胸意未平，屠苏饮少梦难清。诗书

---

① 周金冠著：《近现代书斋室名趣录》，河北教育出版社1998年版，第85页。
② 李玉安、黄正雨编著：《中国藏书家通典》，香港：中国国际文化出版社2005年版，第779页。
③ 温廷敬《抱残楼藏书跋尾》之"增修互注礼部韵略"条，手稿本。
④ 温丹铭撰，郑焕隆点校：《温丹铭先生诗文集》，第621页。
⑤ 温丹铭撰，郑焕隆点校：《温丹铭先生诗文集》，第234页。
⑥ 陈梅湖：《故修职郎温丹铭先生传》，温丹铭撰，郑焕隆点校《温丹铭先生诗文集》，第598页。
⑦ 温廷敬：《和高吹万〈题无用书斋〉拙卷，次韵》，温丹铭撰，郑焕隆点校《温丹铭先生诗文集》，第207页。

拙守甘痴汉，圣哲常谈笑老生。懒换桃符空语颂，遥传花讯战尘惊。迁乔出谷嘤求谊，尽作嗷鸿变徵声。"① 这些与之日夜相随的图书似乎也跟着这位甘愿痴守它们的老汉在经历着动荡的考验和文化的劫难。

二、"补读书"中的新眼光

对温廷敬以"补读书"命名自己居所的用意，温原的《吃书记》曾作大致的解释："他把读书和藏书的地方，取了一个名称叫做'补读书楼（庐）'，以表示他决心在今后补读未读过的书。"② 至于这"未读过的书"是否确有所指，文章则无详细涉及。前文已述及温廷敬一生读书的方向是以浸淫古典为主，古籍亦是其收藏书目中的重头戏，若据此稍作推测：传统读书人需熟读的经史典籍可排除在这未读之书的行列之外，当不致太大的异议。而事实上，这些未读之书也并非无从考索，如果我们对1915年结集的《补读书楼文集》细加翻阅，则仍旧可以约略解读出温廷敬在传统经典之外的阅读视野。

根据温原的提示，温廷敬在甲午战争后，受维新思潮的鼓动，"发愤读起严复所译的《天演论》等书，这方面的书满满一大书橱，共有近千册"③，此种接受新知的心态是甲午之后读书人普遍共有的，这也成为理解"补读书"具体所指的切入口。1895年是中国思想世界颇具象征意义的年份④，有着精英身份的读书人为耻辱感所驱策，开始从传统之外寻找理论资源。放置在这样的背景之下看，温廷敬的阅读范围也开始溢出古典系统，一些代表当时新知的时兴读物不断在其文字中涌现。除了温原所说的"有影响的《东方杂志》、《燕京学报》等刊物收藏了十多架"，旧式文人所不屑的小说如张恨水《金粉世家》、林译小说全套也成为他的"余闲读物"⑤。温氏不仅关注这些前沿读物，阅读过程中的点滴心得有时还成为他诗歌写作和学术论辩的材料，比如《和黄叔颂〈岁朝感事〉原韵》就是他"从商务印书馆《小说月报》得见和韵数家"⑥而获得灵感所作。而集中在《补读书楼文集》中的专篇学术短文更为其汲取新知点滴过程的反映，比如《梁氏论汤睢州辨》、《读梁氏〈论国体问题〉书后》等文章留下了其流连《新民丛报》、《申报》等新学舆论集散地的踪迹，在这些零星散见的痕迹中不难看出在特定时期内，一个地方读书人趋新的眼光和阅读趣味。

如果回到晚清民国时期潮州的学术现场，岭东同文学堂标举的"中西体用"实为一个笼罩性的议题，规范着地方趋新读书人思考问题的路向。温廷敬之接受新知，补读西学之书当然也是出于应对西学冲击的时势需要，故而其时学术的旨归带有很强的现实忧患感。《唐设明算科论》是一篇典型的在"西学中源"思路指导下写成的文章，为的是寻找西学教育体系中已经颇为成熟的数学学科与中国在唐代就已设立的"算学"之间的契合点，认为"算学实为诸学之先"，而在童子岁科考试时加入算学，作为一种普通学可以培养日后致用的基础，循此"中国之艺学或可藉此以兴乎"，文末言"虽然良法方行，内讧猝起，时艰益急，天意难知。环顾茫茫，盖不禁为痛哭流涕者矣"⑦，则为彼时温廷敬写此类文章之心情的真实写照。尽管在这种时艰日迫的环境下，温氏所观察和阅读到的西方和所经验的中国不无失实之处，但是西方学说作为一种参照资源，始终是他阅读关注的重点。

将西学作为考量问题的一种眼光最先体现在对学术统系的思考上。当时困扰温廷敬一辈学人的问题

---

① 温丹铭撰，郑焕隆点校：《温丹铭先生诗文集》，第211页。
② 温丹铭撰，郑焕隆点校：《温丹铭先生诗文集》，第619页。
③ 温丹铭撰，郑焕隆点校：《温丹铭先生诗文集》，第620页。
④ 相关论述可以参考葛兆光著《中国思想史》（第二卷）第九节"1895年的中国：思想史上的象征意义"，复旦大学出版社2011年版，第530页。
⑤ 温原：《吃书记——父亲温丹铭的藏书及其散佚》，温丹铭撰，郑焕隆点校《温丹铭先生诗文集》，第620页。
⑥ 温丹铭撰，郑焕隆点校：《温丹铭先生诗文集》，第49页。
⑦ 温丹铭撰，郑焕隆点校：《温丹铭先生诗文集》，第315页。

就是，作为学术文化途辙不一的两个系统，二者之间的差异为何，而这种差异又如何造成差距的。《拟再续〈畴人传〉序》是温廷敬为构拟中的书的序文，其中就从"算学"这一角度切入，从中比照中西学者对待一门学问的不同态度："自利氏西来，泰西历算之学流入中国，本朝诸家藉以推阐，古术复明。乾嘉通经之士多兼习算，然大半视为考古之资，尚鲜通今之用。"① 在温廷敬看来，中西学者对待"算学"的态度很明显是截为两端的，中国学人仅把"算学"作为考订名物的资料，而不是运用在实务当中，以致"一二专门名家，穷年沉溺于其中。既无测验之资，遂等虚车之饰，斯亦其一蔽也"，遂明中国传统学问溺于考实，疏于求用是与西学差距之表现。循乎此，就有如下他所做的对中西学术的判断：

> 西土开辟在我中土之后，其初之创制立法者，皆不及我中国之圣人，自英培根创奖艺器之法，而民间制器日厎于精。自法主拿破仑用兵欧洲之后，而诸国变动日臻于善。间尝观其政治之书，无不以变动为本也；其格致之论，无不以制器为归也。夫中土之学，名出于圣人，而西国之学，则从未闻我圣人之道而暗合如此。尝试即其大概而言之，则中学得圣人之道二，尚辞、尚占是也；西人得圣人之道二，尚变、尚象是也。二者皆有圣人之道，而国势之贫弱富强若此，则以中学沦于虚，西学求诸实；中学逐于末，西学探诸本；中学沿之而已流于弊，西学求之而日进于精。②

此段文字为温廷敬心中衡估中西学术之后的核心观念，故此处不避啰嗦，照实录入。文中从"虚实""本末"和"沿流求进"入手来体察中西学术的易位，本乎"中学为体"的理念，论述思路从圣人之学讲起，并以之统摄两种分属不同文化系统的学术，还借用《周易》"尚辞、尚占、尚变、尚象"的概念作为理论术语，演说中西学术的分流，均可以看到温廷敬努力尝试从学术出发，探索"何以国势贫富强弱相悬若此"的良苦用心。依照这样的思路，那么疗治中国学术"重虚不重实"的顽疾当从何下手？从戊戌以来就为中国士人所热议的学科制度为此提供了一张医方。《泰西之制，学校仕进分而为二说》一说即是沿此发论。严复所译的《原富》为温廷敬所熟读，严氏将"泰西之制，学校仕进分而为二"作为中国与泰西"进化"与"不进化"的区分被温氏援引为核心论点，在此基础上展望中国教育的未来：渐次发展培养国民的普通教育以及裨益国家的专门教育是可以期待的进境，循此最终实现"仕者已无不学之讥，学者亦不存作官之想"③ 的理想。文章对"学"与"仕"严加区分背后固然树有帖括之学的对立面，然而西方学术分科、各司其职的观念恐怕是此观点的学理支撑。

在琳琅满目的西方学术面前，像政治学、人类学等偏于社会科学性质的学科是温廷敬最为青睐的，这与其时知识界从政治制度反思中国历史的思潮关系密切，从中亦反映出温廷敬这一辈学人在面对西学新知时所蕴含着的深层焦虑。这种焦虑在温廷敬身上体现为，当他考量西方历史的时候常常带有很明显的"援西释中"以求契合的意图。在一篇没有署题的问答体文章中，他将孟子所处的战国时期比拟为"欧罗巴各国并峙"时期，以此为引子阑入西方政治史的介绍，最终的结论是为了论证战国时期孟子所提倡的"保民之道"与欧战期间民权兴起乃是殊途而同归的遇合。这篇文章一方面体现出温廷敬在接受脉络化的西方知识上已经达到较高的水平，另一方面他比附中西的说解方式也提醒我们注意一位地方学人在传播新知中所表现出来的特色。

作为想象新知识以及缓解焦虑的资源，一些传统经典在温廷敬的解读下也焕发出新义。诸子之学是晚清学者在社会冲击和思想危机背景下重新发现的经典资源，在这方面，温廷敬亦不外乎潮流。《墨子兼爱尚同论》就是为调和学术史上势同水火的儒墨学术而写的一篇文章。文中提出"爱力"的概念，

---

① 温丹铭撰，郑焕隆点校：《温丹铭先生诗文集》，第 388 页。
② 温丹铭撰，郑焕隆点校：《温丹铭先生诗文集》，第 344 页。
③ 温丹铭撰，郑焕隆点校：《温丹铭先生诗文集》，第 338—339 页。

认为"爱力及于一乡者遂为一乡之长，爱力及于一国者遂为一国之君，爱力及于天下者遂为天下之主"①，"爱力"即有团结力之意，温廷敬据此而认为"爱与同，天下之公义也"，墨子"兼爱"之说可以成为"今日中国"人心分崩离析的对症之药。文章结尾说"墨氏之学行于外夷，遂成富强之国势"，则暴露了此一重掘经学之外的子部典籍的内在思路还是来自西学的刺激。另一篇重读经典的文章《〈周礼〉三权分立说》②则更为显豁，意在勾连中国经书之中与西方核心政治理念的相通之处。文章从《周礼》中设立的小司寇官职有"致万民而询"的规定出发，得出"古代有召集议会之制"的结论。司寇复核乡遂士所定死刑罪名的记载也被温氏解读为"司法之独立"。这些夹杂着推断比附的结论其实有着西学学理的支撑，当时接受热度很高的孟德斯鸠"三权分立"之说是这篇文章的着眼点所在。从深层的写作动机看，温廷敬站在立宪派的政治立场，不厌其烦地在中西学术之间出入往返，寻找二者的平衡，其实也带有很强烈的政治诉求。这就是他在多篇涉及政治学的文章中所力加表达的"夫一人之专制自得明君御世外，其他则人亡政息，未有能善者也"③，可见"补读书"所补充的西学知识多和当时的政治思潮相结合，这也是温廷敬此一时期学术的特点。

如果追问社会科学何以会为温廷敬所特别借重，答案或许就在于当时流行的民族学、人类学等新知识之中，其强大的阐释力为中国学者解读中国史前史现象以及回应民族危机方面提供一种学理上的支持。对于以史学为旨归的温廷敬来说，这些新兴的西方知识也就自然而然地成为其重新董理中国历史起源的理论资源。其中"种族写史"就成为吸纳这种知识的学术表征。"种族"问题是晚清读书人颇为关注的话题，关于"种族"的种种论述实际上参与了近代国人"国族"观念的建构过程，温廷敬亦以之作为重新理解中国历史的入口④。《历史黄白二种竞争论》《中国民族与西方隔绝始于颛顼说》《中国种源假定说》《太古中国民族变迁考》《〈中国民族史〉序》诸篇文章都是以"民族"为切入点重新梳理中国历史以及世界历史，温廷敬认为以往这些为缙绅所不道的"荒唐怪幻"的史前史在西学新知的视野下亦并非不可追寻，其中"图腾"说为此种追索的基础：

> 人种之说……此或出于鄙薄异种之谈，而彼种人亦若言之历历者，又何说焉？近人以为实由图腾社会揭其徽帜，以自别余众，习久日深，遂信图腾之物为其祖先。征之今日美澳土人，良不为诬。自达尔文进化之论出，以人之祖为本于猿。其说旁推实验，证繁理确，一时风靡，虽宗教家亦不能不取屈焉。⑤

在此基础上，温廷敬认为拉克伯里推定汉族本源是从古巴比伦迁徙而来的结论可以作为汉族演化起点的依据，进而以此推演"中国民族"从西方迁徙而来后又与西方民族隔绝的历史趋势。这个立论的框架实则有着很强的现实针对性，一方面在种族起源上拉近中西距离，甚至不惜断论中西为同种；另一方面合分变迁的演化大势又很好地隐喻了"今日"中西文明易位的现状。应当说，这个论断的背后隐藏着一个前提，即以白种人为代表的西方民族是主导历史进化的象征，是历史行进的前沿，而汉族与之分隔，是一种落后于历史的表现。《历史黄白二种竞争论》亦遵循这一思路，认为"黄人之天然武力实胜于白人，然而白人如日耳曼诸族，战胜罗马，建设诸国，流传至今，势力遂弥漫于世界"，如何解释这种历史现象？温廷敬将之与政治制度的优劣串联起来："专制与立宪，奴隶与自由，即欧亚二族之所以分，黄种之所以衰替，白种之所以盛强者欤？"⑥援种族进化叙述历史的思路很容易让人联想到梁启超

---

① 温丹铭撰，郑焕隆点校：《温丹铭先生诗文集》，第309页。
② 温丹铭撰，郑焕隆点校：《温丹铭先生诗文集》，第332—333页。
③ 温廷敬：《明代内阁首相之权最重》，温丹铭撰，郑焕隆点校《温丹铭先生诗文集》，第317页。
④ 温廷敬对"民族主义"成为一种学术潮流的感知是很明显的，他在《梁氏论汤睢州辨》中就将梁启超贬低汤睢州的学术史地位视为一个错误，致误的原因就是"此盖今世持民族主义者之说"。见温丹铭撰，郑焕隆点校《温丹铭先生诗文集》，第322页。
⑤ 温廷敬：《〈中国民族史〉序》，温丹铭撰，郑焕隆点校《温丹铭先生诗文集》，第385页。
⑥ 温丹铭撰，郑焕隆点校：《温丹铭先生诗文集》，第318页。

在《新史学》当中专门论及的《历史与人种之关系》，文章言"历史者何？叙人种之发达与其竞争而已"①，文中引入的"世界史的"和"非世界史的"人种概念显然是有高下区分的意味的，论述的落脚点是为了证明"所谓白种人者，则阿利安人而已；所谓阿利安人者，则条顿人而已。条顿人实今世史上独一无二之主人翁"②。以进化论裁剪历史是梁氏史学的突出特征，如此颇费周章地梳理世界人种的演化历史，无非是想强调历史的竞争性，鼓舞国人奋起直追，反观温廷敬对种族史的论断，则显然也是承续了梁氏的思路。

实际上，如同"文学革命"的命题一般，梁氏身体力行所呼吁的"史学革命"在其时轰动学界，也极其深入地影响到后人的史学观念。尽管温廷敬对"诗界革命"的热闹不甚感冒③，但在如何看待史学以及论说历史的问题上则是亦步亦趋于梁氏之后的。对比一下以下两个论断，温廷敬如何模仿梁氏论史的问题则可一目了然。

> 盖历史者，所以发明人群进化之理，而求其变迁递嬗，其中之纷纭离合，万有不齐，而卒莫能逃于天演之数。其所以然之故，非用科学内外籀之例以董之，虽有圣哲莫能识也。中国历史向为一家之纪录，其良者亦仅致意于朝廷之治乱兴衰而已，至于人群之进退，天演之淘择，费惟莫明其理，且亦不载其事。④

梁启超《史之界说》：

> 故近世史家之本分，与前者史家有异。前者史家，不过记载事实；近世史家，必说明其事实之关系，与其原因结果。前者史家，不过记述人间一二有权力者兴亡隆替之事，虽名为史，实不过一人一家之谱牒；近世史家，必探索人间全体之运动进步，即国民全部之经历，及其相互之关系。⑤

如果再参合《新史学》提出的"历史者叙述进化之现象也"、"历史者叙述人群进化之现象也"以及"历史者，叙述人群进化之现象，而求得其公理公例也"⑥，则不难发现，温廷敬对史学学科的认知全以梁启超的论述为蓝本。如前所论，温廷敬接受西学素喜以西揆中，而梁启超之以史学作为学术专攻，除了其史学底蕴之外，恐怕也和"今日泰西通行诸学科中，为中国所固有者，惟史学"⑦的看法不无关系。以新眼光衡量旧史学，目的是严加区分，使之接榫西学，使之成为一门科学，为此，梁启超扩充史学边界、地理学、地质学、人种学、人类学、言语学、群学、政治学、宗教学、法律学、平准学（即经济学）等等皆被纳入论列。这也就更为深入地解释了温廷敬为何对今日称之为社会科学的学科情有独钟。《太古中国刑律变迁考》就有西方法学的知识背景，如果再参看温廷敬在《梁译〈法学通论〉序》所提及的自己阅读过的法学书目如《法意》《法典》，则不难看出彼时的阅读显然极大帮助了温廷敬开拓中国史学议题。与此相类的还有《太古中国宗教变迁考》，以宗教梳理中国历史实为一个全新的视角，对比一下温廷敬为《欧洲教祸始末》所作序文，文中表现出来的对欧洲宗教史的了解，给其论中国宗教提供了一个很好的灵感。

透过梁启超的"新史学"理论，可以清晰地看到温廷敬追随其学术理念的痕迹。或者可以这么说，

---

① 梁启超著，夏晓虹、陆胤校：《新史学》，商务印书馆2014年版，第98页。
② 梁启超著，夏晓虹、陆胤校：《新史学》，第106页。
③ 温廷敬在评价潮州诗人邓尔瑱时顺带表达了他对"诗界革命"的看法，认为其"叫嚣排突，不可向迩"，而邓尔瑱部分有这样倾向的诗歌也被贬为"间涉粗露"。见温廷敬辑，吴二持、蔡起贤校点《潮州诗萃》，第1220页。
④ 温廷敬：《广西优级师范选科学堂〈中国历史讲义〉序》，温丹铭撰，郑焕隆点校《温丹铭先生诗文集》，第386页。
⑤ 梁启超著，夏晓虹、陆胤校：《新史学》，商务印书馆2014年版，第65页。
⑥ 梁启超著，夏晓虹、陆胤校：《新史学》，商务印书馆2014年版，第92—95页。
⑦ 梁启超著，夏晓虹、陆胤校：《新史学》，商务印书馆2014年版，第85页。

正是因为通过参悟史学革新的宗旨，温廷敬才进而更为亲近西学，张皇阅读眼界，汲取新知。庶几以下这段话可以作为"补读书"时期温廷敬阅读状态的一个总结：

> 夫历史一门，实与各科互相贯通而取资。以中国历史论，其取材已遍及各史，而又宜参稽博采经、子、集之书，以撷其精而遗其粗。而于今日各科学，则凡地理、政治、法制、经济、理财、伦理、教育诸学，皆宜一切旁及，以植其基。其观察之识，尤必一本之论理、心理，折衷于社会之学，而又平心静气，不涉于一人一家之见，乃有以观其要而会其通。①

这个博涉群书、热衷西学的时间，温廷敬其实也没有停留很久，但是却颇为真实地反映了温氏这一辈学人的时代特色与知识结构，对比他此后全面转入古典，这一段经历也别添况味。

三、"读无用书"：温廷敬的复归古典

伴随着昔日政治热情的日渐消退，温廷敬的学术方向与文化立场皆进行了重要的调整。如果说"补读书楼"时期的温廷敬致力的是以西学辅中学的话，那么至少在1912年之后，中国古典传统则成为一种具有召唤意义的精神象征，成为他学术文化活动的出发点。

实际上，回归古典，在传统文化中寻找思想资源的思路贯穿温氏一生，即便是在当时趋新热情最为高涨的同文学堂学人群体中，以传统文化为本位的立场才是大家的共识。查阅《岭东同文学堂开办章程》的第二条所言："本学堂以昌明孔子之教为主义，读经读史，学习文义"②，这是章程中对学生学习内容的首要规定，作为岭东同文学堂的史地教习，温廷敬当是认同者，也是最为坚定的执行者。然而，在"立宪改革"的声潮之中，温廷敬为"补读书"的迫切心情所驱使，学术方向更强调同文学堂学人最为重视的"造就圣贤有用之学"。循此来看温廷敬将读书斋易名"读无用书"的做法，背后应当别有深意。"读无用书"最早见诸记载是在其五十岁左右所写《王君兰甫寄示〈观拙著《读无用书斋记》有感〉二律，依韵和呈》一诗当中，诗中自道"知非学易都难企"，"悔不当年不读书"③，细味口吻，从中不难读出字行之间流露出的负气情绪，若深追这股情绪的源头，恐怕与他所抱持的温和立宪的政治期待在党派纷争的革命呼声中完全落空有关，故而才会在"知非学易"的天命之年开始反思此前自己的学术选择和读书方向，可见温氏学术心境的波动，内里还有政治变局影响这一层因素在。而对他学术上的转向有所感知且体会颇深的还属王兰甫，他因阅读《读无用书斋记》而发出了如下感慨：

> 补读人间无用书，知君作意未全疏。饱经世变惊衣狗，静掩蓬扉辨鲁鱼。经史陶镕储学识，灯窗勤励惜居诸。空抛心力非无故，留与升平访巨儒。
> 我亦飘然一野夫，不农不仕不樵渔。兵戈扰攘文章贱，诗酒流连岁月虚。蒿目乾坤悲逐鹿，放怀身世漫骑驴。久思焚尽干时策，补读人间无用书。④

在诗中，王兰甫表达了和温廷敬心气相通之处，"干时策"在特殊语境中或是有深意焉，颇像映射出此前温廷敬在报纸和讲义中积极趋新，调和中西的学术努力。但是，在新变的动荡时局中，有着革命象征意味的"枪杆子"成为所向披靡的利器，以致温廷敬说"始信文明真诳语，输他铁马与金戈"⑤，至少在温氏看来，通过学术上阐扬汇合中西，以求改良政治，致用国家的路子已行不通，这是一个"盗

---

① 温廷敬：《广西优级师范选科学堂〈中国历史讲义〉序》，温丹铭撰，郑焕隆点校《温丹铭先生诗文集》，第386页。
② 转引自丘晨波主编《丘逢甲文集》，花城出版社1994年版，第304页。
③ 温丹铭撰，郑焕隆点校：《温丹铭先生诗文集》，第102页。
④ 王兰甫：《观讷公〈读无用书斋记〉有感赋呈》，温丹铭撰，郑焕隆点校《温丹铭先生诗文集》，第102页。
⑤ 温廷敬：《题陈愚园手拓宋钱谱》，温丹铭撰，郑焕隆点校《温丹铭先生诗文集》，第89页。

贼有才皆楚骏，英雄无技等黔驴"的颠倒黑白的时代，是一个"国忧兼教害"① 的精神衰落的末世，读书人自持的闳识良策都将被淹没在混杂的时代浪潮中，如其所谓"吾策终难用，丘园遁野烟"②。

这层心路历程对于温廷敬的思想冲击是巨大的，也促使他开始反思学问与致用的关系，进而依此调整学术心态与方向。首先先从心态着眼，检索这一时期温廷敬所写之诗，留下诸多其调适情绪的心迹，如《闲遣》云"酒薄非求醉，身闲不任官。看书如访友，读画等寻欢"③，又有寄示王逸叟的诗中云"早看世态如浮云""莫更关心兴废事"④，"久思洗耳同巢父"⑤，又有"不逐繁华知我老，藉耽书画得身闲"⑥，皆展现出一派"神州袖手人"的自我姿态。最能真切反映其时对学问与事功态度的是《漫成》一诗，诗云："人生宇宙无穷事，老去犹勤案上书。学古岂徒供哺啜，美新莫更效权舆。静观岁月须臾过，远隔儿孙寂寞居。末路英雄归孔孟，不嫌淡泊即真儒"⑦，纯然是其心境形象的写真。既然如此，那么他该如何安放此前偏于致用时世的学问？对于传统文化阵营里的温廷敬来说，复归古典是一种自然而然的选择，亦即前诗所言的"归孔孟"。参之王兰甫所言的"静掩蓬扉辨鲁鱼""经史陶镕储学识"，当也意在指此。故而以崇古嗜古强调自我也就成为这一时期的基调。"心上可堪时事梗，眼中只识古人多"即为温氏构拟一个古色斑斓的理想境界，意在表明心之所向在彼，南京博物馆的游历让他羡慕金陵"此邦幸小康，力能究文事"的雍容，抒发"儒生嗜考古，暇日颐神志"的自得之情，此中皆可勘察出心仪古典的迹象。

熟稔经史典籍实是温廷敬这一辈学人学问的底色，陈梅湖即称他"穷经邃学，尤精治《左传》"⑧，可见对温廷敬而言，传统学问未曾离弃，只不过在特殊时期，由于温氏过于流连西学而有所遮蔽罢了。或许与温廷敬"精研《左传》"有关，其复归古典的兴趣点大多表现在史学，学术写作与阅读的重点也多与史籍有关，不时涌现的咏史诗多是其时读史的心得，存于集中的就有《读〈史记〉二首》《读〈晋书〉》《读〈汉书〉小乐府》《读史二首》《读〈宋史·邓绾传〉》《读〈魏武纪〉漫作》，可见题史诗的写作是温氏的一种习惯。此外，温氏写过的为数不多的骈文中就有一篇《马班优劣论》，文中讨论司马迁与班固的史学史的学术地位，这是所有研史之人都无法回避的问题，从中亦不难看出其学问的旨归。与在《补读书楼文集》中的部分专篇学术文章相比，温廷敬复归古典在学术形式上的一个体现就是，大幅缩减对中国历史大势规律的宏观论证，而渐次回归到运用传统历史学方式探索文献真实性的路子。《旧五代史校补》煌煌九册就是温廷敬历时四年才完成的著述。《旧五代史》原书散佚，至乾隆朝才有辑本，但是迫于当时敏感的满汉政策，辑补者改易字眼的地方不在少数，温廷敬之序云："私窃篡改，欲泯前史之迹，使后人无从寻其赃证，呜呼，可谓愚且妄矣！"⑨ 可见温氏的校补就有为此而发覆之意，从中亦不难发现，当温廷敬回复到整理考订历史文献的工作中时，"求用"的学术热情就完全被"求真"的诉求所取代，相关的学术工作亦在此观念指导下进行，《酬逸叟书拙撰〈新史料〉后，即次原韵》一诗提及一本不见记载的温氏著作《新史料》⑩，或能反映他彼时的学术兴趣，尤为值得注意的是诗中所表述的考订史事的学术思路："怨者谤书佞者谀，势成界画谁沟通。恩仇不使溷笔底，此心如

---

① 温廷敬：《感事》，温丹铭撰，郑焕隆点校《温丹铭先生诗文集》，第 96 页。
② 温廷敬：《逸叟复寄酬玄韵两首，读竟有感，纵笔次韵六首邮寄》，温丹铭撰，郑焕隆点校《温丹铭先生诗文集》，第 112 页。
③ 温丹铭撰，郑焕隆点校：《温丹铭先生诗文集》，第 119 页。
④ 温廷敬：《逸叟寄诗为寿，次韵奉答》，温丹铭撰，郑焕隆点校《温丹铭先生诗文集》，第 119 页。
⑤ 温廷敬：《次韵逸叟〈九日过补读书庐〉》，温丹铭撰，郑焕隆点校《温丹铭先生诗文集》，第 123 页。
⑥ 温廷敬：《羊城邸报感怀》，温丹铭撰，郑焕隆点校《温丹铭先生诗文集》，第 129 页。
⑦ 温丹铭撰，郑焕隆点校：《温丹铭先生诗文集》，第 244 页。
⑧ 陈梅湖著：《故修职郎温丹铭先生传》，温丹铭撰，郑焕隆点校《温丹铭先生诗文集》，第 603 页。
⑨ 温原：《温丹铭著作及编校辑佚书目简介》，温丹铭撰，郑焕隆点校《温丹铭先生诗文集》，第 608 页。
⑩ 不知此书的命名是否有意效仿梁启超的《新史学》，如若是，则从书名推测，"史料"与"史学"可谓代表了两种不同的思路，显然在温廷敬这里，史料考订是更重要的研究基础。

日当秋空"①，复以"我闲撷拾俟南董"自视，其中隐含着的在史学考证方面的学术期待亦是清晰可见。如果根据诗句的一点提示稍加追索的话，其中"所嗟武皇多故事，往往疑案传深宫。古人微文托讽喻，贵在博证昭瞳胧。权衡外史或附会，崔浩魏书犹古风"云云则容易让人联想到温廷敬考辨董小宛入宫史事以及作出相应历史评价的长篇诗歌《清凉曲》，其中亦提到"余已备著其说于《补读书楼笔记》中，又以梅村西堂生在当时不无忌讳，故如云中之龙，鳞爪迭现，不能全见其首尾"②，则不妨推测，同已遗失的《新史料》和《补读书楼笔记》一道算上，这些或许都是这一时期温廷敬搜罗考订清宫历史的学术笔记的结集。

作为地方学人，最能寄托温廷敬古典情结的还是潮州的遗文佚献，这也是他最为突出的学术成就，约略可以分说为二。其一是他围绕《潮州诗萃》而展开的一系列关于潮学文献学的辑补考订，在其所运用的目录学、辑佚学等传统的文献学学术方法中，求真求实的考据精神得到充分的体现。其二则是他领衔编写方志，进而关注历史节点中的人物，通过多方参校，权衡文献，辨清地方人物的历史行迹，还原本来面目。关于温廷敬地方文献学成就的论述笔者另有专文探讨，此处更关注其考据求真的理念在方志和人物传编写中的实践。

关于方志的编写，温廷敬向来颇为重视，认为既可资政治，还能为后世学者留供资料线索，《与王师莲书》就极力推扬王氏修《龙州志》的想法："人情风土、地利生计，非调查采访而笔之志乘，则无以知其细微曲折、得失利弊，以为措置之方，且无以备留心边事及后来者之研究。然则修志一事，诚不容缓矣。"③ 表达修志事业的重要迫切时还不忘强调要田野调查，以明细原委，体现的仍是其研读史籍时强调的实证求真的思路。至于《大埔县志》，乃温廷敬主笔操刀，在其中就更为深入地贯彻他的学术理念。其序言曰"近代志乘之有法者，大抵可分为两种"，其中一种是"文章家"的写法，另一种"考据家之作"，后一种的代表作就有温氏的学术偶像阮元："谢、阮《广东》、《广西》二通志创其始，而后来作志者多法之。"④ 在两种方志学范式当中，虽然温廷敬表明要兼而取之，但是对"文章家"的"讲求义法"只是"有取焉"，更为主要的还是"取法谢、阮语皆征实，事详出处"的学术方式，这也更接近被他表为"孤怀闳识"的章学诚。这一点在"人物传"的编写上体现尤多，在述及"人物"卷的编写理念时，温廷敬就引章学诚的《文史通义》批驳旧式志乘的人物传记文字"或如应酬肤语，或如案牍文移"，而本着"志乘记载无征不信"的原则，温志特别强调"引书注明出处"，接续"吾粤黄佐《广州人物传》、欧大任《百越先贤志》于每传下皆注明据某某书参修其意"的传统，认为这是最为良善的史法。在《明季潮州忠逸传》编成之前，考据潮州人物事迹的传记文章就是温廷敬颇为用力之处，《补读书楼文集》卷十一中所收《薛南潮先生传》《明礼部尚书黄公奇遇传》《明副都御使辜公传》《明处士黄一渊传》等等皆为后来《忠逸传》之蓝本，其中黄奇遇是温氏发前贤之幽光潜德的经典文章。黄奇遇与郭之奇同列明末清初潮州"四俊"，其时并称，但是由于郭之奇事迹为《潮州耆旧集》所记录，里巷皆知，黄奇遇却因与郭之奇产生党见嫌隙，分道扬镳而隐出历史视野。温廷敬为阐扬其事，不惮繁琐，遍阅光绪《顺天府志·宦绩》《揭阳志》《潮州志·选举表》、南明史书《小腆纪年》以及王夫之的《永历实录》，至单篇传序如侯奉职《邑侯黄公筑城记》、关永《黄侯城守纪略》，足见其征实以考史的学术热情。温廷敬注重历史学的方法，且注意在方志史籍中沉潜考索，才使他发人所未发，言人所不及。以纠谬立旨的郭之奇的传文即是一例，此文最耀眼之处是驳王夫之《永历实录》对郭之奇的记载"颠倒黑白，无一实语，甚至以殉节而诬为降清"⑤，此外还辨清《胜朝赠谥录》、阮元《广

---

① 温丹铭撰，郑焕隆点校：《温丹铭先生诗文集》，第 66 页。
② 温廷敬：《清凉曲》，温丹铭撰，郑焕隆点校《温丹铭先生诗文集》，第 76 页。
③ 温丹铭撰，郑焕隆点校：《温丹铭先生诗文集》，第 420 页。
④ 刘织超修，温廷敬等纂：《民国新修大埔县志·凡例》，《中国地方志集成·广东府县志辑 22》，上海书店出版社 2003 年版。按：标点为笔者所加。
⑤ 温廷敬著：《明季潮州忠逸传》，温丹铭撰，郑焕隆点校《温丹铭先生诗文集》，第 500 页。

东通志》就一直沿袭的郭之奇到过滇黔的错误，订正冯奉初所写传记以至陈伯陶《胜朝粤东遗民录》误载郭之奇攻陷高明一事，实为"甲午李定国之兵，之奇不过合兵围新会"，这些细节的考辨均是温廷敬面对古典时以真实确凿为至上的学术观念之体现。而求真索实的考据学态度一直规范着温廷敬的学术方向，30年代在广州修志期间，以金石铭文考订经史成为这种以求真为旨趣的古典学问的延续。

"考据"由此也成为其自我学术期待，《八十自述》诗的诗注曰"陈觉民司令、罗友青将军、李立之旅长，暇即过从论学，谓余与门下生饶宗颐为近时考古冠冕"①，"考古"云云都是论及当时流行学界的以地下文物与纸上文献相互参证的学术潮流，彼时温廷敬的考据亦追随潮流延伸到这一领域。由此生发，他甚而认为"考据"是潮州学术史的一种缺失，如其序饶锷之诗云"吾潮向但有诗人、文人，而无学人，宋明义理之学，尚可得数人，若考证则绝无矣"②，出于此，他非常看重饶锷用传统学术方式所写的《佛国记疏证》和《王右军年谱》。在古典学术氛围颇为浓重的广州通志馆，温廷敬和广东旧派学人互通声气，为平生最为畅快的时期。第一次见到冼玉清时即在诗中表达兴奋心情，"得瞻林下千秋思，省识胸中万卷饶。岂独能诗兼善画，由来朴学重前朝"③，"朴学"所指即为诗注所详的"女士方辑《广东艺文志》"，亦颇可看出他对同道中人的学术认同。对于彼时还是青年才俊的饶宗颐，温廷敬亦寄寓承续"考据学"传统的厚望，满意饶氏参与《清史》修订能"不参党派存成见，独得真源秉至公"，进而从潮州学术史着眼，挖掘出"海滨邹鲁有遗风，运值乾嘉几老翁"的考据学传统，就像当年称扬饶父一般，将饶宗颐地位推为"百年文献知谁托，一郡声华许子同"④。或许正是出于这种爱惜之心，加之心意相许于考据学传统，当他读到饶宗颐"为新书以投时论"的著述时，就以"圣道千秋垂日月，岂徒辛苦注鱼虫"⑤ 苦心相劝，有意规范其学术方向，此中饱含着温氏跋涉学术历程的心得之语。

从致用的束缚中走出，以"读无用书"自我彰显，虽是语带愤激，但实则寄托了温廷敬一生的学术抱负。即便寇氛嚣张，避难上海期间，"读无用书"仍是他自持气节，表达文化立场和学术态度的符号。在沪期间，温廷敬就以《读无用书斋》图卷请沪上的文化耆宿题诗，在国族文化有陵夷之难的关头，这种行为似可解读出温氏在文化学术上嘤鸣求友，寻求认同的心态。在"辛亥以降，毁贤畔经，蔑弃典籍"⑥ 的氛围之中，无用之书实有大用，夏承焘的《友人嘱题"读无用书斋"》就将这一层意思揭出"庞眉书生万人底，但能磊落注虫鱼。有用无用何足数，我为先生下转语"⑦，如果稍加引申，温廷敬以考究"无用"文献为出发点，背后却不无"实叹文武坠"⑧ 的深重隐忧。归结到底，温氏就是要以古典的方式抱残纂坠，补阙拾遗，在不为世人所重视的角落，护持传统文化的根脉。

---

① 温丹铭撰，郑焕隆点校：《温丹铭先生诗文集》，第249页。
② 温廷敬：《赠饶君纯钩并序》，温丹铭撰，郑焕隆点校《温丹铭先生诗文集》，第151页。
③ 温廷敬：《王君士略招观岭南大学，喜晤冼玉清女士》，温丹铭撰，郑焕隆点校《温丹铭先生诗文集》，第173页。
④ 温廷敬：《寄饶伯子，用仲英翁虫韵》，温丹铭撰，郑焕隆点校《温丹铭先生诗文集》，第221页。
⑤ 温廷敬：《伯子寄示庚辰杂诗，因括其意作答，并柬李立之、黄仲琴。二十用翁虫韵》，温丹铭撰，郑焕隆点校《温丹铭先生诗文集》，第245页。
⑥ 陈梅湖：《故修职郎温丹铭先生传》，温丹铭撰，郑焕隆点校《温丹铭先生诗文集》，第603页。
⑦ 夏承焘著，吴无闻注：《天风阁诗集》，浙江人民出版社1982年版，第67页。
⑧ 冒怀苏编著：《冒鹤亭先生年谱》，学林出版社1998年版，第391页。

收罗文献平生志，俯仰乾坤放浪吟
——陈垣来往信札中的东莞学人袁洪铭

周永卫

（华南师范大学历史文化学院　广东广州　510631）

摘　要：东莞学人袁洪铭对地方文物文献的收藏与整理做出了较大贡献。2010 年出版的《陈垣来往书信集》（增订本）中，收录有陈垣与袁洪铭的来往书信 71 封，其中包括袁洪铭来函 53 封，多达三万多字，为我们全方位了解这位东莞学人的生平事迹、思想轨迹及其学术贡献，提供了不可多得的一手资料，弥足珍贵。笔者试图通过解读梳理这些文献，给予他客观公正的介绍和评价。

关键词：袁洪铭；陈垣；学术交往；地方文献

袁洪铭（1910—1991），1910 年 1 月 9 日（农历己酉年十一月廿八）生于东莞。上世纪 30 年代初，曾从事民间文学的整理研究工作，与同乡、当时供职于中山大学的容肇祖交往频繁。抗日战争爆发后，他避地香港，任《探海灯》杂志编辑①，结交认识了郭沫若、柳亚子等流亡香港的内地诸多文化名人，并与江南才子、曾任吴佩孚幕僚的杨云史过从甚密。1943 年香港沦陷，他逃归故里。抗日战争胜利后，曾从事乡村教育五年，业余喜欢收藏乡邦文献。1956 年，他被任命为广东文史馆研究员，留居东莞从事研究。他的生平事迹，他的旧体诗，他对广东特别是东莞民间文学的研究，以及他与容肇祖、柳亚子、陈垣等历史文化名人的交往，长期以来，没有得到学术界应有的关注和重视。2010 年出版的《陈垣来往书信集》（增订本）中，收录有陈垣与袁洪铭的来往书信 71 封，其中包括袁洪铭来函 53 封，多达三万多字，为我们全方位了解这位东莞学人的生平事迹、思想轨迹及其学术贡献，提供了不可多得的一手资料，弥足珍贵。笔者试图通过解读梳理这些文献，给予他客观公正的介绍和评价。

一、逢春忽又送春归——袁洪铭《春阴》二首的主旨

学者谢泳在《王钟翰日记中的一则思想史材料》一文中，摘录了历史学家王钟翰两篇日记，内容都与袁洪铭有关，为论述方便，先征引如下：

> 1957 年 12 月 4 日，星期三，晴
> 是日收到一位素不相识之袁洪铭自广东东莞（县城内豪迈街二巷二号十一月廿七日发）来信，自言返自香港，现任广东省文史研究馆研究员，月六十元，欲纂近三百年广东名家诗选，希供材料，附《春阴》二首："苔痕青上碧纱窗（按："碧纱窗"应改为"碧窗纱"，详见下文），燕掠残红故故斜。多少闲愁春不管，半帘疏雨打梨花。""耐尽春寒换夹衣，逢春忽又送春归。杨花似解离人意，细雨东风不肯飞。"并索《清史杂考》。拟不作答，亦不寄书。
> （第 464 页）

王钟翰当时已成为"右派"，对于外界的所有信息都非常警惕，也很害怕。同年 12 月 9 日，王钟翰日记中说：

---

① 参见望溪《袁洪铭小传》，东莞市政协《东莞风俗叙述与研究》，广东人民出版社 2008 年版，第 479 页。

晚炬堡来谈，余交其袁洪铭信并附云：时值严冬，其诗竟以"春阴"命题，殊觉暧昧，细味"燕掠残红故故斜""半帘疏雨打梨花""耐尽春寒换夹衣""逢春忽又送春归"等句，显系同情翰之右派罪行，其中必有文章，似属可疑之至，云云，即请组织上注意。（第467页）。①

作者谢泳指出，旧体诗是知识分子表达真实思想和心情的一个主要方式，1957年"反右运动"还没有完全结束，当时就有人对这场运动表示了自己的看法，而袁洪铭就是这样一个例子。显然，谢泳与王钟翰一样，认为袁洪铭的旧体诗《春阴》二首的主旨，是对1957年"反右运动"的质疑和不满，是对"右派分子"王钟翰的同情。《春阴》二首，似乎成为了中国现代思想史上一则经典案例。

2010年出版的《陈垣来往书信集》（增订本），收录有史学大师陈垣与袁洪铭的来往书信71封，其中陈垣往函18封，袁洪铭来函53封，共计三万多字，在袁洪铭的来函中附有他本人创作的旧体诗16首，其中就有王钟翰日记中的《春阴》二首，为我们全方位了解这位东莞学人的生平事迹、思想轨迹及其学术贡献，提供了不可多得的一手资料，也为我们进一步探讨《春阴》二首的写作动机，提供了新的契机。

收录在《陈垣来往书信集》中的袁洪铭的《春阴》二首②，除了第一句为"苔痕青上碧窗纱"，与《王钟翰日记》所载有所区别以外，其余完全一致。依据旧体诗的韵律，显然应该以"碧窗纱"为是。因为诗作是附于1957年4月17日往函陈垣的信札之中，其写作时间无疑应该是此年月日之前。这个时间点非常重要，是我们讨论问题的关键。这个时间点就决定了《春阴》的写作动机和主旨与"反右运动"毫无关系。众所周知，1957年的"反右运动"，是以1957年4月27日中共中央发布《关于整风运动的指示》为开始的标志。而这份中央文件，最早公开发表于1957年5月1日的《人民日报》上，比《春阴》的写作，至少晚了14天。远在数千里之外广东东莞的袁洪铭，在写作《春阴》时，"反右运动"尚未开始，根本就不可能知道半个月之后会有一场席卷全国的政治风暴。《春阴》是写于"反右运动"爆发前夕，比王钟翰日记中的记载，早了7个多月，看来，王钟翰和谢泳都对此诗作了过度的解读。袁洪铭写信给王钟翰，主要意图是想让其为自己编纂《近三百年广东名家诗选》一书提供参考资料，之所以要附上7个月前写的诗，主要原因恐怕是出于以诗会友的目的，他当时可能并不知道王钟翰已经被打成了右派。

二、文字论交结胜缘——袁洪铭与陈垣的交往

陈垣与袁洪铭来往书信总计71封，数量颇为可观，除家书之外，这个数量在与陈垣有往来书信的300多位人士之中位列第三，仅次于汪宗衍的191封和尹炎武的119封，远远超过傅增湘（50封）、岑仲勉（42封）、方豪（41封）和胡适（36封）等人。袁洪铭比陈垣年少30岁，且两人只是鸿雁往返，从未谋面。袁洪铭能成为史学大师晚年的学术知己，也堪称中国现代学术史上的奇迹。而促成这段学术胜缘的主要原因是出自于他们共同的爱好——对晚清岭南大儒、朴学大师陈澧遗墨的收藏。

陈澧（1810—1882），字兰甫，号东塾，广东番禺人，是清代广东著名的学者、书法家、教育家，弟子遍布岭南，以他为首的"东塾学派"蜚声海内。陈垣的学术研究深受东塾学派的影响，陈垣对陈澧这位乡贤非常景仰，爱屋及乌，与陈澧的入室弟子汪兆镛以及其子汪宗衍关系密切。他把收藏陈澧的

---

① 谢泳：《靠不住的历史：杂书过眼录二集》，广西师范大学出版社2009年版，第179页。所引王钟翰日记出自《王钟翰手写甲丁日记》（非卖品，文津书店影印，2005年1月）。王钟翰（1913—2007），祖籍湖南东安，著名清史专家、满族史专家。上世纪30年代就读于燕京大学历史系，师从洪业、邓之诚先生。新中国成立后，长期担任中央民族大学历史系教授。上世纪80年代末，曾受邓之诚家人委托，保存过邓之诚日记。

② 《陈垣来往书信集》（增订本），生活·读书·新知三联书店2010年版，第752页。

遗墨作为自己毕生的追求。1949年后，他曾多次委托任职上海市文物保管委员会委员的昔日挚友尹炎武寻找与陈澧有关的文物。1953年尹炎武往函陈垣："东塾墨绩，尚无所得，一旦邂逅，必不放过。"① 1960年尹炎武致函陈垣："近欲觅东塾简牍以献，竟难若登天。"② 1961年3月陈垣往函尹炎武："上海文管会所藏清儒手札，洋洋大观，属分甲乙，以便抄寄，雅意可感，惟太费事，不敢多劳，独陈兰甫一家有几通，共几笺，上款为谁，能查示足矣。"③ 1961年7月陈垣往函尹炎武："颁到东塾楹联，敬谨拜领，在远不忘，至可感纫。"④ 字里行间，流露出陈垣对陈澧墨迹的殷殷深情。正如尹炎武《简陈援庵》诗云："珠江学海肇仪真，粤秀承风更绝尘。今日代行起新会，不知面广几由旬。（陈东塾学出仪真而精纯过之。先生实承其术，面复加广。）"⑤ 可以说，陈垣是陈澧学术的真正传人。⑥

袁洪铭1949年后，因病辞去教师工作。1953年9月10日，贫病交加的他第一次给陈垣写信，拟将自己收藏的部分岭南名人字画墨迹"出沽易米"。1956年10月，经郭沫若先生介绍，他被广东省委统战部委派为广东省文史研究馆研究员，留居原籍，每月津贴60元，一定程度上解决了他生活上的困难。他继续给陈垣写信，不再提出售名人墨迹之事，而是陈述自己开始编纂《近三百年广东名家诗选》一书，请求陈垣能提供相关资料，并为自己收藏的陈澧、陈古樵手札书写题跋。袁洪铭的执着，以及对收藏乡邦文献的热爱，打动了陈垣。1957年1月16日，陈垣回信："足下喜藏乡邦文物，仆亦有同好。"⑦ 两人从此开始了十年的书信交往。

陈垣给袁洪铭的信函内容多与陈澧有关。1957年1月函："尊藏东塾遗墨多项，甚羡。其中手札一项，如系《东塾集》未载者，无论长短，能悉数抄示，至以为感。"⑧ 1957年2月函："东塾与绳斋书多言刻《说文》事，当系同治十二年作……东塾与小谷书稿，今钞寄。倘与拙跋对勘，发见有不正确处，乞指教。"⑨ 1957年4月函："汪辑《东塾遗诗》三十三首，《浮丘寺》诗阙一字，原稿在尊处，最好开示。此间亦有人同好东塾手迹，如有愿意割爱或出让者，尊处见之，请为介绍。尝见东塾书扇面，款称'石邻老公祖'，此人曾任东莞县，幸以其姓名告我。"⑩

1957年12月，袁洪铭因"家人多病""债台高筑"写信向陈垣求助，希望"将所藏陈东塾先生手札两本（即日前所抄奉台览之二十余通，并附有陈古樵、张南山、李文田、梁鼎芬、何维朴、耆英诸人手札，装池合为二册，裱工甚佳）割让与人，售价为人民券一百元，以便清还债务"⑪。陈垣获悉后，及时施以援手，使袁洪铭十分感动。此后三年多时间里，袁洪铭又多次将自己收藏的陈澧文物墨迹转售陈垣。⑫

1961年以后，两人之间的书信内容多与切磋学术有关。陈垣多次往函袁洪铭询问"粤中文史界有

---

① 《陈垣来往书信集》（增订本），第146页。
② 《陈垣来往书信集》（增订本），第157页。
③ 《陈垣来往书信集》（增订本），第158页。
④ 《陈垣来往书信集》（增订本），第158页。
⑤ 《陈垣来往书信集》（增订本），第159页。按"仪真"即仪征，指生于江苏仪征、曾任清代两广总督、创建学海堂书院的阮元。
⑥ 关于陈垣与陈澧的关系，可参考李绪柏《陈垣与陈澧》一文，张荣芳、戴治国主编《陈垣与岭南——纪念陈垣先生诞生130周年学术研讨会论文集》，中国社会科学出版社2011年版，第356—370页。
⑦ 《陈垣来往书信集》（增订本），第746页。
⑧ 《陈垣来往书信集》（增订本），第747页。
⑨ 《陈垣来往书信集》（增订本），第748页。
⑩ 《陈垣来往书信集》（增订本），第751页。
⑪ 《陈垣来往书信集》（增订本），第755页。
⑫ 据笔者统计，陈、袁二人之间类似文物转售活动至少有5次：①1957年12月，陈东塾手札2本；②1958年2月，陈庆笙遗物陈东塾批语1册；③1958年6月，陈东塾行书四屏；④1958年9月，东塾行书中堂、条幅共2件；⑤1960年1月，东塾七言联贰对、八言联乙对、写诗便面乙幅。还有一次，1960年4月，东塾先生遗墨精品包括八言联篆书两对，八言联行书一对，写诗大册页一块，袁洪铭在托人邮寄时，被人携至广州古董店变卖，转售未成。

何新闻？近日所见文物有何佳品？"① 1965年陈垣致函袁洪铭："兹有请者，《陈东塾遗诗》三八页有《李梦惺母七十》诗。梦惺何人？……君知其详否？便幸见示。"②

袁洪铭在给陈垣的信中经常提出诸多要求，甚至不少是很过分很无理的要求，如要求回信时贴某种纪念邮票，或要求代购某出版刊物的创刊号等等，全然未曾顾及对方是身负大学校长重任且已年近八旬的老人。但陈垣对这些要求，都尽力给予满足。对家乡广东这位不谙世故的后学才俊，宽厚包容，关爱有加。他曾将自己的许多著作赠给袁洪铭，也曾将他与齐白石老人的合影以及自己的生活照寄给袁洪铭作为留念。据陈垣的助手刘乃和日记载，1965年3月29日，陈垣曾给袁洪铭等一些朋友书写了条幅。③可见，陈垣一直是把袁洪铭作为知己的。可惜，条幅的内容我们不得而知。他们之间的友谊，也因为"文化大革命"而中断了。

陈垣与东莞诸多学人之间有着颇为密切的联系。关于陈垣与容庚、容肇祖兄弟的关系，中山大学张荣芳先生进行过系统而精辟的论述。④ 陈垣与伦明、莫伯骥之间的关系，笔者亦曾作专门讨论。⑤ 而陈垣与袁洪铭的交往，却被学术界所忽视，应该引起足够的重视。

作为一位学者、诗人、收藏家，袁洪铭与学术界诸多名流有过各种形式的联系。除了他与陈垣的交往以外，他在上世纪30年代初因研究民间文学，与同乡、时任职于中山大学的容肇祖关系密切，他在流亡香港时，曾与杨云史等名流过从甚密，他与郭沫若、柳亚子、叶恭绰、张元济⑥、陈树人、顾颉刚⑦、陈寅恪、钱锺书、罗香林等人也都有过交往或书信往来，在中国现代学术史上留下了不可忽视的一页，值得重视，值得进一步研究。

三、俯仰乾坤放浪吟——袁洪铭的旧体诗创作

袁洪铭给陈垣的58封信函，始于1953年9月10日，终于1965年4月16日，前后跨度长达12年。其中附有他本人创作的旧体诗共计有16首，如果按照时间顺序排列这些诗作，对我们了解这位东莞学人在那个特殊年代的思想轨迹和心路历程，无疑是很有帮助的。

1～2. 秋夜独坐二首（1953年9月10日函）

山城如斗屋如船，秋意撩人总黯然。风急乱萤低度水，夜深孤雁远横天。
宋台置酒思高会，邵里吟秋感昔年。今日重寻真一梦，青灯寒杵伴无眠。

积卷如堆懒拂尘，闭门孤坐动经旬。河山暗换风前鬓，城市空羁物外身。
殷浩多情甘作我，梁鸿生性不因人。新寒旧热循环事，风雨高歌若有神！

作者自注："九龙有宋皇台，余曩年尝与江东名时任杨云史先生雅集于此。""余存湟溪秋唱图卷，湟溪一名邵里，即南汉邵廷琄故里也。"⑧

---

① 《陈垣来往书信集》（增订本），第783页。
② 《陈垣来往书信集》（增订本），第784页。
③ 参见刘乃和、周少川、王明泽、邓瑞权《陈垣年谱配图长编》，辽海出版社2000年版，第842页。
④ 参见张荣芳、曾庆瑛《陈垣》，金城出版社2008年版，第202—207页。
⑤ 参见拙作《陈垣与广东学人的交往》，张荣芳、戴治国主编《陈垣与岭南——纪念陈垣先生诞生130周年学术研讨会论文集》，中国社会科学出版社2011年版，第439—447页。
⑥ 张元济《张元济全集》第3卷《书信》，商务印书馆2007年版，第8页。1937年年初，袁洪铭曾致函张元济，请求先生为其父袁尉民撰写家传，被婉言谢绝。后来，他父亲的家传由柳亚子先生完成。
⑦ 《顾颉刚日记》第二卷，2011年版，第601、619、623、631页。
⑧ 《陈垣来往书信集》（增订本），第744页。

3. 奉和罗翼群先生《辛亥革命四十五周年纪念会上有作》①（1957年1月11日函）

　　卅五韶华转瞬过，抚今追昔感如何？黄花溅泪怀先烈，白雁横天发浩歌。
　　缔造艰难应共念，发扬光大莫蹉跎。中山早定三奇策，马列精神借鉴多！

4. 为有人题耐峰上人画菊一首（1957年1月11日函）

　　穆之去后岂无人？落落高怀一秃僧。最是西风帘卷日，描来瘦影倍传神。②
　　作者自注："张穆之为明代广东名画家，耐峰上人即其入室弟子，工画菊。"

5~6. 春阴二首（见前引，略）（1957年4月17日函）

7. 丁酉寒食遄返故乡拜扫祖茔感而赋此（1957年4月17日函）

　　一别俄惊廿六年，归来正值卖饧天。门庭虽寂春仍在，故旧多疏心尚悬。
　　抚树盘桓思往事，问花无语认前缘。杜鹃啼遍东风里，泪尘松楸意惘然。③

8. 奉怀陈寅恪教授广州（1957年6月24日函）

　　文字论交廿载前，暮云春树赋连篇。等身著作千秋业，大雅扶轮一代贤。
　　山谷遗风应继述，东塘余绪喜钻研。芫函屡付洪乔误，翘首珠江意惘然。

9. 丁酉端阳节前一天病中水涨书感（1957年6月24日函）

　　茶铛药鼎伴维摩，斗室栖迟可奈何！雨下倾盆天作剧，潮来奔马地成河。
　　导疏不作难为策，涓滴非防苦自多。户外鱼龙呈曼衍，摊书高枕且赓歌。④
　　作者自注："囊年以友人罗香林兄之介，曾与（陈寅恪）先生一通音问。""先生尊人散原先生诗宗涪翁，蜚声海内"。"先生近喜研究词曲"。"余年来叠寄芫函，均未得覆。"

10~11. 戊戌五十生朝书怀二首（1958年12月9日函）

　　五十年华鬓已皤，文章事业两蹉跎。梦萦故里怀秋晓，笔橐香江忆邵窝。
　　著述名山吾岂敢？琢磨道德客常过。梅花万树逢初度，且把豪怀入醉歌。

　　白云苍狗感何深！卧雪家风左右箴。热不因人聊自慰，穷能守道本初心。
　　收罗文献平生志，俯仰乾坤放浪吟。如日方中欣未艾，岂愁人事苦相侵！⑤
　　作者自注："余九岁离乡，至今四十载矣。乡名温塘，宋遗民赵秋晓先生隐居于此。""倭寇南侵，余避地香江，橐笔为活，获交江东名诗人杨云史先生，过从甚密，其书斋颜曰江山万里楼。""余供职广东省文史研究馆，才疏学浅，无所建树，言之滋愧！""比年与同乡林斡初

---

① 罗翼群（1889—1967），字逸尘，广东兴宁人，早年加入同盟会，追随孙中山，1917年曾任广州军政府少将参军。新中国成立后，曾任全国政协委员、广东省政协常委、民革中央委员、广东省文史馆馆员等职，1957年被错划为右派，1967年病逝于广州。他是陈垣先生的姻亲。
② 《陈垣来往书信集》（增订本），第746页。
③ 《陈垣来往书信集》（增订本），第752页。
④ 《陈垣来往书信集》（增订本），第754页。按：宋黄庭坚，自号山谷道人，晚号涪翁，江西修水人，为陈寅恪乡贤。
⑤ 《陈垣来往书信集》（增订本），第770页。按："卧雪家风"，典出《后汉书·袁安传》李贤注引《汝南先贤传》曰："时大雪积地丈余，洛阳令身出案行，见人家皆除雪出，有乞食者。至袁安门，无有行路。谓安已死，令人除雪入户，见安僵卧。问何以不出门。安曰：'大雪人皆饿，不宜干人。'令以为贤，举为孝廉。"见中华书局点校本，第1518页。此后，袁姓家族多以"卧雪家风"为家族遗训和处世典范。

君往来甚密，林君出身保定军校，兼长文学。""余生辰为农历十一月廿八日。"

12～14. 一九五九年十一月七日下乡南海县盐步公社参加劳动十天志感三首（1959年12月6日函）

数点疏星荡晓风，村前集队笑声浓。荷锄戴笠秋收去，今日书生总不同。
赤足拖泥刈稻忙，工余憩坐傍横塘。下乡劳动初尝试，胜似毛锥日处囊。
四体不勤谷不分，冬烘头脑误斯文。如今欲洗平生垢，争取红专第一人。①

15. 一九六〇年二月廿九日广东省政治学校诸同学往游南华寺，纪以七律一首（1960年3月25日函）

卅年早慕南华寺，今日来游愿始偿。满园李花春正放，一声清磬韵偏长。
红羊历劫欣无恙，白发谈天亦可伤！禅学南宗宏法乳，岂徒游客共徜徉?!②
作者自注："时寺内仍有僧人居住。"

16. 辛丑元旦书怀一首即以柬敬贺援庵校长春釐（1960年12月17日函）

闭户萧斋雨雪天，椒花颂罢意欣然！江山无限供吟咏，花鸟多情足养年。
坐拥百城聊寄傲，抗希一代着先鞭。春回大地昭苏日，万紫千红景物鲜！③
作者自注："是日阴雨天寒，杜门不出。""余颇有藏书。""在东风继续压倒西风大好形势下，我国社会主义建设事业蓬勃发展。"

综观这16首诗作，不乏清新自然、意境优美的佳词丽句，其格调和旨趣，除了《秋夜独坐》二首，《春阴》二首以及《丁酉寒食遄返故乡拜扫祖茔感而赋此》略显忧伤和消沉之外，大多数诗作是积极向上的，如"且把豪怀入醉歌"，"如日方中欣未艾，岂愁人事苦相侵"，"江山无限供吟咏，花鸟多情足养年"等诗句，充满了浪漫主义和乐观主义精神。而"中山早定三奇策，马列精神借鉴多"，"如今欲洗平生垢，争取红专第一人"，"万紫千红景物鲜"之类的诗句，更是打上了鲜明的时代烙印，体现出作者试图与时俱进的处世态度，以及认同和拥护中共新生政权的政治取向。

1988年，在广东省文史研究馆建馆35周年之际，年近八旬的老诗人情不自禁，诗兴大发，赋诗七律一首："创馆于今卅五年，沧桑变幻渺如烟。岭南画派才人出，学海堂开孔道尊。独漉翁山存气节，白沙六祖有真铨。关攻四化人人责，酷叟黄童各领先。"④体现出宝刀不老的雄心。

抗日战争胜利后，袁洪铭曾与邑中名流邓寄芳、邓公达、崔莲渠、杨鹤宾、刘品姜、卢颐年、徐直公等十余人，组织东莞诗社⑤，并与柳亚子、陈树人等名流唱和。可见，作为诗人的袁洪铭，一生所写的诗作，远不止于《陈垣来往书信集》中收录的这区区16首。还有不少诗作，尚待发掘整理。

四、收罗文献平生志——袁洪铭对地方文献的收藏与整理

我们从袁洪铭与陈垣的往来书信中可以发现，袁洪铭在收藏整理地方文献方面不遗余力，作出了一

---

① 《陈垣来往书信集》（增订本），第776页。按：1956年8月下旬，袁洪铭由东莞县党委统战部派至广州市三元里广东省政治学校民主人士班学习半年，此3首诗与第15首游南华寺诗，均作于该学习班学习期间。
② 《陈垣来往书信集》（增订本），第779页。
③ 《陈垣来往书信集》（增订本），第782页。
④ 《广东文史研究馆馆庆三十五周年纪念诗词》，《岭南文史》1988年第1期。
⑤ 参见望溪《袁洪铭小传》，东莞市政协《东莞风俗叙述与研究》，广东人民出版社2008年版，第479页。

定的贡献。他无疑是一位眼光独特、造诣精湛的收藏家。

他的收藏以明清粤籍历史文化名人遗墨为主，除了上文提及的陈澧墨迹以外，他所收藏过的明清粤籍名人墨迹，尚有明代画家东莞张穆（张铁桥）墨鹰、明代画家番禺赵焞夫遗墨、番禺屈大均（屈翁山）行书册页、顺德陈恭尹（陈独漉）写诗手卷、新会胡方（胡金竹）草书直轴、番禺张维屏（张南山）手卷、番禺梁鼎芬（梁节庵）手札、番禺陈璞（陈古樵）手札、顺德陈元孝写诗册页、南海吴荣光（吴荷屋）行书八言联、顺德李文田写诗横额、顺德黄丹书（黄虚舟）墨迹诗册、顺德黎简（黎二樵）行书七言联、康有为写诗手卷、梁启超行书七言联、番禺居廉（居古泉）仕女花卉及中堂、钦州冯敏昌墨迹诗册、惠阳邓承修行书七言联等等。

他收藏过的明清外省籍名家的作品，有昆山顾炎武遗墨、漳浦（今福建东山县）黄道周遗墨、清代诗人遂宁张船山写诗大中堂、清代诗人武进（今常州）黄仲则写诗小条幅、清代书法家钱塘梁山舟八言楹帖①、清代画家钱塘戴醇士八言楹帖等。

他对明末清初一些岭南遗民僧人的作品，也很留意收藏。如天然函昰和尚遗墨、澹归今释和尚遗墨等等。

他对现代名家书画、书札、墨迹，也收藏不少，如诗人柳亚子写诗墨迹、画家徐悲鸿翎毛二幅、陈垣与容肇祖手札数通等。

由此可见，他的藏品之多之精，实属少见，难能可贵。

这些文物藏品，大多已经转手。但从他晚年在《岭南文史》等刊物上发表的小品来看，他手中保留下来的文物精品数量依旧十分可观。例如柳亚子先生遗诗二首②，康有为《赠邱菽园诗》③，陈恭尹行书自写诗④，张维屏《读书说示简生》墨迹等等⑤。

晚清以来，东莞学界素有藏书传统，伦明、莫伯骥更是享誉海内的藏书家，跻身中国近代藏书三十家之列⑥，为东莞、为广东增光添彩。受地域文化的熏陶影响，袁洪铭也有收藏古籍善本的嗜好。"乡先辈陈友珊先生著有《长春道教源流》，刻入聚德堂丛书，寒舍藏有一本。"⑦ 1958 年他曾"以人民币三元，购得元代名诗人萨天赐《雁门集》一部（清嘉庆木板，共八册）。在此经济拮据之际，仍节衣缩食搜求名家诗集，结习如此，殊可叹也！"⑧显露出他众多藏书的冰山一角。上世纪 80 年代中期，他曾将自己珍藏的《东莞诗录》赠送给东莞市方志办。⑨ "坐拥百城聊寄傲，抗希一代着先鞭"正是他自己的真实写照。

五、著述名山吾岂敢——袁洪铭的学术研究

袁洪铭早年曾从事民间文学的搜集整理研究工作。1930 年，年仅 20 岁的袁洪铭曾被聘为厦门民俗学会分会撰稿员，并开始在中山大学民俗学会容肇祖等人主持的《民俗》周刊上，发表了一系列他所搜集整理的民间故事、民间传说、民间歌谣、民间谣谚，以及有关民间文学研究的论文。关于袁洪铭对民间文学研究工作的贡献，韶关学院王焰安先生曾进行过系统的梳理与论述。⑩ 依据王焰安先生的检索

---

① 《陈垣来往书信集》（增订本），编者将"梁山舟"误作"梁小舟"，应予以纠正，第 743 页。
② 详见袁洪铭《记柳亚子先生遗诗》，《社会科学战线》1982 年第 1 期。
③ 袁洪铭《康有为赠邱菽园诗》，《岭南文史》1983 年第 2 期。
④ 袁洪铭《陈恭尹咏崖门诗》，《岭南文史》1984 年第 1 期。
⑤ 袁洪铭《张维屏的〈读书说示简生〉》，《岭南文史》1983 年第 1 期。
⑥ 参见苏精《近代藏书三十家》（增订本），中华书局 2010 年版。
⑦ 《陈垣来往书信集》（增订本），第 769 页。
⑧ 《陈垣来往书信集》（增订本），第 770 页。
⑨ 参见望溪《袁洪铭小传》，东莞市政协《东莞风俗叙述与研究》，广东人民出版社 2008 年版，第 479 页。
⑩ 参见王焰安《袁洪铭：东莞民间文学史上值得一提的人》，《东莞理工学院学报》2005 年第 6 期。

和不完全统计,袁洪铭发表在《风俗》周刊上的民间故事和民间传说作品有《老虎同老婆子的故事——东莞温塘乡童话之一》、《两姊妹的故事》、《泥女——东莞民间故事之一》、《人熊的故事——东莞童话之二》、《纺织娘的故事》、《愚夫——东莞民间故事》、《东莞流传的呆女婿》、《蚌壳中的女郎——东莞民间故事》、《蛇郎——东莞童话》、《梁山伯与祝英台》等;发表在《风俗》周刊上的民间歌谣有《东莞歌谣一束》23首、《东莞儿歌》18首、《东莞儿歌》9首、《东莞歌谣八首》、《关于妇女生活的歌谣》3首等;在《风俗》周刊上发表的民间谣谚有《东莞谜语十六则》、《东莞谜语二十三则》、《广州谜语四十三则》、《东莞谜语与谚语》,在《民间月刊》上发表了《广东东莞谜语》;发表在《风俗》周刊上的民间文学研究论文有《粤讴与招子庸》以及《自写在〈水滴滴〉之前》2篇。《水滴滴》是袁洪铭选编的116首东莞歌谣集,曾计划列入《中大民俗学会民俗丛书》之一出版,并已请容肇祖先生作序,不知何因,后来未曾出版。

笔者在此略作补充。由著名散文家、美术家孙福熙在杭州主办的《艺风月刊》杂志,曾于1933年第9期出版过一期"民间艺术"专号,上面曾发表了袁洪铭搜集整理的《广州端阳歌二首》、《广州民歌一首》2篇短文。① 2008年,东莞市政协编纂的《东莞风俗叙述与研究》一书中,收录了袁洪铭当年在《民俗》周刊发表的相关文章6篇②,为我们了解袁洪铭的风俗研究成果提供了极大的便利。

整理选编莞籍、粤籍名家诗作,一直是袁洪铭毕生专注的一项学术事业。他在香港沦陷返居家乡期间,曾编有《梁无闷诗集》一书。梁无闷,即梁宪,东莞人,明末清初诗人,曾与岭南三大家屈大均、梁佩兰、陈恭尹均有唱和之作,屈大均曾为其诗集作序。袁洪铭为整理这位乡贤诗集,花费了许多心血,并曾请叶恭绰题写书签。遗憾的是,因种种原因,这部成书于70年前的作品,在编者去世20余年后的今天,仍然未能公开出版,难免令人浩叹不已。希望此书能早日问世,与广大读者见面。1949年后,他又开始着手编纂《近三百年广东名家诗选》一书。1957年,他曾先后致函陈垣、王钟翰等人,请求指导并提供资料。"铭刻正编纂《近三百年广东名家诗选》一书,由岭南三大家始,至现代已故名诗人止(如黄晦闻、梁节庵、曾习经等),计有数百人(刻下未有确数)。如能编成,则于阐扬乡邦耆旧,未必无有少补。甚盼指示一切,并惠赐材料,至感!至感!"③ 我们尚不知道此书是否完稿,手稿现在何处。

笔者通过解读梳理陈垣信札中的相关文献,对袁洪铭这位东莞籍诗人、学者、收藏家有了一个全新的认识。早在上世纪30年代初,陈垣在给容肇祖的信中称赞道:"粤中后起之秀,以东莞为盛。"④ 这句话用在袁洪铭身上,也是颇为恰当的。称袁洪铭为东莞乃至粤中学界的后起之秀,并不为过。"收罗文献平生志,俯仰乾坤放浪吟。""坐拥百城聊寄傲,抗希一代着先鞭。"袁洪铭对地方文献的收藏与整理,做出了较大的贡献。他与陈垣、柳亚子、容肇祖等现代诸多学术界名流曾有过颇为密切的交往。他的旧体诗创作以及学术研究,也有一定的价值和影响。笔者草成此文,旨在呼吁人们重视这位东莞学人的学术成就,并希望他的著作能早日出版。

---

① 见《艺风月刊》1933年第9期。其中《广州端阳歌二首》,袁洪铭注明是摘抄自民国十六年(1927)6月6日出版的广州《民国日报》副刊《小广州》。
② 东莞市政协《东莞风俗叙述与研究》,广东人民出版社2008年版。收录的这6篇论文是《我也谈谈东莞的清明节》、《东莞生产风俗谈》、《东莞婚嫁礼俗之记述》、《禳鬼与喊惊——东莞民俗杂谈》、《东莞"手"的迷信——呈江绍原先生》、《自写在"水滴滴"之前》。
③ 《陈垣来往书信集》(增订本),第749页,1957年2月23日函。
④ 《陈垣来往书信集》(增订本),第300页。

别有奇芬日采撷
——抗日战争初期詹安泰的生活与思想

陈嘉顺　黄晓丹

（汕头大学图书馆　广东汕头　515063）

摘　要：本文将对詹安泰这位后来被誉为"岭南词宗"的知名学人，在抗日战争初期（1937年7月至1938年10月）的日常生活进行考察，展示一名中学教员向大学教授嬗变之前的生活状态。全文共分为抗日战争前夕悠闲自在的生活、抗日战争爆发对生活的影响、寄意长诗和撰写政论文、受冤入狱，以及推荐饶宗颐代课等几方面。民国是传统社会向现代社会的过渡时期，无论政治、文化、经济等各方面，都出现了新旧交融的特点，抗日战争的社会背景使这一过渡时期的特点更加明显。而在这期间，知识分子对于身份的建构，只有从文化趣味层面上展开，他们知道怎样的活动与自己的社会身份和地位匹配，进而在与区别"他人"中形成身份认同和归属感。

关键词：抗日战争初期；中学教员；詹安泰；社会生活；身份认同

一、引言：放怀万一寄新篇[①]

民国年间，新式教育下产生的新思想新文化，使传统的教师阶层成为具有现代意识的知识分子，他们有的未走上"学而优则仕"的传统道路，而是在文化、教育等领域中发展。他们有一定经济基础，但又不同于传统社会的"士"，他们往往独立于政治集团之外，注重精神享受，其自身价值更多在文化层面上体现，建构了个人的身份认同。他们对精神生活有着自身的理解与界定，通过各种新旧交织的文化活动来认同身份，他们眼中文化享受是社会阶层的象征，成为教师这一群体的身份认同。

学者对抗日战争时期中学教师的日常生活的关注较少，而关于民国知识分子的身份认同，现有成果多从政治、社团等领域来考察他们的社会角色，未将他们的生活史纳入到视野。本文讨论的对象是一名任教于广东一所省立师范学校的教员——詹安泰，笔者从传世的诗文集、档案等文献中探究其生活，了解到其文化趣味及其在抗日战争初期（1937年7月至1938年10月）的日常生活状况。本文试图从社会生活的角度，着重以詹安泰为代表的教师群体生活中文化倾向，反映他们在抗日战争时期的文化观，展现他们的文化趣味的历程和矛盾。而对于这个群体生活的论述，并非只是阐述各类活动，希望揭示他们在文化趣味格调上的身份认同，为更加深入地研究处于抗日战争时期的知识分子展开一个新的思路和角度。

詹安泰（1902—1967），字祝南，号无庵，广东饶平人，中国20世纪著名的词学家和文学史家，也是著名的诗人、词人和书法家。1938年起任教于中山大学中文系。[②] 近年来，《詹安泰全集》的出版及专题研讨会的召开，进一步拓展了对詹安泰学术成就的研究，成果丰硕，而通过对这批成果的梳理，可以发现基本上都是文学学科本位展开讨论，对詹安泰的日常生活却鲜有深入探究。笔者相信，詹安泰人生的进展只有放在具体的时代环境中才能得到解释，他的命运，从一个侧面体现了民国社会的复杂性

[①] 文系汕头市潮汕历史文化研究中心2013年研究课题——"《詹安泰全集》未收文整理与研究"阶段性成果（批准号：13ZZ05）。本文中的小标题均借用詹安泰诗句。

[②] 参见吴承学、彭玉平《詹安泰文集》，中山大学出版社2004年版，第1页。

和20世纪中国风云变幻的历史进程。

中国一百多年来的现代化历程，不仅仅是政治和经济的进程，更是整个社会的进程，其中与亿万中国人息息相关的社会生活随之不断发生转变，描绘出一幅幅生动的历史图卷。社会生活史就是这幅图卷中，以人的生活为核心联接社会各部分的连接线，串起了芸芸众生在不同时空中的社会组织、物质生活、岁时节日、生命周期、聚落形态等等百象，并揭示了民众生活与政权的关系以及历史变动带来的影响。常建华指出，生活史在推进历史研究方面，有助于我们对社会生活新的理解，而中国社会生活史的研究也应当从"社会生活"向"日常生活"转变，研究方法上则应注意建立日常生活与历史变动的联系，挖掘日常生活领域的非日常生活因素。① 而历史人物的丰满、真实和评价，有时需要细处和片断的挖掘、窜拾与梳理，其中的某些细枝末节往往值得咀嚼和寻味。②

詹安泰的人生历程可分为三个大时期，即1926年8月以前是求学时期，1926年8月至1938年10月是广东省立韩山师范学校（以下简称"韩师"）时期，1938年11月至去世是中大时期。③ 在韩师时期，詹安泰广交文友，切磋学问，于词用力最勤，撰写《花外集笺注》《姜词笺释》，钩陈索隐，苦心探赜，1936年发表《论寄托》词学论文，广受词界关注，隔年又刊印《无庵词》，由此词名日显。《鹪鹩巢诗》为詹安泰晚年自定稿，集中第一首诗是《韩山韩水歌寄邵谭秋祖平》，可见，詹安泰自认得意的诗作肇始于此。④ 韩师这段时期，是其"名士"身份形成的阶段，这方面的问题，已有不少学者进行论述，兹不赘。

二、慰情留得短长句：抗日战争前夕悠闲自在的生活

中国传统科举教育创造了一种将国家与精英连为一体的世界观，但精英也有超出科举考试范围之外的思想与兴趣，例如吟诗谈禅等，这并不一定与国家对精英信仰的期望相冲突。⑤ 按知识考古学的观点，"知识"是话语实践中可供谈论的东西，是主体可在其中置放自己话语中所涉及对象的空间场所，是概念得以产生、消失、被使用和转换的范围，是在确定的话语实践前提之下展开的活动，话语不仅是使用符号以确指事物，更重要的是创造对象本身。⑥ 中国传统诗词的创作即是如此，对于中国传统文人士大夫而言，诗词超越了物质生活，诗词不单是一门艺术，他们的日常生活、喜怒哀乐都可渗透到诗词之中，将生活艺术化。而他们以诗会友、互相唱和，又成为他们轻松与随意的生活过程，除了应酬和交际之外，还追求一种情趣，将艺术生活化。

在1930年代，詹安泰住在广东省东部的潮安城胶柏街上一座小门楼内，坐西朝东，地基稍高，沿街需要爬一两级石阶，在五间平过的楼房楼上，院子很清幽。家中的设置很简单朴素，却满目图书，靠右边最后一间房子，就是詹安泰读书工作的地方。⑦ 詹安泰自从与柯娥仙结婚后，就一直居住在这里。在暑假时，詹安泰又经常到潮安城外的枫溪柳堂居住，也留下了不少诗词。⑧

---

① 参见常建华《中国社会生活史上生活的意义》，《历史教学》2012年第2期；常建华《从社会生活到日常生活——中国社会史研究再出发》，《人民日报》2011年3月31日理论版。
② 参见廖大伟《胸襟、境界与形象：国难之际李烈钧的复出》，《近代人物研究——社会网络与日常生活》，上海人民出版社2012年版，第188页。
③ 参见陈嘉顺《詹安泰先生晚年的心态管窥》，《潮学研究》新1卷第2期，2011年6月，第241页。
④ 参见陈枫、陈椰、黄晓丹《詹安泰："岭南词宗"的苍凉背影》，《南方日报》2012年11月28日第A20版。
⑤ 参见王国斌著，李伯重、连玲玲译《转变的中国——历史变迁与欧洲经验的局限》，江苏人民出版社1998年版，第103页。
⑥ 参见赵淳《话语实践与文化立场——西方文论引介研究：1993—2007》，南京大学出版社2008年版，第45页。
⑦ 参见陈树秋《胶柏街风光》，《潮州日报》2010年10月13日第B4版；蔡起贤《春风杜履失追陪》，詹安泰纪念文集编辑组《詹安泰纪念文集》，广东人民出版社1987年版，第71页。
⑧ 参见詹安泰《月夜偕娥卿、慧儿乘凉枫溪公路》、《风云日紧，阻雨不得归郡寓，书寄丘拉因》、《枫溪困雨寄怀石铭老》、《锡纯过访枫溪，快谈竟日，别后惠诗见怀，作此报之》、《留枫溪十日未发》、《忆枫溪柳堂》、《春尽日闻枫溪堂被毁》等，《詹安泰全集》（四），上海古籍出版社2011年版，第34、37、45、49、57、83页。

从1926年开始任教,经过十年的实践,詹安泰的教学经验日渐丰富,尽管他认为自己在教学中有"语言难懂、声音不大、征引太多"的缺点,但当有人对此提出质疑时,他则用长篇累牍的文字为自己辩护,足见他在教学中的自信心。[1]

1937年春天,詹安泰回了一次故乡饶平,在词中,有"一十年来(余旅居十年,始一还里)"之句,可知此前他已十年没有回去了。[2] 然而此次的故乡之行,詹安泰并没有留下太多的文字,也未能知悉是全家同行,还是只有他一人回乡。

4月11日,在长女慧明满月之后的第一个周日,詹安泰就和朋友学生一起登别峰游玩。别峰在潮安城北5.5公里,又称凤栖山,历代文人学士多览游之处。[3] 游别峰的计划,詹安泰早就有之,"人笑襁褓我成癖,游峰梦无时离。去春有人实告我,告我别峰穷幽奇。"这个告诉他别峰胜景的人就是詹夫人柯娥仙,在春窗雨夜听妻子谈别峰名胜,自然令人神思飞驰,可惜此次因长女刚满月,夫人无法同行。别峰之行,"我今欲辨口已茶,亦无雄发朝阳晞。即此是神仙窟宅,虚劳蹇叟登天梯。少豁心眼得佳趣,缓寻沙埗沿风漪"。欢快之情,跃然诗中。不料登山中,詹安泰足部受伤,此后在家休养多时,以致有"近来腰脚颇欠健"、"游山蹩脚费招邀(余以游山伤足)"和"偶遂肯怜长病足(余游别峰病足,尤未愈)"等句。[4]

在6月6日的教师节当日,詹安泰又和同人饮集潮州西湖,在湖光山色中,"肢翅嫩鸡佳酒酱,互劝杯觥放洪量。全无白发差醉扶,只欠红裙酬清唱,各各意气冲斗牛,不数帝王况将相。"大有指点江山,激扬文字的气概,"曰归已及二更初,谈笑尤夸酒力余。平生长恨误读书,叹出无车食无鱼,嗟嗟吾党二三子,何不日日来西湖?"[5]

韩师时期的詹安泰,中等身材,穿一套丰顺县汤坑产的夏布唐装,着一双潮州郑义成老店的薄衣布鞋,清俊潇洒。[6] 但他也有失眠的苦恼,他又喜欢邀朋呼友一起饮茶,他"最爱小壶坐夜雨","胜客快朋邀三五",虽是"人言饮多要失眠",但他却觉得"诗清胜睡苦"[7],又和友朋品茗西湖滴翠亭,"饮茶来此得清歌,不比城市妖声多。饮茶人亦好题字,强半啼饥杂嘲戏。我来值夏日正午,不思饼糕况酒脯。会须一醉乐陶陶,春秋花月相对吐"[8]。詹安泰"不睡困我二十年,自从识书长失眠",可知他失眠的症状已持续多年,他素不能酒[9],某晚小饮了几杯之后,一下就醉了,半夜醒来,却精神倍长,又燃起了从潮州开元寺买来的上等西藏香,在闻香中煮茶独饮,然后用小字写诗,尽兴之后,"待明发唱睡神听,使我夜夜生鼾声"[10]。

詹安泰喜欢听曲艺,在1937年的清明前后某天傍晚,天色昏暗且有雾气,他冒雨驱车去听《啼笑姻缘》的大鼓词[11],在他欣赏了琵琶、筝和胡弦的合奏后,又写道:

---

[1] 参见詹安泰《我的教学经验谈》,《韩师周刊》第2卷第10期,1935年10月,第3—7页。
[2] 参见詹安泰《醉蓬莱——丁丑春归故山,和中仙》,《詹安泰全集》(四),第248页。
[3] 参见饶宗颐《潮州志·山川志》,潮州市地方志办公室2005年版,第3174页。
[4] 参见詹安泰《游别峰八十六韵》,《詹安泰全集》(四),第11—14页;《久思游别峰不果,春窗雨夜听娥卿谈别峰胜境,怳然有作》,《詹安泰全集》(四),第6—7页;《余嗜茶成癖,或劝以多饮失眠,不改也,戏为长句自解》,第16页;《焕华来汕,约共谈笑,病足不赴,报之以诗》,《詹安泰全集》(四),第19页;《奉题陈斠玄师〈黄山游草〉即用枉赠原均(之一)》,《詹安泰全集》(四),第23页。
[5] 参见詹安泰《教师节日同人饮集潮州西湖》,《詹安泰全集》(四),第22页。
[6] 参见汤擎民《仰念詹安泰先生》,《詹安泰纪念文集》,第62页。
[7] 参见詹安泰《余嗜茶成癖,或劝以多饮失眠,不改也,戏为长句自解》,《詹安泰全集》(四),第16—17页。
[8] 参见詹安泰《与友人品茗西湖滴翠亭》,《詹安泰全集》(四),第26页。
[9] 詹安泰有句"拨闷聊当人痛饮(余素不能酒)",参见詹安泰《因庵将赴桂林过访平石,别后寄此》,《詹安泰全集》(四),第153页。
[10] 参见詹安泰《余素患失眠,且不能饮,晚来邅极,以酒试解,遂昏昏入睡,一觉已夜半矣》,《詹安泰全集》(四),第21页。
[11] 参见詹安泰《听歌舞团陈翠宝唱大鼓词,率成长句》,《詹安泰全集》(四),第10页。

乐最动人琵琶筝，我心好之嗟无成。
胡弦圆朗亦悦耳，合奏弥使百灵清。
王郑吴俱此中圣，忽携仙乐张洞庭。
端坐飘然若脱壳，顿觉厚地高天平。
……①

岭南古为谪官之地，韩愈、苏轼的南来，开启千年文风，韩苏也成为詹安泰敬仰的对象，"独有韩祠得昂屹，转忆韩公歌忽忽。""韩公当年谪潮州，道固坎坷声名留。东坡当年迁岭表，胜事遗芬今皎皎。我生堕地卅五年，百无一遂羞古贤。""当年韩苏曾过岭，惜不于此留一题。""我思东坡翁，垂老怜花伴。""东坡涪翁亦喜事，作诗宠茶压酒脯。""平生喜临东坡字，平生喜读东坡诗。"②瞻仰韩苏遗风，参悟古今变幻，探寻太始奥秘，达到物我两忘的境界，这种情怀深深的嵌入詹安泰的思想中。

詹安泰的学生蔡起贤曾论及，潮州过去不少诗人的集子里，有不少抒写纪录潮汕史事的诗篇，若能充分加以利用，不但可补充地志记事的缺略，还可纠正一些纪事的错误。③ 以诗见史的观点，虽然也受学界质疑④，诗虽不能等同于史，但诗中所言之事，往往比其他文字资料更真切地反映特定历史条件下的社会生活和心态。

民国时期的教员的收入处于中上层，经济收入胜于普通民众，稳定的收入使他们的生活显得富足。在同一学校连续服务一定年限，又可依照教育部颁《教员服务奖励规则》给予奖励。⑤ 教师除了正常的工资收入外，还有生育子女补助费等各种福利，患病也能得到校方的关心与经济支持。⑥ 教职员如遇生日、婚姻、丧葬、喜庆等，相应的人情世务都由学校专人负责，教职员身故后，其家属亦能得到一笔相应的抚恤金，就连教师子女升学就读也可申请补助。⑦ 这些使他们教学之余，可以根据个人的喜好展开各种活动。现代人力资源管理的研究认为，一个成功的企业对于员工的总体薪酬，不仅包括向员工提供的经济性报酬，还包括为员工创造的良好工作环境及工作本身的内在特征、组织的特征等所带来的非经

---

① 参见詹安泰《琴香馆夜听王泽如琵琶、郑祝三筝、吴轩孙胡弦合奏》，《詹安泰全集》（四），第14页。
② 参见詹安泰《韩山韩水歌寄邵谭秋祖平》、《郁郁四首》（四）、《偶成三首》（一）、《余嗜茶成癖，或劝以多饮失眠，不改也，戏为长句自解》、《东坡书陶诗小楷墨迹，丹师命题》，《詹安泰全集》（四），第1、6、15、16、83页。
③ 参见蔡起贤《以诗证志一例》，《缶庵诗文续集》，天马出版有限公司2008年版，第29—32页。
④ 参见张耕华《"以诗证史"与史事坐实的复杂性——以陈寅恪〈元白诗笺证稿〉为例》，《华东师范大学学报》（哲学社会科学版）2006年第5期。
⑤ 参见韩山师范学院档案室存《呈为教员王显诏先生在校连续服务满廿一年，适合请授一等服务奖状，请察核转呈核授奖状下校转给由》（1944年3月14日），民国档案第240卷；韩山师范学院档案室存《省立韩山师范学校证明书》（1944年1月□日），民国档案第252卷；韩山师范学院档案室存《呈缴职校教员王显诏、陈镇藩两先生年籍经历表证明书，请察核颁发奖状袛领转给由》（1940年3月27日），民国档案第121卷；韩山师范学院档案室存《呈缴王陈两教员证明书各一件、聘书各三件，请察核发给奖状由》（1942年11月11日），民国档案第128卷；韩山师范学院档案室存《兹遵照卅一年度实施省立中等学校教员年功加俸暂行办法第五条之规定，谨将继续在本校服务五年以上教员列表呈报》（1943年10月□日），民国档案第214卷。
⑥ 参见韩山师范学院档案室存《呈为补缴本校卅三年度教职员沈炳华、张元敏等七人生育子女联保书及长官证明书请察核查明汇并转呈省政府核拨补助费，仍乞指令袛遵由》（1945年12月27日），民国档案第264卷；韩山师范学院档案室存《呈报垫支本校教员黄家泽先生生育子女补助二千元，请察核，转请将该款核发下校，俾资归垫由》（1944年10月21日），民国档案第248卷；韩山师范学院档案室存《呈复教员沈炳华、黄家泽生育子女补助费领据业经遵令更正呈缴谨将该员等生育证明书再行缴校悬乞查明汇办由》（1944年12月6日），民国档案第250卷；韩山师范学院档案室存《兹领到广东省立韩山师范学校垫发公务员生育子女补助费国币一千四百元正》（1944年7月30日），民国档案第251卷；韩山师范学院档案室存《函为本校职员许慧明先生拟赴院诊病，必要时或在院留希于优待，并赐预留房位由》（1944年5月7日），民国档案第247卷；韩山师范学院档案室存《励志社通告函知簿》（无时间），民国档案，无卷数。
⑦ 参见韩山师范学院档案室存《校工步资分配暂行办法》（无时间），民国档案第54卷；韩山师范学院档案室存《呈为据张关氏请发给职薪并转呈酌给恤金等情，转请察核示遵由》（1937年3月□日），民国档案第60卷；韩山师范学院档案室存《据呈为转请核准发给前训育主任张驾洲职薪及酌给恤金等情，令仰遵照由》（1937年5月2日），民国档案第59卷；韩山师范学院档案室存《函知奉令续给薪水两月由》（1937年5月13日），民国档案第62卷；韩山师范学院档案室存《陈镇藩先生六十三寿辰献金缘起》（无时间），民国档案第16卷；韩山师范学院档案室存《战时公教人员子女就学中等学校补助费申请书》（1944年12月20日），民国档案第500卷。

济效用,才能提升员工对企业以及自身身份的认同。① 这一理论应用于中学教师的身份认同同样具有一定意义,其构成见图1所示:

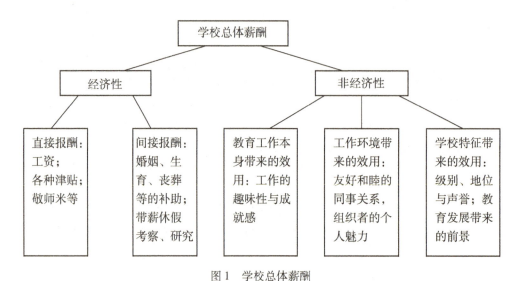

图1 学校总体薪酬

从上面的文字中,可以大概清楚抗日战争前的詹安泰,日子过得颇为滋润。

三、自是有生愁不了:抗日战争爆发对生活的影响

1937年7月7日,卢沟桥事变拉开了中国全民抗战的序幕。9月2日,国民政府教育部颁令,要求沿海各省公私立学校迁移内地上课。② 同日上午,韩师廿六年度第一学期开学,当时到校学生仅有三分之二。至9月9日、16日,日本飞机先后来侵,致使不少学生请假避难,校务大受影响,加上军事教官未到校任教,战时特殊训练无法指导。事后虽继续上课,但警报频传,师生无法集中精神,而且有一部分学生仍未敢到校上课。校长李育藩认为长此以往,会荒废学生学业,因此为适应环境变化,同时遵照广东省教育厅颁发的《广东省各级学校处理校务临时办法》第二条"或择比较安全之县区或乡村为迁移之处置,必要时得连行办理"规定,9月底,向教育厅长许崇清汇报,准备暂时将学校迁至潮安县第五区仙田村上课。与此同时,为慎重起见,韩师将所有图书,分别重要、次要、普通三等,其中重要者5993册,分装成43箱,派员运往潮安县仙舟乡存放,以策万全。③

如果说卢沟桥的炮火离潮安城还太远的话,那么,日本飞机投到潮安城的炸弹,以及图书搬迁等备战措施,一定可以让大家感受到战争的临近,同时,战争的影响使工资减少,则对日常生活带来切肤的感受。从笔者整理的表1可以看出这段时期詹安泰工资收入的变化情况:

---

① 参见彭剑峰《人力资源管理概论》,复旦大学出版社2004年版,第374页。
② 参见王建朗、曾景忠《中国近代通史·抗日战争(1937—1945)》,江苏人民出版社2007年版,第26页。
③ 参见韩山师范学院档案室存《呈复装饰本校重要书籍运往安全地带保存经过,请察核示遵由》(1938年3月9日),民国档案第68卷。

表1 詹安泰抗日战争初期前后的工资①

时间	詹安泰工资②（元）	校长李育藩工资（全校最高者）（元）	学校什役工资（全校最低者）（元）	来源（韩师民国档案）
1936年12月	125	200	10	卷282 页26—30
1937年1月	125	200	10	卷58 页20—24
1937年2月	130	200	10	卷572 页52—56
1937年3月	130	200	10	卷570 页42—47
1937年4月	130	200	10	卷570 页19—24
1937年5月	130	200	10	卷58 页28—32
1937年6月	—	—	—	—
1937年7月	130	200	10	卷571 页1—5
1937年8月	97.22	138.88	6.94	卷570 页1—5
1937年9月	—	—	—	—
1937年10月	48.61	69.44	6	卷66 页8—12
1937年11月	48.61	69.44	6	卷66 页31—35
1937年12月	48.61	69.44	6	卷66 页55—59
1938年1月	48.61	69.44	6	卷67 页80—84
1938年2月	50	70	6	卷67 页104—108
1938年3月	50	70	6	卷67 页129—133
1938年4月	—	—	—	—
1938年5月	50	70	6	卷78 页67—71
1938年6月	50	70	6	卷79 页11—15
1938年7月	50	70	6	卷572 页33—38
1938年8月	—	—	—	—
1938年9月	56	70	6	卷572 页16—20
1938年10月	56	70	—	卷572 页1—4

从表中可知，1937年8月起，韩师教师只拿到七成工资，三个月后，再减少到战前七成的一半，几个月之间，连减二次工资，以致在1938年初，全校教员联名向校长申请发足五成工资③，但从上表所列数据看，似乎校方也无法发足。对各人的心理影响，不止于来自各种途径的战争消息，除了工资不断减少，教师还要付出认缴飞机捐、广东省政府代收慰劳守土将士捐款④等各种捐款，如表2：

---

① 表中"—"者，表示未能找到具体数据，1938年11月之后的工资表，已无詹安泰之名。
② 韩师虽系省立中学，但当时的广东市面上多种币种同时流通，所以上表中的教师工资用国币或是用地方货币发放，暂无法确定。1936年两广事变后，陈济棠下台，广东还政中央。1937年，中央等四家银行发行的国币进入潮汕，逐步将广东各地发行的地方货币挤出流通领域，这个调整过程长达数年。参见陈景熙《潮汕工商业史话》，天马出版有限公司2011年版，第63—64页。
③ 见韩山师范学院档案室存《林英丽、张华痕等37名韩师教员联名向校长申请发足五成工资》（无时间），民国档案第21卷。
④ 从档案材料可知，校长李育藩捐款6元，詹安泰捐款1元，其余教师捐款多寡不等，学生也以班为单位进行捐款。参见韩山师范学院档案室存《广东省政府代收慰劳守土将士捐款收据》（1938年3月□日），民国档案第91卷。

表2 教职员认缴飞机捐捐数

时间	詹安泰	李育藩	卓景锐 （全校教师工资最低者）	来源 （韩师民国档案）
1937年12月	0.2	0.69	0.2	卷418 页32
1938年1月	0.2	0.69	0.2	卷428 页51
2月	0.2	0.7	0.2	卷430 页1
3月	0.2	0.7	0.2	卷430 页4
4月	0.2	0.7	0.2	卷430 页12
6月	0.2	0.7	0.2	卷427 页20

从现存的侨批来看，抗日战争前夕，一般从南洋寄来潮汕的赡家批，每笔在国币5—20元之间，30元以上的比较少见，由此大概可知普通家庭的经济情况。① 抗日战争初期的詹安泰一家，有夫妻和6周岁的儿子伯慧及刚出生的长女慧明，共四人，月收入130元时，生活安定，经济宽裕，战时收入的逐月减少，一定会对生活质量带来严重的影响。现在我们无法知悉詹安泰一家的家庭支出情况，但可参照当时公开发行的材料进行推测。《韩山半月刊》是政府许可发行的公开刊物，其中有一篇讨论战时物价的文章：

> 潮汕方面物价上涨情形大体亦与京沪一带趋势相同，即七、八、九月份物价步步升高，十月份以后稍为降低；惟此间粮食向赖外地供给，抗战以来，调节或未能得法，致普通本地白米价格由战前每石汕卷十六元左右涨至十八余元，现仍有增无减，平民生活不堪其苦。
>
> 物价上升则生活费随之而昂贵。一般人的收入，如和从前一样，无形中就打了折扣。例如一个月薪卅元的小学教员现在其家眷在潮城居住，普通用十元付房租，十三元付膳廷，五元为衣服零用；在物价腾贵的时候房租要增至十一元，膳食增至十八元，其余衣服零用须增至七元，每月生活就非三十六元不能维持，若收入仍照三十元没有增加，那末事实上就不啻被打八折了。何况现值国难时期一般人特别是公务人员，不但收入不因物价腾贵而附加，且须五折支付，并搭购公债，所以大多感觉拮据。②

四、试明寸抱向遥天：撰写长诗与政论文

生活的真正价值，就在于它的艺术性；人类生活之所以优越于其他生物的生存，就是因为人生在世，始终都可能成为充满创造精神的艺术作品。③ 民国时期的知识分子立场，说到底是个性与爱好的立场，就是以自我为中心的、以知识良知为基点的独立立场，它并不天然属于任何阶级，甚至自身也不成为一个独立的、固定的阶级。而社会职业结构的近代化使知识分子有了自己的文化阵地，近代知识分子萌生了阶层的自我意识，他们不再把入仕作为自己的人生选择，开始意识到知识分子之所以为知识分子，乃在于求知或真理，纵然负有社会良心的使命，也须保持身份的独立，以社会舆论干预政治。④ 詹

---

① 参见曾旭波《寄国币的侨批（二）》，《侨批丛谈》，天马出版有限公司2010年版，第47—48页。
② 伏山：《政府应注意物价统制》，《韩山半月刊》第1卷第2期，1937年11月，第4—6页。
③ 参见高宣扬《福柯的生存美学》，中国人民大学出版社2005年版，第505页。
④ 参见许纪霖《朱自清：从象牙塔到十字街头》，《大时代中的知识人》，中华书局2007年版，第183页；许纪霖《陈布雷："道"与"势"之间的人生挣扎》，《大时代中的知识人》，第137页。

安泰就属于这类人物。

1937年秋，詹安泰刊印了第一本个人词集——《无庵词》，在自序中云："呜呼，兵火满天举家避难，尚不知葬身何处，所守此区区，宁非至愚，顾敝帚自珍，贤者不免，余亦不恤人间耻笑矣。"① 这是战火日炽、家国残破之际，一个犹忘情于文字的词人发出的自我嗤叹。潮安城遭敌机轰炸后，詹安泰曾举家避难枫溪柳堂，当时各地避难民众甚多，"乱蝉如诉"、"画角声声，哀禽无数"，悲国难深重，哀民生多艰，在词作中常有寄寓。其1938年7月寄夏承焘的《玲珑四犯》一词可为代表，词中题序云：

> 廿四年七月，余自沪之杭访夏瞿禅教授于秦望山，因与纵游湖上，忽忽周三年矣，大好湖山已非复我有。余寄食枫里，瞿禅亦避地瞿溪。寇氛载途，清欢难再。月夜怀思凄然欲涕。因仿白石旧谱倚此寄瞿禅。

教师的职业特点、较稳定的收入和教育背景等，使詹安泰的生活习惯具有一定的趣味和个性。他生活在自己的交际生活圈里，总是和周围圈外的人表现出许多不同的兴趣，这不仅体现了生活的需求，更是阶层分别的表现。但是在战争时期中，面对国土沦陷，人民流离，詹安泰语调沉痛，况味幽凄，充满骚怨之情。② 这段期间，詹安泰的诗作明显比作词多，相信这乃是词本身以抒情见长，不利于叙事所决定的，词牌最长者不过百余字，韵律更有严格要求，限制了创作者思想的表达，且詹安泰的词作虽多有本事，却词境深邃，读者不易理解。③ 对比之下，诗的表达意境更广阔，更有气势，在当时动荡之中更利于反映社事民情，直抒胸臆地表达对现实的痛心及思考。如《苦热》：

> 今年万方不如意，苦热更值边警至。落地巨炮声响雷，腾天飞机虎插翅。
> 初以鲜血挫凶锋，旋闻主将忽潜避。探望日日复人人，消息虽远若指臂。
> 坚钢要须热力镕，莫便贪凉忘痛泪。④

詹安泰的书法在潮安城是一时之选，他的书法以魏碑笔法入行草，自然古朴。⑤ 学生时代的蔡起贤，周日总是要到胶柏街的詹安泰家，同学及其他老师要向詹安泰索墨宝时，常把宣纸交给他代请书写，有求必应。⑥ 但到了后来，詹安泰书名益显，盛名之下，应酬作字颇累，詹安泰自己也说："多时我亦鹅鸡厌（余颇喜书，酬应为劳，不胜烦厌矣）。"⑦ 但有些应酬是无法推辞的，只好勉力为之，不过若是书法行家里手，则又当别论。抗日战争初期，在创作墨宝应酬索书人之时，詹安泰自谦地写道："我诗钝弱书尤拙，平直粗解气已荼。肥字虽避馒头羞……""忽辱笺来索书诗，强驱身战试执铁。主将有命谁敢违，只恐旁人骂滥窃。公书唐体参汉法，我曾过宋旋易辙……"在诗的最后，詹安泰仍不忘记以"况值遑遑天雨血（时北寇正深也）"为结。⑧

如果说以诗明志，以诗寄意自古多有，那詹安泰更以对杨髡发陵的考辨借古讽今。这篇发表于1940年3月的《杨髡发陵考辨》导言云：

> 自古亡国者受祸之惨烈与亡人国者手段之残酷，殆未有甚于宋元易代之际者也。元以异族

---

① 詹安泰：《无庵词·序》，《詹安泰全集》（四），第1页。
② 参见黄晓丹《万山深处锁吟魂——詹安泰澄江词作述略》，陈景熙主编《潮青学刊》（第一辑），社会科学文献出版社2013年版，第427页。
③ 参见蔡起贤《詹安泰教授〈蝶恋花〉四首本事》，《缶庵诗文续集》，第87—91页。
④ 詹安泰：《苦热》，《詹安泰全集》（四），第34页。
⑤ 参见陈永正《岭南书法史》，广东人民出版社1994年版，第206页。
⑥ 参见蔡起贤《春风杖履失追陪》，《詹安泰纪念文集》，第71—72页。
⑦ 詹安泰：《题清代名人手迹》，《詹安泰全集》（四），第49页。
⑧ 詹安泰：《守玄寄纸索书近作，既用报命滕以长句》，《詹安泰全集》（四），第35页。

驰骋华夏，豺狼成性，视人命如草营……顾两军相搏，兽性难驯，肆意蛮凶，犹可言也。若夫人既奉表称臣，甘作奴虏矣，奴虏之不足，必珍灭之，珍灭之不足，必悉驱诸崖海之中，葬之鲸鲵之腹以为快；及事过境迁，乃复有羌髡发陵之举：以头颅作饮器，涸帝髂于牛马，悬尸沥水，建塔压邪，掠取宝货，籍没田户，以视项羽之发秦冢，温韬之盗唐陵，其毒辣尤过之十百千倍，斯真天下所稀闻，古今所未有也。呜呼烈哉！①

詹安泰此文系因为笺碧山《咏龙涎香》词时开始属稿的，可以说是他笺注碧山词的副产品②，成稿应该是 1930 年代末，国土沦丧，侵华日军之暴行令人发指，这些相比宋元易代时的惨酷情状有过之而无不及，此文虽为学术研究之作，但视为对时局之寄托也未尝不可。

抗日战争初期，两广大批兵力被抽调北上，留在广东的兵力薄弱，只有第 12 集团军（总司令余汉谋）所部 3 个军 8 个师，分守各地。③ 潮安城早晚落入敌手已是人所皆知，韩师当然也无法固守，为保证师生安全，迁校势在必行。诚如韩师校长在卢沟桥事变四个月后，为全校师生所作的《我国抗战的前途》的演讲，说明战争环境，指出双方利弊，沿海各地必然失守，但又深知日本无法长期作战，中国可以持久战与之抗衡，这一言论大大鼓舞人心，还就中日两方及国际情形加以检讨分析，最后指出："对于抵抗前途不应悲观，而应乐观，不愿怀疑而应自信，人人负责任，守秩序贡献能力，效忠国家，最后胜利是属于我国的。"④

文学是对历史的理论表述，文学开辟了一处无罪空间，社会行为在这个空间里被表述出来，文学和历史的关系类似于数学长期以来相对于精密科学的关系：文学是一段"合乎逻辑的"历史表述，文学的虚构使历史可以被思考。⑤ 这一时期，詹安泰也撰写了不少政论文，为全民抗日战争呐喊吹鼓，如《有钱出钱、有力出力》⑥、《潮安县教育工作人员抗敌同志会成立宣言》⑦、《欧局和缓与远东问题》⑧等，在《抗战前途之预测》⑨ 一文中，詹安泰写道：

> 我国自发动抗战以来，已逾五月。前三月中，平津虽告陷落，敌势虽未稍杀，然以东西北各战场节节胜利，故国人咸抱乐观。以为驱逐暴敌收复失地，为期尝在不远。嗣因种种关系，东线撤退，西北两线，敌人亦更深入，于是曩之抱乐观者顿觉疑云四起：有谓敌方志在北方五省，五省若果得手，战事即可结束者；有谓我国军事力量，颇形不支，行将与敌构和者；有谓九国会议不能予暴敌以有力之制裁，只能负调解之责，届时我方必诚意接受者。众口嚣嚣，不一其说，管窥蠡测，何能有当！适足以自爆其懦怯之心理，以取笑于有识之士而已。

> 夫我国此次之战，乃累积数十年来备受抑压之愤怒所筑成，见胜负即言修好之内战所不可同日而语也。战而胜，固国人所深愿……不幸而不胜，亦必期与敌方同归于尽，至若委曲求全以屈服，虽已司空见惯，然断断乎不能再现于今日。脱屈服而可再现于今日。则当施之于卢沟桥肇事或平津沦失时，何庸扩大战区作全面之抗战，更何必下长期抗战之决心，作长期抗战之准备？事实具在，昭哉若揭：且我国民政府之声明及我最高领袖之谈话亦已一再表露光明磊落之态度，予全世界人士以深切真确之认识矣。最近首都之迁渝，以示留寸土，余滴血，亦必与

---

① 詹安泰：《杨髡发陵考辨》，吴承学、彭玉平《詹安泰文集》，中山大学出版社 2004 年版，第 356 页。
② 参见蔡起贤《春风枚履失追陪》，《詹安泰纪念文集》，第 73 页；蔡起贤《花外集笺注后记》，王沂孙著，詹安泰笺注，蔡起贤整理《花外集笺注》，广东人民出版社 1995 年版，第 199 页。
③ 参见王建朗、曾景忠《中国近代通史·抗日战争（1937—1945）》，江苏人民出版社 2007 年版，第 83—84 页。
④ 李育藩：《我国抗战的前途》，《韩山半月刊》第 1 卷第 4 期，1937 年 12 月，第 2—6 页。
⑤ 参见米歇尔·德·塞尔托著，邵炜译《历史与心理分析——科学与虚构之间》，中国人民大学出版社 2010 年版，第 45—46 页。
⑥ 詹安泰：《有钱出钱、有力出力》，《烽火消息》第 1 卷第 3 期，时间不详，页码不详。
⑦ 詹安泰：《潮安县教育工作人员抗敌同志会成立宣言》，《无庵文存》（手稿），詹叔夏藏，无页码。
⑧ 詹安泰：《欧局和缓与远东问题》，《韩山半月刊》第 2 卷第 3 期，1938 年 10 月，第 3—4 页。
⑨ 詹安泰：《抗战前途之预测》，《韩山半月刊》第 1 卷第 4 期，1937 年 12 月，第 6—8 页。

暴敌相周旋，尤足以慑敌心而寒敌胆。而谓犹有中途停战妥协之可能耶！

故今日当急之务，不在战与和之间，而在如何抗战，如何使此抗战成为全民族之抗战及如何使全民族抗战得以坚持长久诸问题。舍此不图，而斤斤于和战之较量，自矮其心，自夺其气，真所谓"自作孽，不可活"矣，夫人类固具有斗争之天性；而斗争最终之目的实为和平之享受。故真正之和平，必当从斗争中来；而欲享受真正和平之福者，必不可不谙斗争之途径。"生于忧患，死于安乐"，不劳之获而得善保蹶终者，旷古及今，未之前闻。
……

通过对国际形势的分析和中日双方之力量对比，詹安泰又预测将来战事之结束，大抵有几种情况：一是战事持久，敌方无力延续，复受列强之制裁，自动退出我国领域，央他国出任调停。二是敌国因经济崩溃而起革命，推翻现政府以与我讲和。三是引起世界第二次大战，随大战之结束而结束。列强对我敌此次战役，虽暂时不甚关切，称稽岁月，恐均不免加入战线。日德意之联结。四是我敌双方经济总崩溃，各产生伟大之革命而互相携手，不相侵略，并促成世界各国之革命斗争，以谋最后之解决，以奠定最终之和局……

最后，詹安泰认为，就抗战将来之结局言，在今日殆成废话，我国将达到此结局，仍须经历许多艰难困苦之过程，非可一蹴而就也，为今计，唯有促成全民抗战而使之坚持彻底……我人果欲与敌做长期斗争者，当效马德里人民之所为，咸抱赴义恐后之决心以与敌死拼。夫如是，暴敌虽有多量之炮火，恐终不能摧毁我再接再厉之血肉长城也。

一个知识分子，既可以扮演社会批评者的角色，也可以扮演学者的角色，这两种角色有各自独立的价值和意义，也是各自不同的角色逻辑和操守道德。① 从詹安泰先生的长诗和政论文可看出，韩师教师们的精神空间——学术和文化，使传统的"四民"阶层中的士人以治国平天下的人生价值观，向传授知识与经世致用的身份转变。他们在学校中，既与社会和政治保持一定的距离，但传统"国事、家事、天下事，事事关心"的现实关怀使他们无法当旁观者，注重自我的精神需求与个体意志，使得知识分子对于自我身份的建构主要是在文化趣味层面上展开，文化品味和标准成为他们的身份认同和归属感。

五、又飞急雨满江天：受冤入狱和推荐饶宗颐代课

1938年初，由于抗战形势日趋严峻，1月18日，广东省教育厅指令韩师按上报计划构筑避难室及防空壕，费用在节余校款项下开支。② 韩师不久后即建成避难室三座，分别建于校内大操场、校园内和汝平亭。③ 到了1938年5月，与潮汕毗邻的福建金门和厦门先后沦陷，形势更加紧张。6月中旬以后，日机、舰更是不断窥伺、肆扰潮汕沿海一带，并炮击潮阳、惠来、澄海、饶平等沿海地区，试探海防虚实，图谋进攻，这种紧张的氛围从许多东南亚寄来的侨批中都可明显感受到。④ 由于韩师临江靠山，与潮安城甚近，虽有避难室及防空壕，仍无法令学生安心学习。据潮安沦陷后的政府调查报告指出，潮汕

---

① 参见许纪霖《大时代中的知识人》，中华书局2007年版，第224页。
② 参见韩山师范学院档案室存《据缴建筑避难室图例估价单，尚属妥适，应予照准所需费用，并准予在节余款项下开支由》（无时间），民国档案第70卷。
③ 参见韩山师范学院档案室存《呈缴建筑避难室预算书三份请察核存转由》（1938年5月25日），民国档案第78卷；韩山师范学院档案室存《为遵令补缴本校建筑避难室及防空壕预算书，请察核示遵由》（1938年6月3日），民国档案第78卷；韩山师范学院档案室存《为呈缴本校建筑避难室收支清册及单据，恳将该款在廿六年度校款节余项下开支，请罕核示遵由》（1938年7月11日），民国档案第78卷；韩山师范学院档案室存《广东省立韩山师范学校编造建筑避难室收支清册》（1938年6月□日），民国档案第79卷。
④ 如1938年自马来亚著佛寄澄海城内父母的一封批中写道："近闻我澄之南澳岛被敌人登陆，潮汕定必紧张，可知敌人不死，人心惶惶……"等。参见张美生《潮汕侨批赏析》，天马出版有限公司2011年版，第101—115页。

为敌人间谍汉奸活动之重要地区,在未抗战前已觉防不胜防,故此次沦陷后,傀儡组织异常迅速。① 詹安泰在1939年初的词中也曾记:"时已不少伪组织。"②

在此种情况下,潮安县政府加强了对日本间谍的防备,甚至草木皆兵,使詹安泰平白无故而受冤入狱。1938年初的一天,第五区督察专员兼潮安县县长胡铭藻派人来邀请詹安泰去为他主办的一个训练班讲话。詹安泰一再推辞,说他不习政治,承担不起这一邀请。但来人却说讲讲有关文学方面的问题也可以。詹安泰只好勉强应邀,但一去便被扣留下来,同时被扣留的还有韩师前校长李芳柏,政府当局说他们两人有汉奸嫌疑,各界人士虽一再为他们辩白,请求保释,都得不到胡铭藻的同意。恰好潮安驻军有一位副军长叫李崇纲的,喜欢读书写诗填词,写得一手好颜体字,经常到饶宗颐的天啸楼看书谈艺。饶宗颐和他谈起詹安泰、李芳柏两人被扣的事,他即打电话给胡铭藻,要求保释两人。他对胡铭藻说:"我有一个做学术研究的朋友,我和他相处一年多,这个人从来不谈政治事,也从来没有请托过我为他做过什么事,是一个纯粹的学者,他相信他的朋友是好人,我也就相信他所说的话。再说一句,我敢担保。"几经争取,才将詹、李两人保释出来。后来了解到这事的起因,是一位抗日战争前在潮州开牙科诊所的台湾人,有一定技术,詹安泰他俩都曾让他治过病,后来这位牙医因精神病回台湾医治,在1938年初又回到潮州,即被作为日本间谍嫌疑而逮捕,讯问时谈到他认识詹安泰及李芳柏,致詹、李两人被捕。③ 蔡起贤认为,詹安泰的《无庵词》以李崇纲的《高阳台》作为第一篇题词,可能就是作为这一事件的纪念留痕。④ 此事詹安泰在致夏承焘信函中也有提及⑤,足见对其心理影响之大。

詹安泰此次的受冤,经饶宗颐出面通过李崇纲而得保释。詹饶两家早有渊源,詹安泰的夫人柯娥仙系枫溪柯氏望族的千金,柯饶两家则是姻亲,詹安泰又是饶锷组织的壬社主要成员。⑥ 詹安泰在《赠饶伯子》一诗中道:

> 我往过君居,君年十五六。侍立乃翁旁,崭然露头角。
> 乃翁藏书富,插架三万轴。博古而敏求,著述森在目。
> 术业日已专,精力日已足。行见卓上京,岂惟惊流俗。
> ……
> 君才实过我,学亦不可齿。乃者我有疾,乞君代讲几。
> ……

又在《怀潮中故旧(饶固庵宗颐)》中道:

> 雅雅复鱼鱼,妙年善著书。才真不世出,榻早为君虚……

关于詹安泰请饶宗颐代其课一事,詹伯慧回忆道:"饶公进入韩山师范给学生讲课,的确是我父亲推荐的。当时,我父亲因为生病,需要休养一段时间,校长要他找位代课教师,我父亲就推荐了这位二十岁

---

① 参见广东省政府统计室《广东省奸伪动态调查专报(粤统字第20号)》(1940年11月1日),张中华主编《日军侵略广东档案史料选编》,中国档案出版社2005年版,第265页。
② 詹安泰:《法曲献仙音(枫溪得蒙庵书词赋报)》,《詹安泰全集》(四),第256页。
③ 参见蔡起贤《校园话旧——记韩师三校长》,《汕头文史》(第9辑),汕头市政协文史资料委员会1991年编印,第167—168页。
④ 参见蔡起贤《校园话旧——记韩师三校长》,《汕头文史》(第9辑),汕头市政协文史资料委员会1991年编印,第167—168页。
⑤ 夏承焘在《天风阁学词日记》1938年2月3日记:"接祝南汕头枫溪柳堂一月十五函,附来数词,云:曾为奸人诬陷,羁押五日,赖地方数十团体担保,始获自由,乱世之路,险巇如此,可畏可畏。"詹安泰与夏承焘的交游,可参见周修东《当代二大词学家在词学上的互动——詹安泰、夏承焘二先生交游略考》,《潮青学刊》(第一辑),第408—425页。
⑥ 詹饶两家的交谊材料,可参见陈贤武《饶钝盦先生学术年表初编》,《潮青学刊》(第一辑),第382—407页。

左右的潮州才子。"① 但具体请假和代课时间，却少为人知。当时校长李育藩写给詹安泰、饶宗颐两位的文件底稿仍收藏在韩师档案室，因内容重要，特录如下：

> 祝南吾兄伟鉴：
> 顷读来书，籍悉贵体不适，至深系念。承介绍饶君宗颐代课一节，十分欢迎，希请转知前来上课可也，尊恙痊愈，希即亲自返校主持为荷。专复，即祝
> 痊安！
> 　　　　弟复　三月十一日
> 宗颐先生台鉴：
> 顷接祝南先生来函，谓彼因身体不适，行动困难，特请台端代课。极为欢迎，用特专函奉达，敬希查照，莅校上课为幸。专此，即颂
> 撰祺！
> 　　　　弟顿　三月十一日

在该函件底稿的封面有如下信息：

> 类别：笺函；
> 送达机关：詹祝南、饶宗颐先生；
> 事由：函复准由饶君宗颐代课由；
> 校长：李育藩、三月十一日；
> 拟稿者：刘有谟；
> 中华民国二十七年三月十一日封发；
> 档案总字第16号。②

而因为是文件底稿，致饶宗颐函中，在涂改处仍可清晰看到"因患肚癰，未便行动"的字样。从以上信息可知，1938年3月11日，詹安泰因肚癰而请假，并推荐饶宗颐代课，于是韩师发函聘请饶宗颐到校，当时饶宗颐年仅21岁，比一些学生还年少。在请饶宗颐代课之后的4月20日，詹安泰就和李立之、吴稚筠、石铭吾、杨光祖、饶宗颐、林青萍一起浏览了梅林湖，这位李立之将军应该就是年初出面保释他的李崇纲。这次游览，大家都兴致勃勃，"将军雄发绿，二老意兴远。余子致翩翩，主人引缓缓……归途遂及雨，冒雨登车返。世路信崄巇，吾生宁懒散。来日正多方，努力加餐饭。"③ 此时距离学校同意詹安泰请病假，并请饶宗颐代其教职，已过去了40天，相信詹安泰已养好身体，方才能作此行，只是现在无法了解是否还须饶宗颐代课。

1938年底，詹安泰辞去韩师教职，由陈中凡推荐，以名士身份，被中山大学破格聘为中文系教授，继陈洵主讲诗词，而其韩师的国文教席由林守谦接代。④ 临别时，詹安泰把历年讲稿三巨册及《词学季刊》汇订本等送给蔡起贤，讲稿是用蝇头小楷写的，清劲潇洒。蔡起贤则回送一部《周词订律》作为纪念。⑤ 自此，詹安泰完成从中学教员到大学教授的嬗变。

---

① 詹伯慧：《家父詹安泰及我与饶宗颐先生的两代交谊》，《羊城晚报》2011年12月17日第B06版。
② 见韩山师范学院档案室存《函复准由饶君宗颐代课由》（1938年3月21日），民国档案第68卷。
③ 詹安泰：《戊寅三月二十日，陪李立之将军、吴稚筠师、石铭老、杨瘦子、饶伯子、林青萍游梅林湖，分均得晚字》，《詹安泰全集》（四），第39—40页。
④ 参见郑晓燕《詹安泰先生年谱》，《詹安泰全集》（六），第387页；佚名：《更动职教员》，《韩山半月刊》第2卷第11期，1939年2月，第9页。
⑤ 参见蔡起贤《春风杖履失追陪》，《詹安泰纪念文集》，第75页。

六、结语：别有奇芬日采撷

从历史研究的方法论来讲，无论是社会生活史还是历史学其他领域，都是为了理解中国社会的演变轨迹。而社会生活史的研究不仅仅只认识个体的生活过程，更重要的是要弄清楚其日常生活经历背后的思想动机，尽管这些思想动机可能被现实烦琐的事件所掩盖，但它们却真真正正是生活的组成部分。从抗日战争初期，与詹安泰先生有关的几件似乎琐碎的事件演变切入讨论，复原当年的生活场景，透过表象，我们可以看到其背后的价值体系所涉及的观念世界。

近年来，研究抗日战争期间的学术作品举不胜举，以战时教师为对象的研究也不在少数，但主要着眼于他们的作品来讨论其服务于抗日战争的精神世界，从日常生活的角度进行研究的学术成果并不多见，生活的琐事和复杂的情感一概被忽视。而一些研究抗日战争时期校园生活的学术成果，则过分强调救亡与斗争，把每一个人的思想、行为都统一到这一社会潮流中，抹杀了学校和个体的特性，用粗线条叙述历史。本文从詹安泰抗日战争初期的生活情节展开论述，在詹安泰抗日战争前夕悠闲自在的生活、抗日战争爆发对生活的影响、寄意长诗和撰写政论文、受冤入狱和推荐饶宗颐代课等几件事中，展示了作为名士的詹安泰，在战乱中，一名中学教员向大学教授嬗变之前的生活状态。把这种生活场景作为贯串全文的线索，从社会生活史层面的考察中，我们可以对詹安泰在战乱与机遇之间的抉择得出相对合乎人情的理解，这样对这种观察也不就再是流水账式的场景了，这种场景可能在其中酝酿着对社会变迁有重大影响的事件，而此时的日常生活就这样被赋予新的意义，在笔者看来，这种新的意义代表了区域社会的历史走向。

笔者认为，詹安泰在韩师工作的12年中，通过不断与各地名家交流，视界、胸襟得到拓展的同时，人脉关系也得到很好的积累，为中学教员向大学教授的身份转变打下坚实的基础。抗战初期，战争状态下的社会，"国家不幸诗人幸"，日常生活受到影响的同时，耳濡目染的灾难不仅给诗人们带来丰厚创作源泉，也成为他们改变命运进程的良机。

清末以后，传统国家的正式机制和思想基础都被破坏，读书人却并不因科举制度和旧政权授予他们的正式特权的取消而消失，他们以什么方式改变了自己的特征，他们又以什么方式去适应变化的环境，这些必定形成了近代中国社会史研究中的中心主题。[①] 读书人在新的社会制度中如何体现自己的特征，其实正是一种身份认同。民国是传统社会向现代社会的过渡时期，无论政治、文化、经济等各方面，都出现了新旧交融的特点，抗日战争的社会背景使这一过渡时期的特点更加明显。

詹安泰生于清末，少年离开乡土到大城市求学，他不仅有传统的教育背景，又接受了新式的系统教育。在城市中，学校成为他建构身份的社会空间，但学校是省立中学，实际上缺乏独立于政治之外的保障，其身份需要有新的定位，故而转作注重自我的精神需求与个体意志，他知道怎样的活动与自己的社会身份和地位匹配，进而在与区别"他人"中形成身份认同和归属感。

文化潜移默化的浸润中，知识分子的文化生活基本继承了传统士人的品味和格调，他们借诗词言寄托，游山玩水中体现自身的人格追求。他们对传统书画诗词情有独钟，他们双重的身份特征造成其文化修养乃至思想的双重性。正是在这个融合的思想观念支撑下，他们对于文化生活的趣味进行重新界定，成为身份认同的标准。他们在文化生活中显示出来的行为，显示了自己的阶层及身份认同。他们一方面创造了一种自身的生活趣味和追求，另一方面又把这些生活趣味理想化和标准化，以这种趣味来影响其他社会阶层。

---

① 参见孔飞力著，谢亮生、杨品泉、谢思炜译《中华帝国晚期的叛乱及其敌人》，中国社会科学出版社1990年版，第217页。

[方言古今]

惠州话、惠河本地话系属散论

何伟棠

(华南师范大学文学院　广东广州　510006)

内容提要：本文力证惠州方言本性（或底层）是粤语而不是客家话，在当下的方言划线归类上仍应划入粤方言。论述从以下四个方面展开：一、从特殊词语个例看惠河本地话与粤语的亲缘关系；二、从人称代词复数表示法看惠粤间的一致性和惠客间的歧异性；三、惠州古全浊今送气仍有声调条件，去、入声部分不送气字叠置并存；四、惠州古全浊上声、次浊上声字不读阴平，调类归属平仄不混。

关键词：语音演变；词汇演变；惠州方言；人称代词复数；岭南文化

前　言

　　惠州话的归属问题，上世纪八九十年代有黄雪贞和刘叔新的系统论文，黄说是客家方言的一个分支；刘认为是源于古粤语的方言。其后的二十年间，探讨逐步深入，出现一批颇为有分量的论著文章。例如，《东江中上游土语群研究——粤语惠河系探考》（刘叔新，2007）。这本70万字的专著，拓展了惠州方言的研究范围，把惠州话与东江中上游的土语群联结成为一个系列，分别记录、描写了其中16个方言点，比较分析了它们在语音、词汇、语法诸方面的异同。刘力坚评述认为，此书的主要贡献在于："发现和论证了受客家话分割包围的、实际上与粤语有渊源的、并被作者命名为'粤语惠河系'的土语群，从而修正了学术界曾认为的东江中上游是纯客住区的旧有说法。"（见《惠河地区土语研究的拓荒之作——读〈东江中上游土语群研究〉》，《文化惠州》创刊号，2011）再如，《惠州方言》（祝基棠主编，2008）。该书60万字，收录特色词语一万多条，其音读形式的标记细及字词本、变调，词语形式、语音形式和语义有同于广、客、潮者都尽可能作出区分，因而颇有利于对惠与广、客之间在异同关系上进行类项或总体的比较分析。还有刘若云、侯小英及刘镇发等的研究。刘若云着力于惠州本地话尤其是音系（含变调）的记录描述，侯小英学位论文则涉及东江中上游本地话的6个方言点。这都有助于学界了解粤东确有一种因其自身历史文化积淀的丰厚而与客家话对立并存的方言，并非整个东江中上游都是混一的客话世界。刘镇发提出"惠州话群"的概念，这与刘叔新的"惠河土语群"在地域上部分重合。他论证这个惠州话群虽是经受客家话几百年包围改造"残留"下来的方言，却仍保存着某些内部一致程度很高的、对客家话来说是异质的特征。

　　随着资料的添加，视角的扩大，接触交流的频密，学者们对惠州方言归属的认识也在加深调整。笔者认同"粤语惠河系"说，深信惠州乃至整个东江中上游本地话属粤而非客。本文题目虽云"散论"，但涉及内容却都指向一点，就是试图力证惠州方言本性（或"底层"）是粤语而不是客家话，在当下的方言划线归类上仍应划入粤方言，可像处置四邑话、高阳话、吴化话那样，使之独立为粤方言的一个支系。

　　四个小题的排序是先词汇、语法而后音韵。

一、从特殊词语个例看惠河本地话与粤语的亲缘关系

《东江中上游土语群研究——粤语惠河系探考》（后文省称《探考》）"词汇对照表"231页有"鸟"的一个条目。作为"鸟儿"统称的"鸟"，对照表分列的16个点出现三种对应情况：

第一种，鸟是"雀"或"雀仔""雀哎""雀哩"。包括惠州、博罗、惠州水口、惠州横沥、龙门平陵、紫金古竹、河源、龙川陀城、龙川四都、连平忠信、新丰马头、和平林寨，12个点情况都是如此，表现了惠河系内部的高度一致。称鸟为"雀"，是当今粤方言词汇的主流特征。广府片的点大部分是"雀"和"雀仔"，其他各片除某些点（后面会提及这些点）之外，都是"雀"或"雀仔"。本为粤语一个部分的惠河话，也把鸟称为"雀"，分属正常。这叫做同源共生。

第二种，鸟是"雕"。这见于连平隆街、新丰大席两个点。以"雕"来呼鸟，是客家方言的词汇特点，在福建、江西，在广东的梅县、兴宁，乃至整个东江流域和粤北，客家话的说法，鸟一概为"雕"或"雕仔"（参《客家话通用词典》，中山大学出版社，2004）。在客家话包围覆盖的特定情势之下，一两处以至多处本地话出现语音、词汇变异也是正常的。连平隆街和新丰大席地处惠河系北缘，深入纯客县地区，两点的"雕"，应该就是在特定条件下"客化"而来。

第三种对应情况出现在龙门路溪。作为鸟儿统称的"鸟"，在路溪不是粤方言的"雀"，又不是客家话的"雕"，而是"烈lit²⁵"。这就玄了！它还不是一个孤例，在别的条目下，我们又找到了路溪的"禾烈"（指麻雀），河源的"果烈"（指鹞鹰），还有惠州水口的"牛角掠"、惠州横沥的"牛角捋"（都是指鹞鹰）。这里"烈""掠"和"捋"，都是作为鸟的概念来充当合成词词素的，如"禾烈"是常在禾稻田间觅食的鸟儿，"牛角掠""牛角捋"是盘旋时双翼展开如一对牛角的鸟儿。在区内为客话包围分割的多个点上同时出现，这种情况就值得关注了。应该对这不是"雀"，也不是"雕"，而是"烈""掠""捋"的语言现实给出合理的解析。现在我们试沿路溪而下，放眼龙门的麻榨、永汉，直抵增城。这样我们就发现，原来粤语广府片东北部即东江下游的增城本地话中，鸟是被称为"甩"的。这个"甩"与惠河系的"烈""掠""捋"都表示"鸟"的概念，并且语音形式（音节）近同，其实是同一个字的方言变体。在粤语广府片增城话中，以"甩"为语素的词语族群庞大，使用频率甚高。略举常见部分如下：

> 甩、甩仔（鸟、鸟儿）
> 甩仔毛、甩仔屎、甩仔春（鸟蛋）、甩仔窦（鸟窝）、甩仔籍（捕鸟装置）
> 养甩仔、打甩仔（打鸟）、娶甩仔（掏鸟窝）、装甩仔（捕鸟）
> 麻甩（麻雀）、乌甩（一种通体黑色的鸟儿）
> 掘窟甩（啄木鸟）、放牛甩（一种候鸟，啼声近"放牛，放牛"）
> 五更甩（隐喻大清早高声说话扰人清梦的人）
> 麻甩佬（喻指好色、有性骚扰之类猥行的人）

再看广东粤语区增城之外的情况。以笔者所知，正在或曾经称鸟为"甩"的片点也还有不少，包括封开、新兴、怀集、肇庆、广州、东莞、龙门。其中称"麻雀"为"麻甩"的特多。广州现在仍是"麻甩""麻雀"叠置并存（参麦耘、谭步云《实用广州话分类词典》）。广州和香港还有"麻甩佬"一词，其含义略同于增城。

基于以上列述的各种情况，笔者以为可以作出如下几点合理的推论：

第一，广东粤方言词汇演变过程曾经有过用"甩"来称鸟的历史层次。"甩"是个口语词，旧文献似乎还未见有和它相应的书写文字。"甩"的词语形象，特点是一个入声音节，声母是"l-"，个别片点是"p-"（如东莞）、"m-"（如新兴）；韵母为收"-t"尾或"-k"尾的中低舌位元音"ɐ"或

"ʌ、ɛ、e、ɔ"等。看得出来，音响形象虽然已经发生分化变异，但彼此间的一致程度还是相当高。

第二，说"甩"是词汇演变上的一个历史层次，还因为现代粤方言称鸟词的主流已经在词语形象上发生了替换式的变化，由"甩"转换为"雀"，几乎所有含"甩"的词语都被覆盖、刷新。到如今，只有增城、龙门本地话才躲过覆盖，仍保存着相对系统完整的"甩"类词语族群，而其他片点，"甩"大都已经转换为"雀"，仅在某个或某些较特殊的组合词中留下"甩"的使用痕迹。例如，怀集、肇庆、新兴的"麻甩"，东莞企石的"麻毕"，路溪的"禾烈"，都是指麻雀；河源的"果烈"，惠州水口的"牛角掠"，横沥的"牛角捋"，都是指鹞鹰。在广州，"麻甩"之外，还有"麻甩佬"；而在香港，则仅剩"麻甩佬"，连"麻甩"也隐形了：某次电视上港人讨论"麻甩佬"的内涵，竟没有一个人能说出这个组合词中的"麻甩"就是麻雀。

第三，要说到这些词语使用者的亲缘关系和方言系属的问题了。一个语言社团，他们生活在连片地区，曾经在词汇发展的某个历史时期把"鸟"称为"甩"，其后演变又走着同一路向，一起把"甩"转换为"雀"。对于这样的一个语言社团，说他们源自同样一支先民群体，同属于一个语言或方言系统，这应该是成立的。那么，何以要说它们是属于粤语而不涉及别的方言呢？这问题现在回答不难，这是以往不少学者曾经进行过充分论证的。自周末至秦汉，经数回征伐开启了汉民规模性入粤的时代，这些汉民沿西江至古番禺远抵东江流域。以"甩"呼鸟之类词语应该就是早期粤语经移民和土著融合、聚变生成之后的通用词语。"甩"是否某个土著族类原先在用的，现在尚无法考证；但这并不重要。因为它已是在融合中保留，并且成为粤语的底层词汇、基本词汇存活至今。这个早期粤语分布范围有多大？从目下仍有"甩"在用或有"甩"类词语残留的那些片点的分布情况看来，那么，至少可以肯定，西江白话、广府白话和东江流域以"本地话"为称的土语群全都是古粤语的承传者。至于后来取代"甩"的"雀"，它是哪里来的呢？为什么它能取代"甩"呢？"雀"是指称鸟儿的古语词，早在《诗经》时代即已流行："谁谓雀无角，何以穿我屋！"（《诗经·行露》）这里"雀"是鸟，还特指麻雀。又唐人杜甫《羌村》诗句："柴门鸟雀噪，归客千里至。"这里是"鸟""雀"并称。似乎可以认为，"雀"是移民带入的。这个语言符号，能口耳相传，又可笔之于书，挟强大优势而来，那纯属有声形式、一向只在口语中流传的"甩"自然不敌，终至于经历一段时间叠置式演变后在许多片点被替换而逐渐消失。

第四，以上对表鸟词所作的比较分析都旨在说明，惠河本地话的"烈""掠""捋"就是粤方言多个片点的"甩"；粤方言是由"甩""甩仔"到"雀""雀仔"的转换，惠河话是由"烈""掠""捋"向"雀""雀仔""雀哎""雀哩"的转换。惠、粤之间在表鸟词的交替转换上有同样的历史层次、同样的起步点与同样的变化方向。这么一来，惠河本地话"源于粤语系属粤语"之说就在词汇方面得到有力的支持。

二、从人称代词复数表示法看惠粤间的一致性和惠客间的歧异性

（一）粤方言人称代词复数表示法的类型模式和惠、粤之间的一致性

广东粤方言人称代词复数表示法有两种基本的类型模式。第一种是人称代词加词尾型的增标法。这种表示法类型最有优势，使用最为普遍。第二种是人称代词内部屈折（变调/变韵）型的同字法。这种表示法类型使用虽不算普遍，但是最特殊，堪称粤方言之独。下面先略述一下这两种表示法的使用情况。

第一种，加词尾型的增标法。通常增标法指的是人称代词加专用词尾，但从广义上说，人称代词加实义词或短语也可以称作增标。在本文中，这两种所加复数标记不同的表示法则要区别为增标法的两种类型。值得注意的是，粤方言的增标，基本上是前者而不是后者。例如，广州就是人称代词加专用词

尾，并且三个人称用同一复数标记，具体来说，就是"我/你/佢"+"哋"。细数用加"哋"型增标法的，还有东莞、番禺、从化、南海、佛山、顺德、中山、三水、四会、肇庆、德庆、广宁、怀集、封开、云浮、新兴、郁南、清远、佛冈、英德、韶关、曲江、连州、连山、阳山、仁化、乐昌、化州、高州、信宜、廉江，等等。加词尾型增标法造成"我/你/佢+词尾"的双音节形式。这种形式符合高清晰度原则、简约原则，又满足了双音节的节律需求，因而普遍被用于粤方言的多个片点。所用作为复数标记的"词尾"，则由于受内部语音系统制约，各有特色，品类繁多。流通面最广的是上述广州的"哋 tei"，此外，还有新兴的"伲 nɐi"，从化的"啲 ti"，高州的"嗲 tɛ"，连州的"类 læy"，阳山的"待 tɔi"和"呢 le"，等等。所用文字多为自创或暂借，随意性很大，如同一个"伲"，语音形式新兴是"nɐi[45]"，化州却是"nɛ[55]"。

第二种，内部屈折型即"变调/变韵"型的同字法。这是一种很特殊的同字法。一般语法学、方言学论著说到的同字法是"单复数同形"，单数人称、复数人称使用同样的字眼，复数标记为零形式。这种简单的"单复数同形"，在粤语中也能找到，如恩平横陂第一人称，单数、复数就都读同样的"我 ŋɔk[21]"，书写形式、音响形象都完全一样。通过内部屈折，用"变韵/变调"来表示人称复数，这可说是粤方言同字法闯出来的一条独特之路。这种同字法中的"同字"，是名同而实不同，因为复数标记已经不再是零形式了。增城话人称代词的单、复数标记中变调［51］实际上已经成了表示人称复数的语法形式。

内部屈折（变调/变韵）型同字法的使用涉及粤方言的多个片点，包括粤海片的增城、龙门（永汉、麻榨），四邑片的鹤山（雅瑶、沙坪）——以上纯用变调；四邑片的台山（台城、端芬），开平（赤坎、赤水），恩平（恩城、江洲），新会（会城、小冈），江门（白沙、杜阮），斗门（斗门镇），鹤山（鹤城），香山片的中山（古镇、曹步），两阳片的阳江、阳春——以上变调、变韵兼用、杂用、叠用。还有阳西（织篢），声调不变，复数标记是单纯的变韵。（参甘于恩，1997）

粤方言人称代词复数表示法，最具优势的是加词尾型增标法，最特殊的是变调/变韵型同字法。两"最"弄清以后，惠、粤之间的一致性就容易揭明，因为惠州话、惠河土语不仅所普遍使用的增标法是人称代词加词尾型的，更引人注目的一点是，同字法也属于内部屈折型、变调型。

惠州的增标法是"我/你/佢+唎"：

我 ŋɔi[213]——我唎 ŋɔi[35] liɛ[35]
你 ni[213]——你唎 ni[35] liɛ[35]
佢 kʻy[213]——佢唎 kʻy[35] liɛ[35]

不仅惠州，惠河各点都采用了加词尾型的增标法。词尾用字则有 lei、nɐi、liɛ、lɐi，记作"唎"（见惠东、惠州水口、龙门路溪、河源、连平、忠信、龙川陀城、龙川四都）；li，记作"哩"（见惠州横沥、龙门平陵、紫金古竹）；ti，记作"哋"（见连平隆街、新丰大席、和平林寨）。（参刘叔新，2007）

惠州内部屈折型同字法是单纯的声调屈折，用变调来表示人称复数。单数人称，"我""你"是阴去［213］，"佢"是阳平［11］，变调表人称复数时，一起都变读为高升变调［35］。这可能是"类推作用"的影响，即李荣说的"语音感染"。

惠河本地话有近半的点同字法属变调型，其中三身人称代词复数全变调的有惠州、博罗、惠东、水口、横沥、龙川四都、连平忠信。和平林寨是第三人称代词复数变调。（参刘叔新，2007）

（二）客家话人称代词复数表示法的类型模式和惠、客之间的歧异性

上文说了惠河话使用两种人称代词复数表示法，一种是加词尾型的增标法，另一种是变调型的同字法。这两种人称代词复数表示法的使用和粤方言一致，如与客家话比较，则歧异甚大，甚至有根本性的不同。

第一，增标法所增的"标记"不同。惠河的增标法是加词尾型的增标法，所加的词尾是虚化的、音节性专用词尾，如惠州的"唎 liɛ³⁵"、龙门平陵的"哩 li³⁵"、和平林寨的"咄 ti²³"等，实际上都只是一种特定的语法形式。至于客家话的增标法，对所增标记则有绝然不同的选择。今参《客家话通用词典》所记，分列如下：

我们——𠊎等人、𠊎侪们、𠊎齐家、𠊎兜、𠊎兜人、𠊎嫩人、𠊎班人、𠊎班、𠊎子人、𠊎郎人

你们——你登人、你侪们、你兜人、惹兜人、你塔沙、你东人、你班人

他们——渠登人、渠侪们、渠兜人、渠嫩人、渠大沙、渠班人、渠子人

（所列词例出处是福建长汀、武平坪畲、武平县城、连城、宁化、江西瑞金、石城、上犹、广东梅县、兴宁、惠东、曲江马坝、连山三江。）

上述客家话的增标法几乎全取人称代词后加实义词或短语的一种模式。所加"复数标记"，严格说来都还没有虚化成为语法意义上的"词尾"。以此来跟惠州比较，就很难说是彼此共系同源了。

第二，内部屈折型同字法，广东客家话根本没有。内部屈折，惠州是声调屈折，是变调。屈折声调来表复数的同字法，客家话没有不稀奇，因为那是粤方言的专利。

结束这个话题前还需指出一点，为什么受客家话强势包围数百年，惠州特色的人称代词复数表示法依然不被覆盖、刷新？这或许就是学者们常说的，语法不容易起变动，因为它们是语言系统中最为稳固的部分。

三、惠州古全浊今送气仍有声调条件，去、入声部分不送气字与送气字叠置并存

（一）从一种张大其辞的说法谈起

古全浊今送气的表现，在广东各方言之间互有差异。惠州的特点是平、上字全部送气，去、入字部分不送气。这是说，惠州古全浊今送气仍有声调条件，不像客家话那样不论平上去入，一律"全部送气"。也就是说，即使仅以古全浊字送气特征一项来鉴别，惠、客之间也存在明显的界分。可是，以往讨论归属问题，多未能先把语言事实真相弄清，以为惠州古全浊今读塞音、塞擦音字不论四声，全部送气，从而对"属粤非客"说有所怀疑；而挺"属客"说的方言学者，则抓住这一环，以之为"立论支柱"。更有一种张大其辞的说法，称河惠本地话"全浊声母今读塞音、塞擦音者一律送气"，"与一般的客家话表现完全相同""完全高度一致"，如果"划归粤语"，那么，"粤语与客家话的判别标准就动摇了"，还可能会"导致粤语概念的瓦解"（见严修鸿《河惠"本地话"概略》，《惠州客家》创刊号，2009）。

笔者以为，这些说法多有可商榷之处。首先，说惠河本地话"全浊声母今读塞音、塞擦音者一律送气"，与客家话"完全相同""完全高度一致"，如此绝对，尽管论者表明是有过调查的，仍不免属于模糊影响之论。这一点后文将会详及。其次，即使惠河话真个是"不论四声"，"全部送气"，仍很难论定其非得属客不行。古浊音声母在惠河方言里的映射，除古全浊今送气一项以外，还有别的表现。试看客家话和赣语，古全浊今读"全部送气"确实是两者相同，学者们却依然可以从古浊母字音变的角度来作出区分。客家话古浊母字今声调分派的一项重要特征，是"古次浊平声、古次浊上声与古全浊上声都有读阴平的"。李荣（1989）说，那是"客家话区别于其他方言的特点"，也是"客家话区别于赣语的特点"。凑巧得很，客家话的这项足以跟其他方言划清界限的鉴别标准，如果用到惠、客之间的划界归类上，就把惠州话归属客家话的可能性绝对地排除了，因为惠州恰恰就是"古次浊平声、古次浊

上声、古全浊上声"都没有字像客家话那样读阴平的。这至关重要的一条，后文也会详及。又其次，在客、粤划界分区问题上，"送气化"作为鉴别标准的重要性和区分度应有正确的把握与适切的陈述。正如刘叔新（2011）说的，"全浊声母演进为清塞音、清塞擦音全部送气或在某种声调条件下送气，是情况不一地铺盖于赣、客、部分粤及惠河等大片方言的一个一体而分化多式的音变表现"。事实上，"一体而分化多式"的送气化历史音变特点不仅在粤、客、赣一大片地区之间，即使在粤方言内部也是存具的。李荣（1989）说："古全浊声母今读清塞音、塞擦音时送气与否，在粤语里是分片的标准。勾漏片一般都不送气。吴化片一般都送气。广府、邕浔、四邑、高阳四片一般今读阳平、阳上的字送气，今读阳去、阳入的字不送气。"——这不分明地是在认定粤语可包容"一般都送气"的片区吗？说粤语"接纳了惠河话"，会导致"粤语概念的瓦解"，那是过虑了。这其中恐怕还包含着对方言分区鉴别标准复杂性认知的缺失。

（二）不送气字存在的实证材料

"不送气字"是惠州话的不送气字。以下音韵问题，都将专就可代表惠河的惠州一个点来谈。

人们一直以为惠州古全浊今清塞音、塞擦音声母字是全部送气的，究其实，不送气的字仍多，并且集中分布于去声、入声。表 A 是一份不送气字存在的实证材料。表列的 80 多个古全浊今不送气字在古韵书中都有地位，今按古声母分类排列，注出惠州话今音和古反切，有必要的简注字义，古反切多从《广韵》《集韵》；有送气一读共时并存的用"/"标出。

表 A

【並母】並 pən²¹³ 蒲迥切，比並｜敝 piɛ²¹³ 毗祭切｜陴 pi³⁵ 傍礼切，大～，鸡～｜脯 pu³⁵ 薄胡切，菜～｜鳖 piɛt²¹ 蒲结切｜辮 piɛn³³ 蒲泫切｜浡 pit²¹ 蒲没切，冒出，挤出：～口水，～屎～尿｜攃 pɔk²¹ 蒲角切，用棍棒敲打：～头；～～声｜·pək²¹ 蒲角切，起～，蚊～｜鵖 pit²¹ 薄宓切，相思～，又称～鹄、～鵮｜鹄 pak²¹ 蒲候切，鵖～｜砰 paŋ³¹ 蒲迸切，石落声｜搒 pɔŋ³¹ 蒲庚切，搥打：～锤、～佢｜傍 pɔŋ³¹/pˈɔŋ³¹ 蒲浪切，～水（拿钱来）｜膀 pɔŋ³⁵ 步光切，牛～（牛杂）｜烶 pət⁴⁵ 弼力切，火乾，炙乾｜燓 pəŋ³¹ 蒲蠓切，成团成阵：乌蝇～～｜柿 pɔt²¹ 蒲拨切，用棍棒横打横扫：用棍～过去

【奉母】背 pi²¹³ 蒲昧切，～带，～老弟｜缚 pɔk²¹ 伏约切

【定母】诞 tan²¹³ 徒旱切，垫 tiɛn²¹³ 堂练切，鞋～，～钱｜兑 tɔi²¹³ 杜外切｜肚 tu³⁵ 徒古切｜凸 tut²¹，陀骨切｜突 tut²¹/tˈut²¹ 陀骨切，鼓出，露出｜炖 tun³¹ 杜本切（类篇）｜臀 tut²¹ 陀骨切，重重地坐下或放下｜铎 tɔk²¹ 徒落切，骑～马，孤寒～｜踱 tɔk²¹ 徒落切，随便溜溜：～街｜度 tɔk²¹ 徒落切，～身，～桥｜惰 tɔk²¹ 徒落切，琢磨，想办法｜忕 tɔk²¹ 徒落切，愣愣～～（呆想，发愣）｜跌 tiɛt⁴⁵ 徒结切｜荡 tɔŋ³¹/tˈɔŋ 徒朗切，～来～去，～街｜胴 təŋ³¹ 徒弄切，打牌～（光屁股）｜咸 tɔŋ³¹ 徒弄切，竖立，竖着：～床板｜挏 təŋ³¹ 徒弄切，捅，拷：～杨桃，～穿沙煲督｜·tiam³¹ 徒感切，跺，顿足｜窦 tau³¹ 田候切，老～（父亲）｜·tiau³¹/tˈiau³¹ 大透切，～利市，利市～来｜坍 tiap²¹ 杜盍切，塌下来，砸下来｜琢 tək⁴⁵ 徒谷切，～湿衫，水淋水～｜汀 tən³¹ 待鼎切，水零水～，好～

【澄母】秩 tsit⁴⁵ 直一切｜仗 tsiɔŋ²¹³ 直亮切，打～，打败～｜撞 tsɔŋ³¹ 直绛切，～板，～彩｜棹 tsau³¹ 直教切，～桨，～过船来｜攉 tsau³¹ 直教切，长桓｜秅 tsa³¹ 宅加切，一～草，一～禾秆，一～盐｜着 tɕiɔk³⁵ 直略切，穿：～衫，暗～｜仲 tsəŋ²¹³/tsˈəŋ²¹³ 直众切

【从母】践 tsiɛn²¹³ 才线切，～踏，～被｜饯 tsiɛn²¹³ 才线切，蜜～｜剂 tsiɛ²¹³ 在诣切，一～药｜捽 tsut⁴⁵ 昨没切，～脚，用药酒～｜榨 tsut⁴⁵ 昨没切，罨～（瓶塞）｜载 tsɔi²¹³ 昨代切，载重

【崇母】铡 tsak⁴⁵/tsˈak⁴⁵ 士戛切｜炸（煠）tsa³¹ 士洽切，油～鬼

【禅母】坿 tɕi²¹³ 市之切，鸡～（鸡舍，鸡屋）｜折 tsiɛt⁴⁵ 常列切，骨～｜褶 tsiɛp⁴⁵ 是执切｜芍 tsiɔk⁴⁵ 市若切，～药

【群母】競 kən²¹³ 渠敬切｜臼 kau²¹³ 其九切，脱～｜舅 kau³¹ 其九切，大～佬｜臽 kiu²¹³ 其九切｜偈 kiɛ³¹ 其例切，倾～，喈～｜笈 kiɛp²¹/kˈiɛp²¹ 皮～，藤～｜局 kək²¹/kˈək²¹ 渠玉切，监局：～佢请客，～佢出钱，局（胴）kək²¹/kˈək²¹ 渠玉切，发胀、隆起、鼓起：～奶，禾苗～胎｜仅 kin³⁵ 渠吝切｜馑 kin³⁵ 渠吝切｜瑾 kin³⁵ 渠吝切｜觐 kin³⁵ 渠吝切｜距 ky²¹³ 其吕切｜拒 ky²¹³ 其吕切｜巨 ky²¹³/kˈy²¹³ 其吕切

【匣母】浃 kap²¹ 辖夹切，沸滚溢出：～～滚，粥滚～出来；～浪 夹（挟）kap⁴⁵/kˈiɛp²¹ 胡颊切，胳膊用力挟住腋下

东西：～住文件袋｜迥 kiaŋ³⁵ 户顶切｜炯 kiaŋ³⁵ 户顶切｜茎 kaŋ³⁵ 户耕切，菜～｜洽 kap⁴⁵ 侯夹切，接～，～谈

表 A 的字分属古"並、奉、定、澄、从、崇、禅、群、匣"各母，今读为不送气清塞音、塞擦音，声调则基本是去、入声。在 86 个不送气字中，除了"辫"平声，"髀、脯、膀、肚、着、仅、馑、瑾、觑、迥、炯、茎"12 个上声，其余 73 个就全都属于去、入。不送气字存在和分布的数据显示，惠州"送气化"表现绝非与客家话"完全高度一致"。现代汉语方言送气化的类型分类，客家话属"全部送气"一类。惠州则显然不是"全部"，它的去、入声只能说是"部分送，部分不送"；更准确一点，是"大部分送，小部分不送"。这也就是说，惠州的"送气化"仍有声调条件，决不是"完全高度一致"地像客话那样全部送气，不论平、上、去、入。

表 A 在实证惠州与客家话有异的同时，它与粤语广府片在"送气化"上的类同点也显示出来：一是表中的不送气字广府也不送气（例外的是"脯""距""拒"数字，惠州不送气而广府送，因为这几个字广府今音仍读上声，送气符合粤语常例）。二是惠州送气有声调条件，广府送气也有声调条件——广府是平、上全送，去、入全不送；惠州是平、上全送，去、入部分送，部分不送。

表 A 的不送气字，在《广韵》《集韵》等韵书中有地位，可据以确认其不送气特征从古全浊音而来。惠州话另还有一批今读清塞音、塞擦音不送气常用字，古韵书中没有它们的音韵地位，却仍可纳入古全浊音变的范畴。这些字口口相传，书写形式多凭音义相关关系自创或暂借。例如：表抓取义的"爪 tsau³¹"｜表钻顶动作的"拱 kəŋ³¹"｜表闭嘴唇吐口水的"咘 pu³¹"｜作量词用于空间、地方的"笪 tat²¹"｜表高处跌下的"跶 tat²¹"｜表土里土气的"塥 kɔk²¹"，等等。把这些字纳入古全浊音变范畴，理由有二：第一，它们是作为口说字流传的，口说字的字音也不能没有声母清、浊的源流。第二，因为它们今读音韵地位属阳调（阳去、阳入）。惠州话去、入声分阴阳，按"清声归阴，浊声归阳"的音变规律，老牌的不送气（全清）字和老牌的送气（次清）字都派进了阴去、阴入，至于阳声（阳去、阳入）中今读清塞音、塞擦音声母的字，则无论在古文献中有无地位，其今读的送气特征都可视为古全浊声母在今方言里的映射。

在阳去、阳入两个调中，今读清塞音、塞擦音声母字，送气的到底有多少？不送气的到底有多少？我们利用《惠州方言》的语料作了个粗略的统计和估算。表 B 是统计出来的数值。不送气部分的比重是略小一些，但它的存在、它与送气部分叠并的事实则不容置疑。

表 B

	阳去	阳入	合计	比重
送 气	97	56	153	55.8
不送气	63	58	121	44.2
合 计	160	114	274	100

（三）叠置并存现象的解读

惠州去、入字部分送气，部分不送气。这送与不送的叠置并存现象可以用音变的历史层次以及横向方言间的关系来解读。叠置，可能就是时间先后的两个历史层次的并置；而横向方言间接触的先后，则关乎着两个历史层次的性质、内涵。对惠州来说，有接触关系的方言，先是粤语，其后是客家话。地处岭南古粤语东缘邻接广府的惠州，接受粤语广府片的影响是必然的，其相互间"送气化"表现的一致性也是必然的。这就是说，在早先的那个历史时期里，从惠州到博罗、龙门、增城，到广府片的中心区域，送气都是有声调条件的，是平、上送，去、入不送。在惠州，当进入后一阶段，当后一个历史层次

覆盖过来的时候，"送气化"的格局才被刷新，而现在能在表 A 中看到的古全浊今不送气字，就只是覆盖刷新之后的残留。至于那后一个历史层次的发生，则是缘于又一波外来势力的作用，缘于一个新的源语言——客家话在近代的强势进入、包围。这新一轮的覆盖、刷新，在古全浊"送气化"的一环上自然就是要使惠州也变得如客话一样不论四声，全部送气。

上文实证材料说到的那些不送气字，当是覆盖不全的结果，是刷新之后的历史遗留，这说明惠州话的"本性"或"底层"是早期粤语；而遗留下来的不送气字那么一大批，又说明惠州话与客家话在共时的层面上也有明显的区别。这两个方面的语言事实，都是讨论惠州话属客属粤鉴别标准时应予考虑的。

为什么历经数百年，覆盖、刷新还会有那么多残留呢？其原因粗说起来有二：一是客家话进入之前，作为古粤语一个成员的惠州有比数百年"客化"更悠长的历史，有很深厚的粤语底层色彩，消褪不易。二是在大岭南地区粤语迄今仍是强势存在，惠州与粤语中心区域之间，客家话的阻断是阻而未断，互通渠道仍多，放眼当今情势更属如此。还有，不送气字词本身所具有的某些因素和特点，也是能避过覆盖，让不送气特征得以保存的原因。分析表 A 的字，多半属口语常用方言字，土俗之气特别分明，如"凸、忐、悙、挜、荡、嚁、踏、涿、汀、胴、戚、浮、煏、搒、抩、爆、爁、樟、秅、捽、椊、坿、臬、偈、浃"等。这些字以其"土"而根扎甚深，从而有更大机会躲过百年覆盖。以"胴"字为例，那是很古老的定母字，"打髀胴"即光屁股，这个说法大行于惠、博、增、龙和广州周边本地话区，属早期粤语遗留。客家话不以"打髀胴"来表示光屁股，而是另有说法，长汀是"打窾臖"，梅县是"打膦鸟"，惠东是"打朘鸟"。这些说法未能取代惠州旧有的表述，而"胴"的今声母不送气特征就得以在"打髀胴"中原汁原味地保存。又如"臬"，一方面，它是粤语广府片、惠河本地话自古及今一致的常用物量词，如"一臬饭""大臬佬"等；另一方面，在客家话的物量词中，这个"臬"是个空位，不出现与它相对应的语言符号。有这么一重关系，躲过覆盖就相对容易。特土气的还包括一些地域性专名用字，如"鹍"和"鹄"。一种小比黄莺的鸟儿，惠州习称"相思鹍"，又称"鹍鹄""鹍欤"。这俗名应是中古遗留，《集韵》记载这种小鸟的词条，就分别有"鹍"和"鹄鹍"。"鹍"和"鹄"都是古全浊并母字，今惠州话保留阳调及不送气双声读法，正好就是古音类的投射。

上举各例都是有固定书写形式的不送气字，如果是单纯的口说字，其音读的不送气特征要避免覆盖，可能性自然就更大了。

四、惠州古全浊上字、次浊上字不读阴平，调类归属平仄不混

惠州在古浊母字今读的表现上，有两项特征可据以划清和客家话的界限。其一是部分古全浊今不送气字在去、入调中与送气字叠置并存；其二是古全浊上字、次浊上字不分派入阴平，平仄保持千年不混。

古浊音声母清化后的调类归属走向，影响并左右着汉语方言声调的格局，几乎每个方言都因此形成有别于其他方言的声调特点。黄雪贞（1988）指出，客家话声调的特点在于古次浊平声、古次浊上声与古全浊上声都有读阴平的。随后，李荣（1989）进而认为，"这才是客家话区别于其他方言的特点"。又还强调客家话声调的特点是三项都有读阴平的，只有一项不够。粤语台山话古次浊上声有读阴平的，但全浊上声不读阴平；赣语新淦话古全浊上声有读阴平的，但次浊上声不读阴平，"都与客家话不合"。李荣先生是把古浊母字三项都有字归阴平作为客家方言的鉴别标准。这就说到问题的节骨眼上来了。我们现在讨论的惠州话，它是古浊声母三项——古次浊平、古次浊上、古全浊上都不归入阴平，那还可以说是和客家话相合吗？表 C 比较惠州话与梅县话古浊音声母三组字今读声调的异同。用于作比的字从李荣文中"梅县今阴平例字表"整个地移来。李说这些例字"经过试用增删"，"可以作为客家话的鉴别字"。表中每字下注字音，斜线前是梅县字音，后是惠州话字音。

表 C

次浊平	毛 ₌mau/ᶜmau	蚊 ₌mun/ᶜmun
	拿 ₌na/ᶜna	楼 ₌lau/ᶜliau
	鳞 ₌lin/ᶜlin	笼 ₌luŋ/ᶜməŋ
	聋 ₌luŋ/ᶜləŋ	
次浊上	马 ₌ma/maᶜ	买 ₌mai/maiᶜ
	尾 ₌mi/miᶜ	满 ₌man/mɔnᶜ
	猛 ₌maŋ/maŋᶜ	暖 ₌nɔn/nɔnᶜ
	懒 ₌lan/lanᶜ	两 ₌liɔŋ/liɔŋᶜ
	冷 ₌laŋ/laŋᶜ	领 ₌liaŋ/laŋᶜ
	岭 ₌liaŋ/laŋᶜ	软 ₌ŋiɔn/nyɛnᶜ
	忍 ₌ŋiun/ŋinᶜ	咬 ₌ŋau/ŋauᶜ
	有 ₌iu/iuᶜ	友 ₌iu/iuᶜ
	野 ₌ia/iaᶜ	痒 ₌ciɔŋ/ciɔŋᶜ
	养 ₌iɔŋ/iɔŋᶜ	
全浊上	被 ₌pʻi/pʻiᶜ	弟 ₌tʻai/tʻiɛᶜ
	淡 ₌tʻam/tʻamᶜ	断 ₌tʻɔn/tʻɔnᶜ
	动 ₌tʻuŋ/tʻəŋᶜ	坐 ₌tsʻo/tsʻᵒᶜ
	在 ₌tsʻoi/tsʻɔiᶜ	柱 ₌tsʻu/tsʻyᶜ
	重 ₌tsʻuŋ/tsʻəŋᶜ	舐 ₌sai/çyɛᶜ
	倚 ₌kʻi/kʻiᶜ	舅 ₌kʻiu/kʻiuᶜ
	近 ₌kʻiun/kʻinᶜ	旱 ₌hɔn/hɔnᶜ

如表 C 所示，除古次浊平项中的"楼""蚊"两字之外，惠州话就都不读阴平。至于"楼""蚊"的阴平读音，乃起因于粤语的单念高平变调，在广东多个方言都读同一调子，拿来作为客家话的鉴别字似欠允妥。

既然要三项都有读阴平的，一项没有都不行，今惠州三项全都不读阴平，尤其是次浊上、全浊上完全没有读阴平的，那自然就更是"与客家话不合"了。换句话说，客家是自己用古浊母字归阴平这一堪称为客家话之独的重要音变规律把惠州话拒之门外了。

古浊母字归阴平这一音变的重要规律应予重视，尤其是浊上（次浊上、全浊上）字派入阴平，对历史音变的大局有很深的影响。岭南方言的一个共同特点，就是声调格局上承中古，无论小变大变，都保持着平仄不混。唯独客家话，那么一大批古次浊上、全浊上字归入阴平，冲击着平仄双分的千年大限，那是很令人瞩目的。今惠州话以其浊上字不派入阴平、平仄不混的鲜明特征，保持着跟粤语的一致，跟整个岭南音变大局的一致，并因此而得以跟客家话区别开来，跟客家中心区域梅县话区别开来，跟周边杂处的客家话区别开来。

客家话古浊上（含次浊上、全浊上）今读阴平的字到底有多少？表 D 是一份梅县的清单。总计字数为 126 个，其中古上次浊字 81 个，古上全浊字 45 个，足见其控制面之广，统辖字之多。引用材料基本部分见《梅县方言的语音特点》（参黄雪贞，1992）。

表 D

【古上次浊今读阴平字】马（白读）、码、玛、蚂₌ma｜惹₌ŋia｜也、野（白读)₌ia｜亚₌a｜每、美、尾₌mi｜里（～背，里面)₌ti｜你（读书）、汝、尔、蚁₌ni｜里（量词）、理、鲤、吕、铝、旅、礼₌li｜语₌ŋi｜以、羽、禹、与、乳₌i｜姆₌me｜我（读书）₌ŋo｜母、拇₌mu｜武₌vu｜鲁、橹、滷₌lu｜有、友、酉₌iu｜买₌mai｜乃、奶₌nai｜屡、厘（～儿，最小的硬币）₌lui｜累（～积）₌lui｜卯、铆₌mau｜恼（生气）₌nau｜某、亩、牡₌meu｜腩（牛～）₌nam｜冉₌ŋiam｜檩（～条）禀（～生）₌lim｜满₌man｜挽（～联）、蜿、鲩（～鱼，草鱼）₌van｜懒₌lan｜演₌ian｜免₌men｜辇、撵₌lien｜暖₌non｜软₌ŋion｜尹、允₌iun｜忍₌ŋiun｜猛、蟒₌maŋ｜冷₌laŋ｜领、岭₌liaŋ｜往₌voŋ｜养、痒₌ioŋ｜两（量词）₌lioŋ｜冗₌iuŋ。

【古上全浊今读阴平字】社₌sa｜下（方位词)₌ha｜被（～单）、婢₌pʻi｜稚、雉₌tsʻl｜巨、拒、距、倚、技、妓₌kʻi｜坐₌tsʻo｜簿₌pʻu｜柱₌tsʻu｜臼、柏、舅₌kʻiu｜蕎₌kʻiau｜弟（老～，弟弟）娣₌tʻai｜舐₌sai｜在（白读）₌tsʻoi｜浩、皓₌hau｜稻₌tʻau｜鳔₌pʻiau｜淡₌tʻam｜拌₌pʻan｜辫₌pien｜喷₌pʻun｜断（拗～，折断）₌tʻon｜喊₌ham｜旱₌hon｜很、狠₌hen｜近、菌₌kʻiun｜蚌₌pʻoŋ｜上（动词）₌soŋ｜鳝₌san｜动（莫～，别动）₌tʻuŋ｜重（轻～）₌tsʻuŋ｜丈₌tsʻɔŋ。

表 D 中梅县读阴平的古次浊上、古全浊上字，惠州话不读阴平。然而，这一语音特点在惠河本地话不完全一致：中游流域的惠州话、博罗话、水口话、横沥话、龙门平陵话、紫金古竹话以及河源话，古次浊上、全浊上都不派入阴平，因而平仄不混；上游流域的龙川陀城话、四都话、忠信话、隆街话、新丰马头话、大席话、和平林寨话，加上属中游的龙门路溪，古次浊上、全浊上字就读阴平，情况和客家话相当。两类地区调数和调类分布又略有差异，前者都是 7 个调，其中上、去 3 个调，去声分阴阳（稍不同的是惠东，虽则也是上、去三个调，但上声分阴阳，去声不分阴阳）；后者都是 6 个调，上、去声都只有一个调，不分阴阳（稍不同的是大席，入声分阴阳，而后阳入又分上、下）。对这一语言现实现象，可作如下两点解读：其一，从横向方言间的关系上看。整个惠河本地话，包括中游各点与上游各点，原先都是古次浊、全浊上字不读阴平，平仄不混。上游各点的变化，跟后来客家话一波的覆盖有关。上游本地话深处客属县区，自然就更难于在保持自己特性的情况下存活下来。其二，从音系结构变化、内部声调格局的差异上看。上游流域各点上、去声都只有一个调类，少了阳去。这样一来，古阳上调（含古次浊上、古全浊上）的消散分流，便缺少了阳去的选择，因而会有派入阴平的可能。客家话一波的覆盖、刷新，必定是从阴去、阳去合为一个去声开始。阳去消失以后，古阳上（次浊上、全浊上）部分留读今上声（古阴上调），部分归入去声（古阴去调），其余的字就转向平声（阴平-阳平）。（参《探考》，刘叔新，2007）

结　语

本文散论词汇、语法、音韵诸方面的一些问题，旨在说明，惠州话、惠河土语的底层是粤语，只是由于地处大粤语区域的边缘，受西进客话强势包围覆盖，因而在融合聚变中具有某些客家方言的因素和特点。但这一波源于客家话的覆盖、刷新强度毕竟是很有限的，即使是影响最大的那些因素，都明显可见早期粤语的遗留，正是这历史本身以及那大量覆盖未尽的历史遗留物，在突出地彰显着惠、客之间的界限，表明"属客非粤"说之不成立。讨论的问题中，古浊音声母字的音变，尤其是古全浊声母字在今方言里的映射说得多些，因为在系属鉴别区分的各项疑题中，这是最后而且是最大的一道必须跨越的"坎"。

[八秩华诞]

清代法家龚自珍

吴剑青遗稿

一、生　平

龚自珍（1792—1841），字璱人，号定盦，一名易简，字伯定，后更名巩祚。先世随宋迁余姚，后迁杭州，著籍仁和。祖名敬身，字屺怀，号匏伯，乾隆己丑进士，出知云南楚雄府，擢迤南兵备道。父名丽正，字暘谷，号闇斋，嘉庆丙辰进士，官江南苏松太兵备道，署江苏按察使。自珍二十七岁（嘉庆二十三年戊寅），应浙江乡试，中式第四名举人。三十八岁（道光九年己丑），会试中式，殿试三甲第十九名，赐同进士出身。历任内阁中书、礼部主事等职。四十八岁（道光十九年己亥），被迫辞官，就丹阳云阳书院讲席，不满一载，即以暴疾逝世，年仅五十，时道光二十一年八月十二日。

二、两条路线斗争

龚自珍所生活的五十年，正是中国封建社会日趋没落，走向半封建半殖民地的历史阶段。以满洲贵族为首、汉族大地主、官僚、豪商为中心建立起来的封建专制主义统治，已显著地暴露了它的内部危机。残酷的封建剥削与腐朽的封建统治，迫使人民群众起来反抗，国内的民族矛盾与阶级矛盾已日益尖锐化，全国各地的农民起义运动彼伏此起，特别是嘉庆十八年（1813）以林清为首的天理教农民起义军，竟在统治集团根本之地，禁卫森严的首都，攻入紫禁城，箭着隆宗门上。这些起义军虽暂被镇压下去，但矛盾却依然存在，甚至由于军事镇压所带来的灾难，更加深了矛盾的新因素。

这时，统治阶级内部儒法两条路线的斗争也逐渐尖锐起来，以皇帝为首的满洲贵族集团和代表国内大地主利益的腐朽官僚集团，还是坚持其"君君臣臣父父子子"的孔孟之道，用"克己复礼"的手段，企图维持其摇摇欲坠的统治。他们是当权派，掌握着国家机器，不见棺材是不流泪的。另一派则是代表中小地主阶级利益的法家人物（龚自珍就是其中的一个），他们在阶级矛盾与民族矛盾的浪潮冲击下，头脑清醒起来，对统治阶级的高压政策，满汉不平的种族歧视，腐化堕落的官僚政治，牢笼知识分子的八股取士制度，均提出反对意见。他们多是今文学家，披着尊孔的外衣，走着法家改革的道路，特别是龚自珍，年少气盛，从旧堡垒中站出来，反戈一击，深刻地揭露了封建社会的黑暗、封建制度的不合理，大胆地提出了政治改革的要求。这些要求，虽是从维护本阶级利益出发，但在客观上，也多少符合了当时人民的利益与愿望。

在嘉庆二十年乙亥至二十一年丙子之间，统治阶级内部之官僚集团（他们都是儒家）还是醉梦升平的时候，龚自珍便在自己所写的《乙丙之际著议第九》里指出：

> 书契以降，世有三等，三等之世，皆观其才。才之差，治世为一等，乱世为一等，衰世别为一等。衰世者，文类治世，名类治世，声音笑貌类治世。黑白杂而五色可废也，似治世之太

素；宫羽清而五声可铄也，似治世之希声；道路荒而畔岸骧也，似治世之荡荡便便；人心混混而无口过也，似治世之不议。左无才相，右无才史，阃无才将，庠序无才士，陇无才民，廛无才工，衢无才商，抑巷无才偷，市无才驵，薮泽无才盗，则非但鲠君子也，抑小人甚鲠。当彼其世也，而才士与才民出，则百不才督之缚之，以至于戮之。戮之非刀、非锯、非水火，文亦戮之，名亦戮之，声音笑貌亦戮之。戮之权不告于君，不告于大夫，不宣于司市，君大夫亦不任受。其法亦不及要领，徒戮其心，戮其能忧心，能愤心，能思虑心，能作为心，能有廉耻心，能无渣滓心。又非一日而戮之，乃以渐，或三岁而戮之，十年而戮之，百年而戮之。才者自度将见戮，则早夜号以求治，求治而不得，悖悍者则早夜号以求乱。夫悖且悍，且瞆然瞢然以思世之一便己，才不可问矣，向之伦辈有辞矣。然而起视其世，乱亦竟不远矣！

公羊学家谓《春秋》书法有三世：所见世，所闻世，所传闻之世。一说所见世为太平世，所闻世为升平世，所传闻世为据乱世。龚氏受《春秋公羊》于刘申受，故亦喜言三世。他在这里所说的衰世，实即公羊学家的据乱世，也就是龚氏所处的时代，它是何等可怕的黑暗时代啊！一切聪明才智都被孔孟之道所扼杀，人们已从"早夜号而求治"，转变成"早夜号而求乱"了。这时，儒家政治路线所构成的封建制度，已到了彻底崩溃的边沿，孔孟的封建道德准则，也无法控制广大的人民群众，只有实行"更法"，才有希望。这就使龚氏自觉地成为先进的法家人物。但要"更法"，就要有王安石"天命不足畏，祖宗不足法，人言不足恤"的大无畏精神。于是龚自珍在《乙丙之际著议第七》中便冒着生命的危险，大声疾呼：

> 一祖之法无不敝，千夫之议无不靡，与其赠来者以劲改革，孰若自改革？抑思我祖所以兴，岂非革前代之败耶？何莽然其不一姓也？天何必不乐一姓耶？鬼何必不享一姓耶？奋之奋之！将败则豫师来姓，又将败则豫师来姓。

自然，龚自珍所提出的"自改革"，还是自上而下的改良主义。但他是封建时代的儿子，不可能超越其时代、其阶级提出消灭封建制度的主张来。他处在清王朝极端专制的统治下，知识分子早无言论自由，文字冤狱，层出不穷，而他仍敢于高喊："拘一祖之法，惮千夫之议，听其自堕，以俟踵兴者之改图尔！"确是十分大胆的言论，难怪他的朋友庄卿珊，要劝其"狂删乙丙书"。① 但龚氏敢于战斗的法家精神，也就在这里初步表现出来。

在著名的《平均篇》里，龚自珍还进一步指出：

> 至极不祥之气，郁于天地之间，郁之久，乃必发为兵燹，为疫疠，生民噍类，靡有孑遗，人畜悲痛，鬼神思变置。其始，不过贫富不相齐之为之尔。小不相齐，渐至大不相齐，大不相齐，即至丧天下。

这是他从社会实际生活中，清醒地看出清王朝所走的儒家路线，已快要出现"人畜悲痛，鬼神思变置"的局面，根本原因是由于贫富不均。所以他十分自信地说："浮、不足之数，相去愈远，则亡愈速；去稍近，治也稍速。千万载治乱兴亡之数，直以是券矣。"这里所说的"浮"，是指拥有大量财富的统治阶级剥削阶级的人物，"不足"的，指日益贫困的劳苦大众。他们之间贫富愈悬殊，则统治阶级政权的崩溃也就愈加快，这就是"大不相齐，即至丧天下"。龚氏虽看清了"千万载治乱兴亡之数"，关键是在于各阶级间的财富分配问题上；但他还不可能认识到世间的一切财富（包括精神财富），都是劳动人民所创造的，因而剥削阶级所建立起来的各种政治制度都是不合理的。

龚自珍对清王朝百余年来的君主专制与高压政策提出了异常激烈的批评。他在《古史钩沉论一》

---

① 《杂诗乙卯自春徂夏……得十有四首》之二有"常州庄四能怜我，劝我狂删乙丙书"句。

里说：

> 昔者霸天下之氏，称祖之庙，其力强，其志武，其聪明上，其财多，未尝不仇天下之士。去人之廉，以快号令，去人之耻，以嵩高其身。一人为刚，万夫为柔，以大便其有力强武……大都积百年之力，以震荡摧锄天下之廉耻。既殄、既狋、既夷，顾乃席虎视之余荫，一旦责有气于臣，不亦暮乎？

这是说，历史上的所谓雄才大略的统治者，都是仇恨天下之士，要尽量去掉他们的廉耻心，弄到他们都屈伏于自己的淫威之下，以便后世子孙可以叨自己的余荫，坐享太平。但这样做的结果，一旦国家有事，你枉责备臣子们没有气节，那就太晚了！这是借古讽今的手法，矛头还是直指清王朝的最高统治者。

龚氏对执行儒家路线的腐朽官僚集团，在他的《明良论二》里，曾作了深刻而又形象的描绘：

> 窃窥今政要之官，知车马、服饰、言词捷给而已，外此非所知也。清暇之官，知作书法、赓诗而已，外此非所问也。堂陛之言，控喜怒以为之节，蒙色笑，获燕闲之赏，则扬扬然以喜，出夸其门生妻子。小不霁，则头抢地而出，别求夫可以受眷之法，彼其心岂真敬畏哉？问以大臣应如是乎？则其可耻之言曰：我辈只能如是而已。至其居心又可得而言，务车马捷给者，不甚读书曰：我早晚直公所，已贤矣，已劳矣。作书赋诗者，稍读书，莫知大义，以为苟安其位一日，则一日荣。疾病归田里，又以科名长其子孙，志愿毕矣。且愿其子孙世世以退缩为老成，国事我家何知焉？嗟乎哉！如是而封疆万万之一有缓急，则纷纷鸠燕逝而已，伏栋下求俱压者鲜矣。

这真是把老官僚的丑恶嘴脸，勾画得十分鲜明、生动，他们是一伙极端自私的人，到了国家危急的时候，只有"纷纷鸠燕逝而已"！自珍对清王朝的种族歧视，亦有强烈不满的情绪，在其所写的《杭大宗逸事状》《书果勇侯入觐》二文及《汉朝儒生行》①一诗中，还是隐约其词，但在《古史钩沉论四》里，就较明显地指出清朝贵族始终对汉族人民抱着猜忌与防范：

> 然而祖宗之兵谋，有不尽欲宾知者矣；燕私之禄，有不尽欲与宾共者矣；宿卫之武勇，有不欲受宾之节制者矣；一姓之家法，有不欲受宾之论议者矣。（中略）若夫其姓宾也，其籍外臣也，其进非世及也，其地非闺闼燕私也，而仆妾色以求容，而俳优、狗马行以求禄，小者丧其仪，次者丧其学，大者丧其祖，徒乐厕于仆妾、俳优、狗马之伦，孤根之君子，必无取焉。

这里所说的"宾"，是指汉人中的"圣智魁杰寿耆"人物，即现今所说的头面人物。他们因为是宾，便受到种种的歧视，得不到最高统治者的信任。因此，龚氏对"仆妾色以求容，俳优、狗马行以求禄"的汉族士大夫提出严厉的批评，说他们"小者丧其仪，次者丧其学，大者丧其祖，徒乐厕于仆妾、俳优、狗马之伦"，这真是骂得痛快，进一步表现了他那法家的战斗精神，使长期慑于专制淫威下的知识分子震动极大。无怪晚清的儒家代表人物洋务派的头子老官僚张之洞，对龚自珍的学说恨得要死，怕得要命，写下了"父仇子劫有由来"②的诗，硬说他是反纲常名教的罪魁祸首。

三、龚自珍的诗

龚自珍的创作路线，是为他自己的法家政治路线服务的。论文如此，诗歌也不例外。试看其《自

---

① 《汉朝儒生行》，王文濡校编本眉批："儒生乃定公自谓，篇中所谓将军，殆指杨勤勇公芳耶？"
② 张之洞《学术》诗："理乱寻源学术乖，父仇子劫有由来。刘郎不叹多葵麦，只恨荆榛满路栽！"自注："二十年来，都下经学讲《公羊》，文章讲龚定庵，经济讲王安石，皆余出都以后风气也。遂有今日，伤哉！"

春徂秋……得十五首》之十：

> 兰台序九流，儒家但居一。诸师自有真，未肯附儒术。后代儒益尊，儒者颜益厚。洋洋朝野间，流亦不止九。不知古九流，存亡今孰多？或言儒先亡，此语又如何？

这是说，当班固叙述古代学派时，儒家不过是九种流派之一，其他学派各自有其一套，不肯依附儒家。由于后代的统治阶级尊儒，儒家的脸便越发厚起来，到了现在，儒家内部的流品已极杂乱，真正的儒家，有人说早已完蛋了。龚氏是从根本上否定儒家的存在，这就使高挂着儒家正统招牌的统治集团感到万分狼狈和愧怒。再看《饮少宰王定九丈鼎宅少宰命赋诗》：

> 天星烂烂天风长，大鼎次鼐罗华堂。吏部大人宴宾客，其气上引为文昌。主人佩珠百有八，珊瑚在冒凝红光。再拜醑客客亦拜，满庭气肃如高霜。黄河华岳公籍贯，秦碑汉碣公文章。恢博不弃贱士议，授我笔砚温恭良。……迩来士气少凌替，毋乃大官表师空趋跄。委蛇貌托养元气，所惜内少肝与肠。杀人何必尽砒附？庸医至矣精消亡。公其整顿焕精采，勿徒须鬓矜斑苍！（下略）

这是对"委蛇貌托养元气，所惜内少肝与肠"的腐朽统治集团人物（包括王鼎在内），作大胆无情的揭露。他们都是庸医，由这批人来医国治民，只有使国计民生更加疲困乃至灭亡。龚氏还当面训斥王鼎："公其整顿焕精采，勿徒须鬓矜斑苍！"即不要倚老卖老，应该焕发精神，认真整顿起来。闻他的好友魏源深恐此诗招祸，要他将"毋乃大官表师空趋跄"句，改为"如鱼逐队空趋跄"，"所惜内少肝与肠"句，改作"畴肯报国输肝肠"。为了不得罪王鼎，还将后二句改为"得公整顿焕士气，岂惟须鬓矜斑苍"，这不但削弱了龚诗的战斗性，也严重歪曲了作者的原意，因而遭到了龚氏的拒绝。

龚氏的《伪鼎行》，也是针对丑恶的官僚集团而写的。他们都是伪君子，真小人，是"内有饕餮之谗腹，外假浑沌自晦逃天刑"的人物。由于得到最高统治者的喜爱，便作威作福，"徒取云雷傅汝败漆朽壤，将以盗腥膻"。但到了一定的时候，他们垮台了！所谓"福极而碎，碎为琉璃脆且轻"。可能这首诗，是为和珅而作的。

毛主席教导我们说："和形而上学的宇宙观相反，唯物辩证法的宇宙观主张从事物的内部，从一事物对他事物的关系去研究事物的发展，即把事物的发展看做是事物内部的必然的自己的运动，而每一事物的运动都和它的周围其他事物互相联系着和互相影响着。"（《矛盾论》）龚自珍虽没有唯物辩证法的宇宙观，还不能把事物的发展看做是事物内部的必然的自己的运动，但他已初步认识到一事物的运动，都和它的周围其他事物互相联系着和互相影响着。试看《自春徂秋……得十五首》之二：

> 黔首本骨肉，天地本比邻。一发不可牵，牵之动全身。圣者胞与言，夫岂夸大陈？四海变秋气，一室难为春。宗周若蠢蠢，楚纬烧为尘。所以慷慨士，不得不悲辛。看花忆黄河，对月思西秦。长官勿三思，以我为杞人。

自然，诗中的"黔首本骨肉"与"圣者胞与言"，是超阶级的观点，不符合阶级社会的实际。但他的"一发不可牵，牵之动全身"和"四海变秋气，一室难为春"的诗句，绝不是形而上学的宇宙观。他是能从现象到本质，从局部到整体，用互相联系互相影响的观点，看事物的发展和变化。

在"人间儒派方狺狺，饥龙悴凤气不伸"（《辨仙行》）的黑暗时代里，龚自珍这种敢于斗争的法家精神，必然要遭到当权派的逼害。这点，他自己是清楚的。在《十月廿夜大风不寐起而书怀》一诗里，他说：

> 我方九流百氏谈宴罢，酒醒炯炯神明真。贵人一夕下飞语，绝似风伯骄无垠。平生进退而颠簸，诘屈内讼知缘因：侧身天地本孤绝，刿乃气悍心肝淳！欹斜谑浪震四坐，即此难免群

公瞋。

这是说，他之所以得罪贵人，弄到"进退而颠簸"的原因：一是由于"侧身天地本孤绝"（非生于高门世族，无雄厚的政治资本），二是由于"气悍心肝淳"（太天真，负气直言），三是由于"欹斜谑浪震四座"（态度不好，嬉笑怒骂，震惊四座）。其实这些都是表面的原因，真正的要害处，在于龚氏所持的法家路线，触犯了官僚集团的利益，因而遭到了他们无情的打击。在《自春徂秋……得十五首》之第九首中，作者说：

> 盲气六合来，初日照濛汜。抱此葵藿孤，斯人拙无比！一夫起锄之，万夫孰指使？一夫怒用目，万夫怒用耳。目怒活犹可，耳怒杀我矣。去去亦何求？买山请归尔。

这是说，在妖氛弥漫的国家里，我抱着葵藿向阳的一片孤心，真是愚蠢无比！官僚集团的人，已"一夫怒用目，万夫怒用耳"了！如果只是一个人怒目而视，我还有活命的希望；倘若一群人在交头接耳，那就要杀掉我了！后来这位诗人，真的是被迫去职，"买山请归"，回家不久，便不明不白地以"暴疾"死去。

但龚自珍敢于战斗的法家精神，不因罢官而有所贬损，在《己亥杂诗》里，就有下面一首诗：

> 学羿居然有羿风，千秋何可议逢蒙？绝怜羿道无消息，第一亲弯射羿弓。

羿是我国古代传说中的善射英雄，曾起来造反，驱逐夏太康。逢蒙学射于羿，是羿的学生，后来又射杀了羿。作者肯定了逢蒙的造反精神，慨叹这种精神（羿道）的消沉，要起来效法逢蒙，作第一个亲弯射羿弓的人。

程金凤说："天下震矜定盦之诗，徒以其行间璀璨，吐属瑰丽……若其声情沉烈，恻悱遒上，如万玉哀鸣，世鲜知之。"究竟龚自珍所独有的沉烈的声情，具体内容怎样？程女士未作明确的解释，只是空洞地提了出来。我认为要理解龚诗的优、特点，只有从他的思想性和艺术性高度结合上进行分析，才有可能得出比较正确的评论。本人因马列主义水平不高，只好搁笔不谈了。

[附言] 吴剑青先生，1909 年出生于广东梅县，1932 年至 1939 年在梅县东山中学任教，1940 年抗日战争期间投笔从戎，1950 年代开始，在华南师范学院中文系（今华南师范大学文学院）任教授，1971 年冬退休回乡定居。他是中国古代、近代文学研究家，也是诗人，是华师中文系的名师。

1974 年，我参加"法家著作"《龚自珍诗文选注》工作，曾将拟"选注"的篇目寄给他，征求意见。他接信后于当年 11 月 20 日，给我写了一封约 500 字的长信。大约在 1975 年春天，他又寄了自己写的《清代法家龚自珍》这篇文章供我参考。吴先生于 1975 年 5 月 28 日突发心脏病辞世，该文很可能是他生平写的最后一篇文章，虽然在观点和用辞方面都有明显的时代局限性，但其中也有他的研究心得。现将这篇遗著予以公开发表，既可供研究者参考，也是对吴先生的一种纪念。

（管　林）

终生从教的学者、诗人和书法家

——忆吴三立教授

管 林

(华南师范大学文学院　广东广州　510631)

　　吴三立（1897—1989），曾用名山立，字辛旨，1897 年 9 月 13 日出生于广东省平远县上举乡畲脑村。祖父和父亲均乡居课徒，不事生产，虽有山田数亩，然食指繁众。他在求学阶段皆靠祖尝资助，或向亲友借贷以维持。1911 年至 1920 年在平远读小学和中学。中学毕业后，1921 年 8 月考取广东高等师范文史部，1925 年 7 月毕业，8 月进入北京师范大学国文研究科学习，1927 年 7 月毕业。1927 年 8 月至 1929 年 7 月，任北平女子师范大学预科讲师。1929 年 8 月至 1932 年 7 月，任北京师范大学文学院国文系讲师。1933 年夏，受聘南归。在广东勷勤大学教育学院（后改为广东文理学院）、中山大学文学院任教授（其中 1945 年 8 月至 1948 年 7 月还兼任中文系主任）。其间，并先后兼教于南华大学、文化学院、广州大学等院校。1952 年以后，任华南师范学院（今华南师范大学）教授、中文系副主任。并曾任广东语文学会副会长、广东省文字改革委员会委员、中国书法家协会广东分会副主席、广东省第三届人民代表大会代表、广东省第四届政协委员。他前后致力于高等教育 60 余载，直至 80 高龄，仍任中国汉语史硕士研究生导师。1989 年 8 月 14 日在广州病逝，享年 92 岁。

　　吴老治学严谨，对后学的求教认真答疑。有一次，我读到一段古文不知如何解释，就去请教他。他在几天后，以书面的形式详细回答了我的问题。其中对"女爱不极席""男欢不毕轮"二句，他除了引经据典地对"席""极""轮""毕"作解释外，还指出："'席'与'轮'虽不同物，而'极'与'毕'实为同义。两句的意思，无非是说，男欢女爱时间的短暂。'不极席'即不终席（不尽席、不竟席亦同义），意思较为明白，而且常见（就是不待筵席之终局就变了，又俗话说'天下无不散之筵席'，意思亦相近）。'不毕轮'较为生僻，较难懂。我以为根据轮的古义，是说：轮有辐的、圆的，能转的。《后汉书》所以有'见转蓬始知为轮'的说法，而《释名》亦说轮有周匝之义。所谓'不毕轮'，就是说不待车轮的转为一周就变了，比'不极席'时间更为短暂。"以上这一实例，足见吴老学问的渊博、治学的严谨和诲人不倦的精神。

　　吴老在从事教学工作的同时，还积极从事学术研究工作。著有文字、音韵、经学方面的研究专著十余部，如《中国文字学》（1929 年）、《清代今文学运动史略》（1929 年）、《经学通论》（1933 年）、《甲骨铜器文字研究》（1934 年）、《中国文字学史引论》（1934 年）、《读段偶得》（1935 年）、《唐五代词选注》（1935 年）、《苏辛词选注》（1940 年）、《古今文字学分类的异同》（1943 年）、《杜诗研究》（1946 年）、《白居易诗研究》（1951 年）、《文字与正字》（1953 年）、《词学通论》（中大油印本）、《声韵学丛稿》（未印行）、《词史稿》（未印行）等等。吴老著述甚丰，可惜不少著作未能公开出版或再版，在高校图书馆中也不易找到。吴老的学术研究，除了自身奋发努力之外，还有其师道渊源。他早年在北京师范大学国文研究科深造期间，曾受业于马叙伦、钱玄同、沈兼士、杨树达、黄晦闻等多位名家。过去在他客厅的粉墙上，曾悬挂有其恩师马叙伦、钱玄同等书赠的对联。

　　吴老不仅是著名的学者，也是著名的诗人，诗作有《靡骍集》《辛旨近诗》等。1939 年 4 月，正是农历寒食节，当时日寇占领了江西南昌，他闻讯"更为愤绝"，于是赋七律一首以纪此事："吴头楚尾路三千，惊报洪都扇卤鬻。落日空衔帝子阁，春风谁泛九江船。伤心故国思乔木，野哭千家上墓田。对此茫茫兴百感，坐闻鹧鸪咽寒烟。"诗中抒发了吴老对日本侵略者的无比愤慨，反映了他"伤心故国"、心系国家存亡安危之情。同年5月，吴老又在一首七绝中写道："神州烽火照吟边，岂是低斟浅唱年。欲揭苏辛扬士气，晓风残月谢屯田。"在烽火连天的年代，吴老高扬抗战士气，体现了他对时局的深切关注。他对于一小撮认贼作父的民族败类深表愤慨，于1939年6月写的《书愤》诗，怒斥汪精卫："家国何曾负此侪？以夷为友我为仇。"诗中称汪精卫为"当代张弘范"，是助纣为虐的千古罪人。诗中还写道："报韩曾博当时誉，降虏今成莫盖愆。天与老奸留秽史，偏教不死卅年前。"以汪精卫三十年前行刺清廷摄政王之"誉"，对比抗战时卖身投靠日寇之"愆"，凸显汪精卫之流的"秽史"。

1982年3月5日至9日，吴老在梅州参加黄遵宪研究学术交流会期间，曾作诗二首："芷湾之后挺生公，大句名篇世所崇。人境集开诗世界，后生沾溉定无穷。""修复精庐曾几日，亭台楼阁换新装。如今瞻仰诗人宅，恍至成都谒草堂。"第一首写黄遵宪在诗歌史上的地位和影响。第二首抒发他参加人境庐修复落成典礼时的喜悦之情。吴老还常常关心祖国统一大业，怀念台湾友人，曾于1984年4月间，递诗给来访的《羊城晚报》记者，并嘱将此诗登诸报端，谨表眷念台友人之情："相识在少年，亲爱逾寻常。如何卅载后，隔别天一方。我有旧诗稿，有友为收藏。印出足一卷，令我喜欲狂。缅念平生友，高谊何能忘。何时得重见，拭目跂予望。"

著名学者、诗人吴宓于1948年南下访中山大学时，吴老曾有诗赠吴宓。诗云："早司文坫起江东（谓丈初客白下时所主编《学衡》杂志），晚泊西南类转蓬。别有伤心家国外，独支幽抱酒杯中。空华照梦春犹在，凤愿回天计岂穷。廿载重逢公未老，依然豪语气如虹。"① 吴老的诗作，深得海内外学者、诗人的好评。中山大学教授、国际著名学者陈寅恪曾题诗赞评，诗云："人境高吟迹已陈，蒹葭墓草几回春。说诗健者今谁是，过岭南来得此人。""天寒岁暮对茫茫，灰烬文章暗自伤。剩把十年心上语，短毫濡泪记沧桑。"② 此诗题为《己丑除夕题吴辛旨诗》，己丑除夕为1950年2月16日。"人境"句指黄遵宪，是近代著名诗人，有《人境庐诗草》。"蒹葭"句，指黄节，著名学者、诗人，有《蒹葭楼诗集》。此时二人均已作古。陈寅恪诗第一首评述岭南现代诗坛，吴老可居黄遵宪、黄节之后，是对吴诗的赞赏。第二首诗写自己当时的心情、感慨。

吴老不仅是著名诗人，也是书法名家。他的书法作品为国内的许多书法家称道。其作品参加省、市、全国以及香港、澳门、日本等地举办的书法展览，颇享盛誉。有些单位或书法爱好者登门求他挥毫题词，有些领导出国或赴港澳台地区访问，也经常请他挥毫作为出访礼品，他都乐意成全。对于替人写条幅，他还有自己的见解。在1980年代初，我曾经请他为海外亲友写条幅，他因工作忙，一时未能写就，就给我一信。信中谈到给人写条幅，特别要注意的地方："首先要选择内容，对于有忌讳的字（如亡、哀等）定须避免。为海外侨胞写字幅，最好是写些爱国主义的诗作，但这类作品，唐诗很少，至南宋始有之，如陆放翁之诗、辛稼轩之词。不过此等作品，往往有忌讳的字。我本来想写放翁诗的，但是篇中或有忌讳的字，或有叹老嗟卑的句，很难选出可用的诗。至于稼轩词，往往太长，不便写在条幅上。"由此可见，吴老作为书法名家，非常重视字幅的思想意义，强调寓教于书。

吴老为人谦逊、平易近人。他虽有多方面的成就，但从不傲人。有一次（约在1970年代）他曾给友人的信中说："细检平生，觉得对于文学，才性较近。而在文学（古文、诗、词）中，则对于诗，用功最久，1939年，初刊拙诗集，曾承王越同志作序，加以鼓励。王同志，在本院来说，是最了解我的，因他是一位诗家，刊有诗集。后来，拙诗稍进，又蒙当代名学者陈寅恪先生（他是晚清到民国初，中国首屈一指的诗家陈三立的儿子。家学渊源，作的诗在四十年前，已很有名，不过他的'诗名'为'史学'所掩耳）赠诗二首，大为赞赏，称我为岭南第一人。陈先生的赠诗，王越同志也知道。我因陈

---

① 吴三立：《雨僧丈南游得诵其比岁所为诗感呈长句》（戊子初夏），《吴宓诗集》，商务印书馆2004年版，第441页。
② 陈寅恪：《己丑除夕题吴辛旨诗》，《陈寅恪集·诗集》，生活·读书·新知三联书店2001年版，第71页。

先生对我夸奖的太过分,从不愿告诉人,我平日对于自己所学,深自讳匿,不好表襮,不求人知,不唯对于诗,就对于往在北京,曾从钱玄同先生攻治十二年的文字、声韵和经学(我亦宗今文派,所以对龚魏文章,早年即已读过)。虽有些著作,亦不愿出版,这是我的怪脾气。所谓'士各有志,不能相强'者也。"从我与吴老接触的几十年中,他的谦逊,"不好表襮"确实是像他的信中所说。

吴老渊博的学问、严谨的治学、平易的作风、诲人不倦的精神,是留给我们的宝贵遗产,永远值得我们后学者学习和继承。

校庆念恩师

——附李镜池老师年谱

曹础基

(华南师范大学文学院　广东广州　510631)

我 1956 年考入华南师范学院中文系，1960 年毕业留校当教师，除了 1964 至 1967 年到杭州大学读研究生外，一直到 1998 年退休。退休养老至今，仍然是在华师围墙之内。这是教我育我的地方，是我摸爬滚打了一辈子的地方。回忆往事，百感交集。其中令我最为难忘的是我的恩师。

一、廖苾光先生

校庆之际，很自然地首先想到廖苾光先生，因为他是华南师范学院的创建者之一。1949 年 10 月 14 日广州解放。11 月他参加了广东文理学院的接管工作，担任过文理学院临时院务委员会副主任委员。同年 12 月，他提议将文理学院改办为师范学院，经接管工作组讨论，在《接管工作总结报告》中，向广东省文教厅提出建议。1951 年文教厅批示同意文理学院改为师范学院，8 月挂上华南师范学院的牌子。当时校址在石榴岗，1952 年 2 月迁至黄华路，当年招了中文、历史两系的文史教师培训班。廖先生担任中文系主任。1952 年南方大学停办，华南师范学院才迁到石牌。由南方大学副校长陈唯实任院长。这就是我们这个学校的创建过程。其中廖苾光先生是有开创之功的。

廖老是一个沉静的人，不苟言笑，说起话来慢条斯理。虽然话中带有浓重的客家口音，但一字一句，非常清晰。我们当学生的不太敢接近他。我们到了四年级，即 1959 年下半年，他给我们讲授了一个学期的《中国体系的马克思主义文艺学》。从课程的名称看来，这是一个不得了的课题。廖老在 20 世纪 30 年代留学日本时，曾研究过高尔基的文学理论，翻译过日本森山启的《唯物史观文学论》，出版过被国民党禁止发行的《文学论》，具有深厚的文艺理论修养。而在我们读大学期间，文艺界及高校的课堂里，讲的都是苏联的文艺理论。我们所学的主要是毕达可夫的文艺学。当时还没有一本中国现代的像样的文艺理论。在这种背景下，思考建立马克思主义的文艺学，而且是中国体系的，这个愿望是良好的，而且是不平凡的。但课一讲完，就遇到了开展全国性的学术批判，包括教师的教课内容，都要进行一一的清算。廖老的文艺学当然也不例外。当时要求以毛泽东的文艺思想为武器，把封、资、修的文艺理论作为批判对象。廖老给我们讲的文艺学，主要是想从总结中国古代的文艺理论出发，企图得出马克主义的结论的。所讲的内容当然就大量涉及古文论，并对许多古代文论家的主张给予肯定评价，免不了就成为"封"字号了。

但对我来说，这个课非常重要，它给了我比较系统的中国古代文论的知识，有许多令人终身难忘的见解。如讲到明代李卓吾的童心说时，廖先生特别强调他的反孔精神，当我听到他激动地赞美"几千年来无是非，以孔子之是为是，以孔子之非为非"的观点时，真令人感到石破天惊。从小一点的目标来说，我 1964 年考研究生时，有"古代文论"一科，全靠在廖老这个课所学到的帮我过了关。

廖老教课令人难忘的，还有他讲课的风采。他进课室，把教材往讲台一放，就不急不忙地开始他的讲授。他时而扫视大家，时而低着头，甚至闭着眼睛在讲，基本上没有看讲稿，包括大量的引文在内。但我们没有走神，也没有厌倦，他虽然没有夸张的表情、逗笑的话语，但用精练的、深刻的、极富逻辑性的表述吸引着我们。因为他讲话中很少有重复和废话，几乎每一句话都给人以知新的感觉，稍不留神就跟不上了。我们只能全神贯注，深怕丢掉什么。无怪乎当时学院的党委书记王燕士公开对大家说过："廖先生的发言，记下来就是一篇好文章。"言不过其实啊。他可谓是我们在讲课上所钦佩和追求的榜样。

我1960年毕业留在古代文学教研室当助教，廖老一直以来都是中文系的主任。他对我们青年教师，采用了"置之死地而后生"的方针，用他的话说，就是把你们抛下水去学游泳。逼你上讲台，在讲课中进修提高。我毕业后的第二学期，就要系统讲授唐代文学。读书阶段，我的精力主要放在先秦文学，唐代的许多作家作品接触不多。但为了完成教学任务，可谓拼着老命去备课了。如果说得到了锻炼与提高的话，应该谢谢他给我们的压力。当然，他培养青年教师的办法也不全是压担子，他还很认真地落实了当时学院党委的指示，采用师傅带徒弟的方法，即为青年教师配备好指导教师。当时就指定了吴剑青老师作为我教学上的指导老师，李镜池老师作为我科研上的指导老师。有了他们手把手的教诲，一切困难都顺利地克服了。在我们有一点的进步时，怎能忘记老一辈的爱护与扶持呢！

二、吴剑青先生

吴剑青老师是当时的古代文学教研室主任。我入学时，大学第一堂课是古代文学，吴剑青老师开口就说："古代文学是你们学习重点之重点。"这句话几乎成了我终生的指引。当然他讲了很多道理：首先，古代文学是几千年文学的精华；其次，这是大学里比较难学的科目，占的课时最多；再次，中学语文古代文学占的比重很大，学不好不能教中学。所以我一开始学习就偏了科，时间、精力、金钱都主要放在古代文学上。

为了学习古代文学，我经常拜访他，请教古代文学的学习方法。

他给我的第一印象是"问不倒"，不管你提出什么问题，他总是回答得令你满意。但并非什么问题都给你答案，而更重要的是教你寻找答案的方法，即解决问题的方法。他家里书不多，但有很多工具书，我提出对某个词语该怎样理解时，他就拿出《辞海》，叫翻出这个词，看看有几个义项，试着所在文中，该选择哪个义项，然后说明理由。我问唐诗中某句诗的出处，他就拿出《佩文韵府》，教我使用的方法，然后查出诗句的出处。还有使用《经籍籑诂》等。使用工具书是读书的入门途径，这个途径是他指引我的。经他指导过的同类问题，我以后都可自行解决了。他给我的不仅是知识，而更重要的是获取知识的钥匙。

吴剑青老师治学严谨。他是研究黄遵宪的专家。他有黄遵宪的诗稿，还有黄遵宪没有发表过的文稿。如果在一般人的手里，文章老早发了一大串了，但他非常谨慎。我记得他为了研究黄遵宪思想，还给叶剑英元帅写过信。可惜他的《黄遵宪研究》一书因为十年浩劫而"流产"了。他反复对我说过："发表高论是容易的，但要说得没有错是不容易的。说话写文章必须有充分的证据。"针对时下的文风，真是一针见血。

我毕业后，在教学上是吴老师指导的。他讲课严谨、简明，并时带幽默，绝无一句废话。他经常听我讲课，明显的错误不必说，就是一个字的笔顺错了，哪个地方讲得欠条理，讲解古代作品时，哪个地方该解释、哪个地方不用解释，都一一指出来。甚至他的一些讲稿（《离骚》）也给了我参考。吴老师对我的要求是很严格的，如讲《离骚》之前，他要求我能背诵全诗，说背了才能贯通，才能整体把握，就是骑着自行车走路，你都可以备课。当时我住在东山，每天来回，来背一次，回背一次，体会到真的如他所说。

在进修的过程中，吴剑青老师对我们的要求也是很严格的。记得当时办了一个青年教师作诗班，他教我们作旧体诗，从作对联开始。有一次布置的作业是以"日"、"风"二字领头作对。我对的是："日落心还暖，风停背尚凉"，结果下一堂课他足足用了一节课来批评我的作业，说情调不高是作诗的大忌。后来多次聊天时，他都提起这件事，深怕我再犯同样的错误。他所关心的不仅是我作诗的境界，更重要是我做人的境界。爱护后学的这种态度，我是从心底里感激不尽的。

三、李镜池先生

李镜池老师的课，我大学期间只听过一次，是关于毛泽东诗词的分析。听说他是《易经》的研究专家，不幸患上脊髓前角灰白质炎病毒，下肢肌肉开始萎缩，从此不便行走，除了坐着轮椅被推着出门外，基本上都在家中养病，没有再给我们上课了。

能经常接受李镜池老师的教诲，是在我本科毕业之后。李老师指导我科研。从那时起，我几乎每周都到李老师家里两三趟，或者有问题请教，或者替他买些书籍或生活用品之类。其中有一段时间，因为老师需要照顾，我天天到他家里。后来我到杭州大学读研究生，毕业回华南师范学院时，正当"文革"，在"无政府"状态下，五个月没有房子住，老师叫我住到他家里。使我深深地领会到荀子《劝学》中的话："学莫便乎近其人，《礼》《乐》法而不说，《诗》《书》故而不切，《春秋》约而不速。方其人之习君子之说，则尊以遍矣，周于世矣。故学莫便乎近其人。"在我学习欲望最强烈的年头，有幸经常在老师身边，得到谆谆教诲。

李老师教我读书不要走马观花，特别是读古书，要字字落实。他说：你的专业重点是先秦文学，应该系统地将先秦的主要著作一本一本地读。《易经》是群经之首，是我们祖先留给我们的第一本书。尽管难读，还是应该读。凭着先生是《易经》专家这个有利条件，我本科毕业认真读的第一本书就是《易经》。我把先生的《周易校释》和高亨的《周易古经今注》对照，对其中一词一句的理解有分歧的，都摘录下来。先生批阅了我的这些读书笔记后，都一一对我进行了分析，说明他与高亨理解上分歧的理由。

《楚辞》的学习也基本如此，老师要求我以王逸注、洪兴祖补注为底本。参阅朱熹的《楚辞集注》、蒋骥的《山带阁注楚辞》、王夫之的《楚辞通释》，将五家的不同解释，录在底本的天头。

这些方法，都是一些"笨"的读书法，它费时多，进度慢。但对于一个入门的初学者来说，是必要的。那几年的工夫，对我来说，无论是在训诂上打基础或是在培养自己的学风、积累学习经验、探索学习方法等，都可谓受益不浅。为此，我深深地感谢李老师给我指的路向。

李老师说的读书要字字落实，尤其对经典性的著作一字一句地钻研。他的治学，就是我们的典范。他对《周易》研究了一辈子，但到了晚年，他还是把《周易》词句写成卡片，经常装在袋子里，不时摸出来看，在卡片的背面，密密麻麻地做上笔记。说明他不停地对《周易》一字一字地进行思索。在阅读中，碰到和其中某个字有关的资料，他都加以关注。

李老师还教我对一本书要整体把握，进行比较研究。

《论语》《孟子》的阅读，在李老师的指导下，我按内容分类重编，抄了一遍，然后就其中的主要方面，如孔子的"仁""礼"，孟子的"仁政""性善"等作了概括。老师在我的这些笔记上都作了总批与眉批。如在关于孔子的"仁"的总批中，李老师写道：

> 这是搜集资料，把有关于仁的资料汇集起来。但孔子的话是复杂的，他针对对象不同而说，彼此不同，究竟什么是仁，很难得出一个能包括无遗的意义，这就要比较、分析、归纳，寻求合理的解释。近人对于仁的解释也没得出一致的意见。故第二步可以列举各家说法，看谁说的最妥当，或者都不妥当，自己给它一个解释。当然这是比较困难的，但不能不做，做法最好是自己先做一番比较分析，做出解释，然后再参考别人的。把自己的跟别人的比较，如自己的解释有不够或不妥当的地方，就进行修订。

这些批语不仅针对我笔记的具体内容，而且从学习和研究方法上给我引导。

李老师还教我科研上要集中火力，攻下目标。他经常说，人生的精力有限，什么都研究是不可能的。有精力搞通一两本书就不错了。老师就是这样做的。《周易》研究耗费了他一生的精力。他二十多岁已经在《古史辨》上发表论文，并与顾颉刚先生讨论《周易》问题。以后陆续发表了不少有关《周易》高质量的论文，出版了他研究《周易》的结晶——《周易探源》，成为全国乃至世界知名的《周易》研究专家。世界著名学者李约瑟在《中国科学技术史》中引用过老师的关于《周易》的论述。1980年美国北卡罗来纳州杜克大学学者理查德·孔斯特曾来华南师范学院找我，说在美国有《易经》研究会，他们对李镜池先生和高亨先生的学术继承表示关注。所以专门来访，了解李老师的有关情况。1980年代后期，我们曾经请美国哈佛大学杜维明教授来校讲学，与他谈起李老师时，他说他正带着李老师的《周易探源》。这些都可见李老师的《周易》研究备受世人重视。

就是在李老师已经不便行走的时候，还是天天盘腿在床上读书研究十几个钟头。住在老师家里的那段时间，我每天给老师从书架上拿书到他书桌上，就清楚地知道他研究问题时参考书之多，每天阅读量之大。"文革"期间，李老师还是埋头《周易》研究，其间还与郭沫若通信，讨论《周易》成书的时代（后来发表在《中国史研究》1979年第1期及《华南师范学院学报》1982年第4期）。最后还写成了上百万字有关《周易》遗著。（由于红卫兵没有人认识李老师，所以幸免像别的老教师一样遭到冲击。）

我读书时已经对《左传》有一定的兴趣，所以决定对《左传》作为我研究的第一目标。在李老师的指导下，我收集了有关的书目及采购《左传》的各种注本：注释了十来万字；编写先秦典籍人名索引。后来由于考上"先秦诸子"专业的研究生，所以转向了《庄子》研究。但先生引导的为学之路，一直没有变。

1980年，中华书局要出版李老师的《周易通义》。中华书局及李念国先生（李老师之子）把李老师的书稿转给我，要求我帮助整理。我又一次较全面地恭读了老师的全部遗稿，使我学到了不少东西。除了对《周易》的见解和有关知识使我大开眼界之外，最重要的是老师对《周易》研究的方向和科学的治学态度。老师经常说，《周易》是一本占卦书，但不能从迷信的角度去研究《周易》，要注重《周易》所记载的历史现实与作者、编者的指导思想，否则就会重走汉代谶纬学的路子。在后来的二十年，是《周易》研究的兴盛期，出版了大量的著作，有不少具有高度学术价值的成果。但不可讳言，也出了一堆只能算是垃圾的东西，宣扬迷信。当时我有感而发，写了《善易者不占》一文。我想到的就是老师当年的教诲，在有关《周易》研究的活动中，要坚持科学精神。最近我在给岭南大讲坛开讲座和给岭南文博研究院讲《周易》，都基本上坚持着李老师的观点，与当前易学主流派颇相径庭。

2013年7月31日于华南师范大学

[附] 李镜池老师年谱

时间	地点	经历
1902年3月31日（农历2月22日）	开平	出生在开平锦湖乡（今开平市金鸡镇横冈村）。
1909年（7岁）	开平	入锦湖圩私塾，读陈子褒新编粤语启蒙读物《妇孺三字四字五字书》《四书》《诗经》《声律启蒙》《古文评注》，还学过一点八股文。
1915年（13岁）—1918年	开平	入蚬岗启新小学读高小，有算术、历史、地理、音乐、图画、体育等功课，比私塾好，但仍然偏重国文。读第一本小说：《东周列国志》。
1918年（16岁）	广州	以国文佳，历史满分，考取培英中学（教会学校）。

续表

时间	地点	经 历
五四运动后		接触《新潮》《小说月报》《创造季刊》。看过《镜花缘》《老残游记》,学习新标点符号,尝试白话文写作。
1922—1923 年（20 岁）	广州	中学四年级上学期,父亲忽然去世,借钱读完最后一学期。毕业后培英聘为小学语文教师,教学一年。
1923—1927 年（21—25 岁）	广州白鹤洞	入协和神科大学文字事业科。课外做刻蜡纸油印员、图书管理员,每月工资五元。还教外籍教会义工学广州话,维持费用。
1927 年 8 月（25 岁）	经香港—上海—天津到北京	报读免费的燕京大学宗教学院短期科,并得教会义工资助生活费。选读许地山先生的中国礼俗、佛教文学,选《周易》作为专题研究,属于许地山先生的"道教史"课的课题。课外多请教顾颉刚先生（教"古史研究"）、陈垣先生（讲授"中国基督教史""中国史学名著介绍"）,也选读朱自清先生新文学研究,选读钱玄同先生的"中国音韵学"等。一年级课外捡石头修路,每天一小时,挣两角钱。
1929 年（27 岁）春	保定	到保定第六中学教书半年,月薪七十元。7 月 7 日与河北保定衡水王文栋女士（燕京大学校友,保定第六中学校长）结婚。
1930 年（28 岁）	北京	在燕京国学研究院。5 月长子念国出世。秋任燕京国学研究所助理员。写成《易传探源》《左国中易筮之研究》与《与顾颉刚先生讨论易传著作时代书》,12 月完成《周易筮辞考》（均载《古史辨》第三册上编）。
1931 年（29 岁）	广州	春,遵顾颉刚嘱,编《周易章句》《周易异文校勘》《周易句读考异》《周易书目》《周易通检》,合称《周易五书》。 8 月,回广州协和神学院,教书四年。讲授"普通国文""中国文学史""中国学术思想史""中国宗教史"。
1932 年 10 月（30 岁）	广州	完成《古代的物占》（载《岭南学报》第二卷第四期）。
1935—1936 年（33—34 岁）	北京	请假往燕京大学任教。
1936 年 7 月（34 岁）	广州	返回广州协和神学院任教。
1938—1939 年（36—37 岁）	协和神学院迁滇	日寇入侵广州前三天,带十几位同学到四邑,再转香港,又转越南、昆明、大理、喜州,1939 年 4 月初协和神学院在喜州复课。暑假期间,因学校经费不足,借故被遣回香港,被迫"停薪留职"。
1939—1940 年（37—38 岁）	香港	失业一年。其间在朋友处做杂务,并到香港大学中文学院帮许地山先生编《道藏详目》,与陈寅恪同受聘为中文学院考试委员。
1940 年（38 岁）	香港	秋,香港培英教书,教国文。编成《道藏详目》交商务印书馆。因许地山病逝未印行。后书稿毁于战火。
1941 年（39 岁）	香港	转到英华女校任教。夏,顾颉刚嘱将《周易五书》寄上海开明书店出版,为齐鲁大学国学研究所丛书之一。后因太平洋战事爆发,未印。书稿辗转不知所踪。12 月 25 日香港沦陷。

续表

时间	地点	经历
1942年（40岁）	开平、恩平	举家逃难回乡，在恩平越华中学教国文一学期。
1942年秋	台山	在培英分校教书。
1943年8月（41岁）	曲江	带十几个台山培英分校的学生往曲江培英中学正校升学。
1944年（42岁）	连县 始兴	培英中学迁往连县，但复课无期。基督教难童教养所聘为教养所主任。返回曲江安排所务，得恶性疟疾。10月中，迁于连县的岭南大学聘往任教，任教两个月后回曲江接家眷。因战事所阻，滞留曲江，再受命任难童教养所主任。12月22日，带领难童教养所逃难往始兴县隘子镇华屋。
1945年5月（43岁）	梅县	随岭南大学经仁化、翁源、连平、和平、老隆、五华、兴宁东迁往梅县复课。
1945年8月	广州岭大	日寇投降，岭大十月初回广州，住在康乐园。没有衣服穿，把几套好书卖了买衣服。
1947年5月（45岁）	岭大	完成《周易筮辞续考》。
1948年（46岁）	岭大	在岭大升副教授，发表《周易校释》（《岭南学报》第九卷第二期）。
1949年（47岁）	岭大	10月14日广州解放。送三个读中学的儿女（13、15、17岁）参加解放军四野艺术学校。
1950年（48岁）	岭大	升为正教授。
1951年5月（49岁）	岭大	参加民主促进会。到新会搞"土改"。大儿子参加空军，后去抗美援朝。
1952年春（50岁）	岭大	参加广州"五反"运动。
1952年10月（50岁）	华南师范学院	教新文学课，后增教基本国文，任新文学教研组主任。
1953年（51岁）	华师	改任中国古典文学教研组主任。
1954年2月（52岁）	华师	2月患脊髓灰质炎，6月到北京治病。
1957年（55岁）	华师	辞去了教研组主任。
1959年下半年（57岁）	华师	没有上课，培养青年教师和科研。写《毛主席诗词浅解》（发表于《华南师范学报》第二期）。
1961年（59岁）	华师	7月在《光明日报》发表《关于周易的性质和它的哲学思想》。10月发表《关于周易几条爻辞的再解释》（载《学术研究》第二期）。论文集《周易探源》交中华书局，1978年3月出版。行走不便，上楼梯需人扶持。
1962年（60岁）	华师	4月15日—6月5日，完成《周易通义》初稿。又完成《周易的编撰和编者的思想》。11月，写成《谈易传大象的体例》。

续表

时间	地点	经 历
1963 年（61 岁）	华师	1 月，著《周易通论》。3 月完成《易传思想的历史发展》。夏，《周易通义》书稿寄中华书局。
1964 年（62 岁）	华师	行走要扶双拐，移居平房。
1965 年（63 岁）	华师	退休。夏，备战疏散到新会。始著《周易类释》。秋起坐轮椅，从中华书局索回《周易通义》稿。
1966—1970 年（64－58 岁）	华师	著《周易释例》，并整理修改《周易通义》《周易通论》等著作。
1970 年（68 岁）	广州	移居沙河鳌鱼岗华侨果牧场。
1971 年（69 岁）	广州	7 月下旬，完成《周易释例》后记。其后传曾有意托人在香港出版著作，未果。
1975 年 6 月 17 日（73 岁）	广州	突患急性肠炎，抢救无效去世。

弟子曹础基草拟

长孙李铭建补充、修订

2013 年 11 月 5 日

[岭南诗学]

读岭南诗札记

钟贤培

(华南师范大学文学院 广东广州 510631)

一、语义深微吟贪泉
——古成之《贪泉》

贤良知足辱，为尔戒贪名。一酌不能惑，千年依旧清。
深涵秋汉色，冷浸古松声。珍重荒碑在，何人曾泪倾。

贪泉是广州石门下的一个水泉，泉水清冽，澄澈见底。而贪泉所在地的石门，又是广州宋、元两代羊城八景之一的"石门返照"的所在。石门是广州西北小北江与流溪河的汇合处，两岸青山对峙，壁石耸立，江水从石峡奔流而下，波涛拍岸，江流有声。每当夕阳西下，云蒸霞蔚，红光潋滟，山光云影，蔚成奇观。由于石门是古代从粤北进入广州的必经的古水道，历代南下广州的官员，经过石门，大多登岸浏览风光，品尝泉水，以示风雅。但这些官员大都贪赃枉法，嗜钱如命，于是有人在这个清泉刻石立碑，命名贪泉，以示讽戒。贪泉何时命名，又出自何人主意，已无可考。有史可查的贪泉石碑，是唐代天宝年间陈元所撰。此碑后来散失，现存于广州博物馆碑廊的贪泉碑，是明人李凤所刻。现石门贪泉所竖石碑，是1964年的复制品。

《贪泉》诗的作者古成之，广东河源人，五代战乱时曾避乱于罗浮山中。宋太宗端拱二年（989）举进士，官秘书省校书郎，后到四川绵竹当过县令。

"贤良知足辱，为尔戒贪名。"诗从"贪"字下笔，直接应题。贤良，此指有道德廉守的君子。《老子》有"知足不辱，知止不殆，可以长久"的说法。二句意思是说：贤良之士是懂得知足不辱的道理的，怎么饮了你的水而会成为贪赃枉法的人呢？我真想为你除掉贪泉的恶名。这里暗用了一个典故。据《晋书·吴隐之传》载，晋人吴隐之来广州任刺史，到了石门，见到贪泉，"（对他的亲人说）'不见可欲，使心不乱。越岭丧清，吾知之矣。'乃至泉所，酌而饮之，因赋诗曰：'古人云此水，一歃怀千金。试使夷齐饮，终当不易心。'及广州，清操愈厉"。吴隐之在广州期间，清廉自守，日以青菜鱼干佐食，后来离任回京，两袖清风，行李中无余物。船行至石门南面，发现他的妻子带有沉香一斤。沉香是岭南名产，他为了不辱清名，毅然将沉香投入江中，后人称他沉香处为沉香浦。吴隐之也因之成了名振一时的廉吏，成为晋朝的伯夷、叔齐。后人也因他的诗而称"贪泉"为"不易心泉"。作者要为贪泉除掉"贪"的恶名声，显然正如吴隐之一样，是从"古人云此水，一歃怀千金"而来的，吴隐之用自己清廉的言行为贪泉的恶名辟了传言，古成之则借"贪泉"的名不副实来讽喻封建官场贿赂公行、贪污成风的腐败的风气。

"一酌不能惑，千年依旧清。"这二句承接上句，回答为什么要为贪泉除掉恶名声。意思是说：吴隐之饮了贪泉之水，不是没有受到诱惑，在任期间清操愈厉吗？其实这二句是语意双关的。既写人，又写泉，人不会因泉而贪，泉也不会诱人去贪，这就更深一层抨击了官场的贪赃枉法的腐败风气并不来源于泉水，而是来源于人的品性德行。这正如后人诗中说："泉本无贪人自清，何须一酌始忘情。"

前二联是以贪泉议世，后二联则借景寓情，更深一层深化主题。"深涵秋汉色，冷浸古松声。"汉，河汉，即银河。这里形容贪泉水色像秋夜银河般明彻，在清冽的泉水中应和着风吹古松的响声。写了清冷的泉水，写了风吹古松的声音，此情此景，寄寓着作者对贤良之士高洁的襟抱、情操的赞美。他们像深秋的泉水一样明彻，像古松一样气度高洁。

"珍重荒碑在，何人曾泪倾。"还是景语见情，同样带着警戒后人的深意。那块在荒野中的碑石依然屹立，过往的官员要好自珍重啊！你们有谁曾为它感怀下泪呢？感碑下泪，这里用晋代堕泪的故事。泰始五年，晋名将羊祜以尚书左仆射都督荆州军事，驻在襄阳。他在职十年，开屯田，储军粮，为灭吴做好一切准备。可是屡次请兵，都未能实现。羊祜死后，他的部属在岘山他生前游息的地方建碑立庙，每年祭祀，人们怀念他壮志未酬，见碑无不流泪。为羊祜临终所举荐自代的杜预称此碑为堕泪碑。这里借用此典，用意不仅告诫官员应以贪泉碑自戒，还说明人们以贪泉立碑的用意并没有如愿，贪泉碑虽然竖起来了，但官员贪赃枉法的现象并没有改变，荒碑与堕泪，景物与史实，无疑起着深化主题的作用。

这是一首五律，立意与吴隐之的《贪泉》一样，都是提倡和赞颂廉洁自守的高尚品格，但用典深微，景语清新，不落前人窠臼。立意逐步深化，也有助于加强诗的讽喻性。

二、远鸦低雁绕云峰
——李昂英《景泰诗》

人们常以"白云珠海"概括广州的山川形胜。白云，指的是广州市北郊的白云山。白云山从东北方向逶迤而来，与越秀山相接。它群峰相连，据说共有三十多座山峰，摩星岭是它的主峰。站在白云山主峰山巅，远望群山，莽莽苍苍；近看则众山献翠，奇泉古洞，飞瀑泻天，很具南国山川特色。历代选取羊城八景，白云山景色入选最多。李昂英这首五律《景泰寺》，写的就是历史上羊城八景之一的"景泰僧归"所在的栖霞山景物。

> 树合疑山尽，攀缘有路通。远鸦追夕照，低雁压西风。
> 瀑势雷虚壑，松声浪半空。凭栏僧指似，涨雾是城中。

李昂英是南宋理宗时人，官至龙图阁待制、吏部侍郎。据《宋史》记载，他在任上不畏强暴，有直臣之誉。晚年归隐家乡广东番禺文溪，著有《文溪存稿》。《文溪存稿》中录有诗词一百二十五首。李昂英的诗，《四库全书总目提要》说"骨力遒健，亦非靡靡之音。盖言者心声，其刚直之气有自然不扰者矣"。

景泰寺在广州北郊白云山栖霞岭上，相传梁朝景泰禅师卓锡因为发现清泉而在这里建这座寺庙。栖霞岭因景泰寺又名景泰云峰。现在山川依旧，僧寺却无踪迹了，而李昂英的《景泰寺》诗，却为后人留下了景泰寺当年的景色风物。

"树合疑山尽，攀缘有路通。"诗运用我国古典诗歌传统的"移步入景"的手法，从进山的景物写起。景泰寺座落在景泰坑上。景泰坑是一个峡长的山谷，谷中树木茂密，浓荫蔽日。因此，首先映入诗人眼帘的，便是高山密林。巍巍的景泰云峰已被郁郁葱葱的树木所遮掩，给人一种视觉上的错觉，以为白云山到此已是尽头。但是，一进入山区，却是别有洞天。这里高山耸立，道路崎岖，要登上山巅，没有坦途捷径，只能攀沿而上。诗一开始就突出景泰云峰的高峻和险阻。南宋末年的抗元将领张镇孙登上景泰云峰，也为山的高耸和景色的迷人所倾慕，挥笔作诗："万山飞翠映瑶空，一抹晴霞淡复浓。何意海风吹不断，归鸦飞带过前峰。"

"远鸦追夕照，低雁压西风。"这是诗人登上景泰云峰后所看到的景色。在古代羊城八景中，有

"白云晚望"一景,这二句也是在"晚望"二字上渲染,写景泰云峰晚望的景色。夕阳西下,诗人看到了什么呢?山的远处,群鸦飞舞,好像在追逐即将消逝在群山之中的夕阳;北来岭南过冬的大雁,正沿着山峰,低飞盘旋,好像要把秋天肃杀的西风压下去。群鸦、夕照、大雁、西风四种景物,点出了时间,也点出了季节,而四种景物,诗人巧妙地用"追"和"压"两个动词将之连贯起来。鸦追夕照,雁压西风,就使诗的意境给人一种飞动的感觉,也突出了秋天白云晚望的迷人景色。有人评说,"远鸦追夕照,低雁压西风"两句本是一般的写景句,但用了一个"追"字和一个"压"字作为诗眼,则境界全出。

"瀑势雷虚壑,松声浪半空。"这是诗人登上景泰云峰在听觉上的感受。飞瀑从天而降,像隆隆的雷声,回荡在山谷之中;飒飒的松风声,像大海浪涛声自天边传来。这里,"雷虚壑"的"虚"字不是指字的本义虚寂,而是指它的引伸义,指回荡的声音。白云山素以修篁乔木、奇洞林泉著称,山上多奇洞飞泉,飞瀑泻天,有如白练横空;再加上满山松林覆盖,肃肃松风,有如山呼海啸,使白云山色更加显出南国风情。苏轼当年贬谪岭南,登上白云山,就写有"不用山僧导我前,自寻云外出山泉。千章古木临天地,百尺飞涛泻漏天"的诗句。不过现在的白云山,大多已瀑竭泉枯,已不易看到"飞瀑泻漏天"的奇景了,而"松声浪半空"的景象,依然还在。"白云松涛剪",新中国成立后成了羊城八景之一。这两句诗中作者将"雷""浪"这两个名词当作动词来使用,突出"瀑势"的雄奇,突出"松声"的空灵,使诗的意境、气势更加奇劲,使景色更加具有诱人的魅力。

"凭栏僧指似,涨雾是城中",这是诗的结语。如果说,诗的二、三联写的是一种动感,这一联却是一种以静制动的态势了。诗人站在景泰寺中,凭栏远眺,身旁的寺僧指着前方,低声细语:那弥漫云雾的地方,就是广州城了。指似,就是指给对方,告知所指的意思。涨雾,古时候称南海为涨海,这里把弥漫广州城的海雾称为涨雾,是弥漫遍布的意思。作者巧妙地以军马萧萧、烟雾弥漫的广州城来作为反衬,就更显出景泰山寺的清幽离俗了。

这首诗以动着墨,用字精巧,写出了景泰云峰飞动的气势,雄奇而又迷人的景色,而结句却以静态作结,戛然而止,以动写景,以静结诗,有动有静,在造境上起着一种反衬的作用,更显出景泰云峰的高峻和清幽,也使诗的形象感更为强烈、感人。

三、濒海孤峰玉台吟
——邝露《游玉台寺》

岭南大地,点缀着不少名山峻岭,其间奇峰异洞,佳景丛集。位于广东新会县城北门近郊的圭峰山,便是以山川秀美、人文荟萃著称的粤中名山之一。这里峰峦叠翠,葵林拥簇,溪水淙淙。宋明以来,留下不少诗人游踪吟草,更使山川增色。相传北宋诗人苏轼南贬广东,曾登上过圭峰山,元人罗蒙正有"坡仙题咏今残剥,词客登临诵未休"的诗句。明代大学者陈白沙曾在圭峰山筑台讲学,更使圭峰山海内扬名。山上至今仍留有陈白沙讲学台。翻阅新会有关典籍,吟咏圭峰山的诗,最早是唐代玉台寺高僧黄云元的《玉台赏月》,诗是这样写的:"好个玉台天上月,夜深圆待老僧看。分明照出须弥路,可惜人间烟树寒。"很有唐诗风韵。明代诗人邝露在反清斗争中,大约是暮春时候,也到过圭峰山,《游玉台寺》就是这次游圭峰写的作品。

圭峰山上的玉台寺,相传是曲江南华寺僧人为尊崇禅宗,南下所建,是广东名刹之一。鼎盛时有寺僧五百人,寺前有"金玉炜煌,天开鹫岭;楼台涌现,地接瀛洲"的对联。玉台寺的北面是峰峦起伏的群山,南面是浩瀚的大海,寺的四周遍植松竹,傍晚时分,僧寺钟声在圭峰山上回荡,"绿幄浓阴松与竹,浮云山势暗仍开。疏钟几杵僧初饭,啼鸟一声月在梅",这是明代陈经纶写玉台寺的诗句。诗中可见,当时的玉台寺别有一番清幽情趣。抗日战争时,玉台寺毁于战火,现在圭峰山上玉台寺遗址已是草没残墙,只留下一片国难深仇的记忆。邝露的诗是这样写的:

孤峰延伫思潸然，日落长熊万壑烟。绿护天荒南渡迹，玉台钟劖建和年。
香泉蕙若飘书带，坛静松花覆讲筵。濒海昔闻邹鲁地，春风池草碧芊芊。

邝露，字湛若，号雪海。因为他读书的地方名海雪堂，故又称邝海雪，广东南海大镇乡人。邝露是明末岭南著名诗人，与黎遂球、陈邦彦齐名于世，号称"岭南前三大家"。他们三人又是明末清初的抗清志士，先后被清兵杀害，为世人所敬仰。

邝露一生放荡不羁，蔑视封建礼法，为官府所不容。崇祯七年（1634）上元节，他与友人联骑游广州五仙观灯市，刚好遇上南海县令黄熙出巡。邝露因酒醉不避，被皂隶喝令下马，他反而赋诗讥讽，终于惹祸被捕入狱。释放后弃家出逃，历尽艰辛，也充满传奇色彩。他流亡到粤西，为瑶山女土司云䎦娘所爱，充当书记。后入广西，出两湖，遨游江浙，开阔了视野，看到了人世间种种丑恶与不平，留下不少反映社会现实的佳作。明朝灭亡以后，他参加当时抗清斗争，永明王朱由榔在广东肇庆立国，反抗清兵，他应召入朝，任中书舍人，来往于广州、肇庆之间，为反清复明奔走呼号。清朝顺治七年，清兵围攻广州，他与守城将士坚守达十月之久，广州城被攻陷后，邝露抱着绿绮台琴端坐所居海雪堂中，从容就死，年仅四十七岁。

邝露是个多才多艺的才子，能诗，也工于骈文，他又是位颇有成就的书法家。工于篆、隶、行、草和楷书，现在广州光孝寺碑廊还有他的草书碑刻。此外，邝露还精通兵法，对文物也颇有研究，著有《赤雅》一书，记述岭南风土人情、山川物产，但是邝露主要是以诗名世。著有诗集《峤雅》二卷。邝露的诗，现实感比较强烈。明末的社会动乱，封建统治者的骄奢和昏庸，在他的诗中都有比较真实的反映。诗人朦胧的个性解放思想，在诗中也有所流露。邝露的诗继承楚辞的优秀传统，充满积极的浪漫主义精神，想象丰富，蕴蓄丰厚，善于托物寄情，表现了诗人对祖国和人民的炽热情怀，在当时诗坛颇负盛名。清代诗人冯敏昌誉之为"吾粤诗人，曲江之后，当推海雪"；王士禛赞他的诗"字字离骚屈宋心"，开创了粤东诗派的诗风。

"孤峰延伫思潸然，日落长熊万壑烟。"孤峰，指玉台寺独立于圭峰山上。延伫，指诗人长时间地站在玉台寺前，引颈远望。这时，在诗人的眼前，落日的余晖，影照在山下的长熊村里，莽莽群山，烟雾在山间缭绕。《游玉台寺》是邝露晚年之作。他目睹南明福王政权的覆灭，永王政权在清兵的进逼之中风雨飘摇的现状，在浮海南归之后，曾慷慨悲歌："玉树歌残去渺然，齐州九点入苍烟"，"茫茫东海皆鱼鳖，何处堪容鲁仲连。"（《浮海》）而《游玉台寺》一开篇描述的孤峰延伫，落日余晖，思绪潸然，也是这种忧伤时世的心情的表露。

第二联"绿护天荒南渡迹，玉台钟劖建和年"。绿护，指圭峰右侧的绿护屏山。南宋末年，南宋末代皇帝赵昺君臣在元兵的追击下，南逃广东，栖身崖山，后来崖山兵败，张世杰率船十六艘，从海上逃命，遇上台风，君臣全部葬身大海，南宋政权从此灭亡。诗人在这里联想到历史上的南渡事迹，显然是有感而发。天荒地老、时易世迁，想不到历史又一次重演，又出现亡命南逃的南明政权。"玉台钟劖建和年"，建和，是东汉桓帝的年号，钟劖建和年，指玉台寺里的大钟铸着建和年号。有人也据此认为玉台寺始建于东汉。这句的意思与上句都是历史的沉思，铸着建和年号的大钟，几经沧桑，留存至今，诗人在这里也同样是抒发天荒地老、时世变易的感慨，是抚今追昔、忧伤世事的思绪的隐寓的表述。

接着诗人的情绪从远而近，从历史的沉思中又回到眼前的景物中来。"香泉蕙若飘书带，坛静松花覆讲筵"，这二句写的是玉台一远一近的景致。蕙，一种香草名，俗称蕙兰。松花，指松树花，每年二三月，松树开花，古人有以松花调蜂蜜制饼的习俗。这二句意思是说：远处，满山香草，山泉流水，带着阵阵蕙兰的幽香，透迤山间，有如书生飘动的衣带；近处，玉台寺里，庭院静寂幽深，铺满香气四溢的松花。这里，一动一静，相映成趣。渲染了玉台寺清幽雅致、风景宜人的景色。诗人似乎也得到了一种慰藉和解脱。从诗的结构来说，从茫然思绪之中转而写玉台山的景致，幽然静谧，玉带飘香，使诗呈现出跌宕起伏的韵味。

最后，作者写道："濒海昔闻邹鲁地，春风池草碧芊芊。"邹鲁地，孔子出生于鲁国，孟子出生于邹国，他们都在国内讲学，这里是借指陈白沙在圭峰山筑台讲学之事。陈白沙讲学台，就在玉台寺附近。据明史记载，陈白沙，名献章，是新会白沙乡人，是明代有影响的哲学家、教育家、书法家和诗人。他学问渊博，但不求仕途，终身在家乡讲学授徒。他在圭峰山建讲学台，弟子数千，被当时的人们誉为"海滨邹鲁"。明朝廷为纪念他生平的道德风范，于万历十三年从祀于孔庙，列于孔庙的历代圣贤之中。在广东历代人物中，也只有他一人能从祀孔庙。池草，这里不是一般字面上含意的池塘的青草。古代学宫有水池，称为泮池，这里以池塘代指陈白沙讲学的地方。全诗从山形胜迹、历史回思、寺院风貌，写到名盛一时的学者陈白沙圭峰讲学，并以此作结，含意非常深邃。时世衰微，世风日下，当年学子云集，盛极一时的白沙讲学台，也人去台空，碧草芊芊，只留下人们美好的追思罢了。这首诗一开始就以忧伤的情绪定下了格调，诗的结语又托物寄情，从抚今追昔中生发开去，这就使诗的格调前后连贯，浑然一体，诗的主题也得到升华。诗人忧伤国事的思绪，也在这些无尽追昔的喟叹中得到形象的体现。

这首《游云台寺》在艺术上也显示邝露诗的特色。邝露的诗，以情调凄婉、意境深窈、音韵清扬自成风格。在这首诗中，也较好地体现了他的诗的风貌。这首诗抚今追昔，托物抒情，诗人所要抒发的忧伤国事的情怀，都寄寓在山形胜迹和历史的回思之中，可谓清隽其外，深厚其中。另外，这首诗清扬的音韵，也增强了它的艺术感染力。

四、民族的爱国的情结
——读屈大均诗札记

屈大均是清初岭南诗坛一位重要诗人，诗名远播江左，朱彝尊、毛奇龄、顾炎武等清初著名学者和诗人都非常推重他的人品和诗格，顾炎武作诗云：

> 弱冠诗名动九州，纫兰餐菊旧风流。何期绝塞千山外，幸有清樽十日留。
> 独漉泥深苍隼没，五羊天远白云秋。谁怜函谷东来后，斑马萧萧一敝裘。[1]

毛奇龄为屈氏《道援堂集》作序，用隐晦的文字，称颂他为抗清复明远游边关绝塞"从容往返若房闼间"，"超然独行，当世罕俦"。[2] 屈大均逝世后，称颂之言不绝于耳，有的说："吾友番禺屈翁山，诗名遍天下。其殁后，单词断句流传人口者，争秘箧枕，如蔡中郎之于仲任也。"[3] 有的说："翁山之诗，为当世士大夫所脍炙，以至遐方僻壤小生俗儒，知与不知，皆啧啧叫呼之，姓名几遍海内。"[4] 他的诗文，在顺治、康熙间已广为传刻。由于屈大均是一位矢志不移的抗清志士，诗文中表现出强烈的反清思想，雍正时就被定为禁书，明令毁尽。乾隆帝还下谕追查屈大均遗文。乾隆间清朝统治者还曾借修《四库全书》名义，在全国进行一次大规模的查禁书之举，据《清代各省禁书汇考》[5]载，仅江苏一省开列禁毁屈大均著作就有《屈翁山诗集》六十五部、《翁山文外》二部、《翁山诗外》三十一部、《翁山文钞》一部、《岭南三家诗》十四部、《道援堂集》九部、《广东新语》八十四部、《广东文集》十四部。还要指出的是，从清雍乾以至清末，屈大均的著作都没有解禁。但清政府的禁毁，并没有影响屈大均在全国诗坛的地位，他的作品仍在民间流传，道光以后，坊间又出现《道援堂集》《广东新语》的重刻本，宣统二年出现了《翁山诗外》《翁山文外》的排印本。对屈氏的评述，亦屡见一些学者著作之

---

[1] 顾炎武：《屈山人大均（南海人）自关中至》，《亭林诗集》卷四。
[2] 毛奇龄：《道援堂序》，陈永正主编《屈大均诗词编年笺校·序》，中山大学出版社2000年版。
[3] 徐嘉炎：《屈翁山诗集序》，陈永正主编《屈大均诗词编年笺校·序》，中山大学出版社2000年版。
[4] 周炳曾：《道援堂集序》，陈永正主编《屈大均诗词编年笺校·序》，中山大学出版社2000年版。
[5] 雷梦辰：《清代各省禁书汇考》，书目文献出版社1989年版。

中，其中最有代表性的当推著名学者洪亮吉和道光爱国诗人龚自珍。洪亮吉在《论诗绝句》中，将屈大均推为岭南代表诗人，而且认为他的诗可与江左诗人相抗衡，云：

  药亭独漉许相参，吟苦时同佛一龛。尚得昔贤雄直气，岭南犹似胜江南。

龚自珍更将屈大均放在与屈原相同的地位上，云：

  灵均出高阳，万古两苗裔。郁郁文词宗，芳馨闻上帝。
  奇士不可杀，杀之成天神。奇文不可读，读之伤天民。①

屈大均是我国历史上不多见的知识广博的学者，他的著作涉及文、史、哲、地等多种学科，而在他的著作中，诗是其驰骋文坛的主要方面。他在六十多年的人生旅途中，留下了反抗种族屠杀，维护民族尊严与自由的爱国诗章，感人肺腑。他写过一首歌颂为抗清英勇捐躯的将士的短诗，云：

  三军矢刃尽，北首争死敌！腐肉委沙场，乌鸢不敢食。

诗意是说：在激烈搏杀的战场上，一支陷入绝境的军队，当砍折了最后一把战刀，射完了最后一支箭，他们没有向敌人投降，而是将头朝着北方，慷慨就义。他们的遗骸委弃在战场上，连乌鸦和鸱鹰也不敢去啄食。诗语悲歌慷慨，音韵铿锵，抒发的是反抗种族屠杀与征服的民族正气，喊出了维护民族尊严与自由的时代呼声。

  清兵入关以后，很快控制了政局，抗清复明的战争虽然还延续了二十余年，但已不能动摇清朝的统治根基。屈大均为抗清复明，虽然间关万里，联络抗清志士，图谋抗清大业，但残酷的现实也使他渐渐从踌躇满志到悲伤失望。因此，在屈大均的诗中，悲歌慷慨，壮志难酬，成了他诗歌的主调。在这些诗中，一类是直接抒写与抗清复明斗争有关的，如《壬戌清明作》《乙亥生日病中作》《塞上曲》《塞上感怀》《夜上漓江作》，都是其代表之作，而且大多还有文献价值。如《壬戌清明作》：

  朝作轻云暮作烟，愁中不觉已春深。落花有泪因风雨，啼鸟无情自古今。
  故国江山徒梦寐，中华人物又消沉。龙蛇四海无归所，寒食年年怆客心。

此诗反映了抗清斗争一个重要史实，康熙十二年（1673），由于以吴三桂为首的"三藩"又竖起了反清旗帜，一度沉寂的抗清浪潮又再度高涨。但"三藩"这些叛明投清的明朝降将或其后人的反清，只是他们与清朝主子之间内部的争斗，同广大人民百姓反对种族屠杀和征服的抗清不同，因而陡然升温的反清浪潮大多得不到人民的认同和支持，且很快以失败告终，延续时间只有十年。在吴三桂反清之初，屈大均曾一度投奔效力，被委任为广西按察司副使，督军桂林，但不久即失望辞职回乡。这首诗写于"三藩"反清终告结束之后，他透露出当时国人对抗清复明的懊丧、失望与悲伤的心态：故国江山，只能在梦中实现，而身系大局的抗清人物，一个又一个地消沉下去。而各地的抗清的游离力量，也失去了可依附的归宿，抗清复明出现了不可逆转的失败局面。

  从历史唯物主义的观点而言，无论是明朝朱姓王朝，还是清朝爱新觉罗氏王朝，都是中华民族范围的贵族统治政权，清朝取代明朝，是朝代的更迭，并不存在亡国的问题。而在明清朝代更迭之际，历史上产生了反清复明的斗争，对这场斗争，就要作历史的分析了。在屈大均的诗中，他是把抗清斗争，一方面看作是报效明室之恩的，表现出孤臣孽子的封建正统观念和感怀天恩遗泽的愚忠思想，正如他在诗中说的："未有英雄羽化期，茫茫一剑报恩迟。"② 他登上西岳华山之巅，展望抗清的事业，豪情放歌，

---

① 《夜读〈番禺集〉书其尾》。按：龚自珍出于避忌，杜撰《番禺集》代指屈氏诗文。
② 屈大均：《塞上感怀》。

而结语却说:"千里金城收一掌,万年甘露待重瞳!"① 抗清复明的结果,是希望能出现一位像帝舜那样的圣君,开创一个甘露普降的万世新朝。另一方面,他在抗清的问题上,又表现出鲜明的民族情结,强烈反对种族屠杀与征服。这两种思想互为作用,而且前者又在很大程度上起着支配的作用。这种现象并不是屈大均所独有的,是时代和阶级的局限使然,这也是中国历史上产生过的契丹族、女真族、蒙古族等民族贵族政权时所产生过的时代和阶级局限现象。而屈大均诗中所表现的反对种族屠杀与征服的民族情结,恰恰是他的诗所以能流芳后世、为人景仰的主要原因所在,他体现时代的幽光,喊出了中华民族的共同呼声。如《猛虎行》:

> 边地不生人,所生尽奇畜。野马与骆驼,骝骖及驼鹿。骚羊千万头,人立相抵触。上天仁众兽,与以膏粱腹。变化成猛虎,食尽中土肉。哮吼一作威,士女皆觳觫。广南人最甘,肥者如黄犊。猛虎纵横行,厌饫亦逐逐。朝饮惟贪泉,暮依惟恶木。人皮作秽裘,人骨为箭镞。人血充乳茶,脂膏杂红麴。……

此诗写的是清兵在岭南镇压抗清斗争中野蛮屠杀百姓的可怖情景。岭南是清兵入关后镇压反清势力,巩固政权的最后战场,也是战斗最激烈的战场,而广州又是清朝政权与南明政权占领与反占领拉锯战之地,时间长达四五年。战争中清兵滥杀无辜百姓,据史料记载,清顺治七年,尚可喜、耿继茂率兵攻陷广州,城内就有几万百姓被清兵杀戮。由于战争,广州还引发了大饥荒,产生将人作为"菜人"出售,出现了人吃人的人间惨剧。诗人无限悲愤:"人类日已尽,野无寡妇哭。隆冬不患饥,髑髅亦旨蓄。"诗末还巧用反语:"多谢上帝仁,猛虎享天禄。为兽莫为人,牛哀得所欲!"既点化了将清兵比喻为吃人的猛虎的主题,也将抗清提高到反对种族屠杀灭绝的高度。类似此类的代表作品还有《大同感叹》,诗人在诗中,披露了清兵将人血喂马,将人肉充作食粮的灭绝种族的恶行。

在屈大均反映爱国思想的诗中,还有将视角投向了西方殖民主义的作品,这就是在清初诗坛上不多见的以《澳门》为题的五律组诗六首。据明代史籍,葡萄牙人以租借为名,入居澳门,"据澳为家"②,建城垣,修庐舍,设教堂,立炮台,是明嘉靖年间事。对于葡人的侵略野心,明代有识之士已有警觉。还在明正德年间,御史何鳌就说:"佛郎机最号凶诈,兵器比诸夷独精。前年驾大舶突进广东省下,铳炮之声震动城郭;留驿者违禁交通,至京者桀骜争长。今听其私舶往来交易,势必至于争斗而杀伤,南方之祸殆无极矣。"③ 明嘉靖四十三年浙江巡抚庞尚朋(广东南海人,监察御史任内,曾出任广东)上疏朝廷,揭露葡人在澳门的骄悍恶行的殖民嘴脸,敦促明政府维护主权,云:"诡形异服,弥满山海,剑铓耀日,火炮震天。喜则人而怒则兽,其素性然也。奸人且导之,凌轹居民,蔑视澳官,渐不可长"④,提出要"抚处濠澳","保安海隅"的主张。也有的说:"粤东之有澳夷,犹疽之在背也。"⑤ 但总的来说,明政府对葡人侵占澳门,并未从维护主权角度妥善解决,有的官员则大谈所谓"驱之未必脱屣,歼之恐干天和。且地仅弹丸黑子,无险可恃,所通止香山一路,有关可绝,仅同孤雏腐鼠,似可相安无事"⑥。进入清朝以后,清政府亦未引起重视。屈大均的《澳门》组诗,是入清以来提出防范葡人侵占澳门的重要诗作,体现了诗人强烈的爱国情怀。《澳门》其一云:

> 广州诸舶口,最是澳门雄。外国频挑衅,西洋久伏戎。
> 兵愁蛮器巧,食望鬼方空。肘腋教无事,前山一将功。

---

① 屈大均:《华顶放歌同王伯佐》。
② 吴桂芳:《议阻澳夷进贡疏》。
③ 《明武宗实录·正德十五年十二月己丑》。
④ 庞尚朋:《区画濠镜保安海隅疏》。
⑤ 《明神宗实录·万历四十二年十二月》。
⑥ 《明神宗实录·万历四十五年五月辛巳》。

诗人以敏锐的政治眼光，指出葡人入居澳门是通过武力的"频挑衅"，是久有预谋的。他们武器精良，为军方所忧虑，所能掣肘，是他们远离本土，粮食要靠当地供应，易于告竭。但最终解决的办法，还是以武力护边。在《澳门》其二、其三、其四，诗人写了葡人在澳门筑庐舍，设教堂，筑城垣，以澳为家，其二结语更道出了诗人的忧虑："筑城形势固，全粤有馀优"，澳门有可能成为西方殖民主义者侵略广东的桥头堡。《澳门》其五，诗人已预感到葡人在澳门构筑城池、架设炮台对中国安全的威胁，云："山头铜铳大，海畔铁墙高。一日番商据，千年汉将劳。"屈大均写此诗在康熙二十八年（1689），清朝正处于康熙文治武力极盛之时，对于澳门这一南方边陲的弹丸之地，清朝统治者并没有引起注意，而屈大均却看到了它的潜在隐忧，这是很有政治远见的。历史也完全证明了屈大均的预见，道光年间以英国为代表的殖民主义者向中国大量倾销鸦片，澳门就是集散基地；由鸦片而引发的鸦片战争，澳门又成了英国军队侵华的桥头堡。

五、粤曲声声道晚晴

　　美丽的珠江绕着五羊城奔流，沿江两岸草暖花飞。这富有南国风韵的胜景，历来不知多少骚人墨客为之倾倒，他们无不以此为入诗作画的好题材。

　　　　琵琶洲头洲水清，琵琶洲尾洲水平。一声欸乃一声桨，共唱渔歌对月明。

　　这是清初诗人梁佩兰以《粤曲》为题的诗。梁佩兰与屈大均、陈恭尹都是当时著名的诗人，号称"岭南三大家"，与当时名噪一时的"江左三家"同誉国内诗坛。"江左三家"是指江苏诗人钱谦益、吴伟业和安徽诗人龚鼎孳。"尚得古贤雄直气，岭南犹似胜江南"，这是清初诗人洪亮吉对岭南三家诗的推许之辞。梁佩兰是广东南海县人，康熙二十七年（1688）被选授翰林院庶吉士，在京一年左右，即托词告假归乡。据说他在京时，与同时的著名诗人王士禛、朱彝尊共主诗坛。梁佩兰的诗，以写人民疾苦和乡土风情的作品较有特色，在当时就很受人们的推崇。

　　这首诗的题目叫《粤曲》，但是这里的粤曲不是指今天曲艺中的粤曲，而是指唱粤地的歌的意思。这是一首写珠江琵琶洲上渔民生活情景的诗。"琵琶洲头洲水清，琵琶洲尾洲水平。"琵琶洲，原是广州市东郊珠江中的小岛，因洲上有三个土山，形状像琵琶而得名。据民间传说，琵琶洲就像一只小舟浮在珠江中，随着珠江水潮涨潮落而升降。明代万历年间，人们在洲中高处建了一座九级砖塔，名叫海鳌塔，广州人俗称琶洲塔。现在的琵琶洲，已与岸上陆地连接了。这两句诗是说，琵琶洲浮在珠江水中，它的头部水色清澈，它的尾部微波荡漾。这里是用互文手法，两句的意思互为参读，意思是说，琵琶洲这里珠水环洲，水色清澈，微波荡漾，风景绮丽。这两句写的是琵琶洲的景色，但景语含情，为下二句渔歌晚唱的悠闲情趣起着映衬和铺垫作用。

　　"一声欸乃一声桨，共唱渔歌对月明。"珠江渔民素有歌唱的民俗，傍晚时分，渔舟归湾，渔民引吭歌吟，声韵悠扬，为历来诗人墨客作诗入画的好素材。清代诗人查慎行南来广州，写广州风情，就有"一生活计水边多，不唱樵歌唱棹歌"的诗句。欸乃，是象声词，是模拟行船摇橹的声音。"一声欸乃一声桨"，就是说渔民有节奏地摇着木桨，驾舟游弋江上，桨水相击，发出声声欸乃之声。就在这桨水相击的欸乃声中，在这月光如泻的夜色之中，传出了渔民此唱彼和的渔歌的吟唱之声。此时桨声、歌声浑成一片，使珠江琶洲风情更显得清丽诱人。

　　　　绕城骀荡柳毵毵，映水女儿红汗衫。向晚棹花春浪软，香云先渡白鹅潭。

　　这又是一首描写珠江风情的诗，写的是花农运花进城的景致。这首诗是清乾隆年间诗人黎简写的。黎简是广东顺德人，因为喜爱东樵、西樵二山，又自号二樵。他到三十二岁才中了秀才，此后便无意功名，在家乡设馆授徒。黎简作为一介布衣，授馆之余，写诗作画，竟自成一家，在当时颇负盛名，王昶在

《湖海诗传》中对他的诗评价颇高,说他的诗"峻拔清峭,刻意新颖,言人所不能言"。黎简写诗,刻意求新,曲折幽深,自成一格,只是生活面狭窄,局限了他的诗情。

"绕城骀荡柳毵毵",写的是珠水绕城的两岸风光。骀荡,即轻轻地荡漾的意思。"毵毵",形容细长的枝叶,指柳叶细长的样子。据说旧时珠江两岸,遍植杨柳,杨柳依依,枝条飘柔,轻拂江面,舟子就在杨柳浓荫之中穿行。"映水女儿红汗衫",这是写船上女子的衣着容颜。诗人在这里选取了一个水中倒映的画面。船上的女子,穿着颜色鲜艳的红色的衣衫,倒影在碧绿的江水上,红绿相映,女子的娇憨美态也在荡漾的江水中显现。画面清新,不落俗套。

"向晚棹花春浪软,香云先渡白鹅潭。"向晚,是指傍晚。你看傍晚时分,一艘艘满载着鲜花的小艇破开春波,从白鹅潭那边驶来了。香云,这里指鲜花。当时广州以素馨花最负盛名,素馨花大多白色,它与月色辉映,有如白云一样。白鹅潭,在广州城西南珠江中,它的南面,就是广州盛产花卉的花田。花田一带,遍植素馨、茉莉、鹰爪等名花异草,每天从清晨到傍晚,花农络绎不绝将采摘的鲜花用小船载运到广州城内贩卖。当时花农多在今天的白蚬壳码头附近下船,向北驶至白鹅潭过河。李调元的《粤东笔记》有这样的记述:"广州有花渡头,在五羊门(今五仙门)南岸,广州花贩每日分载素馨至城,从此上舟。"当时广州诗人何梦瑶在《珠江竹枝词》中也有这样的描述:"看月人谁得月多?湾船齐唱浪花歌。花田一片光如雪,照见卖花人过河。"

上述这两首诗,一首写渔民,一首写花农,都是广州珠江的人物风情,很有地方特色。这二首诗,格调清新,节奏明快,用语看似平常,但形神并重,着色淡雅,构思新颖。诗体仿效竹枝词,带有民间歌谣的情调,读来使人感到亲切。

六、天水茫茫一古台
——冯敏昌《嵩台》

广东肇庆市北郊的七星岩,是一个享有盛誉的风景胜地。这里的风景以湖岩石洞取胜,有"七岩、八洞、五湖、六岗"之称。嵩台,即石室岩,就是七岩岩峰之一,这里景色最多,岩上有揽月亭、水月宫、陈白沙碑亭,岩下有石室洞,洞内有自唐以来的摩崖石刻、诗刻。唐人李邕写的《端州石室记》,写的就是嵩台的胜迹。冯敏昌以《嵩台》为题写的五律,记述的也是嵩台的形胜秀色。抒发时移世易的感慨,是历代吟咏七星岩诗中较有特色的诗作之一:

> 天水茫茫合,牂牁千里来。苍然留远影,晚色下山隈。
> 缥缈城钟出,嵯峨羚峡开。长风吹不极,人立古嵩台。

冯敏昌,字伯求,号鱼山,钦州人。乾隆年间进士,官至户部、刑部主事。冯敏昌是一个学术上颇有造诣的学者,辞官回广东后,曾先后在端溪、越华、粤秀三书院讲学,学者称鱼山先生。冯敏昌一生喜游名山大川,足迹几乎走遍半个中国。他的诗在当时也颇负盛名,与张锦芳、胡亦常合称"岭南三子"。《粤东诗海》称赞他的诗"笼盖群英,直追往哲,无体不备,无美不臻"。《清史稿》本传推崇他为乾隆嘉庆年间岭南诗的大家。冯敏昌的诗,善于绘景道情,很多诗写得感情炽烈,像"独夜恋慈母,儿时此际饥。天寒宇久侍?有梦不如归"。这首小诗就是他五十五岁生日时,与子侄畅游珠江后写的忆母诗。诗中表达了诗人儿时夜饥恋母,老来念母如饥的真挚感情,情致绵绵,感人至深。

开头两句"天水茫茫合,牂牁千里来"是登台远眺所见的景色。牂牁即牂牁江,又称北盘江,是西江上源之一,源出云南省东部,它与南盘江合流后称红水河。嵩台在西江北岸,江水在台下奔流。诗人站在嵩台岩上,眺望远方:奔腾的牂牁江水,千里迢迢来到了嵩台岩下;水际茫茫,江水与长天一色。

"苍然留远影,晚色下山隈。"这两句所摄取的景色,从远而近。打个比方,就好像是电影镜头:

刚才是大全景，从高处俯拍，现在是镜头一推，到了近景：你看夕阳西下，迷蒙的夜色笼罩着山岩；山色苍茫，高耸的嵩台，在江面上留下了长长的倒影。这两句中，晚色，指太阳西下后的黄昏夜色。山隈，是山岭的弯曲深处。晚色已降临到山岭弯曲深处，说明这时已是暮色苍茫，大地一片迷蒙。

这四句诗，以景色立意，借景传情。写了茫茫水际，江天一色；写了苍青山色，迷蒙黄昏。茫茫、青苍、迷蒙的色调，造成了一种意绪苍凉的意境，也为全诗定下了苍凉的格调。

"缥缈城钟出，嵯峨羚峡开。"这二句诗从字面上来理解并不难。城，指肇庆城。钟，指肇庆城中僧寺的钟声。缥缈，是形容钟声从城中传出来的声音飘忽低沉，若有若无。诗人站在嵩台上，听到从城中传出来的飘忽低沉、若有若无的钟声。举目向前，高峻的羚羊峡顿然展现在眼前。嵯峨，是形容羚羊峡的高耸险峻。羚羊峡又称肇庆峡，在今肇庆市东北，这里两岸岩壁陡峭，江上水深流急，是广东与广西的交通水道，也是兵家必争之地。清初南明桂王在肇庆立国，反抗清兵，这里就发生过激烈的战事。但从全诗来看，"缥缈城中出，嵯峨羚峡开"，却有深意在。它在诗中起着拓意衬情的过渡作用。缥缈的钟声，使人有一种超然物外的空灵之感；而面对着高耸险峻而又是曾经发生过战事的羚羊峡，缥缈的钟声又容易撩起人们一种超越时空的对史事的回思。

最后的两句诗："长风吹不极，人立古嵩台。"这是全诗命意所在。长风，指强风。极，在这里取其穷尽、终了之意。诗中在嵩台上冠以"古"字，用意在于发思古的幽情，突出强风吹不散万千思绪，思绪充溢着对往事的沉思，对时移世易的苍凉慷慨之情。这里也似乎很隐晦地透露出明清交替的民族隐痛。古人受时代和阶级的局限，登上高山峻塔，往往会有今古茫茫的感慨，也留下许多感叹时事的佳作。最为脍炙人口的是唐代陈子昂的《登幽州台歌》。陈子昂在幽州台上，感慨战乱频仍，国势危殆，发出"前不见古人，后不见来者。念天地之悠悠，独怆然而涕下"的慨叹。冯敏昌站在嵩台岩上，面对着茫茫江水，迷蒙夜色，特别是曾发生过朝代更迭的战事的羚羊峡，在缥缈的钟声中萌生一种今古茫茫、时移世易的思绪，也是很自然的。冯敏昌与陈子昂不同的是，陈子昂的苍凉意绪，如大江流水，倾泻而出；而冯敏昌却是委婉含情，寓时移世易的感慨于山水之中。

这首诗在艺术上也是上乘之作。它字字写景，又字字含情。诗中没有一字一句写时势的变易，却能激发读者与诗人一起产生超越时空的无限想象，沉思时势的变易。真是"悱恻之情，旷逸之抱，一寓于诗"。另外，这首诗的语言质朴，不事雕饰，意境浑然天成，也使诗增加艺术的感染力。

七、英雄花开春意闹
——谭敬昭《木棉》

四月的广州，千红万紫，春意正浓。那满城的木棉更是红英怒绽，灼灼如火，为南国花城平添了几分英豪之气。木棉，又称英雄树，是遍布岭南的奇葩。据广州市绿化部门统计，单广州市（包括郊区）红棉树总数约近十万株。每年春暖时节，岭南大地，红棉花迎春怒放，满树繁花，如火如荼，点染春色，给岭南大地增添无限诗情。明清以来，以木棉为题材的诗不断涌现，谭敬昭以"木棉"为题的诗，就是人们传颂的名篇之一。

> 浏漓独出冠群芳，紫佩骖鸾足颉颃。芍药蔷薇小儿女，东风南国大文章。
> 三山不改云霞色，百宝平分日月光。彩笔可曾干气象？越王台畔去堂堂。

谭敬昭是清嘉庆、道光年间一位颇有名气的诗人。清代，是岭南诗坛比较活跃的时期。清初，屈大均、梁佩兰、陈恭尹，号称岭南三大家，蜚声诗界，为中原诗人所瞩目；乾隆、嘉庆时期，复古主义诗风弥漫诗坛，岭南却出了冯敏昌、黎简、宋湘三位优秀诗人，独树一帜，大笔淋漓，自抒心曲，写怆凉悲慨之情。到了鸦片战争前夕，岭南更是诗人继出，出现了号称"粤东三子"的诗人，大有与江南诗人分庭抗礼之势。谭敬昭就是粤东三子之一。

谭敬昭，字子晋，一字康侯，粤西阳春人。嘉庆二十二年进士，著有《听云楼诗草》。岭南古文献中比较著名的《粤东三子诗钞》就收有他的诗作。谭敬昭以擅长写岭南风物人情著称于世，他笔下的这类诗乡土气息浓厚，诗风清新隽逸，当时的人们称赞他的诗"超妙自然"、"如风水相遭，自然成文"。比如他在《珠江竹枝》中写广州沙基涌、柳波涌一带风光："桥东桥西人踏歌，濠北濠南人踏莎。一江春水绿于染，江水绿烟吹柳波"，广州的民俗风情，历历在目；歌声江色，浑然一体，风致嫣然。他的近体诗也飘逸劲健，显出大家功力。

"浏漓独出冠群芳，紫佩骖鸾足颉颃。"这是从木棉的形体着墨，突兀而起，写它高大矗立、卓然超群的豪迈气概，也显示出不同凡响的磅礴诗气。木棉树干粗壮，直指蓝天，开花时节，满树挂红，如火如荼，异常壮观。岭南又俗称木棉为英雄树，大概得名也与此有关吧。"浏漓"，即淋漓的意思，形容木棉枝木粗壮繁茂。"冠群芳"，是形容树干高矗，花色壮美，为花木之首。木棉树最高能长多高，有待植物学家去考究，但广州市中山纪念堂就有一棵长达三百年树龄的木棉树，被称为"木棉王"，其树身竟高达二十多米，树冠覆盖面积达百多平方米。紫佩，指兰花。骖鸾，古代神话传说，仙人常以鸾鸟为坐骑，这里借指仙人。颉颃，是相抗衡，不相上下的意思。"紫佩骖鸾足颉颃"，意思是说：木棉卓然独出，为群花之首，只有高雅的兰花、飘逸的仙子，才能与之相比。

"芍药蔷薇小儿女，东风南国大文章。"这是诗中最为精警的佳句。这里充分运用比喻手法，以芍药、蔷薇作陪衬，以文章来比喻花，突出木棉的英姿本色。粤东三子之一的黄培芳，也有以《木棉》为题的诗，也有类似以文章喻花的诗句。诗里说："一洗万朝金粉陋，大文章耀粤江湄。"芍药、蔷薇是草本花卉，以这种草本花卉与木本高大的木棉相比，犹如小儿女一般，这里的着眼点仍然是赞颂木棉参天挺拔的英雄气势，说它没有儿女般的忸怩作态的庸风俗态，而是东风南国的大块文章。这里的大文章是指经纬天地的文辞。

"三山不改云霞色，百宝平分日月光。"前二联是写木棉的形体，这二句是写木棉的花色。木棉是冬末春初绽蕾，清明前后，大约是三四月间开花，花期有时长达一个多月。木棉花开时，叶子已全部脱落，点点红花遍缀枝干。古人常以红珊瑚来形容木棉花盛开的情景。如清初诗人屈大均写广州南海神祠木棉花时就有这样的诗句："十丈珊瑚是木棉，花开红比朝霞鲜。天南树树皆烽火，不及攀枝花可怜。"黄培芳写肇庆金溪木棉，也有"珊瑚影逐春流乱，十里清溪放木棉"的诗句。而谭敬昭诗中的"三山不改云霞色"，云霞色，是形容木棉花如海上三山中日出时灿烂的云霞，红彤彤影照天际。三山，即古代传说中的三神山。秦汉方士称东海中有三个神仙居住的岛，即方丈、蓬莱、瀛洲。秦始皇派遣方士徐福去东海求长生不老药，就是要到这三神山去。"百宝平分日月光。"百宝，指佛家种种奇珍异宝，这是用佛家珍宝来形容木棉花的艳丽壮美，说它光彩夺目，鲜艳照人，平分了日月的光华。

"彩笔可曾干气象？越王台畔去堂堂。"如果说这首诗处处取喻，极力渲染木棉的英姿和花色的壮美，结尾的这一句就是因物兴感，即景抒怀了。木棉花树，在诗人的眼中，犹如一支巨大的彩笔，诗人设问：花挂枝头，红遍天际，究竟有没有影响南国的气象呢？诗人自问自答，说：越王台畔，由于有了木棉开花，更增添了壮美的春色，更觉气象万千。越王台，南越王尉佗所筑，旧址在今天的广州越秀山上。越王台畔，这里泛指岭南，或指诗中的东风南国。"去"这里读"举"，是收藏、蕴藏的意思。去堂堂，是说南国蕴藏着庄严宏伟的气象。彩笔，这里用了梁朝江淹的故事。据《南史·江淹传》记载，江淹年少时，做梦有人授他五色彩笔，自此文思大进。后来唐诗人杜甫在《秋兴》诗中用了这个典故，说："彩笔昔曾干气象，白头今望苦低垂。"这首诗的结语"彩笔可曾干气象"，就是借用了杜甫的诗句，而彩笔的典故又出自江淹，又与诗中"东风南国大文章"相呼应，使诗的内涵更加深邃。

这首诗先写高大挺拔的红棉树形，再写壮美艳丽的花色，最后因物兴感，即景抒怀作结，层次分明，以物引情，启迪人们思绪。从艺术构思上看，它体现了物我交会、情景合一的境界。而磅礴的气势，劲健的笔力，又把作者笔下之景与心中之情融合在一起，情景合一，形象地写出了深浓的春意，寄寓了作者的豪迈意气，也体现了诗人蓬勃求新的审美情趣。

八、越秀凭栏念时艰
——陈澧《木棉花盛开，邀南山先生……诸君集学海堂》

1854年，英、美、法三国在上海扩大租界和把持海关后，向清政府提出修改《南京条约》等要求，企图扩大侵略权益。1856年英国借口亚罗号事件，进犯广州，被当地军民迫退。1857年英法侵略者组成联军，12月攻陷广州，两广总督叶名琛被俘，广州遭到空前浩劫。三年后，即咸丰十年，清政府与英法侵略者签订了妥协投降的《北京条约》，侵略军才从广州退出。劫后的广州，满目疮痍，诗题中的学海堂也遭到严重的破坏。学海堂是当时广州的最高学府，以经史词章课士，战争结束后，学海堂重新修治。次年春暮，学海堂堂长陈澧邀请广州的诗人张维屏、梁廷枏、谭莹等聚会学海堂，陈澧的七律《木棉花盛开，邀南山先生……诸君集学海堂》，就是记述这次聚会的诗情感慨的：

半天霞气拥层峦，晓踏虚堂雨乍干。战后山余芳草碧，春来花似酒颜丹。
去年此日乡愁黯，万紫千红泪眼看。难得故林无恙在，莫辞沉醉共凭栏。

陈澧，字兰甫，广东番禺人。因为他读书的地方叫东塾，又称东塾先生。道光十二年（1832）举人，一生从事教学和学术著述。陈澧在三十一岁时出任广州学海堂堂长，晚年主讲菊坡精舍。陈澧是一位学识渊博的学者，精通天文、地理、音韵、乐律，著述很多。他又是一位有影响的诗人。他跟从张维屏学诗。他的诗大都有感而发，比较重视社会现实的问题，揭露社会矛盾，同情人民疾苦。爱国思想也在他的诗中有强烈的反映。诗风平易，格调悲苍，张维屏誉之为"蓬莱文章建安骨，甲第才子鼎科人"。

"半天霞气拥层峦，晓踏虚堂雨乍干。"诗一开始就应题写事，写诗人聚会的时间、地点和自然环境。古人说："暮春三月，江南草长；杂花生树，群莺乱飞。"而羊城三月，却是春雨纷飞，木棉花开，别有一番岭南春色。"霞气"，这里指木棉盛开，红彤彤的花朵，就像是灿烂的彩霞，染红了半边天际。木棉，又称英雄树，冬天结蕾，春暖花开。待到木棉花落，夏天也就来了，所以明代诗人汪广洋在《广州杂咏》诗中有"木棉花落南风起，五月交州海气凉"的诗句。"晓踏虚堂雨乍干"中的虚堂，是指学海堂。虚，就是取它空寂的意思，指学海堂的清幽静寂。学校，本应是士子云集，书声朗朗的地方，现在重新修治，还没有学生，所以说是虚堂。学海堂在越秀山半，彩霞般的朵朵木棉花，簇拥着越秀群山；早晨，宿雨初干，诗人迎着晨曦，齐集到清幽静寂的学海堂来了。

来到越秀山半的学海堂，放眼越秀群山，诗人看到，"战后山余芳草碧，春来花似酒颜丹"。诗人再一次从春色上着墨。战后，此指第二次鸦片战争之后，被英法侵略者的铁蹄践踏过的越秀山峦，颓垣断壁，剩下的只是碧草萋萋，现在春天来了，红花满山，犹如人们酒后醉脸似的通红。这里运用对比手法，也语意双关。战后的荒凉，抒发对侵略者的愤恨之情；春暖花开，比喻大劫之后，大地复苏，诗人叙会，共诉欣幸之情。如果说花红犹如醉脸，不如说是诗人们有幸劫后重逢，尽兴醉酒，喜悦之情，溢于言表。

接下来的"去年此日乡愁黯，万紫千红泪眼看"。这二句是将景入情，追忆不堪回首的广州沦陷的往事。英法军攻陷广州城后，两广总督叶名琛被俘，而广东巡抚柏贵和将军穆克德纳则投降敌人，他们在英法侵略者的操纵下，组织傀儡政权，充当汉奸，为虎作伥。"去年此日乡愁黯"，就是指的这些事情。现在侵略者走了，大地百花生树，万紫千红。然而，英法侵略者并不是被赶走的，而是政府订了城下之盟，他们才以胜利者的姿态离开广州的。"万紫千红泪眼看"，诗人们看着这烂漫山花，触景生悲，泪水夺眶而出，多少惆怅，多少忧伤尽在这不言之中了。唐代诗人杜甫被安禄山叛军掳至长安，写了"国破山河在，城春草木深。感时花溅泪，恨别鸟惊心"的感人肺腑的诗句。而陈澧写下"万紫千红泪眼看"，抒发的也同样是山河破碎、国势危殆的忧思。

"难得故林无恙在,莫辞沉醉共凭栏。"这是诗的结语。这两句以诗友重聚,展望前景作结,诗人伤时忧国的爱国情思,更得到了高度的升华。劫后的越秀山,难得山林依旧,郁郁葱葱,诗友也得以重聚,无疑是一种欣幸之事。"莫辞沉醉",不要辞谢豪饮一醉的意思,但这里却不是欣幸聚会的欢愉,而是欣幸与忧伤参半,只不过以酒消愁罢了。凭栏远眺,眼底的大好河山,却任人宰割;国家主权,随人摆弄。因此,这"莫辞沉醉共凭栏"一句无异是说:让我们共同为国家安危分忧吧!动人的诗句,深沉的感慨,形象地表现了诗人忧国的思绪,也鲜明地凸显了诗中蕴含的爱国的思想主题。

这首诗写了羊城风物,更道出诗人对时事的忧思,景语含情,情融于景,而景语诗情,又能在忧世的主题中共同生发,寓议论于情语之中。此外,这首诗诗风平易,格调悲苍,语感强烈,更增添了诗的艺术感染力。

九、力斗狂澜抒豪情
——洪仁玕《回港舟中》

广东依山傍海,素有"包山带海"之称,海岸线长达4000多公里,为全国各省之冠。因此,在岭南历代诗人的作品中,留下了不少吟咏大海的作品。有的写它的浩瀚无垠,水天一色;有的写它的澎湃波涛,气礴云天;有的写它的潮汛起落,寄寓着哲理人生。洪仁玕的《回港舟中》,则是通过写海上行舟,力斗狂澜,来抒发太平天国革命战士的壮志豪情:

船帆如箭斗狂涛,风力相随志更豪。海作疆场波列阵,浪翻星月影麾旄。
雄驱岛屿飞千里,怒战貔貅走六鳌。四日凯旋欣奏绩,军声十万尚嘈嘈。

洪仁玕是太平天国后期重要领导人,广东花县人。他是太平天国起义首领洪秀全的族弟。洪仁玕与洪秀全等一起,创建具有宗教色彩的"拜上帝会",但金田起义他没赶上参加,不久就到了香港。在香港期间,他在洋馆里学习天文历数,接受西方文化思想熏陶。1859年由香港到达天京(今南京市)。这时正是太平天国统治集团内部发生杨、韦内讧,石达开又出走的危难关头。他被洪秀全所倚重,封为干王,总理全国朝政,提出了不少带有资本主义色彩的改革措施。1864年天京失陷,他护卫幼天王转战江西,不幸战败被俘,在江西南昌壮烈就义。

洪仁玕不仅是太平天国杰出的政治家,而且也能诗为文,现存诗六首。他的诗宣传革命,抒发革命壮志,政治倾向性强烈,体现出农民革命领袖对革命事业的信念和胆识。诗风平易通俗,气势磅礴,富于鼓动性。《回港舟中》是他早期的作品。太平天国金田起义,建都南京后,洪仁玕于1854年离开香港到达上海,本拟经上海转赴南京,但由于战事阻隔,未能成行,不得不折回香港,这首诗就是他折回香港时在轮船上写的。诗中生动地描述轮船在海中乘风破浪的情景,表达了诗人对革命斗争的热切向往。全诗意气风发,格调高昂,充满了浪漫色彩。

"船帆如箭斗狂涛,风力相随志更豪。"一开始就抓住了海上行舟的特点,在力斗狂涛上着墨渲染,突兀而起,在读者面前展示出一幅海上行舟的壮丽图景:茫茫大海,波涛汹涌,海风阵阵,船帆在大海的浪峰峡谷间出没,力斗狂涛,如箭般向前飞驶;作者屹立船上,放眼天际,更感志壮情豪,情满于怀。洪仁玕离开香港是要去参加农民革命战争的,虽然目的未能达到,又乘舟折回香港,但他的心早已飞向天京,飞向埋葬清王朝反动统治的战场了。面对着浩瀚大海,滚滚波涛,诗人不禁心潮澎湃,浮想联翩,这是很自然的。下面的两联"海作疆场波列阵,浪翻星月影麾旄。雄驱岛屿飞千里,怒战貔貅走六鳌",就是作者心潮澎湃、浮想联翩的具体描绘。

"海作疆场波列阵,浪翻星月影麾旄。"这二句是从波涛汹涌方面的描绘。麾,是挥的意思。旄,在这里泛指旗帜。麾旄,是挥舞战旗的意思。这二句是说:茫茫大海,犹如太平军四面出击所开辟的辽阔战场;汹涌澎湃的滔天巨浪,犹如太平军排成的一个个阵势。星星和月光在海里的翻动,犹如战场上迎风招展的革命战旗。作者在这里充分发挥了他的想象力,即景抒情,形象地表现了他对太平天国革命事业的无限向往的急迫思绪,也体现了他对横扫封建统治的革命战争的热情的赞颂。

"雄驱岛屿飞千里,怒战貔貅走六鳌。"貔貅,传说一种似豹的猛兽。《史记》中记载黄帝训练熊、罴和貔貅等猛兽,与炎帝战于阪泉之野。因而后来古诗词中常以这些猛兽比喻勇猛的军士。怒战貔貅是因平仄关系倒装用法,即貔貅怒战的意思。走六鳌,即钓走六鳌。《列子·汤问》有这样的记载:渤海有五座大山,常常随着潮涨潮落上下浮动。于是,天帝命禹疆使巨鳌十五头分三批轮流举首负载。后来伯国大人在渤海垂钓,钓走了六头巨鳌,至使岱舆、圆峤二山,流于北极,沉于大海。李白曾自称为钓鳌沧海客,说要"以天下无义气丈夫为饵"。后来习惯以钓鳌比喻有大志气、疾恶如仇的人。这两句是描绘船帆行进时的速度。意思是说:帆船乘风破浪,如箭般飞驶,把一个个岛屿抛在千里之外;又好像貔貅怒战敌人,把六鳌钓走,船帆犹如岱舆、圆峤二山,飞快地流向远方。很明显,这里也是一种象征和比喻,反映太平天国的革命事业迅猛发展,所向披靡。

"四日凯旋欣奏绩,军声十万尚嘈嘈。"从上海乘火轮船到香港,当时是四天的行程,所以诗中说"四日凯旋"。从字面上说,这两句的意思是从上海到香港,四天的航程顺利走完。而海上的波涛声还好像十万军马的喧嚣声,在我耳边回响。不过,这二句也完全是借题发挥,诗人在这里充分展示想象中的太平军在战场上节节胜利的欢乐情景:当他回香港的时候,一定能看到太平军在战场上取得胜利的捷报,而在取得战争胜利的时候,军队欢呼之声一定响彻云霄。军声十万,也是倒装用法,即十万军声,十万,这里不是实指,是泛指军队之多。

这首诗写海上行舟,完全是借景抒情,借题发挥,运用浪漫主义的手法,渲染革命战争的战斗和胜利,充满着乐观精神和战斗气息。诗运用象征比喻手法,情怀激烈,气势磅礴,也充分展现了农民革命领袖的坦荡胸襟与理想的执着追求。洪仁玕留下的这些气势磅礴的革命诗作,为近代诗坛增添了光彩。

十、泪洒纵横民族情
——黄遵宪《香港感怀》其二

香港,旧称红香炉,位于珠江口的东侧,包括香港岛和九龙半岛两部分,旧时属新安县(也就是现在的深圳宝安区)管辖。香港原来是一个半渔半农的村落,居民约4800余人。鸦片战争后,清政府屈服于英国侵略者的淫威,签订了丧权辱国的《南京条约》,香港岛即被英国侵占。十八年后,英国又在第二次鸦片战争中,强占了九龙界限街以南的中国领土。这样,整个香港就被英国占领。

《香港感怀》是黄遵宪写的一组反映香港历史和现状的爱国诗篇,也是黄遵宪早期爱国诗的代表之作。黄遵宪是在清朝同治九年(1870)经广州第一次到达香港的,这一年他刚二十三岁。《香港感怀》就是这次香港之行后的作品:

> 岂欲珠厓弃,其如城下盟。帆樯通万国,壁垒逼三城。
> 虎穴人雄踞,鸿沟界未明。传闻哀恸诏,犹洒泪纵横。

黄遵宪出生于鸦片战争之后八年(1848)。他生活的年代,正是中华民族灾难深重的年代,国家民族的危难,使他在少年时期就萌生救国思想。二十九岁中举后,他就毅然摒弃了科举之途,跟随当时我国驻日本大使何如璋,出任驻日本使馆参赞。此后先后出任清政府驻日、美、英、新加坡等国使馆参赞、总领事等职,历时十四五年。由于长期在国外任职,受西方资产阶级思想的熏陶,他成为中国近代较早接受西方政治思想的人物之一。"滔滔海水日趋东,万法从新要大同",他曾十分肯定地说:中国一定要变,而变必从西法,"太平世必在民主"。中日甲午战争爆发后,他奉调回国,从此积极支持康有为领导的改良主义运动。维新变法失败后,他受到株连,被解职回乡。从此离开了官场,在他的家乡梅县度过了他最后的八年,终年五十八岁。

黄遵宪是近代历史上一位政治家、外交家，又是一位著名的爱国诗人。他是当时改良派倡导的"诗界革命"的一面旗帜。他对诗歌创作，说过一句很著名的话，叫做"我手写我口"。这句话的含义是很深的，联系他关于文艺主张的言论，应包含思想和艺术两个方面的要求。在思想内容上，要反映现实生活，要表现自己的思想感情。在艺术上，不要受传统诗体的束缚，要写出"不名一格，不专一体，要不失乎为我之诗"。这些主张，反映了中国资产阶级登上政治舞台后要从政治、经济、文化等各个方面与封建主义决裂的决心和胆识。就诗歌来说，矛头无疑是指向当时弥漫诗坛的复古主义、形式主义诗风的。黄遵宪现在留传下来的千余首诗作中，反映重大历史事件和时事政治的诗占了大部分，其余部分也大多是写当时发生的新鲜事物或外国的风物人情。这些作品突出地表现了中国近代社会的主要矛盾，具有强烈的爱国主义热忱和反帝精神，或体现当时向西方寻求真理的时代思潮。在艺术上，他的诗，不拘一格，自由奔放，还常常运用散文笔法入诗，诗情激越，形式多变，很富有生气。

"岂欲珠厓弃，其如城下盟。"诗一开始就以愤慨的笔触，借典喻政，直斥清政府在英国侵略者的枪炮威胁下屈膝投降的罪行。珠厓，即今海南海口市。因为它位于大海崖岸边，而且出产珍珠而得名珠厓。珠厓是汉武帝平定南越王相吕嘉叛乱后设置的九郡之一，到了汉元帝时，珠厓又反，当时大臣贾捐之认为关东大困，仓库空虚，如又动兵平叛，非但劳民伤财，还将带来更大的灾难，因而主张放弃珠厓郡。诗人在这里借用这个典故，却更深一层突出清政府投降卖国的罪行。根据有关史料记载，鸦片战争发生不久，朝廷投降派势力就占了上风，接着林则徐被罢官，琦善任钦差大臣来广东处理军务。琦善来广东后，一改林则徐反抗侵略的做法，裁撤战备，擅自与英国侵略军代表义律议定《穿鼻草约》，将香港割让给英国。此事被广东巡抚怡良揭发，琦善因而被朝廷革职问罪。但是，不到二年，英国侵略军北犯定海，陈兵南京江面，清政府却心慌失措，派耆英、伊里布为全权代表，与英国全权代表璞鼎查在南京签订了结束鸦片战争的《南京条约》。这个条约不仅仍然割让香港，其出卖国家利益的条款比之琦善所议订的《穿鼻草约》还有过之而无不及。"岂欲珠厓弃，其如城下盟"，即指此而言。两句意思是说，琦善议订的《穿鼻草约》，只是想将香港割给英国，怎比得上耆英等签订的投降卖国的《南京条约》呢？言辞锋利，矛头直指清朝最高统治者，也显示出年青诗人对卖国贼那种疾恶如仇的爱国激情。

"帆樯通万国，壁垒逼三城。"这是形容香港被英国占领后在经济上、军事上的变化。香港本来是一个只有四千余人的小渔村，英国占领后，立即开山劈石，大兴土木，筑堤岸、码头和仓库，将香港开辟为自由贸易商港，从此欧美各国商船麇集，迅速成为南太平洋的大埠。据陈蠖勋的《香港杂记》记载，到黄遵宪来香港时，香港每年出入口轮船，已由占领初期的690多艘遽增至34000多艘，每星期定期轮船的航线也遍及亚欧、亚美、亚澳及南洋、北洋等地。"帆樯通万国"，就是这种变化的形象描绘。英国占领香港，不仅要在经济上把香港开辟成商港，进而对中国进行经济掠夺，而且还在军事上把香港建成侵略中国的桥头堡。英国从咸丰四年（1854）开始，就在香港遍筑炮台，计有十一座之多，而所有的炮台都是对着我省海疆而建造的，从而形成一个既从东路、西路和中路守备香港的军事设施，又是直接威胁广州、潮州和惠州三个城市的桥头堡。1856年英法联军发动第二次鸦片战争，就是利用这些炮台入侵广州的。诗中用"逼"字形容壁垒对广州等城市的威胁，突出了当时形势的险恶，所以诗人接着说："虎穴人雄据，鸿沟界未明"，饱含爱国情愫，抒发对现实的忧国之情。鸿沟，这里是指英国占领香港后中英管辖地域的界线。诗中以"虎穴"形容英国占领下的香港，写出了英国侵略者欲壑难填的侵略野心和凶残本性，也一针见血地点出了造成南中国严重威胁的原因所在。英国占领香港后，一方面在陆地上对我国领土虎视眈眈，伺机蚕食占领，另一方面则在海岸线上生事挑衅，启发事端。英国在香港占领一天，南中国一日都不得安宁。果然，诗人不幸而言中，在他写下这首诗之后十八年，即光绪二十四年（1898），英国即在《展拓香港界址》专条中以租借为名强行占领了"新界"。

"传闻哀恸诏，犹洒泪纵横"，这是全诗的结句，它既是全诗思想内容的聚光点，也是全诗强烈的民族意识和爱国思想的高度升华。"哀恸诏"，这是指道光皇帝的遗诏。诗人在这两句诗末自注说："宣庙遗诏，深以弃香港为耻"。道光皇帝在遗诏中以爱民为言，实则是掩饰其无耻的投降卖国行径。诗人受时代和阶级的局限,相信皇帝对割弃香港的忏悔,这是不足怪的,但诗人的思绪更多的是从遗诏中想到了祖国河山崩缺,领土沦丧;想到了香港不仅沦为异国统治,而且成了威胁祖国安全的桥头堡,泪涕纵横,不能自已,家国之恨,爱国之情,跃然纸上。

这首诗格调悲怆,爱憎感情强烈,诗中用语比较质朴,但寓深意于质朴之中,另有一番耐人寻思的韵味,也显示出诗人要在"我手写我口"的主张中探索新的韵味的追求。

十一、遥望北国,爱国情深
——黄遵宪《夜起》

黄遵宪,字公度,广东嘉应州也就是现在的梅州市人。他是中国近代史上资产阶级改良派的积极活动家,也是一个努力向西方寻求真理,企图改革腐朽内政,挽救民族危机的爱国者和诗人。戊戌政变之后,黄遵宪被罢官回乡。他人在家乡,却心怀国家安危,救亡图强之心尤为强烈。七律《夜起》就是他这个时期的代表作之一:

> 千声檐铁百淋铃,雨横风狂暂一停。正望鸡鸣天下白,又惊鹅击海东青。
> 沉阴曀曀何多日,残月晖晖尚几星。斗室苍茫吾独立,万家酣梦几人醒。

《夜起》写于清朝光绪二十七年,也就是 1901 年。当时是八国联军侵略中国的战争年代,诗人正在家乡闲居。他从遥远的南方,得知北京、天津沦陷,民族危难,人民遭殃,痛心疾首,写下了这首具有强烈的反侵略精神的爱国诗章。

"千声檐铁百淋铃,雨横风狂暂一停。"近人评黄遵宪的诗,认为"近数十年诗人,能直言眼前事,直用眼前名物,莫如黄公度遵宪"。诗一开始就引典喻政,接触时事,凸显反帝主题,愤怒地谴责帝国主义对中国的野蛮侵略。檐铁,又叫铁马,是民间一种用铁制的悬挂于屋檐外的马蹄形装饰物。风一吹,互相撞击而发出叮叮当当的声音。淋铃,指《雨淋铃曲》。根据《太真外传》记载,相传唐玄宗在安史之乱中,逃难至斜谷口,当时连日大雨滂沱,在栈道中隐约听到铃声,唐玄宗悼念已被缢死的杨贵妃,因此,采用雨中铃声,作《雨淋铃曲》以寄托怨恨。黄遵宪诗中的"檐铁""淋铃"和"雨横风狂",都是借以形容八国联军对京津的蹂躏,铁蹄所至,腥风血雨,一片凄惨景象。"暂一时",是指战争暂时停止了。为什么呢?俄、英、美、日、德、法、意、奥等八国组成的侵略军,于 1900 年 9 月占领京、津。12 月 24 日抛出了所谓《和议大纲》十二条,强迫清政府"无可更改"地接受。据李希圣《庚子国变记》记载,当时已逃离北京的慈禧太后接到这份"和议大纲",见帝国主义没有将她作为祸首惩办,仍愿保持她的地位,大喜过望,立即命令李鸿章如约签字,这就是战争暂时停下来的原委。但是,公开的宣战停下来了,而帝国主义侵略掠夺烧杀的罪恶行径并没有停止,特别是沙俄帝国主义,更加疯狂,在八国联军攻掠京津的同时,沙皇尼古拉二世就命令调集约十五万军队,以保护东清铁路为名,分兵六路大举入侵我国东北,到 1900 年 10 月 31 日占领锦州止,沙俄侵略军占领了我东北的主要城市和交通线,并于 11 月 8 日胁迫清朝盛京将军的代表签署了一个所谓《奉天交地暂且章程》,实际上把东北变成了沙俄的殖民地。当时俄国资产阶级报纸《新时报》就狂妄地称东北为"黄俄罗斯"。沙俄侵略军在东北所到之处,正如列宁在《中国战争》一文中所指出:"杀人放火,把村庄烧光,把老百姓驱入黑龙江中活活淹死,枪杀和刺死手无寸铁的居民和他们的妻子儿女。"接下来,诗人在第二联中写的:"正望鸡鸣天下白,又惊鹅击海东青。"说的正是沙俄帝国主义在东北的侵略行径。"鸡鸣天下白",这句话出自唐代诗人李贺的《致酒行》,诗中说:"我有迷魂招不得,雄鸡一声天下白",黄遵宪在这里采用这一句是暗喻期望局势好转。海东青,是产于东北辽东的一种雕鸟。根据诗人在这二句诗末的自注,海东青,实借指我国东北地区,而"鹅",则用谐音,即指沙俄。"正望鸡鸣天下白,又惊鹅击海东青",以形象的比喻表现了诗人对中华民族前途命运极大的担忧和关切,体现了诗人维护祖国领土完整的反帝爱国立场，这与当时清政府奉行卖国政策，在帝国主义的大炮面前屈膝投降的可耻行径形成了鲜明的对照。

如果说前二联是对帝国主义侵略的谴责，后二联则是诗人对祖国命运的忧虑了。"沉阴曀曀何多日，残月晖晖尚几星。"曀曀，指阴晦的样子，比喻当时局势像久阴的天气一样。这里的意思是说：到处腥风血雨，阴霾满天，这样的日子还要延续多久呢？这一句用一个"何"字来设问，无疑能勾动积郁于人们心中忧虑民族危难的情绪。而"残月晖晖尚几星"一句寓情于景，形象感非常强烈：一勾苍白的残月，几颗惨淡的星星，这片凄凉的夜色，更能激发人们对清朝统治集团屈膝投降可耻行径的憎恨，以及对祖国、民族的前途和命运的忧虑之情。末了诗人写道："斗室苍茫吾独立，万家酣梦几人醒"，诗人在凄凉的夜晚，面对着莽莽苍苍的大地，发出悲伤的慨叹：苦难的中国啊，你备受帝国主义的欺凌，可是很多人还处在酣睡状态，觉醒的人太少了。形象的诗语，突现了诗人面对苍天悲愤忧伤的爱国情怀，也是对清朝统治者卖国求安的强有力的批判。当然，这里也表现了诗人的阶级局限，他看不到广大人民群众奋起抗战救亡的决心和力量。其实在八国联军侵略中国的战争中，以义和团为代表的中国人民并没有屈服，当时长城内外，义旗高举，男女老少，前仆后继，英勇杀敌，连清军中一些爱国官兵也参加到人民抗战的行列中来。东北地区人民面对凶暴的沙俄侵略者也毫不畏惧，英勇地投入抗敌的烈火之中，例如在瑷珲战斗中，鄂伦春族人民出动五百多马队，同俄军进行浴血战斗，清军三四百官兵，也在人民爱国抗战的精神感召下，投入战斗，奋战到最后一人，全部壮烈牺牲，表现了中华民族威武不屈的民族气节。

黄遵宪的诗，歌行体占的分量最多，也最有特色，但像《夜起》这一类近体诗，也不乏佳作，同样体现他"熔铸新理想以入旧风格"的特色。《夜起》是一首七律，前二联句句用典，用得贴切，而且意境开阔，寓意深刻，较好地表现诗人的爱国激情；后二联寓情于景，情景交融，诗人对投降派的愤懑，对祖国前途的忧虑，都比较形象地表现出来，使诗的感情色彩更加强烈，诗人那在夜色中行吟的感人形象也给读者留下了不可磨灭的印象。

十二、凭栏洒泪念台湾
—— 丘逢甲《镇海楼》

丘逢甲，号沧海，广东镇平（今蕉岭）人。丘逢甲的二世祖丘创兆曾追随文天祥抗击元兵，其妻是抗金英雄岳飞的曾孙女。大约在清代乾隆年间，丘逢甲的曾祖迁居台湾，并成为当地望族。中日甲午战争中，腐败无能的清政府丧权辱国，把台湾割让给日本帝国主义侵略者。当时的人民群众反对帝国主义侵略，反对割让台湾的浪潮迅速兴起。丘逢甲弃文从武，率领义军奋起抗敌，在战斗中负伤。在部署的劝说下丘逢甲离台内渡，回到自己的家乡。但他念念不忘台湾，自命为"海东遗民"。把家居的厢房取名为"念台精舍"，把一腔爱国热血凝聚在自己的诗作当中，如"四百万人同一哭，去年今日割台湾"，"不知成异域，夜夜梦台湾"。他热切地期望台湾的回归、祖国的统一，像"山河终一统，留影大瀛东"，"横纵海内灌海外，已似洪流不可绝"等，都表达了热爱祖国、热爱台湾的心情。

丘逢甲是一个能跟随时代潮流前进的爱国者，维新变法时期，他同情、支持改良派的维新活动，当孙中山领导的民族民主革命风潮兴起，他又毅然秘密参加中国同盟会。辛亥革命后，他被推举为中华民国军政府教育部长，并作为广东代表北上南京，参预国事，可惜天不假年，辛亥革命第二年，他就逝世了，终年四十九岁。

丘逢甲一生从事政事，又是一位有影响的诗人。他一生诗作达万首之多。系念国家民族安危，怀念台湾回归祖国，这是他的诗作的主要思想特色。《镇海楼》是他怀念台湾、反帝爱国诗作中较有广东地方特色的作品。诗共二首，是诗人于光绪二十二年六七月（1896年7—8月）间，从镇平来到广州，登上镇海楼的抒怀之作。诗的主题正如第一首的结句所说："倚栏欲写兴亡感，依旧江山霸气雄"，怀古伤今，抒发国家民族的兴亡感慨。

其二尤有特色：

> 高踞仙城最上头，万方多难此登楼。金汤空抱筹边略，觞咏难消吊古愁。
> 绝岛风尘狮海暮，大江云树虎门秋。苍茫自洒英雄泪，不为凭栏忆故侯。

镇海楼，建于明代洪武十三年（1380），是当时镇守广州的永嘉侯朱亮祖所造，由于楼高五层，又俗称五层楼。镇海楼的兴建，与明代反对日本倭寇的侵扰有关，镇海楼的命名，就是"雄镇海疆"的意思。镇海楼矗立在广州越秀山巅，气势雄伟，登楼远眺，广州景物尽收眼底，"镇海层楼"还是清代羊城八景之一。

"高踞仙城最上头，万方多难此登楼"，仙城，此指广州，古代传说有五位仙人，骑着五只羊，手持谷穗，从天而降，广州因而称为五仙城。广州又称羊城，亦与此有关。"高踞仙城最上头"这是指镇海楼的地理位置，它矗立在五仙城的最高处。诗人登上镇海楼，是怀着一种忧伤国难、怀古伤今的情调的，因而诗句的下句就着题抒怀："万方多难此登楼。"唐代诗人杜甫的《登楼》诗有"万方多难此登临"的诗句，显然丘逢甲这句是从杜甫的诗句演化而来的。这里的"万方多难"是指国家民族备受帝国主义侵凌的危难。中日甲午战争后，帝国主义在中国掀起了瓜分狂潮，我国与帝国主义列强的矛盾日趋激化，诗人在《春感次许蕴伯大令韵》中就有这样的诗句："九州无地不胡尘，难觅名山老此身。屡划鸿沟开鬼国，更移狂狱避祆神"，这无限悲愤感慨之情，也是"万方多难"的最好注脚。

"金汤空抱筹边略，觞咏难消吊古愁"，是诗人怀古伤今的情怀的描述。金汤，即金城汤池，比喻城池防守坚固，不可摧破。但是，胸怀保卫边疆的良策，又有什么用呢？"空抱"二字，点出了自己胸怀救国之才，却不为当政者所用的怨愤之情。丘逢甲一生怀抱救国之志，但是他从台湾内渡以后，一直困居乡里，穷困寂寞，只能行吟泽畔，托迹山林，即使如此，他仍然关心国事，慷慨高歌。"觞咏难消吊古愁"，饮酒赋诗，难消怀古伤今之情，这正是诗人当时的心情写照。

如果说第二联是泛论怀古伤今，第三联就是怀古伤今的具体描述了。诗人这时候想到了什么呢？"绝岛风尘狮海暮，大江云树虎门秋。"绝岛，此指台湾，当时台湾已被日本强占，它与大陆成了隔绝不通的海岛，所以以"绝岛"称呼。狮海，指珠江入海处的狮子洋。虎门，则是鸦片战争前夕林则徐禁烟的地方，在今广东东莞市西南。诗人在这二句诗里，运用浪漫主义手法，驰骋想象，让时空观念在脑际飞翔，时而广州，时而台湾，时而当今，时而吊古。他从越秀山巅，站在镇海楼上，遥望暮色苍茫的狮子洋，萦念暝思梦想的台湾抗日斗争；从珠江一带的云烟草树，思忆几十年前林则徐在虎门禁烟的英雄壮举，真是情真意切，动人心魄。

在镇海楼上，有诗人彭玉麟撰的对联："万千劫危楼尚存，问谁摘斗摩星，目空今古；五万年故侯安在，使我依栏看剑，泪洒英雄。"丘逢甲在诗的最后用"苍茫自洒英雄泪，不为凭栏忆故侯"作结，看来是化用了这幅对联的含义，又联系当时纷乱的时世，翻出新意。诗的意思很明白，诗人屹立在镇海楼上，面对着苍苍茫茫的景色，想得很远，也想得很深，他愁人的思绪，并不是在忆念建造镇海楼的永嘉侯朱亮祖，而是把愁绪飞向国家民族兴亡的感慨之中，为当年在台湾抗日斗争失败，愧对台湾父老而洒下哀时的英雄泪。一腔爱国热血，化作纷飞泪雨，洒向灾难深重的祖国大地，洒向正在日本帝国主义统治下的台湾故土。

第二次世界大战以后，台湾终于结束了日本帝国主义霸占达半个世纪的历史，重新回到祖国怀抱。当时在台北桥头，撰有这样的对联："自有生民怀故国，不堪遗老话前朝。"统一祖国，这是民心所向。

丘逢甲去世不久，著名诗人柳亚子曾对丘逢甲的诗有过很高评价："时流竟说黄公度，英气终输沧海君。战血台澎心未死，寒笳残角海东云。"这个评价是很中肯的。丘逢甲的诗，现实感很强，议论时事，纵横捭阖，笔力雄健，且常于沉郁悲怆之中表露出一种豪气。从《镇海楼》这首诗，也可看出这种特色。诗人从镇海楼台凭栏远眺，驰骋思绪，感慨时艰，萦念台湾，豪气满怀，具有强烈的感人力量，也体现出浓郁的时代气息。

十三、大地河山跨海来
——康有为《秋登越王台》

清光绪五年（1879），康有为从南海县来到广州，登上了越秀山上的越王台。他站在越王台旧址上，放眼备受帝国主义欺凌的祖国大好河山，悲愤难平，提笔赋诗，写了律诗《秋登越王台》，充分表现了康有为年青时的抱负和爱国深情：

秋风立马越王台，混混蛇龙最可哀！十七史从何说起？三千劫几历轮回？
腐儒心事呼天问，大地河山跨海来。临眺飞云横八表，岂无倚剑叹雄才？

康有为，字广厦，号长素，广东南海县西樵银塘乡人。康有为是中国近代史上一位向西方寻求真理的代表人物，是近代资产阶级改良运动的领袖，又是一位杰出的爱国诗人和散文家。

康有为生活的年代，正是中国在殖民主义、帝国主义欺凌下，一步步走向半封建半殖民地的民族危难的时代，也是中国资产阶级开始成长，并终于登上政治舞台的时代。康有为就是当时资产阶级的政治代表。康有为生活在广东，较早地接受西方资产阶级文化科学知识，大约是在光绪十年（1884）中法战争以后，开始形成自己的以"君主立宪"为核心的资产阶级改良思想体系。康有为在政治上有作为的时期是在戊戌百日维新时期。这时期的康有为，著书为文，猛烈冲击几千年来被看作至高无上的封建专制政体，他敢于冒杀头危险，六次上书皇帝，言人所不敢言，痛陈国家民族的危机，要求变法图强。光绪二十四年（1898），光绪皇帝终于发动了一次震惊中外的戊戌维新变法。这次变法虽然由于慈禧太后为代表的地主阶级顽固派的残酷镇压而告失败，时间也只有短短的三个多月，但它在中国近代史上有着重大的历史意义。它带来了中国思想的大解放，也给资产阶级革命提供了一次惨痛而又很有价值的历史教训。中国革命不能对清政府存在任何幻想，必须走推翻清政府、建立民主共和政体的道路。但是维新变法失败后，康有为却从时代的高峰跌了下来，成为反动的保皇主义者和复辟狂，为国内外革命者和人民所唾弃。

从文学上讲，康有为又是资产阶级改良派发动的"诗界革命"的重要诗人，他非常强调诗歌的时代性和现实性，要求诗歌从旧的桎梏中解放出来，向西方学习，所谓"新世瑰奇异境生，更搜欧亚造新声"。康有为诗歌的进步性如同他在政治上的进步性一样，主要也是在维新变法时期。他在这个时期写的诗，体现要求反帝、要求变法的爱国思想，体现他敢于蔑视封建专制主义，不向恶势力低头，为真理而献身的革命精神。艺术则明显受龚自珍的影响，但他的诗没有龚自珍那样的蕴藉和深沉，而是大声疾呼，笔力雄健，意境超阔，气魄雄伟，想象丰富，形成自己独特的艺术风格。

《秋登越王台》这首诗写于光绪五年（1879），这是康有为思想变化比较大的一年。在这一年里，他在家乡结识了翰林院编修张鼎华，在张的指引下，开始接触到近代的改良思想。秋后又到了香港，了解西人治国法度，大开眼界，从此立志向西方学习，开始他向西方寻找真理的历程。《秋登越王台》，应是他去香港前写的作品。

"秋风立马越王台，混混蛇龙最可哀！"康有为对于诗歌创作，非常强调要为时而作，要与国家、民族的命运前途息息相关，用他的话来说，就是"上感国变，中伤种族，下哀生民"，所以，诗一开始就充分体现这种思想情怀，他借助我国古典诗歌的传统手法，以悲秋起兴，对龙蛇混杂、良莠难分的社会现状发出时代的哀歌。《佛印语录》中有"凡圣同居，龙蛇混杂"的说法，诗人在这里借用来比喻当时纷乱的、屈服于外国侵略者的政局，突出了作者忧伤国难的爱国情怀。

"十七史从何说起？三千劫几历轮回？"这是诗人忧伤国变的感情的高度凝聚，也是回答上联所提出的蛇龙混杂的最可哀的时代的形象描述。十七史，是指从《史记》《汉书》到《新唐书》《新五代史》等十七部史书。"十七史从何说起"，据《宋元通鉴》记载，文天祥被元军俘虏后，元人劝降时要他举出历史上兴亡的事例，文天祥说："一部十七史从何说起？"意思是说，在漫长的历史时期中，时代变化，朝代更迭，产生过许许多多的人物和事件，不知从何说起。文天祥的回答，是对元人诱降的一种推托，也是拒绝之词。作者在这里借用了这个历史故事，含意非常深邃，它预示着中国当时所面临的亡国的险恶的形势，也是诗人反对投降的思想的形象体现。"三千劫几历轮回"，是对亡国后中国将遭受的苦难的描绘。诗句中的"劫""轮回"，都是佛家语，佛家认为世界经历若干万年就要毁灭一次，再重新开始，这样一个周期称为"劫"。三千劫，形容劫难的时间的长。轮回，佛家认为，人世间一切有生命的东西，都在天地间的"六道"中生死相续，如轮之转。作者写此诗时，中国已经历两次鸦片战争，备受殖民主义侵略的祸害，但是当时帝国主义瓜分中国的形势尚未形成，康有为却以敏锐的政治目光，透过混乱的政局，看到了国家民族的隐忧，表现出一个政治家的气质和胆识。

"腐儒心事呼天问，大地河出跨海来。临睨飞云横八表，岂无倚剑叹雄才？"这是诗人抒怀扬志的重笔。雄健的笔力，逼人的豪气，力透纸背；伤时忧国，爱国深情，表现得淋漓尽致。腐儒，本意是指迂腐无用的儒生，但古时也有用作自指的谦词的，这里用后一种意思。"腐儒心事呼天问"，这里康有为以屈原自况，他要像屈原一样，对祖国的前途、民族的命运进行痛苦的探索。屈原是战国时楚国的爱国诗人，他被放逐后，忧心愁瘁，仰天叹息，写下了著名的诗篇《天问》，抒发个人的愤懑和忧国的情怀。如果说"腐儒心事呼天问"是康有为救亡图强的心声的流露，那么，下一句"大地河山跨海来"，则是诗人阐明产生救国心愿的直接原因了。正是因为祖国的大好河山，激起了他救国的迫切心愿，使他产生救国的无限深情。诗中用"跨海而来"形容祖国河山呈现在自己的面前，气势磅礴，下笔生风，国家民族的命运前途尽入胸怀，诗人的爱国思想也从中得到形象的体现。

最后两句"临睨飞云横八表，岂无倚剑叹雄才"是诗的结语，也是诗人爱国思想的高度升华。临睨，指从高处向远方眺望。八表，指八方以外极远的地方。诗人站在越王台，极目远眺飞云横亘的大地山河，他发出救国的时代强音：偌大的中国，难道就没有能够倚剑天外的雄才吗？这里用的是设问问，其实也是肯定句，诗人以"雄才"自喻，犹如演员进入角色，轻轻把自己带出来。诗以抒怀扬志作结，也使全诗高远的境界、磅礴的气势、豪迈的语意浑成一体，使诗内蕴的涵义得到更深刻的表达，产生更大的感人的艺术效果。

十四、雄飞宇内　振兴中华
——梁启超《爱国歌》

爱国，是每一个具有民族感的炎黄子孙的一种思想感情。古往今来，在文学的长河里，爱国的名篇佳作如星河灿烂。梁启超的《爱国歌》高屋建瓴，从时代的高峰俯瞰，从国家、民族的振兴落笔，体现了时代精神，也显示出梁启超自己一生爱国的本色。

《爱国歌》写于戊戌维新变法失败之后，当时梁启超和康有为一起逃亡国外，继续进行变法的努力。在这期间，梁启超创办报纸，著书为文，开启民智，宣传资产阶级民权思想，呼吁变法图强，振兴中华，《爱国歌》是比较有影响的作品：

> 泱泱哉我中华！最大洲中最大国，廿二行省为一家。物产腴沃甲大地，天府雄国言非夸。君不见、英日区区三岛尚崛起，况乃堂裔我中华！结我团体，振我精神，二十世纪新世界，雄飞宇内畴与伦。可爱哉我国民！可爱哉我国民！

梁启超，字卓如，号任公，广东新会人。梁启超是康有为的学生，他与康有为一起领导了戊戌维新变法而著名于世，以"康梁"并称。

梁启超是中国近代史上一个重要人物。在步入政坛后所发生的重大历史事件，几乎都有他活动的足迹。他自己也随着时代的风云沉浮，时而站在时代的峰巅，时而跌落谷底。维新变法前后，他是鼓吹革命的资产阶级的先进代表，他积极充当康有为的助手，办报纸，办学校，著书立说，鼓吹新学，提倡民权，为变法维新大造舆论，为改变中国封建专制政体呼号、斗争，在舆论界享有极高声誉，可谓名满天下。1904年以后，梁启超开始从时代的巅峰跌下来，与康有为一起，鼓吹保皇，反对以孙中山为代表的民族民主革命。1911年辛亥革命后，梁启超又从保皇的死胡同中走了出来，作为进步党的领袖，支持民主共和，反对袁世凯称帝，反对张勋复辟，积极参加护国战争。五四运动兴起，他还是较早表示支持青年学生反帝爱国斗争的有影响的政坛人物之一。但是在此之后的国内革命时期，他却顽固坚持反苏反共，反对无产阶级革命斗争。晚年息影政坛，进入清华园，著书讲学，是清华园内著名的学者之一。

梁启超的一生是复杂多变的一生，但他在政海沉浮的变化中，反帝爱国贯穿始终，如一根红线，维系着他的思想脉络，他一生以救亡图强为己任，毕生探求中国富强之道。梁启超一生，涉足政坛，遨游学海，写下了1500多万字的著作。内容几乎包括了人文学科的各个方面，文学是其中一个重要方面。在文学领域里，他发起和领导了文学革命运动，他自己也成为文学的一代宗师，他以那"笔锋常带情感"之笔，向中国文坛引进了资产阶级的文学思想，创造了新的文体，在诗方面，他与黄遵宪等一起进行大胆的革新，打破旧的传统形式。五四时期文学上的著名作家，像陈独秀、胡适、鲁迅、郭沫若等，都受过他的影响。

《爱国歌》写于1903年，这是梁启超政治上处于蓬勃向上时期的作品。全诗共四首，这是一组政治鼓动诗，"泱泱哉我中华"，是其中的一首。在这首诗里，诗人以慷慨激越的政治热情，抒发了对祖国充满着眷念、热爱和期待的爱国深情。诗一开始就开宗明义地写到"泱泱哉我中华！最大洲中最大国，廿二行省为一家"。泱泱，指壮阔宏大。最大洲，指亚洲。亚洲是世界五大洲中面积最大、人口最多的一个洲。当时全国行政区域分为二十二个行省，所以"廿二行省"代指全国。"为一家"是表明中国是一个不可分割的民族大家庭，这里既包含了统一中国的强烈民族意识，也明显地体现出反对帝国主义瓜分中国的爱国精神。诗一开始以"泱泱哉我中华！最大洲中最大国"领起，充分表达了诗人对祖国的自豪感。接下来一句是"物产腴沃甲大地，天府雄国言非夸"，这是说我国幅员广大，物产丰富，在世界首屈一指，多么自豪的赞颂啊！诗人放歌赞颂祖国，总是带着一种深厚的热爱和自豪之情的，梁启超在这组《爱国歌》另一首里，一开头就从我国具有悠久的光辉灿烂文化着笔，说"彬彬哉我文明！五千余岁历史古，光焰相续何绳绳。圣作贤述代继起，浸濯沉黑扬光晶"，意思是说，我们伟大的祖国是一个具有五千年光辉灿烂文化的文明古国，在漫长的历史发展中，仁人志士，代代相继，他们前赴后继，著书立说，荡涤黑暗，发扬光明。对祖国赞颂之情，真是溢于言表。

诗人在诗中热情地颂赞祖国的伟大，目的是为了激发国人，面对帝国主义列强企图瓜分中国的险恶现实，必须奋发、抗争、图强。所以诗人紧接着笔锋一转，写道："君不见、英日区区三岛尚崛起，况乃堂乔我中华！"英、日，指英国和日本国。英、日两国都是岛国，过去习惯说这两个国家都是由三个大岛组成，即所谓英伦三岛、日本三岛，其实这是不确切的。英国是由包括英格兰、苏格兰在内的大不列颠岛和爱尔兰岛东北部组成，日本则由北海道、本州、四国、九洲四个大岛和附近一些小岛组成。这两句意思是说，英国和日本的领土都不大，只有区区三个岛，他们都能崛起强盛起来，我堂堂的中华，岂能甘居人后？这里用的是鼓动性的语言，宣传的是自立自强的奋进思想。

"结我团体，振我精神，二十世纪新世界，雄飞宇内畴与伦。"畴与伦，谁能与之相比的意思。这几句是这首诗的中心所在。诗的语言很浅白，诗的内涵很深邃，诗人预言，只要我中华各族同胞团结起来，奋发图强，振作起民族精神，那么，20世纪的中国必将会屹立于世界民族之林，我中华之伟业必将在世界上无以伦比！思想奔放，感情炽烈，充分体现了诗人对祖国振兴的爱国心和自信心。读着这样的诗句，作为炎黄子孙能不受其感召，为之振奋吗？最后，全诗以反复吟唱"可爱哉我国民！"作结，更增加了诗的鼓动性和感召力。

梁启超在政治上处于蓬勃发展时期写的诗,有一个明显的特点,就是体现了新兴的中国资产阶级要改变中国积贫积弱面貌的迫切心情和跃跃欲试的革命热情,因此,他这个时期的诗,热情奔放,直书胸臆,明白流畅,表现出了一种追求理想的执着信念和乐观进取精神。在艺术上则多采用我国传统的歌行体形式而又有所革新,自由抒发,句式长短参差,骈散混杂,具有一种要打破传统形式、解放诗体的趋向。《爱国歌》就体现了这种特点。这是一首有所革新、形式自由的歌行诗体,句式参差错落,语言平易、简短,节奏性强,很富于鼓动性。在四首《爱国歌》中,从"结我团体,振我精神"起,都采用我国诗经时就已采用的重章叠句的形式,反复吟唱,诗人炽烈奔放的爱国激情,追求变革的宏愿,以及矢志振兴中华的雄心壮志,表现得更加形象感人。

十五、题诗寓意,感慨殊深
——黄节《题陈白沙先生自写诗卷后》

近代岭南诗坛,是岭南诗歌发展史上最为活跃的时期。在近百年的时间里,出现了张维屏、黄遵宪、梁启超、丘逢甲、苏曼殊等一大批闪闪发光的诗人。他们的文学成就和影响,不但饮誉岭南,而且蜚声域外,影响遍及全国。在这一大群诗人中,殿其后的当推黄节了。黄节是近代岭南,也是近代中国历史上一位杰出的爱国诗人。《题陈白沙先生自写诗卷后》,是黄节年青时的作品,写于民族民主革命运动正在蓬勃兴起的1907年,诗借为陈白沙自写诗卷题诗,写史谈今,满含着反清革命的思想感情,是黄节早期诗作较有代表性的作品:

风雨茅龙落笔奇,文章万古在南陲。荒崖莽莽三忠庙,奇石阴阴一字碑。
我已汍澜频掩卷,不堪零落未收辞。休论三百年来事,野马游尘满绢丝。

黄节,字晦闻,广东顺德县人。清同治十二年(1873)出生于顺德一个陶瓷商人家庭。黄节生活的年代,正是第二次鸦片战争以后,帝国主义瓜分中国的狂潮逐渐兴起的时候,民族灾难日益深重。中日甲午战争时,黄节已是二十三岁的青年,他愤恨清政府的昏庸卖国,慨然赋诗:"何必怯舟师?何必畏利器?苟得死士心,无敌有大义。天下岂无人,苍苍果谁寄?"不久他东渡日本寻求救国真理。在日本,他逐渐接受了以孙中山为代表的民族民主革命思想。1909年,他在香港加入了同盟会。后来,具有资产阶级革命性质的文学团体南社成立,他又是南社中杰出的爱国诗人。辛亥革命后,沉渣泛起,袁世凯称帝,张勋复辟,军阀混战,革命派内部也严重分化,一时政局纷纭,生民涂炭。黄节目睹政局的变化。他悲愤、失望,苦闷彷徨,正如他在诗中说的:"国事如斯岂所期,当年与子辨华夷。数人心力能回变?廿载流光坐致悲。"后来他又以"如此江山"刻了一枚印章,表示他对时世的忧愤之情。民国初期,他进入北京大学任教,是当时讲授中国诗学的著名教授。大革命失败后,他曾回广东任省教育厅长。黄节受旧的传统思想影响较深,思想比较守旧,对马列主义和中国革命缺乏认识。然而,当蒋介石在"四一二"举起反革命屠刀,大批杀害共产党人和工农群众时,他却仗义执言,谴责蒋介石的反革命暴行,说:"一身何日生知死,众乱相寻暴易贪。迤岸万花盘马队,被长群友断书函。愁肠欲与春俱去,归路回头更不堪。"写出了国民党反动派在上海大屠杀的枪声血痕,表现出一个正直学者、诗人的义愤。黄节是1935年在北京去世的,他去世前,日本帝国主义已在中国制造多起侵略事端,东北三省被蒋介石拱手让给日本帝国主义的消息传来,黄节为此放声痛哭,并挥笔写下了不少情调悲壮的反对侵略、反对卖国的诗章。黄节一生,伤时忧国,郁郁不得志。留给后人的诗与他的人品,表现出时代的悲歌,形成郁勃悱恻的风格情调。有《蒹葭楼诗》传世。

诗题说的陈白沙,是明代著名学者。诗题中的陈白沙先生自写诗卷,据黄节说,这是他童年时用《史记》一部与同学交换的,诗卷为绢本。里边有陈白沙写的七绝诗两首。

"风雨茅龙落笔奇,文章万古在南陲。"开头这两句诗应题,一赞陈白沙的书法,二赞陈白沙的诗作。陈白沙的书法在我国书法史上是享有盛誉的。他用的笔不是传统的毛笔，而是取离他家不远的圭峰山的茅草。经过精选，捆成一束作笔。茅龙，指的就是这个，也是对茅笔的美称。风雨茅龙，是说陈白沙落笔时气势虎虎生风，有如狂风急雨。杜甫在《寄李白》这首诗中就有"笔落惊风雨，诗成泣鬼神"句。陈白沙的字，融颜、柳各大书法家于一体，苍劲浑朴，号称白沙体，形成我国书法史上一个新的派系。有"以茅龙之笔，写苍劲之字。岭海书风，为之复振"之誉。他书写的《慈元庙碑》，是茅龙书法的代表作，被历代书家誉为岭南第一碑。南陲，即南疆，此指广东。文章，这里泛指包括他手写诗卷的诗在内的诗文。万古在南陲，意思是说陈白沙的诗文，将永远在岭南万古流芳。

"荒崖莽莽三忠庙，奇石阴阴一字碑。"诗人从赞颂陈白沙的书法诗作，进而赞颂他的人品道德和民族气节。荒崖，指崖门。崖门在广东新会县城南面40公里，为珠江出海口之一。这里的山称崖山，河口称崖门，海河交汇，奇石耸立。1279年，南宋赵昺君臣在元将张弘范的追击下，南逃广东，至崖山一带，宋官兵苦战兵败，丞相陆秀夫背着年仅9岁的皇帝赵昺投海殉国。为纪念南宋君臣，在陈白沙的倡议下，明代御史徐瑁在崖门修建了大忠祠和全节庙。大忠祠内供奉为抗元牺牲的文天祥、陆秀夫和张世杰三人，所以又称三忠祠。全节庙又称慈元庙，是纪念投海殉国的赵昺之母杨太后的。陈白沙撰写的《慈元庙碑》，记述了这些宋元旧事和建祠庙经过。奇石，指崖山北面的岩石。据黄节在此诗自注说，张弘范灭宋后，在奇石石壁上刻上"张弘范灭宋于此"七个大字，后来陈白沙在这七个大字之上加了一个"宋"字。即"宋张弘范灭宋于此"。意思是讽刺张弘范这个汉人自己灭宋，甘愿侍奉元蒙异族。陈白沙在奇石上刻了"宋"字后，还在石的背面题诗，说："忍夺中华与外夷，乾坤回首重堪悲。镌功奇石张弘范，不是胡儿是汉儿。""奇石阴阴一字碑"的一字碑，就是指这个。根据史实记载，张弘范灭宋后，在奇石石壁上刻的是"镇国大将军张弘范灭宋于此"十二字纪功碑。明代御史徐瑁在修建三忠祠时，把奇石上这一记功碑刻磨去，改刻为"宋丞相陆秀死于此"九字，后又改为"宋少帝及其丞相陆秀夫死国于此。"

"我已汍澜频掩卷，不堪零落未收辞。"这二句写作者睹物伤怀的情状。汍澜，指眼泪。据说陈白沙作《慈元庙碑》时，因愤异族侵凌，流泪掩卷，不忍再看。"我已汍澜频掩卷"，意思是说自己读了陈白沙自写诗卷后，也像陈白沙作《慈元庙碑》一样，流泪掩卷，不忍再看。"不堪零落未收辞"，是指陈白沙自写的诗卷，其中第二首尚未收于他集中。作者为什么看了陈白沙自写诗卷，感情竟然起着这么大的波澜呢？联系诗的结语看，显然作者是睹物思古，发时势的幽情，想起清朝满族贵族的专制统治，想起祖国民族危难的现实，因而激起不能自已的民族之情。

最后两句"休论三百年来事，野马游尘满绢丝"。"三百年来事"，从清朝统治者入关到黄节写这首诗时，已经历260余年，三百年是约数，即指清朝入关统治的时间。这句以"休论"冠首，充满了对清政府专制统治不堪回首的悲愤之情。"野马游尘满绢丝"，野马，这里用来比喻游动的尘埃如野马一样到处飞扬。这句从字面上看，是说陈白沙的自书诗卷，由于年代久远，已铺满尘埃。但是这句与上句联系在一起，作为全诗的结句，却有着蕴藉很深的民族之情。这里既有历史的沉思，也有现实的感慨。它在历史与现实的感情交迭之中，表现了要抹去历史尘埃，恢复汉族江山的思想情愫。当时资产阶级革命派号召人民起来推翻清政府就是以反满复汉思想相号召的，所谓"驱除鞑虏，恢复中华"。当然，这种思想带有明显的大汉族沙文主义的痕迹，但在当时的历史条件下，是起着积极的宣传群众、组织群众的革命作用的。

这首诗以题诗为名，写了名重一时的学者陈白沙的书法及诗作，写了岭南人民对宋元旧事的怀念，很有地方色彩。但作者的立意并不在于此，而是谈史道今，以史引喻，言在彼而意在此，引出了当时政治上一个最敏感的反清革命的大题目。诗的意思一层深似一层，情感深邃，气氛沉重。令人读后感到心头有一股很重的压力，也有一股动力，鼓舞人们去沉思历史，正视现实。曾有人评黄节的诗"窈窈为音近楚辞"，这正是黄节诗艺术上独特之处。

十六、越秀风韵　苍凉诗情
——邓方《羊山杂咏》

越秀山，矗立在广州市的北面，就像它的名字一样秀美清丽。广州市著名的越秀公园，就建在越秀山上。这里山色葱翠，花妍草绿，鸟唱虫鸣，景致宜人，早就是广州的游览胜地，也是诗人墨客赋诗吟咏的好去处。千百年来，以越秀山为题的诗文，可谓车载斗量，有的写它的沧桑历史，有的写它的神话传奇，有的写它的秀丽山色。邓方的《羊山杂咏》，着墨于越秀山色，而又借古道情，表现出广州的风物民俗，别有一番新意：

寂寞呼銮古道微，断垣残瓦雨霏霏。销魂不见王贻上，斜日红棉作絮飞。

宝汉茶寮卖酒旗，浓秋烟景晚唐诗。马家廿四娘如梦，一路青山叫画䴏。

邓方，字子君，一字秋门，是清朝光绪年间人。他一生来去匆匆，刚刚涉世，年方二十一岁，就与世长辞，却年少有成，留下诗作八卷，诗千余首。近代著名诗评家陈衍对他的诗颇为器重，说他的诗"五言多近渔洋，七言多近梅村"。渔洋是王士祯的号，梅村是吴伟业的号，他们是清朝初期两位著名诗人。

这两首诗以《羊山杂咏》命题，羊山，即五羊山，是越秀山的古称。这里还有一段神话传说。传说周夷王时，有五个仙人，骑着口衔六支谷穗的五只羊降临楚庭（楚庭是广州的古名）。将谷穗赠给百姓，并祝愿百姓永无饥荒，仙人说完就隐去了。五只羊就化为石头。于是楚庭因此而得名羊城。现在越秀公园西郊一个山岗上矗立的五羊石雕像，就是新中国后艺术家根据这个神话而创作的。

"寂寞呼銮古道微，断垣残瓦雨霏霏。销魂不见王贻上，斜日红棉作絮飞。"这首诗是步清初诗人王士祯《歌舞冈》诗的原韵，也借用了诗中的一些诗意句句。王士祯的诗是这样写的："歌舞冈前辈路微，昌华故苑想依稀。刘郎去作降王长，斜日红棉作絮飞。"歌舞冈遗址在越秀山上，西汉初年南越王赵佗在这里修禊的地方。所谓修禊，就是到水边采兰，以驱除不祥。到了唐代末年，天下大乱，出现五代十国的军阀割据局面。当时割据岭南的南汉国皇帝刘䶮，为了在歌舞冈上游宴，专门建筑了石道，夹道则种植甘菊芙蓉，名叫呼銮道。"寂寞呼銮古道微"，"呼銮古道"就是指刘䶮所建的呼銮道。微，这里是指衰败的意思。呼銮古道，寂寞冷清，一片衰败的景象。"断垣残瓦雨霏霏"，诗人站在歌舞冈上，迎着霏霏细雨，脚下却是当年帝王游宴作乐建筑的断垣残瓦，满目苍凉。这里以"雨霏霏"来衬托苍凉的景色，抒发时移世易、人事变迁的感慨，更显得贴切凝神。面对着霏霏细雨、凄清迷蒙的景色，衰微古道，断垣残瓦，诗人怀古的情思、伤今的思索便不禁油然而生了。

"销魂不见王贻上，斜日红棉作絮飞。"一句是指王士祯在广州越秀山上登临赋诗的事。王士祯是清初著名的神韵派诗人，康熙时曾奉皇帝之命入粤，祭告南海，他在广东逗留了两个多月，留下不少往还酬和的诗作。销魂，原意是指为情所感，魂魄为之离散，这里借指诗人在歌舞冈上忘情吟诗。但是，王士祯登山赋诗的盛况已一去不复还了。今天仍然可以追寻的，是诗人留下的"斜日红棉作絮飞"的迷人景色。景色融情，更显出越秀山的沧桑变幻，也显出越秀山秀丽的迷人山色。

第二首看来是诗人写从越秀山尽兴而归的景致。"宝汉茶寮卖酒旗，浓秋烟景晚唐诗。"宝汉茶寮，是当时一间著名酒家的名号。位于今天的广州小北登峰路。浓秋烟景，指烟雨迷蒙的深秋景色。为什么"浓秋烟景"之后又出现晚唐诗呢？唐代诗歌的风气，初唐、盛唐、晚唐不大相同。晚唐诗多写时代衰败或离乱之难，情调也多凄迷哀伤，而古人又多以伤秋抒怀，这里的"晚唐诗"是取其凄迷哀伤比喻深秋烟雨的景色。这二句的意思是说，宝汉茶寮，竖起一杆卖酒的旗子，迎风招展，这是深秋烟雨、景色迷蒙的时候。诗人有没有进入宝汉茶寮呢？诗中没有明说。但从"马家廿四娘如梦，一路青山叫画麋"的结句诗来看，诗人是进去过的，也许还在那里品茗呢！

马家廿四娘，是清末在广州北郊出土的南汉马氏墓主人，马氏墓出土墓碑为宝汉茶寮所收藏，当时的文士争相观赏，诗人显然也有这种雅兴，进去观赏过，所以知道马家廿四娘的生平。"马家廿四娘如梦"即指此而言。"一路青山叫画麋"，是从清代诗人梁序镛《韶阳》的诗句"寻幽不厌归来晚，一路青山叫画眉"演化而来。这里也点出了诗人尽兴晚归的情趣。回归路上青山掩翠，画眉鸟声，声声悦耳，这与世事沧桑、人生梦幻的思绪交织在一起，景色诗情，究竟是悲是乐，促人回味思索。

吴梅村的近体诗，以文辞清丽，而又微婉含蓄著称。邓方这二首写越秀山的绝句，词色清丽，委婉含情，在怀古道情之中透露出一股苍凉的情调，明显地看出受吴梅村诗风的影响。

[文献探赜]

陈荆鸿《独漉诗笺》补笺

宋 健 严艺超

（宝坻邮电局 天津宝坻 301800；惠州市岭东文史研究所 广东惠州 516003）

摘 要：著名学者陈荆鸿先生，景仰元孝公其诗其人，为独漉诗作笺，表微本事，考订史实，详征博采，辨析精微，逾十九年，成《独漉诗笺》，为一生学问之结晶，自出版以来，享誉士林，被认为是极具学术价值的扛鼎力作。但因此书初创于上世纪三四十年代国难当头、抗日正酣之时，加之文献匮乏，致使元孝公诸多交游之人物，未能考出生平。本文试作补笺。

关键词：陈恭尹；陈荆鸿；《独漉诗笺》

陈恭尹，字元孝，是岭南最杰出的诗人之一，其《独漉堂诗》在清初诗坛享有盛誉，历来为世人推重。著名学者、诗人、书画家陈荆鸿先生，景仰元孝公其诗其人，为独漉诗作笺，表微本事，考订史实，详征博采，辨析精微，逾十九年，成《独漉诗笺》，为一生学问之结晶，自出版以来，享誉士林，被认为是极具学术价值的扛鼎力作。但因此书初创于上世纪三四十年代国难当头、抗日正酣之时，迫于生计，陈先生四处漂泊，不遑宁处，加之文献匮乏，致使元孝公诸多交游之人物，未能考出生平。小子无学，试作补笺，不当之处，敬请海内外学人指正。

本文以2009年广东人民出版社出版之《独漉诗笺》手稿影印本为底本[①]，分别列出诗题、页码及陈荆鸿先生笺注之文，"补笺"附于骥尾，聊示薪火相传之意云尔。

《梅子潭纪梦》（第39页）

【陈笺】：梅子潭，不详何地。

【补笺】：据《梅州市志》（上）："梅潭河（古名清远河），发源于福建省平和县葛竹山和南靖象湖，西流入广东省大埔县境，在三河镇附近注入汀江。大埔县城湖寮镇西河段，古称梅子潭，北岸有梅潭村，南岸有梅潭塔。"[②] 另见《中国古今地名大辞典》下册"梅潭河"条。[③]

《归自吴越与家皖翁庞艺长赘予弟握手龙津醉后成诗》（第47页）

【陈笺】：陈皖翁、庞艺长、陈赘予，名籍本末待考。

【补笺】：庞上标，字艺长，一字鹤川。南海人。明经。著有《沐兰堂稿》。[④]

《发舟寄湛用嵇天石钟裴仙》（第82页）

【陈笺】：湛用嵇、湛天石、钟裴仙，本末未详。

【补笺】：湛用嵇即湛凤光，字用嵇，广东增城人。湛若水族孙。幼英敏。康熙三年举人，然久踬公车。谒选授深泽知县，为官清廉，多恺悌之政，不扰士民，以劳瘵得疾，卒于任。搜其箧，不足于殓，士民出资治丧。著有《双峰诗集》。事见嘉庆《增城县志》卷十三《人物列传》。[⑤]

---

① 陈恭尹著，陈荆鸿笺：《独漉诗笺》，广东人民出版社2009年版。
② 梅州市地方志编纂委员会编：《梅州市志》上册，广东人民出版社1999年版，第290页。
③ 参见戴均良主编《中国古今地名大辞典》，上海辞书出版社2005年版，第2607页。
④ 参见黄登《岭南五朝诗选》卷十，清康熙三十九年刻本。
⑤ 参见《增城县志》，清嘉庆二十五年（1820）刻本。

《夏夜同梁药亭朱竹庵》（第120页）

【陈笺】：朱竹庵，名籍本末待考。

【补笺】：据李定夷《新谈汇初集》（上册）有《朱竹庵轶事》："朱竹庵，吴江人。明博士弟子。家素富，慷慨好义。明亡，散家财，结壮士，欲图恢复。未举事，为人告密，遂被逮。同坐者数百人，皆论斩。独竹庵于黑夜中为人劫出，乃得逸去。（中略）乃更名姓，孑身外出。生平擅书画，赖以自给。（下略）"① 不知是此人否？

《赠别陈岱清》（第181页）

【陈笺】：陈岱清，名籍本末待考。

【补笺】：陈岱清，名殿桂，字岱清，浙江海宁人。早年受知于陈子龙，与陆圻兄弟游。崇祯十六年选浑源知州，未赴任，明亡。弘光帝立，荐授兵部职方司主事。顺治十七年，随清兵入粤，授高州府推官，以事解职听勘，历久始白，而贫不能归。先后在粤十九年。诗文有意摹古，不免生涩，然文情郁勃。著有《与衮堂诗集》。事见邓之诚《清诗纪事初编》卷六。②

《赠余鸿客》（第212页）

【陈笺】：余宾硕，字鸿客。江宁人。怀子。著有《丁卯集》。

【补笺】：按《秦淮夜谈》第14辑《秦淮人物志》："余宾硕，《板桥杂记》作者余怀之子。字鸿客，一字石农。福建莆田籍，江宁人。承家学，读书嗜古。以诗名。著有《金陵览古》四卷。"③ 又张承安主编《中国园林艺术辞典》："《金陵览古》，清代余宾硕撰。余宾硕，字鸿客，福建莆田人。侨居金陵，筑圃城南，寻山问水，搜奇穷幽，考察索隐，得诗六十首，首各有记，编为是书。"④ 南京地方史料，对此人记载颇多。

《查将军怀孔招同梁药亭屈翁山凌天杓林叔吾尹乔岳宴集东湖作》（第228页）

【陈笺】：查怀孔、尹乔岳，名籍本末待考。

【补笺】：据邬庆时《屈大均年谱》："查之恺，字怀孔，江南人。康熙二十一年东莞水师营守备。"⑤ 又据黄志辉、龙思谋《粤北历代名人诗选》："韶州府游击查之恺，字维勋，江南人，康熙二十八年任。"⑥《泾县志》："查之恺，字维勤，本县查村人。康熙十六年（1677）以行伍从吴兴祚平蕃王耿精忠。次年，台湾郑锦出兵攻陷漳、泉二州属县，围困泉州，查之恺又随巡抚吴兴祚出征，解泉州围，恢复永春等县，后又恢复金门和厦门。（中略）查之恺每战皆奋勇上前，抢攻先克，以战功卓著，长广东右翼镇标中军游击，赏食一品俸禄。（下略）"⑦ 当为同一人，唯名同字异，未知孰是。

尹乔岳即尹崧，字乔岳，尹源进子。由贡生任国子监学正，升吏部司务，以主待次。见雍正《东莞县志》卷十二。⑧

《赠别毛行九兼寄其从父子霞》（第234页）

【陈笺】：毛行九，本末未详。

【补笺】：据黄佛颐《广州城坊志》："毛端士，字行九，号鲍村，江苏武进人。"⑨ 大汕《海外纪

---

① 李定夷：《新谈汇初集》（上册），国华书局1917年版，卷三，第19页。
② 参见邓之诚《清诗纪事初编》卷六，上海古籍出版社2012年版，第777页。
③ 徐守馀：《秦淮人物志》，南京市秦淮区地方志编纂委员会、政协南京市秦淮区文史资料研究委员会编印《秦淮夜谈》第14辑，内部发行，1999年。
④ 张承安主编：《中国园林艺术辞典》，湖北人民出版社1985年版，第305页。
⑤ 邬庆时：《屈大均年谱》，广东人民出版社2006年版，第131页。
⑥ 黄志辉、龙思谋：《粤北历代名人诗选》，广东高等教育出版社1989年版，第295页。
⑦ 泾县地方志编纂委员会：《泾县志》，方志出版社1996年版，第917页。
⑧ 参见《东莞县志》卷十二，雍正八年（1730）刻本。
⑨ 黄佛颐编纂：《广州城坊志》，广东人民出版社1994年版，第401页。

事》有毛端士作序。① 周大樽《法性唱和集》录其诗三首。②

《送离患上人住静惠州兼怀叶许山》（第 243 页）

【陈笺】：叶许山，惠州人。按陈子升《寄叶许山》诗，有"示客书多秘，随僧礼半儒"语；先生在本集中《赠叶许山一首》亦有"自领闲僧坐古松"句，则叶许山殆亦隐于禅者。

【补笺】：按叶许山即叶维扬（又作维阳），字许山，惠州海丰人，与泌园主人叶维城（犹龙）似为兄弟行。③

《春日过刘汉水李世臣于黄木山堂王东村欧阳伟人林本茅偕至即事分赋兼怀李铎臣西行得青字》（第 256 页）

【陈笺】：刘汉水、李世臣、欧阳伟人、李铎臣，名籍本末待考。

【补笺】：欧阳隽，字伟人，番禺人，著有《梅花亭集》。《岭南五朝诗选》卷九录其诗五首。④

《寄怀梁无闷》（第 262 页）

【陈笺】：梁无闷，名籍本末未详。

【补笺】：梁无闷，名宪，字绪仲，号无闷，广东东莞人，与屈大均、石濂和尚（大汕）等有交往。著有《梁无闷诗文集》二卷，屈大均作序。⑤

《苦雨偶成柬家牧止》（第 266 页）

【陈笺】：陈牧止，名籍本末待考。

【补笺】：黄登《岭南五朝诗选》卷七："陈宾王，字牧芷，南海人，领顺治壬午乡荐。"⑥ 或即此人。

《赠沈方邺兼送之罗浮》（第 268 页）

【陈笺】：沈泌，字方邺。宣城人。著有《双羊集》。据《四库全书提要》。

【补笺】：沈泌，字方邺。安徽宣城人。诸生。博学强记，闻名于时，性落拓，跌宕文酒，不矜细行。康熙中，当事荐博学鸿儒，不果。著《双羊集》。事见嘉庆《宣城县志》卷十七《文苑》。⑦

《立秋日送雪栖和尚开法曹溪》（第 274 页）

【陈笺】：雪栖和尚，本末待考。

【补笺】：雪栖和尚，法名真璞，字雪栖，延平人。顺康时名僧。康熙初，曾至惠州准提寺弘法。周大樽辑《法性唱和集》录其诗二首。⑧

《送任克家归皖江》（第 275 页）

【陈笺】：任克家，本末待考。

【补笺】：任塾，字克家，号鹤峰，安徽怀宁人，清康熙六年（1667）丁未进士。授直隶三河知县，官至山东提学。康熙二十年（1681）任磁州知州，二十五年（1686）以卓异升户部员外郎。著有《遂初堂诗文》四卷，《岭南诗钞》《三河重苗记》《磁州志》等。（参见戎毓明主编《安徽人物大辞典》；来新夏主编《河北方志提要》；安庆市文史委、安庆诗词学会合编《历代著名诗人咏安庆》）⑨

《赠林孟易》（第 278 页）

---

① 参见大汕《海外纪事》，清康熙间刻本。又大汕《海外纪事》，中华书局 1997 年版，第 14 页。
② 参见周大樽《法性唱和集》，《南华月刊》，1937 年。
③ 参见吴仕端《惠州西湖艺文丛谈》，京华出版社 1999 年版，第 205 页。
④ 参见黄登《岭南五朝诗选》卷九，康熙三十九年刻本。
⑤ 参见杨宝霖《翁山诗文中梁子考》，转引自华西农业大学农业历史遗产研究室编《农史研究》第九辑，121 页。
⑥ 黄登：《岭南五朝诗选》卷七，康熙三十九年刻本。
⑦ 参见陈受培主修、宣人张焘纂《宣城县志》卷十七，清嘉庆十三年（1808）刻本。
⑧ 参见周大樽《法性唱和集》，《南华月刊》，1937 年。
⑨ 参见戎毓明主编《安徽人物大辞典》，团结出版社 1992 年版；来新夏主编《河北方志提要》，天津人民出版社 1992 年版；安庆市政协文史委、安庆诗词学会合编《历代著名诗人咏安庆》，内部资料，2008 年，第 185 页。

【陈笺】：林孟易，名籍本末未详。

【补笺】：林孟易即林杨，字孟易，一字孟阳，广东东莞人。林浒长子，与弟林梧（字叔吾）、林杞（字仲己），以教书为业，称"三林"。有"林屋草堂"在万江租。①

《赠任五陵》（第294页）

【陈笺】：任五陵，名籍本末待考。

【补笺】：任侠，字五陵，浙江绍兴人，少长京师，以宛平籍隶于庠。性落拓不羁，年二十一即弃举子业，欲遍游宇内。始客天津，当事者奇其才，欲置记室，不可，竟去。又尝从人至粤西，以畅游兴。晚年只身归里，家中四壁苍立，晏如也。诗系国事民生，堪称诗史。事见乾隆《绍兴府志》卷六十二《隐逸》。②

《送朱子葆归嘉兴兼柬其兄子葆》（第295页）

【陈笺】：朱子葆，本末待考。

【补笺】：朱茂昉，字子葆，号山楼。朱子蓉（朱茂晭）之兄，朱彝尊从叔。嘉兴名士，著有《山楼诗稿》。③

《三月晦日张默庵梁无闷蓝公漪过贺秋卿于西竺禅房即事》（第302页）

【陈笺】：张默庵，名籍本末待考。

【补笺】：徐逢吉《清波小志》（上）："张近道，字默庵，偕其妻尚氏家于城西柳浪港之曲，予童年犹及见之，广颡修髯，颀长玉立。（中略）康熙丁未，挈家赴粤西，从此不复知其所在。予于戊寅有事过番禺，晤陈独漉，首问张默庵尚存否，予言不见其人三十馀年矣。独漉言：'此人究心经世之学，兵刑象数无不通晓，独不喜词赋，座中有谈及者，瞋目叱之，以为无济于用，拂衣而去。后往来粤西，怏怏失志，遂逃于禅。夫妇并有见地。默庵手注《金刚经宗旨》一卷。'（中略）苟无独漉之言，予且不识默庵为何如人，今尚得存夫妇姓氏，不可谓非深幸也。"④

《别后寄方蒙章陶苦子兼柬何不偕梁药亭吴山带黄葵村定邮诗之约》（第318页）

【陈笺】：黄河澄，字葵之，南海诸生，著有《葵村集》。

【补笺】：黄河澄，字葵之，南海人，茂才。幼遭国变，年十二始入塾，后潦倒科场，以布衣终老。著有《葵之诗集》，其诗含情凄婉，堪称名家。事见道光《新会县志》卷九《人物下》。⑤

《送屈本庵入都》（第322页）

【陈笺】：屈本庵，名籍本末待考。

【补笺】：据中山大学中国古文献研究所编《粤诗人汇传》第二册："屈修，字本庵，一字鹅潭，古番山人，著有《鹅潭集》、《自得堂集》。"⑥周大樽《法性唱和集》录其诗二首。

《寿何克谏》（第323页）

【陈笺】：何克谏，本末未详。陈子砺撰《胜朝粤东遗民录》，富于蒐罗，亦只著何姓，名谓已不可考。但查坊间有《生草药性备要》一书，上正署青萝道人何克谏著。闻为番禺沙湾人。证以"千峰采药散比间"一语，则何盖隐于医者也。

【补笺】：何克谏，原名其言，以字行，别号青萝山人，广东番禺人。约生于明崇祯六年（1633），

---

① 参见杨宝霖、钟百凌、李炳球《东莞文史》第28辑，内部资料，1998年。
② 转引自陆永强《陈恭尹交游拾遗》，汤开建主编，暨南大学中国文化史籍研究所编《历史文献与传统文化》第七集《迎澳门回归专集》，江西教育出版社1999年版，第172页。
③ 参见彭玉兰、王利民，《浙江秀水朱氏家世考》，《赣南师范学院学报》2001年第5期。
④ 徐逢吉：《清波小志》（外八种），上海古籍出版社1999年版，第62页。
⑤ 参见中山大学中国古文献研究所编《粤诗人汇传》第二册，岭南美术出版社2009年版，第946页。
⑥ 中山大学中国古文献研究所编：《粤诗人汇传》第二册，岭南美术出版社2009年，第829页。

享年八十余。采药著书，悬壶济世。著有《生草药性备要》，为古代医药学名著。①

《送孔樵岚宰乐昌》（第332页）

【陈笺】：孔樵岚，名籍本末待考。

【补笺】：孔樵岚，曲阜孔氏后裔，随宋室南渡落籍江苏句容，为孔尚任族孙辈。曾在泰州做小官，后任乐昌县知县。有《迁立堂诗》，孔尚任为之序。②

《走笔送家紫驭孝廉》（第342页）

【陈笺】：陈紫驭，名籍本末待考。

【补笺】：陈霆万，字紫驭，嘉兴人。先以举人任兰溪教谕。康熙三十三年（1694）会魁，赐进士出身，授临朐令，有政绩，行取部曹，未补授而卒。见光绪《临朐县志》卷之十三③；张铭璇著《临朐名胜志》。④

《送钱目天》（第362页）

【陈笺】：钱目天，名籍本末待考。

【补笺】：钱觐，字目天，号波斋，浙江人。篆刻家。印师程邃。康熙十八年自刻《波斋百二甲子印》。⑤

《宋崌庵招饮南园即事赋别》（第368页）

【陈笺】：宋崌庵，名籍本末待考。

【补笺】：宋崌庵，生平待考。计发《鱼计轩诗话》："宋崌庵家乌程之新浦，出避四方。值三藩未靖，感事伤时，发为诗歌，有豪迈之气。集中七言如'林壑常开新杖履，湖山犹照古须眉'，'卧危兵甲忧乡井，家在菰芦乐钓矶'，'乾坤无恙留词客，莼鲙多情忆故乡'，'客赆间关闻战鼓，故人消息问渔竿'，'黄叶路深迷断碣，白头僧在话前朝'数联，宛然出陈卧子手。"见钱仲联主编《清诗纪事》七《康熙朝卷·雍正朝卷》。⑥或即此人。

《送叶渊发》（第371页）

【陈笺】：叶渊发，名籍本末待考。

【补笺】：叶渊发，名淳，昆山人，康熙十四年（1675）举人，叶方蔼之子，康熙二十七年进士，官至翰林院检讨。⑦

《为徐序仔题画》（第382页）

【陈笺】：徐序仔，名籍本末待考。

【补笺】：徐序仔，《国朝画识》卷九："徐令，字序仔，海盐人，能诗，兼工绘事。诗格似薛能，画格似唐寅。"⑧

《赠徐道冲》（第386页）

【陈笺】：徐道冲，名籍本末待考。

【补笺】：徐道冲即徐祚增，字道冲，嘉兴人，嘉炎子。道光《内丘县志》卷二《知县》："徐祚增，浙江秀水贡士，存心仁恕，行事敏练，维以百姓为念，不肯费民间一钱。（中略）历任八载，以亲

---

① 参见高日阳等主编《岭南医籍考》，广东科技出版社2011年版，第108页。沈英森主编《岭南中医》，广东人民出版社2000年版，第260页。
② 参见于中航《孔尚任自书〈折柳小引〉》，《文物》1988年第1期。
③ 参见姚延福修，邓嘉辑，蒋师辙纂《临朐县志》，清光绪十年刻本。
④ 参见张铭璇《临朐名胜志》，齐鲁书社2004年版，第42页。
⑤ 参见乔小军《中国美术家人名辞典·补遗二编》，三秦出版社2007年版，第414页。
⑥ 参见钱仲联主编《清诗纪事·雍正朝卷》，江苏古籍出版社2003年版，第4517页。
⑦ 参见陆林、吴家驹《朱柏庐诗文选》，江苏古籍出版社2002年版，第113页。
⑧ 冯金伯：《国朝画识》，上海古籍出版社1996年版。

老请告终养，去，民思爱之，建生祠尸祝焉。"①

《寄送刘海阳静伯》（第 400 页）

【陈笺】：刘静伯，本末待考。

【补笺】：刘海阳静伯即刘永，字静伯，辽宁辽阳人，康熙二十六年以军功任海阳县知县，事见民国《奉天通志》卷一九七《人物》二十五。②

《春日王也夔招游蒲涧即事作》（第 401 页）

【陈笺】：王也夔，名籍本末待考。

【补笺】：王圣隆，字也夔，番禺人，茂才，著有《持宝堂稿》。③

《答袁二玉即送之归余杭兼柬季伟公》（第 443 页）

【陈笺】：袁二玉、季伟公，名籍本末均待考。

【补笺】：按袁二玉无考。季伟公即季煌，字伟公，一字唯功。钱塘（今杭州）人，著有《南屏草》。故又作季南屏。与惠州知府王煐友善，且多有唱和。④

《癸酉人日偕王础尘王新侯王立安过石公精舍惠州王使君紫诠挈其诸孙已先在同登怀古楼即事作》（第 449 页）

【陈笺】：王新侯，名籍本末待考。

【补笺】：王新侯，宝坻人，惠州知府王煐之侄，随侍惠州者。余不详。⑤

《送方葆宇》（第 473 页）

【陈笺】：方葆宇，名籍本末待考。

【补笺】：方正玉，字葆宇，一字葆羽，号鹤州，安徽桐城人，方中德子，方以智孙。善画山水，名重当时。⑥

《病足经时郑迈公以桑寄生见贻渐有起色赋此戏柬》（第 474 页）

【陈笺】：郑迈公，名籍本末待考。

【补笺】：郑汝恺，字迈公，白沙人，康熙四十二年岁贡。⑦

《小除后同廖南炜梁药亭王蒲衣王也夔秦钦文暨各家子弟集东林啸公方丈重修社事分得能字》（第 502 页）

【陈笺】：廖南炜、王也夔、秦钦文、啸公，名籍本末均待考。

【补笺】：王也夔，见前。秦钦文，待考。啸公，疑即啸庵上人（见后）。廖南炜即廖燨，字南暐（又作南炜），一字雪臞，南海西樵山人。著有《自娱堂集》《北游草》。⑧

《赠李立斋总戎》（第 521 页）

【补笺】：李立斋疑为李镇鼎。李镇鼎，即李莫原，山西人，进士，由天津提督调任广东，康熙三十四年至三十六年任广东提督，卒于任。⑨

《走笔送程德基归黄山兼怀其弟立方》（第 541 页）

【陈笺】：程德基，本末待考。

---

① 宋涛：《徐道冲考》，《山西博物馆学术文集》，2001 年。
② 转引自陆永强《陈恭尹交游拾遗》，汤开建主编，暨南大学中国文化史籍研究所编《历史文献与传统文化》第七集《迎澳门回归专集》，第 172 页。
③ 参见黄登《岭南五朝诗选》卷九，清康熙三十九年刻本。
④ 参见欧初、王贵忱《屈大均全集》第八册，人民文学出版社 1996 年版，第 1983 页。
⑤ 参见王煐《忆雪楼诗集》，康熙三十六年（1697）贞久堂刻本。
⑥ 参见李焕真《岭南书画考析》，岭南美术出版社 2006 年版，第 166 页。
⑦ 参见陈伯陶等撰《东莞县志》卷四十七《选举表》，民国十六年铅印本。
⑧ 参见黄登《岭南五朝诗选》卷九，清康熙三十九年刻本。
⑨ 参见钱实甫《清代职官年表》第三册，中华书局 1980 年版，第 2458 页。

【补笺】：程履新，字德基，休宁人，师从名医李士材，得其传；博览群书，颇有医名。撰《程氏简易方论》六卷，《山居本草》等。①

《束吴拔庵元戎》（第541页）

【陈笺】：吴拔庵，名籍本末待考。

【补笺】：吴联，字愚长，一字拔庵，闽漳南靖人，任黔江镇，升广东肇庆协镇，才兼文武，政尚教化，暇则与诸词人请论道学，有裘带风焉。康熙壬申奉旨陛见。著有《丽江集》《榕庐诸草》行世。②

《寄贺蔡萃长之官昌邑》（第550页）

【陈笺】：蔡萃长，顺德人。本末待考。

【补笺】：蔡侯标，字萃长，二十五岁由县监生中十七名，任山东昌邑县知县。己卯科同考试官。卒于任。事见《顺德龙江乡志》。③

《题丁勖庵秋江垂钓图》（第555页）

【陈笺】：丁勖庵，名籍本末待考。

【补笺】：丁灏，字勖庵，号皋亭、花汀渔隐。上元（今南京）人。杜濬《鼓枻集序》："近今复有飞涛、勖庵兄弟，并以才藻知名当世，世亦以二丁称之。"知其与丁澎为兄弟，称二丁。张慧剑《明清江苏文人年表》，于康熙三十三年内，据《长留集》称，康熙间以纂诗旅京师，与孔尚任会，辑此期诗为《北游草》。著有《鼓枻集》。《两浙辅轩续录》卷一载其事。④

《寿张方伯枢侯》（第571页）

【补笺】：张方伯枢侯当为广东布政使张建绩。张建绩自康熙二十七年至康熙三十七年任广东布政使。⑤

《送陈郡侯飚言》（第573页）

【补笺】：陈飚言，当为陈于朝。据清张晋生等纂《四川通志》卷三十一《职官》记载，陈于朝，镶黄旗，监生，康熙二十一年任四川龙安府知府。⑥康熙三十三年任广州府知府。⑦王煐《忆雪楼诗集》有《留别同官陈飚言兼祝初度陈前为龙安太守》诗。⑧

《题黄君球行乐》（第575页）

【陈笺】：黄君球，名籍本末待考。

【补笺】：黄栻，字君球，号乔瞻，番禺人。生明季，习于世务，唐桂二王时，儒士以言求进者，辄不次擢用，视之蔑如也。丙戌后，广州数被兵，携家居佛山。康熙十三年，吴三桂据云南叛，尚之信密与通，栻以粤在反侧，则民无孑遗，毅然诣平南府上书，尚览未竟，剑击案，促缚之。其母曰："此人言是，但过于悻直耳。"会报资寺某僧驰救得释。自是杜门屏绝人事，讲学课子以终。年六十四卒。同邑昌坚为作《黄乔瞻先生传》。⑨

《次答吴彤本》（第583页）

【陈笺】：吴彤本，名籍本末待考。

---

① 参见谢观《中华医学大辞典》，辽宁科学技术出版社1994年版，第1435页。
② 参见黄登《岭南五朝诗选》卷十六，清康熙二十九年刻本。
③ 参见阙名《顺德龙江乡志》，民国十五年重刊本。
④ 参见潘衍桐《两浙辅轩续录》卷一，清光绪十七年（1891）刊本。
⑤ 参见钱实甫《清代职官年表》第三册，中华书局1980年版，第1790—1796页。
⑥ 参见黄廷桂等修，张晋生等纂《四川通志》卷三十一，清雍正十一年（1733）刻本。
⑦ 参见戴肇辰纂修《广州府志》卷二十三，清光绪五年刊本。
⑧ 参见王煐《忆雪楼诗集》，康熙三十六年（1697）贞久堂刻本。
⑨ 参见中山大学中国古文献研究所编《粤诗人汇传》第二册，岭南美术出版社2009年版，第906页。

【补笺】：吴寿潜，字彤本，号西赢，江都（一作丰南）人，吴绮子。参与纂修《丹霞山志》。①

《陶奉长以大父仲调简讨文集见贻且请作传次其来韵二首》（第584页）

【陈笺】：陶奉长，本末待考。

【补笺】：陶煊，字奉长，号松门，湖南长沙人。诸生。喜游览，足迹几遍天下。好读书，凡国史、律令、山经、水注，无不窥采。尤肆力于诗、古文。尝应聘分修楚省通志。年七十八卒。著有《唐律分注》。与张璨（字岂石）同选《国朝诗的》六十卷。事见乾隆《长沙府志》卷三十《人物》。②

《沂泽得杖名以珊瑚所赋》（第589页）

【陈笺】：沂泽姓林，本末待考。

【补笺】：林沂泽（1630—1700稍后），字、号不详，林培之孙，父某，曾官法曹，有直声。兄弟四人，沂泽行三。③ 康熙三十九年（1700）陈恭尹卒，林沂泽往吊。④ 似是惠州知府王煐的岭南旧友，王煐有《为林沂泽处士珊瑚杖题诗三首》。屈大均亦有赠林沂泽诗。

《送姚非渔选入国学》（第589页）

【陈笺】：姚非渔，名籍本末待考。

【补笺】：姚飞熊，字兆渭，号非渔，广东归善人。康熙三十六年拔贡生。事见《惠州西湖志》卷八《人物》。著有《耀真集》。⑤

《李裔衮寿》（第604页）

【陈笺】：李裔衮，名籍本末待考。

【补笺】：李瑞荣，字裔衮，号华宪，原儒林郎，以监生考授州同。康熙五十二年癸巳，以季子作仁贵，加封文林郎，西南昌府靖安县知县。⑥

《送韵吴玉涛》（第604页）

【陈笺】：吴玉涛，名籍本末待考。

【补笺】：吴潆，字玉涛，江苏宜兴人。精绘事，画兰竹超绝，穷极变态，尤工于诗。⑦ 有《静香词》。著有《燕友楼集》，今藏中国社会科学院文学研究所。⑧ 周大樽《法性唱和集》录其诗一首。

《朱玉树以画梅见贻赋谢》（第608页）

【陈笺】：朱玉树，名籍本末待考。

【补笺】：朱珊，字玉树，号镜湖。高安县人。康熙二十一年（1682）进士，历官兵部主事、户部郎中、归德知府。工书画，善琴，名重一时。参与修纂《高安县志》。⑨（参见《辽海丛书》《高安市志》）

《闰七月二日长寿石公招同毛匏村司马张损持吉士吴晋涛少尹杨勉斋孝廉唐海门黄兰偶司红逞诸文学雅集离六堂次毛韵二首》（第613页）

【陈笺】：毛匏村、吴晋涛、杨勉斋、黄兰偶、司红逞，名籍本末均待考。

【补笺】：毛匏村，即毛端士（行九），见前。

司红逞，名旭，字东扶，号红逞、红仙，江苏江阴人。《清代毗陵名人小传稿》卷一："司旭，字

---

① 参见徐釚《词苑丛谈》卷九，朱崇才等编《词话丛编续编》第一册，人民文学出版社2010年版，第522页。
② 参见吕肃高修，王文清等纂《长沙府志》，清乾隆十二年（1747）刻本。
③ 参见杨宝霖、钟百凌、李炳球《东莞文史》，第28辑，内部资料，第99页。
④ 参见陈恭尹著，郭培忠校《独漉堂集》，附录《前锦衣卫指挥佥事私谥贞谧先生独漉陈公行状》，中山大学出版社1988年版，第896页。
⑤ 参见柯愈春《清人诗文集总目提要》上册，北京古籍出版社2002年版，第318页。
⑥ 参见阙名《顺德龙江乡志》，民国十五年重刊本。
⑦ 参见窦镇《清代书画家笔录》卷一，民国十二年（1923）朝记书社铅印本。
⑧ 参见柯愈春《清人诗文集总目提要》上册，北京古籍出版社2002年版，第292页。
⑨ 参见高安市志编纂委员会编《高安市志》（1980—2006），方志出版社2009年版，卷三十二《前志补遗》，第1177页。

东扶,一字红仙,武进人,其先居澄江,大父修甫设帐毗陵,遂家焉。其父孝绪梦绛云垂地,觉而旭生,故名。幼颖异,读书过目成诵,工词。"①

《初秋日梁药亭招同沈詹山大令家山农隐君潘稼堂检讨张损持吉士毛行九司马吴晋涛少尹林桐叔少府杨勉斋孝廉徐紫凝罗浮山司红遏家献孟诸文学远布心月二上人雅集六莹堂分得阡字》(第616页)

【陈笺】:沈詹山、吴晋涛、杨勉斋、徐紫凝、罗浮山、司红遏、远布、心月,名籍本末待考。

【补笺】:沈畊,字澄思,号詹山,浙江归安人,顺治十二年乙未进士,时任文昌知县。② 周大樽《法性唱和集》录其诗三首。

徐紫凝,名逢吉(1655—1740),初名昌薇,一字子宁,号青蓑老渔。浙江钱塘人。少能诗,为文宗法十家。好远游,足迹半天下。晚年归隐西湖学士港,以病足杜门不出。然未尝辍丹黄,暇即吟小诗或谱诗余以自遣。著有《黄雪山房集》。③ 事见光绪《杭州府志》卷一四五《文苑二》。严迪昌《清诗史》上册:"徐凝紫(1655—1740),名逢吉,杭州人。工诗,尤擅倚声,并有《清波小志》之作。"④

远布,释达津,字远布,光孝寺僧,后为广州法性禅院住持僧。能诗,与梁佩兰等结社唱酬。⑤ 周大樽《法性唱和集》录其诗一首。

释愿光,字心月,广州法性禅院僧,远布和尚弟子,与梁佩兰等岭南诗人多有唱和。著有《蓝湖诗选》。⑥ 周大樽《法性唱和集》录其诗一首。

《重阳前五日高中含司马招同刘卓崖主考屈四会凤山张广宁鹤洲杨春止庵钱茂名蔗山张翁源泰亭高东莞隶园田英德克五雅集云半阁时闱事初竣》(第622页)

【陈笺】:高中含,名籍本末待考。

【补笺】:高中含即高鈊。高鈊,镶黄旗人(《武乡县志》作"三韩人"),生员,康熙三十六年任广州府同知。⑦ 乾隆五十五年刊本《武乡县志》、《重修武乡县志引言》:"康熙壬申前令中含高公讳鈊又一修焉。"⑧ 是高鈊康熙三十一年任武乡县知县时,曾主持修纂《武乡县志》。

《寄题家健夫西峰草堂》(第628页)

【陈笺】:陈健夫,名籍本末待考。

【补笺】:陈于王(生卒不详),字健夫,苏州人,入沈阳,隶汉军,后居顺天宛平。著有《西峰草堂杂诗》。康熙三十八年,孔尚任《桃花扇传奇》问世后,陈于王有《题桃花扇传奇》:"玉树歌残迹已陈,南朝宫殿柳条新。福王少小风流惯,不爱江山爱美人。"一时传诵。杨钟羲《雪桥诗话》卷三:"宛平陈于王,字健夫,一字榆存。著有《慎思堂集》。"⑨ 刘廷玑《在园杂志》"陈健夫"条:"陈健夫(于王)诗名颇著,与检讨(陈)其年通谱雅善。"⑩

《正月三日过潘子登所寓江楼龚渭臣载酒与潘木公诸君雅集赋潮平两岸阔分得涯字》(第631页)

【陈笺】:龚渭臣、潘木公,名籍本末均待考。

【补笺】:钱谦益《列朝诗集》丁集下"潘秀才一桂":"潘一桂,字无隐,一字木公,吴江人。"⑪《复社姓氏略》卷三:"潘一桂,字无隐,一字木公,吴江人。父以贾侨居京口。一桂少机警,过目成

---

① 张唯骧:《清代毗陵名人小传稿》上册,常州旅沪同乡会印行,1944年,第19页。
② 参见王俞春《海南进士传略》,花城出版社1998年版,第161页。
③ 参见陈良运《中国历代词学论著选》,百花洲出版社1998年版,第464页。
④ 严迪昌:《清诗史》,浙江古籍出版社2002年版。
⑤ 参见邬庆时《屈大均年谱》,广东人民出版社2006年版,第247页。
⑥ 参见柯愈春《清人诗文集总目提要》上册,北京古籍出版社2002年版,第380页。
⑦ 参见瑞麟、戴肇辰等《广州府志》卷二十三《职官表》七,台湾:成文出版社据光绪五年刊本影印,1966年版,第398页。
⑧ 白鹤修、史传远:《武乡县志》,台湾:成文出版社据乾隆五十五年刊本影印,1968年版,第9页。
⑨ 杨钟羲:《雪桥诗话》卷二,北京古籍出版社1989年版,第96页。
⑩ 刘廷玑:《在园杂志》,中华书局2005年版。
⑪ 钱谦益:《列朝诗集》,上海三联书店1989年版。

诵，颇自负，不肯专心吟咏。父怒，命之扬州贾。一桂乃更读书为诗歌。（中略）年十六，补诸生。有《中清堂文集》六卷行世，《古韵通考》二十卷。"①

《丙子正月晦日袁密山通政史蕉饮梁药亭两吉士王令诒明府王紫诠使君招同蓝公漪史万夫于南溟廖南炜岑金纪屈翁山吴山带王蒲衣梁王顾林赤见家献孟曾秩长黄汉人集使君寓斋分赋》（第649页）

【陈笺】：史万夫、廖南炜、曾秩长、黄汉人，名籍本末均待考。

【补笺】：史万夫，生平不详，明经，史申义之弟。廖南炜即廖焞，已见前。曾秩长，梁佩兰《六莹堂二集》卷二《城南公燕诗序》称之为茂才，《二集》有《送甥曾秩长之韶阳》诗三首。②与周大樽、吴文炜等岭南名家多有唱和。黄汉人，黄葵村之子，生平待考。

《次朱汉源留别韵送之归吴下》（第653页）

【陈笺】：朱汉源，名籍本末待考。

【补笺】：朱汉源即朱星渚，字长梧，浙江桐乡人，工诗善书，有《长梧子诗集》。③

《高固斋以长歌赠别赋答》（第662页）

【陈笺】：高固斋，名籍本末待考。

【补笺】：高兆，生卒年不详，字云客，号固斋居士、栖贤学人等，闽县（今福州市）人。幼随父求学江左，遭丧乱还乡，明崇祯年间（1628—1644）为邑庠生。工文翰，尤工小楷，亦善行书。与朱彝尊友善。善诗，与彭善长、陈日浴、卞鳌、曾灿垣、林伟、许友等称"闽中七子"，组织"平远七子诗社"。采撷隐逸资料，辑成《续高士传》五卷。其书由晋皇甫谧始，至明穆宗朝止，去取一丝不苟。还著有《端溪砚石考》《怪石考》《砚石录》《启祯宫词》《荔社纪事》《揽胜图谱》等，《观石录》为历史上第一部对寿山石进行记述和研究的著作，在寿山石文化发展史上有重要作用。④

《冬至后一日同吴园次曹石间吴隼庵柯寓匏集梁药亭六莹堂分得齐字》（第668页）

【陈笺】：曹石间、柯寓匏，名籍本末待考。

【补笺】：曹石间，待考。柯寓匏，名崇模，号小幔亭，浙江嘉善人，康熙间副贡，官内阁中书，有《振雅堂集》。⑤

《与柳州江使君磊庵再晤于五羊适有西川督学之擢赋此送之》（第670页）

【陈笺】：江磊庵，名籍本末待考。

【补笺】：江磊庵即江皋，字在湄，号磊庵，安徽桐城人。顺治十八年进士，观政刑部。父病，乞养归。丧除，授瑞昌令，擢九江郡丞，寻移守巩昌。康熙二十一年，知柳州府，后以宪副视学西川。官至福建布政司参政，守兴泉道，以前任事罢归。生平耽读书，好吟咏。著有《江在湄文集》三十卷、《江在湄诗集》四十一卷等。⑥生平事迹见《清史稿》卷四七六、《清史列传》卷七四《循吏传》一、《国朝耆献类征》卷二〇八、蓝千秋《江公皋传》。

《赠顾六纪善丹青》（第681页）

【陈笺】：顾六纪，名籍本末待考。

【补笺】：顾六纪，"顾政，字六纪，太仓人。本杨氏子，从顾见龙学画人物，因冒其姓，擅名于

---

① 吴山嘉：《复社姓氏略》，中国书店1990年版。
② 参见梁佩兰《六莹堂集》，中山大学出版社1992年版。
③ 参见史树青《书画鉴真》，北京燕山出版社1996年版，第301页。
④ 参见邬庆时《屈大均年谱》，广东人民出版社2006年版，第221页。又，贾祥云《中国赏石大典》，山东科学技术出版社1999年版，第505页。
⑤ 参见黄霖、蒋凡主编《中国历代文论选新编》（精选本），上海教育出版社2008年版，第211页；池秀云《历代名人室名别号辞典》（增订本），山西古籍出版社1998年版，第57页。
⑥ 参见汪福来主编《桐城文化志》，安徽人民出版社1992年版，第323页。

时。纳兰学士揆叙赠以诗，誉之甚"①。张根全《中国美术家人名辞典》作"顾均"②，陈永正主编《屈大均诗词编年笺校》作"顾玫"③，陆勇强《陈恭尹交游拾遗》一作"顾玫"④，《宣统太仓州镇洋县志》卷二十二作"顾政"⑤，则当以"顾政"为是。

《送引眉侄》（第683页）

【陈笺】：陈引眉，名籍本末待考。

【补笺】：陈元祺，字引眉，水头人，康熙岁贡，官仁化训导。⑥

《写碑惠州泮宫屡醉叶御六卫立组学署即事赋柬》（第684页）

【陈笺】：叶御六，名籍本末待考。

【补笺】：叶元龙，字御六，东莞人。弱冠，补弟子员。康熙三十七年岁贡生。任连山教谕，兴学励行。转惠州教授，以艰去。服阕，补高州府教授，升广西灌阳县知县，惠政颇著。著有《榴宾堂草》。事见民国《东莞县志》卷六十六《人物略十三》。⑦

《答别季伟公》（第693页）

【陈笺】：季伟公，名籍本末待考。

【补笺】：季伟公即季煌，已见前。

《送曾韬人太史归晋江省觐》（第701页）

【陈笺】：曾韬人，名籍本末待考。

【补笺】：曾炳，字韬人。福建晋江人。康熙二十一年（1682）进士，选庶吉士，后改授部主事，念亲老，假归不出，杜门潜修。父严促赴铨，中途病卒，年仅四十。⑧事见乾隆《晋江县志》卷十二《人物七》。道光周学曾等纂修之《晋江县志》卷五十四。

《赠汪寓昭》（第707页）

【陈笺】：汪寓昭，名籍本末待考。

【补笺】：汪寓昭，名煜，浙江杭州人，康熙乙丑进士，授贵州镇远县知县，擢吏科给事中，著有《同岑馆草》《愿学堂集》等。⑨

《次答苏友燕》（第731页）

【陈笺】：苏友燕，名籍本末待考。

【补笺】：据《广陵诗事》卷十：苏同许，字友燕，高邮人。⑩

《赠陈嵩山观察》（第734页）

【陈笺】：陈嵩山，名籍本末待考。

【补笺】：陈子威，字其畏，闽县人。诸生。顺治十三年，沿海搅扰，迁居乡，慨然曰："吾岂忍自为以家计乎？"设策守御，民赖保全。康熙十七年，郑氏复来攻，诣福建巡抚吴兴祚献策，令诣康亲王杰书，备陈联络海上渔艇，以断郑军后路，允之；遂招募乡勇澳民三千，以扰郑军海上，历著战功。克

---

① 王昶：《直隶太仓州志》卷四十一，嘉庆十七年刻本。
② 张根全：《中国美术家人名辞典》，西泠印社出版社2009年版，第680页。
③ 屈大均著，陈永正主编：《屈大均诗词编年笺校》下册，中山大学出版社2000年版，第867页。
④ 陆永强：《陈恭尹交游拾遗》，汤开建主编，暨南大学中国文化史籍研究所编《历史文献与传统文化》第七集《迎澳门回归专集》，第189页。
⑤ 《中国地方志集成·江苏府县志辑十八·宣统太仓州镇洋县志》，江苏古籍出版社、上海书店、巴蜀书社1991年版，第363页。
⑥ 参见中山大学中国古文献研究所编《粤诗人汇传》第2册，岭南美术出版社年2009年版，第1102页。
⑦ 转引自陆永强《陈恭尹交游拾遗》，汤开建主编，暨南大学中国文化史籍研究所编：《历史文献与传统文化》第七集《迎澳门回归专辑》，第170页。
⑧ 参见施琅撰，王铎全校注《靖海纪事》，福建人民出版社1983年版，第10页，注①。
⑨ 参见刘斯奋、周锡䪖选注《岭南三家诗选》，广东人民出版社1980年版，第316页。
⑩ 参见阮元《广陵诗事》卷十，中华书局1985年版，第144页。

金门、厦门、臭途。康熙二十二年,随攻澎湖,抚辑台湾。吴兴祚上其事,授南韶道,迁凉庄陨襄参政,致仕归。著有《嵩山诗集》《五凉治绩考》。①（张炳楠、李汝河编《台湾省通志》卷七《人物志》,黄登《岭南五朝诗选》有陈子威小传）

《送李殿超北上》（第734页）

【陈笺】：李殿超,名籍本末待考。

【补笺】：李长清,字殿超,号乐闲,由举人任江西信丰县知县。事见《顺德龙江乡志》卷三。②

《赠别何昭侯吏部》（第739页）

【陈笺】：何昭侯,名籍本末待考。

【补笺】：何天宠,字昭侯,浙江绍兴人。康熙六年进士③,以母老乞归,侍十余年。母终,始授户部主事,旋改吏部,晋文选司员外。康熙二十六年,典试广东。生平慷慨好义,亦好文事,著述甚富。著有《紫莱阁集》《海岸山人诗钞》。④ 事见嘉庆《山阴县志》卷十四《乡贤二》。

《赠马侯乾庵》（第753页）

【陈笺】：马乾庵,名籍本末待考。

【补笺】：马三奇,字乾庵,汉军镶黄旗人。马得功子。袭一等侯,兼管镶黄旗汉军参领。康熙十三年,耿精忠反,乾庵与康亲王杰书统兵往剿,恢复闽省。⑤《熙朝雅颂集》收其诗二首。

《题吴拔庵总戎大树轩》（第754页）

【陈笺】：吴拔庵,名籍本末待考。

【补笺】：吴拔庵即吴联。见前。

《寄陈仲夔庶常兼呈尊人省斋先生》（第755页）

【陈笺】：陈省斋,本末待考。

【补笺】：陈肇昌（1635—?）,字省斋,湖北黄冈人。顺治十五年进士。曾任顺天府尹。康熙十七年任广东提学道,康熙二十年去任。著有《抱节轩集》《秋蓬诗集》,编有《三楚文献录》一百卷,与人合编《湖广通志》八十卷。⑥

《送连双河之增城赴冉侯平川罗浮之约兼怀张菊水》（第765页）

【陈笺】：张菊水,名籍本末待考。

【补笺】：张羽皇,号菊水,营山人。顺治十七年至康熙元年任松溪知县,康熙七年戊申（1668）官宁国府经历。⑦

《送家光佩赴选》（第774页）

【陈笺】：陈光佩,名籍本末待考。

【补笺】：陈辉璧,字光佩,号琢斋,增城人。年十七,补县学生,二十举乡试。五赴春官不第,谒授湖北麻阳知县。在任五年,以父母老请假。既终养,补宁津县知县。在任亦五年,以诖误被劾归。著有《羔雁诗集》。⑧ 事见嘉庆《增城县志》卷十三《人物列传》。

---

① 参见陈衍《台湾文献史料丛刊·福建通志列传选》（全）,台湾：大通书局,第174页。
② 参见阙名《顺德龙江乡志》,台湾：成文出版社1967年版,第80页。
③ 参见朱保炯等《明清进士题名碑录索引》（全3册）,上海古籍出版社1980年版,第2654页。
④ 参见徐世昌编,闻石点校《晚清簃诗汇》,中华书局1990年版,第1300页。
⑤ 参见铁保辑,赵志辉校点补《熙朝雅颂集》（辽宁民族古籍整理文学类之二）,辽宁大学出版社1992年版,第476页。姜伯勤《目录清代禁毁书石濂大汕〈潮行近草〉论略》,潮汕历史文化研究中心、汕头大学潮汕文化研究中心编《潮学研究》第8辑,花城出版社2000年版,第6页。
⑥ 参见余彦文编撰《鄂东著作人物荟萃》,湖北科学技术出版社1990年版,第397页。
⑦ 参见李德淦修,汪渭、童果夫点校《泾县志》卷三十一,黄山书社2008年版。
⑧ 参见政协麻阳苗族自治县委员会文史资料研究委员会编《麻阳文史资料》第2辑,1991年,第76页；金恩辉、胡述兆主编《中国地方志总目提要》（上中下）,汉美图书有限公司1996年版,第1226页。

《腊月望日石濂大师招同张桐君吴子祥鲍子韶季伟功黄位北立方水黄葵村黄摄之同用庚字》（第789页）

【陈笺】：吴子祥、黄位北、黄摄之，名籍本末均待考。

【补笺】：黄辉斗，字位北，一字空岚，上元人。迟重高才，尝游燕齐秦楚诸地，知名海内。著有《慎独堂诗稿》《慎独堂文集》。康熙《西宁县志》载其和屈大均《龙井》诗。① 黄摄之，名河图，黄澂之弟。② 吴子祥，待考。

《张观察振六招同诸公集惜分堂用杜韵》（第790页）

【陈笺】：张振六，名籍本末待考。

【补笺】：张云翮，字振六，号紫阁，陕西咸宁人。张勇子。康熙二十七年戊辰至二十九年庚午，任广东盐驿道。③ 见《广东通志·职官表》。

《答鲍让侯即送之之楚》（第796页）

【陈笺】：鲍让侯，名籍本末待考。

【补笺】：鲍鼎铨，字让侯，江苏无锡人。康熙八年举人，官知县。工诗词，其诗洗尽铅华，独抒至性。著有《心远堂诗》。事见《兼济堂文集》卷六《鲍让侯诗序》《全清词钞》卷四。④

《又次前韵即事呈吴留村司马钱葭湄太常》（第801页）

【陈笺】：钱葭湄，名籍本末待考。

【补笺】：钱三锡，字葭湄，江南太仓（今江苏太仓）人。进士，康熙二十二年（1683）为罗城县令。历大理寺左右卿，升光禄及太常卿。著有《妆楼摘艳》十卷。⑤

《梁叠石以八仙寿图索题云王青萝先生所遗乃祖者也》（第807页）

【陈笺】：王青萝，名籍本末待考。

【补笺】：王渐逵（1498—1558），字用仪，一字伯鸿，号青萝山人，广东番禺人。早年师事湛若水，正德十二年进士，授刑部主事。三载后归家侍养。三十余年不仕，以霍韬之荐，补刑部郎。著有《正学记》《观水记》。⑥

《题家生洲行乐图》（第808页）

【陈笺】：陈生洲，名籍本末待考。

【补笺】：陈具庆（生卒不详），字生洲，江西南城人。陈允衡（字伯玑，号玉渊）之子。以诗词传家，隐居不仕，善饮，数客粤中，与岭南诸名士游。画家周道（字履坦）为之作《秋林独酌图》，有王煐、屈大均、梁佩兰、大汕等人题跋，今藏广东省博物馆。⑦

《送彭拜尧之官柳城》（第815页）

【陈笺】：彭拜尧，名籍本末待考。

【补笺】：彭士樻，普宁籍顺德人，康熙壬午科进士。康熙三十年任柳城知县。⑧ 拜尧，殆其字或号耳。

《赠何令萃庵》（第820页）

---

① 参见屈大均著，陈永正主编《屈大均诗词编年笺校》上册，中山大学出版社2000年版，第621页。
② 参见邬庆时《屈大均年谱》，广东人民出版社2006年版，第261页。
③ 参见汪宗衍《读独漉堂诗续记》，香港大学《联合书院三十周年纪念论文集》，1987年，第207页。
④ 转引自陆永强《陈维崧交游补苴》，暨南大学中国文化史籍研究所编《历史文献与传统文化》（第六集），广东人民出版社1996年版，第247页。
⑤ 参见钟家佐编《八桂四百的诗词选》上册，广西师范大学出版社2008年，第60页。
⑥ 参见黎向群《岭南历代书法名家》，广东人民出版社2008年版，第12页。
⑦ 参见单小英《"岭南三家"画跋及所反应的清初岭南书风》，林亚杰、朱万章主编《岭南书学研究论文集》，广东人民出版社2004年版，第194页。
⑧ 参见何其英等修纂《广西省柳城县志》卷四《历代职官表》，台湾：成文出版社1956年印行，第43页。

【陈笺】：何萃庵，名籍本末待考。

【补笺】：疑为顺德知县何玉度。江南长洲人，监生。康熙三十三年甲戌任顺德知县。慎思、萃庵殆其字或号也。（《广东通志》）

《走笔送黄叔威兼柬高固斋》（第826页）

【陈笺】：黄叔威，名籍本末待考。

【补笺】：黄鹭来（1649—   ），字叔威，福建闽县人。贡生。少有文名，不屑科举。平生只参加过一次乡试，不中，遂不再应试。性豪爽，喜交游，好山水。奔走四方，南至广州，北上辽沈，西达川黔，足迹遍及南北。曾在四川师事费密，又在北京梅花堂与当时名流、遗老谈经济、稽典故、论理学、衡文章，交往颇多。康熙二十四年（1685），在盛京（今沈阳市）同陈梦雷交谊甚密，对其被诬遭遣颇为同情。后又为陈著《松鹤山房诗文集》作序，直言抨击李光地欺君卖友的卑劣行径。工诗，其诗多记游历所见，交往所闻，流离困顿，感慨颇多。费锡璜评曰："读其诗，或低徊而欲绝，或感奋而起立，或荡然、怅然不知其所往。"（《友鸥堂集序》）有《见山堂集》《友鸥堂集》。①

《口占送高孔霖》（第847页）

【陈笺】：高孔霖，名籍本末待考。

【补笺】：高泽生（1642—1696），字孔霖，号豐庵，祖籍浙江山阴，明初其家迁居安徽颍上。自幼天资超逸，少有文名。康熙十八年（1679）廪贡。教书为业。曾南游吴越、岭南，漫游回乡后，著书自娱，著有《颍上风物记》《南游日记》二书。《南游日记》四卷，已失传。《颍上风物记》三卷存世。②

《答蒋波澄》（第849页）

【陈笺】：蒋波澄，名籍本末待考。

【补笺】：蒋波澄，名汉纪，浙江仁和（今杭州）人。《全清词·顺康卷》第十三册录其词四首。余不详。

《送啸庵上人还灵岩》（第855页）

【陈笺】：啸庵上人，本末待考。

【补笺】：啸庵，苏州灵岩寺僧，为临济三峰宗退翁弘储法嗣。后主惠州西湖永福寺，"兴废具举，而于坡公故迹，一一访求而新之。乃高筑烟霞之堤，以捍鳄湖之水；蓄鳞鬣于其中，为放生也。而后复连结士大夫为白社，每月望日，缁素骈集，钟鼓佛号，响震林樾。"（叶适《丰山放生社序》，见《惠阳山水纪胜》卷六）谈经论道，满室生风，道行高远，人所共望，一时成为惠州士大夫仰聚的中心，与岭南名流多有交往。徐旭旦所著《惠州西湖志》载有与啸庵和尚诗文达三十余篇。杨伟斌有《清初西湖永福寺啸庵考》，考论甚详，文载《文化惠州》2013年第1期。③

《佟归善德新招宴白鹤峰同王南区太守俞介石别驾于连平南滇陈河源龚太史含五梁太史药亭方处士誉子李处士伟公》（第867页）

【陈笺】：龚含五，名籍本末待考。

【补笺】：龚章（1637—1695），字惕恃，号含五，归善（惠州）人。二十四岁中解元，康熙十二年（1673）中进士，任翰林院检讨，从不因私事求见上司，以读书自娱。在京时，与后来任惠州知府的王煐五年共事，"曾同纂修之役"。主持江南考试，选拔多名士。工书法，尤善草书，为岭南书家中最有

---

① 参见张玉兴选注《清代东北流人诗选注》，辽沈书社1988年版，第517页；喻朝刚等主编《中国古代诗歌辞典》，四川人民出版社1989年版，第373页。

② 参见吴多桢《高泽生和他的〈颍上风物记〉》，颍上县地方志编纂委员会办公室编《颍上古今》，第41页；政协安徽省颍上县学习文史委员会编《慎城春秋》第4辑，《颍上人物志》，2001年，第35页。

③ 参见杨伟斌《清初西湖永福寺啸庵考》，惠州文化研究会编《文化惠州》2013年第1期（总第7期），内部资料，第77页。

成就者之一。著有《晦斋集》《纲鉴捷录》等。① 张友仁《惠州西湖志》录其《和王郡伯紫诠湖上送春》五首。② 道光《广东通志》有传。

【陈笺】：方文，字尔止，号明农。桐城人。隐居金陵，荷蓑棕笠，性不能容物，常以气凌人。有以诗投者，必曲为改削，著《嵞山集》。其婿王概梓以行世。誉子即尔止也。据《明宋四百家遗民诗钞》。

【补笺】：按陈先生考证不确。方文卒于康熙八年（1669），而陈恭尹此诗作于康熙三十二年（1693），方文已去世多年，不可能与王南村等人有宴饮之事。则方誉子绝非方文可知。按方云旅，誉子当系其字或号，桐城人，方孝标次子，少喜为诗，深得祖父方拱乾之喜爱。曾为候选同知。著有《复斋诗选》。康熙五十年戴名世《南山集》案发，株连方孝标《滇黔纪闻》，云旅亦受牵连，几被处死，后被赦免。③ 王煐《忆雪楼诗集》或称"誉子"或称"云旅"。④

《次韵送陆蓬叟》（第 871 页）

【陈笺】：陆蓬叟，名籍本末待考。

【补笺】：陆宏定（1628—1668），字紫度，号纶山，又号东滨，别号蓬叟。海宁人。陆钰次子，陆嘉淑弟，陆棫父。不应科举，入清不仕。擅诗词，时人称其与兄嘉淑有"冰轮二陆"之目，而宏定才名尤著。好交游，与曹秋岳等往来酬唱无虚日。一生抱遗民之节，止子侄辈应科举。其诗格与西泠十子相近；词有家国之思，写景颇清劲。著有《宁远堂诗集》四卷、《爱始楼诗删》八卷、《凭西阁长短句》一卷、《一草堂集》等。⑤ 见《海昌艺文志》卷五、《两浙辅轩录》卷一。

《题官文佐自画小影》（第 878 页）

【陈笺】：官文佐，名籍本末待考。

【补笺】：官文佐疑为上官周。上官周（1665—1749），字文佐，又字文左，号竹庄、竹庄道人。福建长汀人。布衣。平生交结名士，与查慎行、黎士弘等友善。八十五岁尚能赋诗丹青。工诗，精画，山水烟岚弥漫，人物神情潇洒。善治印。著《晚笑堂诗集》。⑥ 参见《国朝画征录》《汀州府志》《全闽诗录》。

《题钱鉴涛濯足图》（第 878 页）

【陈笺】：钱鉴涛，名籍本末待考。

【补笺】：钱点，字鉴涛，江苏丹徒（今镇江）人。钱邦芑侄。工诗，成就不在乃叔之下，可谓青出于蓝。《黔诗纪略》录其诗四十一首，《黔诗纪略补编》增录十六首（重复一首）。（莫）友芝评云："鉴涛竹林偕隐，文章忠义具有家风。所著《勖庵集》……皆苍秀无尘滓气。"⑦

《次答家良可》（第 879 页）

【陈笺】：陈良可，名籍本末待考。

【补笺】：陈王猷，字良可，号砚村，又号烈斋、息斋，广东海阳人。年十九，中康熙二十年举人，官曲江教谕，改连州学正。又迁肇庆府教授，年六十八，卒于任。生平笃学力行，文章渊雅，尤工诗。著有《蓬亭偶存诗草》。⑧

《寄怀张寄亭太史》（第 883 页）

---

① 参见惠州市惠城区地方志编纂委员会编《惠州志》，中华书局 2007 年版，第 261 页。
② 参见张友仁《惠州西湖志》，广东高等教育出版社 1989 年版，第 347 页。
③ 参见李兴盛、安春杰主编《何陋居集》（外二十一种），黑龙江人民出版社 1997 年版，817 页。
④ 参见王煐《忆雪楼诗集》，清康熙三十六年贞久堂刻本。
⑤ 参见马兴荣、吴熊和、曹济平主编《中国词学大辞典》，浙江教育出版社 1996 年版，第 178 页。
⑥ 参见福建省地方志编纂委员会编《中华人民共和国地方志·福建省志·人物志》（上），中国社会科学出版社 2003 年版，第 248 页。
⑦ 贵州省佛教协会、贵阳弘福寺《黔灵丛书》编委会编：《黔灯》（纪念中国佛教二千年论文集），1999 年，第 205 页。
⑧ 参见温廷敬（丹铭）辑，吴二持、蔡启贤校点《潮州诗萃》，汕头大学出版社 2001 年版，第 491 页。

【陈笺】：张寄亭，名籍本末待考。

【补笺】：张豫章，原名张翼，字寄庭，一字寄亭，号南帆、九峰散人。江南青浦（今上海青浦）人。清康熙二十七年（1688）戊辰科进士第三人（探花），授翰林院编修。康熙三十年，张豫章出任会试同考官。康熙四十一年，任河南乡试主考官。升为洗马。同年，张豫章以官翰林院编修出任贵州学政。后任国子监司业，卒于任。①

《王十洲学使以其高祖渼陂先生文集属为选定赋此答之》（第885页）

【陈笺】：王渼陂，本末待考。

【补笺】：王九思（1468—1551），字敬夫，号渼陂（或作"美陂"）。陕西户县人。明代重要的散曲作家。弘治九年（1496）进士。选为庶吉士，后授检讨。其间，李梦阳、何景明、康海等人陆续来北京，相聚讲论，倡导文必秦汉、诗必盛唐，史称"前七子"。正德四年（1509）调为吏部文选主事，年内由员外郎再升郎中。武宗时宦官刘瑾败，因与刘瑾为陕西同乡，被名列瑾党，降为寿州同知。所著有诗文集《渼陂集》、杂剧《沽酒游春》、《中山狼》（一折），及散曲集《碧山乐府》等。②

《天藏禅师招同唐海门梁药亭集双桂洞》（第889页）

【陈笺】：天藏禅师，本末待考。

【补笺】：释元旻，字天藏，番禺李氏子，宗符和尚法嗣，住诃林双佳洞，著有《松岭集》。③

《次答顾天石》（第899页）

【陈笺】：顾天石，无锡人，本末待考。

【补笺】：顾彩，字天石，一字湘槎，号梦鸥，号补斋，别号梦鸥居士，无锡人。擅诗文，工音律。曾"流寓曲阜，衍圣公毓圻馆之。素矜名节，耽吟咏。三十年中，或之燕赵，或之楚粤。天下之风俗，无弗识也；古今之人物、事变，无弗悉；而应世之经权，无弗通也。当代名公巨卿，罔不折节交之。然不屑屈志权要，以乞援引。诗，得力于李、杜、昌黎"。是一位博古通今，交游甚广、厌恶世俗的有志之士。与孔尚任友善。孔氏作《小忽雷传奇》，顾为之填词。著有《往深斋集》《后琵琶记》《楚辞谱》《南桃花扇》。事见《锡金识小录》卷七《隐逸二》。④

《答朱彦则二首》（第900页）

【陈笺】：朱彦则，名籍本末待考。

【补笺】：朱纲，字彦则，华亭（今上海）人，著有《纫兰集》（又名《滇游草》），多记滇黔及两湖名胜。《全清词》录其【浣溪纱】"别李壶山"一首。⑤

《送钟横塘》（第989页）

【陈笺】：钟横塘，名籍本末待考。

【补笺】：钟震源，字亨民，号横塘，广东东莞人。诸生。善画山水，而不屑于旧谱，而层峦叠嶂，松林窗屋，摹写逼真。喜弹棋，善清谈，焚香啜茗，有晋人风味。诗得江山之助，闲逸潇洒，适如其人。著有《横塘诗草》。事见《岭南画征略续录》。⑥

《王川南使君紫诠招同李公詹山公袁通政密山梁太史药亭蓝山人采饮游灵州予以事不果往诸公分韵及之仍同游韵八首》（第994页）

【陈笺】：李山公，名籍本末待考。

---

① 参见王鸿鹏、王凯贤、张荫棠《中国历代探花·探花名录》，解放军出版社2004年版，第247页；陆林《〈王渔洋事迹征略〉拾遗补缺》，蒋寅、张伯伟主编《中国诗学》第8辑，人民文学出版社2003年版，第50页。
② 参见西安市地方志编纂委员会编《西安市志》第七卷《社会·人物》，西安出版社2006年版，第387页。
③ 参见刘伟铿编著《岭南名刹庆云寺》，广东旅游出版社1998年版，第254页。
④ 参见邓绍基主编《中国古代戏曲文学辞典》，人民文学出版社2004年版，第205页。
⑤ 参见南京大学中国语言文学系《全清词》编纂研究室编《全清词·顺康卷》第5册，中华书局2002年版，第3048页。
⑥ 参见汪兆镛编纂，汪宗衍增补，周锡䪨点校《岭南画征略》，广东人民出版社1988年版，第263页。

【补笺】：李录予，字恒麓，一字山公，北平人。康熙庚戌进士。任翰林院侍讲学士。康熙三十五年，李录予时任詹士府少詹事兼翰林院侍讲学士，奉差祭南海神庙。①

《佟声远索题连珠冢二首》（第 999 页）

【陈笺】：佟声远，名籍本末待考。

【补笺】：佟鋐（生卒不详），字声远，号蔗村，本籍长白，卜居天津，居海河之滨。爱姬赵艳雪，有"美人自古如名将，不许人间见白头"之句，广为流传，遂筑"艳雪楼"，亦称"佟家楼"。为人仗义，好交游，艳雪楼即成为当时名流雅士聚会之所。孔尚任、屈大均等均为佟家坐上客。② 其兄佟镕，例贡，康熙三十一年任广东新会县知县（《广东通志·职官表》）。③

《柬家比之》（第 1000 页）

【陈笺】：陈比之，本末待考。

【补笺】：陈珏，字比之，澄海人，国学，著有《砚痕堂集》。④（《岭南五朝诗选》卷七）。

---

① 参见黄登《岭南五朝诗选》，清康熙三十九年刻本。乔晓军编著《中国美术家人名辞典补遗一编》，三秦出版社 2007 年版，第 246 页。
② 参见梅成栋纂，卞僧慧、濮文起校点《津门诗钞》下册，天津古籍出版社 1993 年版，第 834 页；缪志明编注《天津风物诗选》专辑，《天津文史丛刊》第 5 期，天津市文史研究馆 1985 年版，第 34 页。
③ 参见阮元《广东通志》卷四十五，清道光二年刻本。
④ 参见黄登《岭南五朝诗选》卷七，清康熙三十九年刻本。

[杏坛弦歌]

儿女心中的刘逸生先生
——刘斯奋、刘斯翰、刘斯朗、刘圣宜访问记

(中山大学中文系　广东广州　510275；广东潮剧院　广东汕头　515031)

本刊：《学海苦航》的文风是比较风趣的，好像是在用轻松笔调写很沉重的生活经历？

刘斯朗：是的。父亲记性好，所以能事无巨细地写他早年的经历，他的生活经历也比较复杂，过得很苦。

本刊：那生活中刘老也是这样一种活泼风趣的性格吗？

刘斯奋：不是，父亲在生活中是比较内秀的，不像我们这么健谈。

刘斯翰：但要看场合，他跟他的朋友一起就比较活跃。但总的来说还是不太善于交谈，如果叫他讲课可能就比较麻烦了。他很会写，但不是很会讲。

刘斯朗：母亲经常把父亲当成榜样去教育我们。父亲很不简单，一辈人干了几辈人的事情。

刘斯奋：虽然我们有些方面好像超越了父亲，但是父亲能在那样的条件下，从底层成长，很不容易。

刘斯朗：而且父亲的环境那么恶劣。从小没了生父，就去打工，还拼命看书。

刘斯翰：在别人看来绝无可能的情况下，他走出了自己的一条路。我就以父亲为榜样，父亲能做到，我也要做到。他从来不迎合别人，所以我们整个家族都是这样。

本刊：能否谈谈刘老在你们受教育的过程所留下的印记？

刘斯翰：父亲对我们的影响主要是在上中学的时候，那时候我初中，大哥高三，在这之前报社家属宿舍是分开的，父亲住在另外一个住所，每天父亲回来吃了饭后就很快又去工作了，见面不多，他的书，他的工作环境是独立的，和我们分开来。

在我读初中的时候，他有意识地要培养我们，于是他让一个小孩去和他一起生活，我就过去和他们一起生活了。他的书架全部是开放的，自己喜欢看什么就看什么，也没有给我开列书单。父亲每天晚上回来后还要赶稿子，我们隔着桌子看书，有问题就随时去问他，父亲总是会热心回答，一问问题，他就会放下自己的工作，热心回答自己。也正因为这样，"文革"开始后，我从来不相信父亲是牛鬼蛇神。

我与父亲的关联主要是在诗词方面，在兄弟姐妹中在诗词方面与父亲有比较深的渊源的还是我。当时父亲只是一个榜样而已。《唐诗小札》出来后影响很大，但也没有及时看。我自己很大程度是自学，自学到70年代初父亲回来，因身体不好就不用再上干校。父亲和一群诗词爱好者常常聚会，自己从小受母亲的影响，就很喜欢诗词。我记得我常和哥哥比谁背的古诗多，经典的作品几百上千首都会。在这样的基础上，听家里的那些客人谈论诗词，我基本上能够一点就会，哪一句诗好，哪句哪个字用得好，他们都有自己的看法。有了这些经历，自己对诗词的理解就通了。我觉得现在的很多人一直是诗词的门外汉，就是缺乏这种高端沙龙的经历。

刘斯朗：我的爱好和从事的工作似乎与父亲和几个哥哥相差很远，事实上我和父亲学问上无太大交流，但是，我也是父亲的耳濡目染下走上这样的道路的。小的时候家里全部是书，搬家首先搬的就是书

籍。我自己是做风水的，没有家学渊源，原因是因为家里风气自由，放得开，父亲不反对，哥哥也不反对，只要自己喜欢，只要是对的，就可以。父亲无阻挠，只是关心和鼓励，他的方式让我感觉很温暖。这也证明了刘氏家族是包容的，它注重个性的发挥，发挥儿女们的天分，而不是压抑。我记得在文革的时候，我特别喜欢看天上的星空，父亲就常用手电筒指着天空教自己识别星座。父亲兴趣很广，懂的东西很多，篆刻、天文、地理、摄影、绘画、书法等等都懂。所以现在自己有关摄影、风水、编辑工作都是对父亲的继承。

刘斯奋：母亲对我们的影响很大，母亲是富家女，是很有理想的女性，能背很多古诗古词，字也写得非常漂亮，可惜没有留下作品来。

刘斯翰：母亲嫁给父亲后，马上就开始逃难了，怀上了大哥，逃难过程中还看古诗词。现在对于古典诗词，背一遍自己就会背了，十几岁就将所有古典诗词都掌握，自己认为是胎教的作用。父亲很忙，中学以前都是母亲教育我们，启蒙到念初中都是母亲在教育我们。她为人很正派，有正义感，有同情心。影响了我们，即使是下乡后，"文革"时凭着自己的香港出身身份其实可以去香港，但是大家都没有这种想法，包括后辈的儿女，没有一个儿女是愿意出国的。

本刊：刘老与学术界的交往情况如何？

刘斯翰：父亲的友人不是学界中人，而是报人，他是《羊城晚报》的三个组建人之一，很多朋友都在报界很有名。父亲是报人，所以有着老报人的知识结构，《唐诗小札》也只有他能够写出来。他不是学界中人，所以有很灵性的文笔，学养深的不一定有他的文笔。他是一个新闻界的人，但是有文笔的报人又不一定有他的学养。他的学识是一种综合素质，杂糅了很多方面的东西。

本刊：当时那个《中国历代诗人选集》的工作是个什么过程？

刘斯翰：我的第一本书就在那里。当时我已经有两本书了，一本是《李贺诗选》，另外一本就是《柳亚子诗选》。当时香港三联书店找到父亲，希望父亲组织一些人来做这个课题。父亲就找来文革中的一些朋友做这个事情。父亲是很开放的，放手让大家去做。他负责查看，不行就退回去，可以的话就通过。这里面有个要求就是要翻译。现在很多的注就随便贴上去一段文字，未必能真的理解整首诗，导致读者读了之后对整首诗的意思还是不能完全把握。这套书就要求每首诗词都翻译，这样一种做法是比较早的。后来如《二十四史》和先秦诸子都有借鉴这种翻译的形式，但整套翻译诗词的书后来也比较少。这一群人都是在文革中写诗的，有一定的基础。

本刊：好像陈永正先生就是其中一位。这群人都不是学院派人士吧？

刘斯翰：基本上不是，都是一些诗友。因为父亲跟高校来往很少。

本刊：《宋词小札》是"文革"时写的吗？

刘斯朗：是的，那时礼拜六我们都在操场上看电影，而"老阶"们就躲着喝酒。我父亲当时喜欢喝酒，他就躲在家里喝酒写文章。当时我感觉父亲就像那些"老阶"一样，躲在家里喝酒，偷偷地写。而且他当时根本没想过这些手稿在有生之年能发表。他写了之后就到处塞，收藏起来不给人发现。有一次我无意中把稿子找了出来，父亲立刻慌了。但他也不告诉我那是什么东西。

刘斯翰：那时我去看父亲，他就拿出来给我看，我成了第一读者。

本刊：《宋词小札》的写作风格跟《唐诗小札》相比有没有发生很大的变化？

刘斯翰：有变化，但这主要跟诗词两种体裁不同有很大关系，因为词并不是很容易看懂的。我现在在广州市图书馆开讲座讲词，尤其希望启发年轻人。现在很多人都是靠才情写作，他们不知道古人究竟有多少宝贵的经验可以让他们去吸取。我父亲说他向来都没有读懂宋词，一直到他到干校之后有空了，拿着龙榆生的《唐宋名家词选》反复看，这才看懂了。这就成为他写作《宋词小札》的契机。所以《宋词小札》首先是讲明白这首词究竟该怎么读，什么意思，怎么讲。每首词都要先解决这一点，然后再来谈它的艺术特点。所以《宋词小札》在写作方式上就受到一定的限制，不像《唐诗小札》都是大家熟悉的作品，只要告诉读者有什么地方值得欣赏就可以了。唐诗虽然有的环节要解释一下，但不需要从头到尾解释一遍。所以《唐诗小札》的写作余地就很大。但是《宋词小札》因为受了这个影响，所以风格上与《唐诗小札》差别很大。其实在《唐诗小札》之后很多人建议父亲再写一本关于宋词的书，但是父亲说没法写，因为宋词以艳情为主，在"文革"前那样一种阶级斗争的环境下不能写。所以他在干校时写了也不能想象什么时候能发表。如果不是"四人帮"垮台，《宋词小札》就不能面世。

刘斯朗：那时候是很绝望的。没经历过的人不能想象。

刘斯翰：父亲那时经常告诫我们的一句话就是：只问耕耘，不问收获。

刘斯朗：这是对的。虽然命运改变不了，但我们可以做事情、有作为。性格已经决定了一个人做事情的方式和方法，这是谁都改变不了的。

刘斯翰：父亲写的东西，每一个字都精确得无法改动，他行文、做事的严谨风格影响着我们。受他影响，我写诗也是这样。每首诗可能都只是花半个小时写出来，但我还要花两个小时去修改。

本刊：刘老和在座诸位先生两代人的成长环境和知识结构都有很大的不同，但很多优良传统值得我们去追溯。《龚自珍己亥杂诗注》的成书过程是怎么样的？

刘斯翰：这是用一年时间写出来的。父亲说他十八岁时在地摊上看到一本龚自珍的《己亥杂诗》，当时就非常喜欢了，所以他对龚诗是很熟悉的。这么多年过去了，"文革"结束后又有了这个契机，才写成了这本书。刚开始是调去编写《龚自珍诗文选》，后来进了中山图书馆，有大量藏书，便拥有了一个便利的著书条件。

刘斯朗：因为父亲对《己亥杂诗》早已烂熟，所以一翻资料就知道哪些内容是有用的。一个书虫到了一个书堆里，那当然是很高兴的。

刘斯奋：龚自珍的诗里有些新因素，如关于改革的思想，所以很受欢迎，到了民国更是大行其道，南社的诗人对龚自珍很推崇，龚自珍的诗深刻地影响了民国那一代人的诗风。但是龚诗又是非常难理解的，一写出来时，同时代的人就已经读不懂了。龚自珍不是按照传统的写作方式去写诗的，当时的人就已经不知道他说什么。

刘斯朗：而且龚自珍的知识面非常广，儒释道全部都通，诗歌中很多典故和知识，解读起来很有难度。所以从来没有人敢去注龚自珍的诗。

刘斯奋：这有个契机。当时王匡建议父亲去注《己亥杂诗》，并帮父亲在香港出版。那时还不敢直接用真名出书。父亲注了之后就没人再注了，说明水平还是很高的，钱锺书先生都因此知道了父亲的名字。去年上海古籍出版社重新出版了此书。

刘斯翰：这是代表我父亲最高学术地位的著作。

本刊：这本书与其他诗注最大的不同就是加上了串解。

刘斯奋：对！这就是《中国历代诗人选集》的风格。开创性的东西是最难搞的。作注不单是注古典，还要注今典。当时到底发生了什么事才写了这首诗，诗歌内容写的是什么，这个才是最难的。

本刊：从刘老开始，刘氏一家可谓一门风雅，诸位先生能否谈谈你们理解的家学传统？

刘斯奋：谈及家学，我们家确有几个特点与以往一些家学渊源很深厚的文人家族不同。其一，现代性。近代以来广东在近代文明的转型期起了重要作用，可以说近代文化在广东。刘氏家族处于广东现代化进程中，在广东新的思想观念的影响下产生，因而不同于传统的家学传承。其二，平民性。刘氏家族是由底层发展而来，不是显赫世家，但是我们的价值就在这里，这辐射了中国近代社会变迁的面貌。其三，自学成才。父亲自己是自学成才，他对我们的影响也是身教的影响，我们更多的是在他的影响下自主学习，自由发展。对于我们的爱好，父亲从来不会干预阻止。经过五四运动以后，我们国家很多家族的家学都中断了，说明了五四以后儿女自由度高了很多，儿女自由选择变成了一种风尚，反而是我们这样的自由的家庭，一些知识能够得以继承。

本刊：自己摸索治学之路好像是诸位先生身上共有的特征？

刘斯朗：是的。这源头也是可以从父亲那里找到的。因为报业是个"铜油桶"，报人很少能成为学者。我们的父亲虽然在报社工作，但一直坚持文学和学术，挤都要挤出时间去追求自己的东西。

刘斯奋： 这也是一种家学。

刘斯朗： 真正的读书是从离开学校才开始的，要找到自己的未来，是靠自己在生活中摸索。我们家族总结出的道理就是，首先要挑自己喜欢的、擅长的东西，其次要打下厚实的基础。没有这些，就不能发展。

刘斯奋： 做人要扬长避短，补短是补不过来的，长处是天生的。

刘斯翰： 编辑是一种带有批评性质的工作，适合我的长处，但我认为立论才是最高点，其次是驳论，第三是论证。所以我要力争上游。尽管这辈子可能立不了论，但也要往那个方向走。我们兄弟经常有聚会，举行这种小沙龙，互相交流思想。

刘斯奋： 所谓家学，就是老一辈读了很多书，有很多经历，他就告诉你很多结论，这些结论都是几十年总结的精华，能让年轻人少走很多弯路。

本刊： 据说刘逸老以前不提倡在家里进行打麻将等低俗的娱乐活动，家庭活动都是以知识为乐。

刘斯朗： 我们都没有这些娱乐的，父亲认为那些都是玩物丧志。

刘斯翰： 我们都不会打麻将，也没兴趣。

刘斯奋： 我儿子也不玩这些。

本刊： 但是家里会有很多知识性的交流对吗？

刘斯奋： 交流都是很平等的，辩论都是很自由的。

刘斯翰： 比如父亲写了一首诗，大家读了之后有什么意见都是照提的。

刘斯奋： 他（指刘斯翰）读了《学海苦航》第一稿之后，居然就拿着笔在稿子上面到处画，把多余的句子删掉。后来父亲都不敢给他改了。

刘斯翰： 现在中文系的整体问题都是自己不会创作，不懂创作而直接去写评论。我认为学好诗词的最好方法就是去做原文翻译，只有经过翻译后，对作者的文之用心才能体会。我自己以前一点一点翻译了司马相如和扬雄的作品，才发现他们的个人所得是差很远的，但是在文学史的介绍当中，都是笼统地说他们风格相近。所以，这要经过自己亲手翻译才能体会出来。自己没有下过这个功夫，也没有足够的视野，连一首诗的好坏都无法判断，又怎么去做评论呢？

我从诗词入门，看问题，读文章就会很细，细到每个字。我读东西都是精读的办法，不是泛读，连《安娜·卡列尼娜》都是一字一句地读。

读书的内容最好是公认一流的东西，你去精读，收获就很大，二三流的东西就不用看了。但我自己虽精读，但也有广博的爱好。我做《学术研究》的主编，对文史哲的东西都有要求，自己做编辑能够顺风顺水也跟自己广读哲学有关。编辑就是任何一篇作品放在自己面前，自己都要作出判断，那就是依靠我哲学的修养、思维的作用。

以前我虽然报了暨南大学文学班，但是我很快不再去听课，基本是靠自学自修，语言文学史都是要自己掌握。在上山下乡的时候，也坚持看书。我看书有自己的计划，基本上会回顾自己这一两年做了什么，然后看是否需要调整。将来是做文学创作和文学批评研究的方向。我在二十八岁的时候定位在学术研究方向。《学术研究》工作量只需要十天半月完成，剩下的时间就是自己学习。家里的书，"文化大革命"没有抄，"文革"结束后，书还在，父亲在干校，家里的书籍就成了我的宝贝了。我基本什么事情都不管，专心读书。机会没来时，下足了功夫，机会来了就能很好地抓住。

刘斯奋： 各种艺术上是有共同性的，写小说有绘画的修养，那么画面感就会很强，很形象，描写社会生活场景非常具有画面感。我对古典诗词的接触很早，形成了我的审美观，使得我的遣词造句像作诗一样字斟句酌。我写小说时一天只能写一千多字，甚至是几百字，把它当作诗来写，每次一定要很精致才能过自己的关。写战争的场面就会想到边塞诗，写市井的场景又会想到民歌，我对文人画的情怀也从古诗中来。我的语言带有京味，是因为我的语言不是口语化的说书式，而是一种文人式的、典雅的。

本刊： 您在《学术研究》担任编辑时有着怎样的人生经历和体验？

刘斯翰：《学术研究》从未聘请过没有学历的人来担任编辑，于是我在没有高学历的情况下进入《学术研究》工作是顶着巨大压力的，这也成为我的动力。所以我专心读书，把每一项工作做好。在机会没来时下足了功夫，机会来时就可以把握住，这也是我从父亲身上学到的。一位老编辑就赞许我："干得不错！"这是对我的最高奖赏。这说明我虽然没读大学，但处理文史哲经的问题还是胜任的。我不当编辑的时候是2002年，在我当编辑的六年里，我逐步找到自己的本位，于是离开了那个岗位，全心投入对中国传统文化的研究工作当中。这个社会发展太快，一个思想产生没多久就过时了。任何思想的生命都很短，但是思考本身就是乐趣。

刘斯奋： 他（指刘斯朗）的研究是基于学理的，钻研得比较深，把它当成一门学问来做。

刘斯朗： 从父亲给我们起的名字中就看得出来一点玄理。大哥叫斯奋，写字、画画、创作都没断，现在还在奋斗。大哥十六年写一本书的这种毅力，不是一般人能及。二哥叫斯翰，所以学问做得很深。我叫斯朗，良月是太阴，属神秘的东西，所以我就搞神秘的东西。所以三个名字里面，无意之中出现有意的东西。我哥在我整个就业过程中提供了很大的帮助，但我总是不能安心地在一个岗位上工作下去，先后换了很多次工作。我下乡半年后回城高考，当时高考分配不能留城，所以只能考中专做电工。做电工挺好的，于是就去找单位。当时我父亲叫我去《农民报》当校对，我说丢弃所学的电工技术去当校对太可惜，就没去了。我从小在"高级沙龙"里学习到很多东西，对篆刻有爱好。在20世纪80年代，我的篆刻可以算是高级水平。搞篆刻十几年，后来当编辑就放下了。毕业以后我本来可以去报社，但没去。我还是喜欢古灵精怪的东西，从小就喜欢《西游记》。我们那代人没办法，一上小学就遇上"文革"，后来去了干校，小学一年级到四年级什么都没学到，还要经常被投诉，写检查书。做电工的那几年很辛苦，我觉得要读书，就去读夜大。那时的夜大是很正规的，给我们上课的老师都是中大的教授。我在读夜校时已经开始读哲学和心理学的书，对哲学和人生很感兴趣。从小父母都教育我们要用功读书，但后来进入了社会，发现不是理想中的那样。很多没读书的人却腰缠万贯，这颠覆了我原来的价值观。我就更加执着于探讨人生，思考这些社会现象的根源是什么。后来我进了《信息时报》，一进去就能作出点成效，我父亲一看我做的副刊就觉得很好。我学东西很快，很容易上手。我虽然做得好，但是很快又到电视台去做了四年。后来准备经营一个美容期刊，没能最终办下来。那时我已经在学占卦，后来干脆就干这行，一干就是二十年。之前做什么工作都不安心，原来是没找到自己的本位。我从事这个行业，二十年来就靠一部手机，连个公司都没有。我表面上是做占卦，但我都是基于学理去考量的。我们家的传统是都是"宅男"，没有社会活动家，没事都在家里看书。我也读了很多书，包括《道德经》等。其实我充当的是半个心理医生，为遇到人生挫折而彷徨无助的人提供健康的心理引导，让他们走出阴霾，重拾乐观的生活态度。我们中国的传统比西方心理学要高明的地方就在于，西方心理学是通过人的表面、言行去推断心理状态，但是我们中国的占卦只需八字就可以推出一个人的性格。中国这个传统无论怎么打压都能流传，就是因为其中真的有存在价值。一个人一生会遇到很多事情，特别是做大生意的人遇到很多困难和危险，他们需要这种心理的辅导，助他们走过人生的困境。一个人的个性决定他的判断和选择，从而决定其命运。事情没有永恒，像太阳东升西落，不只人是这样，一个国家也是。从《周易》开始，中国信仰的都是生命循环理论。盛极而衰、否极泰来，宇宙万物都是在这样一种定律中生生不息。懂得这些规律，我们就能顺应自然，依循生命的本性去生活，怀着一种平和而乐观的心态过好每一天。

本刊： 刘斯翰先生最近有什么研究计划？

刘斯翰： 我在相当多的方面做了准备，只在等一条引线。如果这辈子都等不到机缘，那我的这些准备就没法变为文化成果。现在包括我哥在内认为我能传世的就是《童轩词》。但我有一个主线，就是爱国。我这辈子，爱国就是我奋斗的动力。个人的东西不算什么，国家的事情才是我心头之重。只要能为国家做点事，我都愿意尽力。尽管我们已经退休了，可以什么事情都不干，但是只要国家和民族有需要，我们必定尽绵薄之力。

刘斯翰： 一个国家最长也就是两三百年。美国的高峰是克林顿时期，已经过去了。所以很多人对中国现状批评，说这个不好那个不好，这些看法是有失偏颇的，没有高瞻远瞩。

刘斯朗： 开拓的时期必定是很多问题的。就像盖楼，开始的时候肯定到处都是泥。一个烂泥塘，这里挖那里搞，肯定不漂亮，等楼盖好了才能见到建筑的恢弘气势。中国现在也是这样，正在建设的时期难免出现各种问题，我们必须正视这些现象。中国将来必定领导世界，我们要有信心。

刘斯翰： 未来的十年就是换位的关键时期。知识分子的一个毛病就是总是盯着小问题看，看不到大格局，不能从全局去宏观把握。

刘斯奋： 不要用理想社会去要求自己的国家，每个国家，包括美国都不可能达到理想社会。我们要看的是大的趋势。大的方面才起决定作用，不要总是盯着小的问题看。我们国家三十年间经济跃居世界第二，这是相当了不起的。从大方面才能看出大势，总是揪着小问题不放，只局限于哪里杀人哪里又纵火，这是鼠目寸光。

本刊： 各位先生打底的学问主要集中在哪些方面？

刘斯翰： 我原来学习的都是古典文学，在《学术研究》时也是想做诗和论两方面的研究。那时对汉赋有一定的体会，写完汉赋的专著后对中国古典文化的兴趣就来了，所以转向了中国传统文化的研究。这时我的领域不再是纯文学，而是包括历史在内的更广泛的文化。我把20世纪几十年里面名家关于从先秦以降的历史进行阅读，建立起对中国历史的认识。读了六年之后写了一篇文章，就是《史与诗》里面的《汉代政治经济和文化概论》，这是对中国尤其是秦汉以后的历史概括。我发明一个名词叫"帝制社会"，秦汉以前可以叫"封建社会"，但是秦汉以后应该叫什么呢？我就用"帝制社会"称之。在这篇文章里，我把帝制社会的政治、文化、经济等特点都概括了。这就成了我了解中国历史和认识中国现状的基础。那时还是五十岁之前。我就在想，将来中国经济一旦上路之后，人家一定会问中国的文化怎么样，是什么让中国的经济发展得这么好。所以我要从传统文化中找到力量。中国的智慧要回到《易》。中国文化认为世界就是在不断变化的，而人类只能够以变应变、顺应变化。所以中国人的思想核心是"变"。现在习总书记就说，我们的改革只有进行时，要不断地变。

刘斯奋： 这也跟中国文化是一种现世的文化、实用的文化有关。一切都只在现世完成，另外又很实用，实践检验真理。这两点使我们的文化与时俱进，与世俱新。实践不行就变，无论遇到多大问题都可以扭转、改变。皇帝不行就把他推倒。变了才能适应。

刘斯翰： 西方刚好相反，西方的逻辑化，其原点是不能变的，最基本的几个命题是不能问的，就算研究也是在不变的前提下进行的。西方主流的思想方式是形而上学。

刘斯奋： 一个"现世"、一个"实用"、一个"变"，就足以解决中国文明的绵延问题。为什么中华文明几千年不断，就是因为变。

刘斯朗： 穷则变，变则通，通则久。这就是生命哲学。世界上万事万物每时每刻都在变，因为细胞在生生灭灭，一个人一百天之后就已经换了一个人。你跟我们接触过之后也会改变。

刘斯奋： 我跟他们不一样，我不是研究者，我是创作者，尽管我们的基础都是中国传统文化。我曾经也搞过研究，但我主要是搞创作。也许跟家学有关系，我悟性比较高。无论画画还是写小说，我都不拜师，都是自学。一个人的潜能是多方面的，一个人绝对不只是能做一样事情。只是现在工业文明把很多技能变成专业化，所以变成从一而终，一辈子就只能干一个行业，不允许人的全面发挥。现代社会分工压抑了人的潜能，我取名"蝙蝠"就是这个原因。蝙蝠似鸟非鸟，似兽非兽，身份不明。我与现在这个强调专家的社会不是很合拍。我在文联当主席，如果想当副主席都很难安排，因为不知道我到底是干什么的，应该划分到哪个领域。到底是代表文学界还是艺术界。我是以充分发挥潜能为乐趣，能够把自己的潜能发挥出来就很高兴，这就形成了我的生活状态。我本职是行政，又去写小说，后来又不写小说而去画画。正是我这种状态，反而有了自由。这就是"快乐的蝙蝠"。

刘斯朗：做人不能老是看着那些不好的东西。我不只是给人占卦，还在思想上帮他换角度看问题。人生就是一个过程，就是一种挑战。遇到困难就要克服它。我们读诸子百家的书会很惭愧，我们想到的他们都讲过了，我们没想到的他们也都想到了。我们好像没有进步，几千年来都好像没进步。但最近我看一本书就解开了这个困惑。进步不是从自行车变奔驰这样的工具性的进步，真正的进步是突破你眼前的困难，每个人都是在突破自己眼前的困难之中进步的。进步是超越困难。所以一个人，有上必有下，有白天必有黑夜，有好必有坏，所有东西都是相对的。一生不可能一帆风顺。我的特点是脑袋转得快，对人生思考比较多。我与一般算命先生不同的就是我站的高度不一样。我经常问别人，你来这个世界干什么？你来这个世界的目的是什么？死了怎么办？百分之九十八的人没想过这些问题或者是回答不出来的。人生过得迷迷糊糊。我学算命也是为了解答这个问题。我在读西方心理学的书籍时发现这个问题在西方得不到解决，后来我在中国悠久的命理学中发现了规律。为什么人在这个时空点出生，这不是偶然的。我以人生这个点贯穿始终，希望从中找到根源。性格定命运，性格是先天形成的，起码大的方向是定的。在大脉络的基础上如何演绎得好一点，这就靠每个人自己。人生如戏，剧本早已写好，用心地演绎好每一天，开心地活在当下。

刘斯翰：每一年都是有得有失，命运是不用关心的，必定是既有得又有失，能把得失看透了就没有问题了。在失去的时候看到得，在得到的时候则以自己失去的东西为警戒。

刘斯朗：遇到困难就是你成长的时候，这个时候思考人生是最好的。不要怨天尤人，多点想自己得到什么，不要计较自己失去什么。算命是为了知命，知命不是为了改变命运，而是顺其自然。

本刊：刘老师，您好！首先，感谢您能在百忙之中拨冗接受《岭南学》的专访。不久前，我们已经在"华师故事"的讲坛上听您讲述了您的导师何若钧先生的治学之路，如果说在故事中我们听到的更多是您对"师承"的追忆，那么这一次专访我们想请您聊聊您的父亲刘逸生先生，着重从家学渊薮的角度谈谈刘逸老对您及这个文化家族风气形成的影响。

20世纪60年代《唐诗小札》风靡一时，此后又不断翻印，成为出版界一个不小的传奇，读者也是通过这本小书知道了刘逸生先生。那我们今天就不妨从这本小书谈起。是什么样的机缘巧合促使刘老写成这样一本书？它的出版和流行情况又是在怎样的历史语境下发生的？

刘圣宜：《唐诗小札》的初版好像是1952年，那时我还在读初中，开头是在《羊城晚报》作为专栏发表，大概两天发表一篇。那时候的读物非常少，只有《南方日报》和《羊城晚报》两种报纸，而且书籍出版非常少，审查又非常严格，所以《唐诗小札》的出版是一件很了不起的事情。《唐诗小札》的写作有偶然性，他根本没有想到写类似的东西。《羊城晚报》是中南局的报纸，当时宣传部部长是王匡，当然还包括陶铸那一批人，提倡写一些类似唐诗小札这样的文章。当时的各方面限制都比较严格，不可能随便写什么东西。因为上面同意写，所以我父亲就尝试着来写。因为他本身就喜欢诗词，平时也有一些积累，而且他还比较注重怎么使写法变得多种多样，避免刻板，尤为注意文章的文艺性、知识性和趣味性，所以《唐诗小札》写出来之后就大受欢迎。不光一般的群众喜欢看，甚至连华师的教授、中大的教授对《唐诗小札》的评价都很高。因为社会反响比较好，后来就一直写，积累到有五十多篇的时候，王匡就推荐给广东人民出版社出版，《唐诗小札》就变成一本书。当时只是收录了五十多篇文章，后来他就不断地写，就成了现在一百来篇的规模。这本书最后的成型是在"文革"前，"文革"后写的东西就没有收入。《唐诗小札》在"文革"中间也有一些小故事值得一提，"文革"期间"破四旧"，像《唐诗小札》这样的书也属于"封资修"的序列，要被烧掉的。"文革"后期，好多青年到农村和基层去，当时大学也不招生，所以大多数青年感到没有精神粮食，渴望读一些书。当时有人保留了《唐诗小札》，青年学生读了之后感觉非常喜欢，就把这本书刻蜡板油印，可以看出当时青年非常喜欢这本书。

到了80年代，当时大家有一股读书的热情，有很多中国名著和外国名著都解禁了，《唐诗小札》

也是其中之列。到了90年代，这本书被评为"一百本好书"之类的称号。所以《唐诗小札》有好多版本，积累起来都有一百多万册了。80年代有一股"诗歌赏析"的风潮，出了《唐诗鉴赏辞典》、《宋词鉴赏辞典》，有学者就说《唐诗小札》开"赏析学"之风气。应该说，《唐诗小札》当时的写作可以借鉴的东西不多，特别是像这种普及性的，能够面向民众的文章特别少，有些大学教授也写诗词鉴赏的文章，但是不够通俗，不够大众化，一般的读者读起来觉得太深。所以，他的这本书还是有一点开创性的。

《唐诗小札》的选文比较能注意各种风格、各种不同写法和各种阶段的代表作，在这方面考虑得比较到位。我父亲读的最多的集子是龚自珍，退休之后，就把整个《全唐诗》五万多首都读了一遍，看过之后，他说虽然他不能把五万多首诗都背下来，但是他可以判断某一首诗是否在《全唐诗》里出现过。以前广州市委副书记张汉青就说刘逸生是唐诗的"活字典"，有关唐诗的什么问题，只要打个电话问一下我父亲，就可以得到解答。

说到《唐诗小札》的文风，还不得不提到它与报刊发表阵地的渊源。父亲一直是做报纸的，一开始就是跟社会新闻，也写社论和各种报刊文章。他开头在《南方日报》工作，《南方日报》是从香港《华商报》拉了一批人过来创办的，后来由于当时"极左"思潮，这批老报人被认为有历史问题和保留了旧思想，所以就要培养新人，老报人就要被清除出去，结果就是拉出几个老报人来创办《羊城晚报》。《羊城晚报》本身就有一种供读者休闲娱乐的功能，与政治社会联系不是很紧密。《羊城晚报》的办报效果非常好，受欢迎的程度大大超过了《南方日报》，因为它比较贴近生活、贴近民众，所以就办得风生水起。其中，"花地"、"晚会"、"体育"这几个板块是办得最吸引人的，那个时候我父亲就是"晚会"版面的主编，他写得比较多的是"夜谈"，就是杂论性质的文章，另外一个就是"唐诗小札"以及一些谈象棋的棋谱、还有很多娱乐性的文章。

本刊： 改革开放之后又出版了刘先生的《学海苦航》，让读者知晓《唐诗小札》里笔调清逸的刘先生还有一段从报馆校对起步的坎坷艰苦的求学历程，这也成为读书界的一段轶事佳话，您能不能为我们详细谈谈刘逸老从在谋生中求学到以报人身份治学的经历？

刘圣宜： 我父亲十岁的时候，祖父就因为意外事件去世了，全家的生活只能依靠祖母在亲戚家帮工度过。比较庆幸的是，祖母还是把他供养到十三四岁，完成小学的学业，然后就由亲戚带到香港当童工。中间他换过几个工种，比如当过果栏工人、售货员、教员，最后还是觉得自己喜欢读书和做新闻工作，所以就留在了报社。一开始在报馆里，他就是打杂工，闲下来的时候，报馆也没书可看，他就自己读《辞源》。喜欢读书也没有什么理由和遗传，因为他的父母都不是读书人，母亲还是一个文盲。加之当时的社会也比较复杂，如果不读书，他说过自己随时可以变坏，底层生活中经常会碰到赌博、吸毒、打架这些东西，都会让人沾染坏习惯。但是因为他坚持读书，就没有沾染上类似的习惯，有点"出淤泥而不染"的意思。读书对他整个人的品格形成有很重要的意义。由于他读《辞源》，知识结构比较丰富，从他后来写作的一些内容看，他的知识是很广博的，这是《辞源》打下的基础。另外，由于他长期跟着编辑做报纸，养成了剪报的习惯，看到好的报纸就剪下来，也是他积累知识的过程。从十三四岁开始，他基本就是自学状态，唯一的学历就是新闻学院，但是学习时间只有半年。新闻学院有个好处，就是接近了共产党的进步人士，这样对他走到进步队伍这一边有积极影响。报纸里也有很多派别，开头他做的是商业性的报纸，比如说胡文虎办的报纸。后来，因为认识了中国共产党这边的人，所以才转去做《政报》、《华商报》这类共产党办的报纸。

本刊： 刘老在自述中，多次谈及自己求学起点非常低，常常有"独学无友"的苦闷和彷徨，而经过他自己不懈的奋斗，不但成就了自己的学问，还培养出像您、刘斯奋先生和刘斯翰先生这样在学术界和文化圈都颇具影响的知识人。我们很想知道，在诸位的启蒙教育阶段，刘老给予过你们什么样的影响？

刘圣宜： 应当这样说，我父亲的工作很忙，每天需要处理非常多的来稿，加之我们兄弟姐妹多，他基本很难顾及我们，其次他自己本身没有师承，所以他对如何教我们也没有一个清晰的概念。所以，他基本上不怎么管我们。但是他喜欢买书，所以家里藏书很多。书在那里，我们自己去读，遇到不懂了可以问，他会给出解答，如果不主动提问，他也不会给你说。我们那个年代，基本上是国家在养我们，教育这方面基本上都是交付给学校，交给了政府，家庭基本上不需要担心孩子的问题，所以也不太管。特别是到了我读高中的时候，那时的风气和思想路线都比较左，学校还会刻意强调你不要太受家庭影响，因为你父亲有名气，那么你一定会有"成名成家"的思想，这种思想就是资产阶级思想，你要批判它。所以当时我们都不敢完全听从家长的话，都是批判家长这个话不对，不符合无产阶级思想。

我受父亲的影响比较少，刘斯奋和刘斯翰比较多，因为他们都比较喜欢诗词，所以话题比较多。我自己不太喜欢诗词，听过他们一起谈论诗词。我高中以后就下乡，在县委宣传部干了八年，"文革"后就考大学。所以，受到家里的影响反而不是很多，但是父亲那种治学的精神、刻苦钻研的态度会形成一种无形的影响，身教多于言传，有个榜样在那里，会觉得他那么厉害，知识那么丰富，做出那么多东西来，那么勤奋。我们这一代人更多还是靠自己奋斗，我父亲也不会拉关系，也不会拉下面子去求人，所以我们是自己走自己的路。兄弟姐妹当中，最能传承父亲学问的应该是刘斯翰，斯翰高中没读完便去了农村干农活、当赤脚医生等等，不像我插队后期分配到县委宣传部工作，斯翰在农村待了三年，一有空闲时间就读读书。有点像我父亲，他后面的学问路子也都是靠自己阅读、自我教育走出来的。

我高中毕业，国家号召我们到农村去，到祖国最需要我们的地方去，我们也很听话，再因为城市没有就业机会，便下乡了。下到农村，我抱着一种很积极的心态融入这个集体，因为我们有文化，农民对我们也很好。我们在农村能发挥各自的才能，教书、当赤脚医生、生产队长等等，不仅发挥了我们的作用，又能很好地为人民服务。在农村的十年，我根本不知道自己的未来会怎么样，也根本不敢想自己以后还能有机会读大学，但是在当时我没有放弃学习，即便在前途非常渺茫的时刻也没有放弃希望，还是不断地积累自己、充实自己。当时父亲也跟我说，要时刻做好准备，要读书，各种各样的书都要读，因为不知道自己以后会从事什么专业，总之要把自己的基础打好；另外，父亲教育我对英语的学习也不应松懈，他说中国以后总是要开放的，要跟世界接触的，所以英语也不能放弃。我听从父亲的教诲偷偷地阅读各类书籍。"文革"结束后，高考恢复，我便去考大学，由于我有多年的知识积累，一次便考上了。后来没读大学又去考研究生，当时研究生要考英语，由于一直没有放弃英语的学习，我便又顺利地考上研究生。所以人的一生，你根本不知道明天会发生什么，只有不断地积累和准备。

读研以后，父亲给了我一些书，比如《太平天国史料丛刊》、《戊戌变法资料丛刊》等，这些都是父亲早期买来的书籍，因父亲兴趣点不在历史上，故送给了我。他虽然不大用力于历史学，但是在学术研究上却给了我很多引导。我读研时，华南师大是第一次招收研究生，导师们都不知道怎么带学生。我不知道怎样写毕业论文，一篇论文该从哪儿着手写，一个论题该从哪些方面些去研究，怎样收集资料，从哪些方面去论述，等等，学校老师都无法给出解答的问题，我向父亲请教，他却能说得头头是道，并且十分全面。这是当时令我感到很惊讶的。

本刊：我们知道，刘先生并非出身高等学府，可事实上在古典文史研究方面，某种程度已经远超"专家"的水平。您作为受过完整学术训练的学院中人，现在回过头来看，如何理解自己父亲这种以报人身份从事学术研究的经历？

刘圣宜：父亲与学院派完全不同，学问的道路完全是他根据自己的兴趣爱好摸索着走出来的，而且他很多时候学习是用的最笨的方法，比如读《辞源》。在没有人教导的情况下，对学问的路数都能懂。父亲所涉及的领域主要是两个：一是新闻学，一个是古典文学。他从事新闻工作三十多年，完全精通整个报纸新闻的运作，就像他在自传里说的，哪个部门没人了，他就可以顶上。他的视野比较宽广，而且比较关注社会问题，不是那种埋头故纸堆做学问，脱离了社会和群众的人。像《唐诗小札》的写作也是坚持一种群众观点，写得那么通俗也是为了帮助初学者去欣赏古典诗词。他在晚年的时候，大概是七十岁以后，有十年的时间，他都给澳门和香港的报纸写专栏，每月写二十篇。这些都属于小品文，数量很多，后来我们就把它们辑录成书，但是还有一些没有收录进书中。这些小文章字数都在一千字左右，从中可以看出他的知识很广博，并且都有一个通俗、大众化的特点。

他的学术型比较强的著作要数《龚自珍己亥杂诗注》。他的另一个学术写作计划是做一本《元曲词语汇释》，但是只坚持了一阵，后来就没有做下去。有人对他说，你既然写了唐诗、宋词的札记，不如也写个《元曲小札》，但是最终没有写成。应该说，父亲就是一个杂家，在杂家的基础上又在某方面成为专家。

本刊：去年广州市图书馆做过一个"刘氏家族"的访谈，好像就是从名人藏书这个话题谈起的，我们想请您谈谈您小时候家中藏书的见闻和读书的记忆。

刘圣宜：全名叫"刘逸生、刘斯奋家族藏书"。父亲的书很多，当时我们想买一个房子专门放他的藏书，但是后来考虑到保管工作不太方便，后来恰好广州图书馆新馆盖成之后在九楼设置了一个人文馆，我们就把这些书捐赠到那里。

父亲不是藏书家，所以他那里没有什么孤本、价值很高的书。他的书都是工具性的，一方面是他喜欢的，另一方面是对他有用的，所以他的藏书门类很广泛，但是会偏重于古典文学方面的。关于父亲的藏书，有个很好笑的细节。鸳鸯蝴蝶派的书还是有几本写得挺好，像《啼笑姻缘》这一类的，他看过其中写得好的几本，印象很好。后来出了整套鸳鸯蝴蝶派的书，他就全部买下，回来一看发现一点都不好看，其实好看的就那么几本，其他的水平都不怎么样。

父亲喜欢买书藏书可能与小时候受到刺激的一件事情有关系，那时候他没有钱买书，但是他的一个表兄很有钱，买了几套名著像《三国演义》，都被他的表兄锁在柜子里，他很想看又没得看。结果他的表兄去世了，整柜的书都被烧掉了，这件事对他是个很大的刺激，所以后来他一有钱就买书，第一次拿了工资就把钱都花在买书上。

小时候我经常翻阅书柜上的唐宋的小说，但说实话，我们那时候也没有什么时间读书。一是因为当时读初中高中学习压力比较大，功课紧张；二是当时有很多活动，像学雷锋、各种各样的政治活动也要去参加，所以我们都没什么业余时间去读书。我读的大多数书反倒不是来自父亲的藏书，主要是一些小说，像《青春之歌》、《林海雪原》，然后就看苏联电影。

本刊：《宋词小札》是刘老在"文革"期间写成的，我们很想了解，这本书的成书经过如何？依照您的阅读体验，这本书对于刘老而言，有什么特别的意义吗？

刘圣宜：1968年底，父亲就到干校，直到1972年才回到广州。刚开始，他就是作为"牛鬼蛇神"下放到干校的，和像秦牧这样的文艺大家关在牛棚里。那段时间，人身就完全没有自由，但是有个好处是他学了很多农活，特别是牛车赶得很好，还有像做泥砖、盖房子这样的活。但是还好，父亲在"文革"期间遭受的冲击不算很大，因为他不是主要被批斗的对象，只是作为陪斗的对象，可是那段生活其实让人很压抑。大概1969年到1970年左右，他获得平反了，就可以从牛棚里出来活动。因为母亲当时也在干校，加之把在广州读小学的小弟弟接到农场，就分配得一个小房子。有了这个私人空间，他才有条件看书，这时他开始读宋词。原来他对宋词没有多少钻研，但在那段时间用了一年读宋词，结果才把宋词看懂。在干校期间，他手头也没有什么书籍可以查考，完全凭借自己读、自己领会，这跟他对诗词的领悟力很高有关系。看懂之后，他就偷偷开始写《宋词小札》，也不敢让人知道。写完之后，他会拿给斯奋或者斯翰看，我也看过一点。当时他觉得这样的书稿此生可能没有发表的希望，根本没法预料到时势变化会那么快。直到后来回到广州，他就加紧写《宋词小札》，最初把它们发表在香港，后来才在内地出版。

当时读到出版后的《宋词小札》，我就感觉到父亲又回来了。以前他被批斗得什么都不敢写，非常苦闷，关在牛棚里，连家人探望他都很困难，看到他又重新拿起笔来写，我感到很欣慰。同时，我也有一个感觉，《宋词小札》好像没《唐诗小札》那么好看。可能跟这本书的写法更注重学术性有点关系，不像《唐诗小札》那种通俗性的文字，我们读起来非常易懂。这种变化，跟他对自己的设计有关。到了一定的阶段，他有意要超越自己的水平，而且写作《宋词小札》不像写《唐诗小札》，有面向大众介绍古典诗歌的任务，他就想钻得更深，讲得更透一点，以表达自己的想法，体现研究性和学术性。

本刊：刘老自道一生是在"学海苦航"，这里面可能也包含了在读书工作方面的苦抛心力。您能否为我们谈谈刘先生日常工作读书的习惯？对青年学生而言，如何处理读书与生活工作的关系似乎是个不小的问题，这从刘老的读书习惯中又能得到什么样的启示？

刘圣宜：好的。对于父亲而言，当时除了工作时间八小时要很紧张地工作外，晚上还有政治学习的任务。他基本只能等到晚上九点以后才有自己看书的时间，《唐诗小札》基本都是晚上九点以后开始写作的，另外就是星期天有一点时间，完全用业余时间在写作，所以他除了看书没有其他娱乐。当时一些流行的苏联电影，他都完全不知道。有时候有招待票可以去听京剧，他一般听个十分钟就会走，所有的时间基本都用在书桌前了。父亲做学问需要一个良好的环境，当时为了父亲能有一个安静的工作环境，家属和职工是分开住的，报社职员经常要上夜班，为方便上班，父亲住在沙面，我们便住在家属宿舍，中午和晚上回来吃完饭就走了，他也没有节假日的概念，大部分时间都在忙于工作。这也影响到他社交面，"文革"前的社会交往比较少，因为当时工作太忙，自然社交也比较少。在报社工作时与其交流的大多为民间学者，因为当时很少专家学者在报刊上发表学术文章，其大多是与报刊投稿作者之间的往来。父亲空闲时间与中大几位爱好诗词的教授和名家书法家交往较多，如李育中、麦华三等。"文革"后，中山大学、华南师范大学等学校经常请他去做报告，这才与学界往来多一点。

他七十七岁还学电脑，有篇文章《电脑黄昏恋》专门记这件事情。当时学电脑也不是为了写东西，主要还是跟他长期从事新闻工作有关，他对新事物都保持好奇，而且也很乐意接受。他看到我们兄妹几个都在使用电脑，就萌生了学习电脑的念头。当时的电脑非常复杂，需要运行很多命令，加上输入法也很复杂，学起来是有相当难度的，这也让他一度觉着学不下去。总之，他这个人是很好学的，一生都坚持学习，一看到新的事物就会激起他想了解、学习的热情。

他们那一辈人都非常勤奋，对自己要求很高，很懂得珍惜时间，稍有一点闲暇时间没有看书，便觉得自己浪费了光阴，过得没有意义，不停自责。父亲经常用"一寸光阴一寸金"这句话来教导我们，劝我们珍惜时间，不要浪费青春年华。不管做什么工作，如果把读书放第一位的话，总是有时间能挤出来的，现在科学技术的发展日新月异，不学习便无法跟上时代的步伐。要把读书当作一种习惯，即便不读书，每天挤出时间读读报纸也是好的。在我看来只要把读书作为自己的第一需要，那么其他任何借口都是苍白的。我自己也是从比较艰苦的年代走过来的，觉得温饱能够满足就已经很不错了。建议年轻人物质欲望不要太强，人的基本需求能够满足之后，便可去追求自己想追求的东西。

本刊：刘老经历过新中国成立前战乱中的颠沛流离，也经历过新中国成立后疯狂的"知识贬值"，而像您这一辈学者，求学治学的环境则有了翻天覆地的变化。如果对照父辈的学术经历，您能给今天的后学们一些建议吗？

刘圣宜：因为父亲身处一个比较动荡的年代，小时候家贫，不得不四处谋生，生活一直十分艰苦。战乱年代，个人的命运与国家命运自然是紧密地联系在一起的，所以父亲在自己悲惨生活的挣扎里必然能感受到国家的贫弱所带来的灾难。父亲的思想比较进步，因为他本身是一个贫困之人，所以很能体会人民的疾苦，容易向党组织靠拢。父亲十分热爱"为穷人谋幸福"的中国共产党，在反右斗争时，还站出来替共产党说话，所以没被打成右派。父亲当时对政治的想法还比较幼稚，对共产党只是一种比较朴素的阶级感情。

每个时代会有每个时代的特点，不可能要求当今的年轻人跟过去的人一样把大量的时间放在阅读古籍上。当然如果选择了这个专业，自然要努力阅读相关书籍，不可动摇；如果不是学习这些专业，便无多大要求，当然也可阅读此类书籍作为提升自身修养的需要。每个时代的青年应该有不同的追求，我觉得没有必要把现在的人跟过去学者的知识功底做比较。

不过，青年学生要能够沉得下心认认真真读一些有价值的东西，首先挑选图书很重要，要挑选一些真正的东西来读，特别是一些经典好书。其次是要能沉得下心，排除各种各样的诱惑。我常对学生说，人的一生想要有点成就，选好一个目标后便不要动摇，要一心一意，要坚持不懈。"坚持"这两个字很重要，有时候聪明不是最重要的，坚持才是最重要的。遇到自己想做的感兴趣的事情一定要坚持下去，即便你现在平平凡凡，但只要你坚持十年、几十年，就一定会有所成就。这可能是父亲那一辈人留下来的最大的精神遗产和启示。